2012

China's National Reading Survey Report

全国国民阅读调查报告

中国新闻出版研究院
全国国民阅读调查课题组

中国书籍出版社

《全国国民阅读调查报告（2012）》
课题组

课 题 组 组 长：魏玉山
课题组副组长：徐升国
课 题 组 成 员：拜庆平　屈明颖　张文彦　赵文飞
郝玉敏　田　菲　崔更新

《全国国民阅读调查（2012）》
出版说明

阅读，关乎一个民族的兴盛和进步。开展全民阅读，已逐渐成为我国的一项基本公共文化政策。因此，定期对国民基本阅读数据进行调查统计，不仅关系到出版行业自身的发展，而且对在全社会范围更加有效地开展阅读活动，建设书香社会，推动社会发展，都有着积极的作用。

中国新闻出版研究院组织实施的全国国民阅读调查项目，到目前为止已经持续开展了九次。经过多年的不断发展完善，其方法更加科学，成果愈益丰富，已经成为业界重视、大众关注的了解我国国民阅读状况的重要平台。

2012 年组织实施的第九次全国国民阅读调查从多方面展现了 2011 年我国国民阅读的现状，进一步得到了社会各界的广泛关注。本次调查基本沿袭了上一年度的调查模式，对调查对象、调查内容、调查范围等未做太大的调整或变化。

首先，在调查对象方面，第九次调查继续保持对 0—8 周岁、9—13 周岁、14—17 周岁、18—70 周岁四类群体调查。在有效样本中，18 周岁以下未成年人样本为 4547 个，占 24.1%，比去年减少 4.5 个百分点；农村样本比例为 26.8%，比去年增加 0.1 个百分点。

其次，在调查内容方面，本次调查沿用第八次调查的问卷内容，继续围绕国民图书阅读与购买状况、报刊阅读与购买状况、音像制品阅读与购买状况、数字阅读与购买状况、阅读评价、版权认知度与盗版购买状况等方面的内容展开调查。本次调查内容依然包括了五大方面：第一，国民对图书、报纸、期刊、音像制品、电子出版物及数字出版物等各类出版物的阅读时间、阅读场所、阅读倾向以及家庭藏书等情况；第二，国民对书刊、数字出版物等购买渠道、购买数量和金额等，以及读者最喜爱的出版社、杂志社和读者最喜爱的作者等；第三，国民对版权认知、对盗版出版物的认识情况；第四，国民对包括公共图书馆、阅报栏、农家书屋等公共文化设施的建设使用和满意度评价；第五，国民对个人阅读评价以及对举办读书活动的期盼度等。

再次，在调查范围方面，第九次全国国民阅读调查共执行样本城市 49 个，覆盖了我国 28 个省、自治区和直辖市。本次调查从 2011 年 9 月开始全面启动，共采集有效样本 18881 个，其中，未成年人样本占总样本的 24.1％，农村样本占总样本的 26.8％。数据经过加权后，可推及全国当时 11.62 亿居民。

最后，在课题质量方面，从 1999 年首次调查开始，我们在方案的设计、调查方法、组织实施、质量评估等方面都做了认真的研究，制订了科学的调查方案，规范了操作流程，运用了国际上通行的赋值加权计算的方法，保证了调查结果的独立性、真实性、科学性。为保障样本的代表性和分析的科学性，在执行公司的选择、抽样方法和访问方法、质量控制上也进行了缜密的设计和严格的控制。本次调查的执行公司均由全国国民阅读调查课题组通过严格考察确定，通过实地走访、电话交流、总结会议、竞争性招标等多种方式，课题组最终确定由北京美兰德信息公司、央视市场调查股份有限公司、辽宁现代市场研究有限公司、重庆立信市场研究有限公司等业内口碑好、信誉高的执行公司作为本次调查的调查入户执行机构。此外，课题组还聘请了 SPSS（中国）公司马广斌博士作为项目顾问提供技术支持，调查结果由北京易通易佳数据录入中心进行数据输录，最终数据分析由课题组研究人员采用 SPSS 专业统计分析软件处理完成。在我国，全民阅读活动正在成为一项基本的公共文化政策，在各地各部门组织的直接推动下，活动效果也日益显现。每年一次的全国国民阅读调查项目已逐步成为反映全民阅读活动开展效果的晴雨表，对外公布的调查结果也以科学、权威、实用的数据解读为各省、各地区的全民阅读推广活动提供了非常有价值的参考，一些地方政府已经开始将包括人均读书量在内的当地各项阅读调查数据视为提升本地区整体阅读水平、创建学习型城市的重要指标。正是基于这样一种变化和认识，各地集思广益组织策划、广大群众积极参与体验各项全民阅读活动，全社会的读书之风也由此日益浓厚起来。

中国新闻出版研究院

全国国民阅读调查课题组

2013 年 6 月

目录

导言

主体报告

第一部分
18—70 周岁成年人阅读与购买倾向调查报告

第一章 成年国民媒介接触及消费状况

第二章 成年国民图书阅读状况与购买倾向

第四章　成年国民音像电子出版物阅读与购买倾向

第五章　成年国民动漫与游戏消费状况

第六章　成年国民数字出版产品的阅读与购买倾向

第二部分
14—17周岁青少年阅读与购买倾向调查报告

第一章 青少年媒介接触率与媒介接触时长

第二章 青少年图书阅读与购买倾向

第三章 青少年报刊阅读与购买状况

第四章 数字出版产品阅读与购买状况

第七章 版权认知状况

第八章 阅读活动参与度评价

第三部分
9—13周岁少年儿童阅读与购买倾向调查报告

第一章　少年儿童图书阅读与购买状况

第四章　少年儿童对音像电子出版物购买状况

第五章　少年儿童电子游戏及动漫产品接触状况

第六章　少年儿童家长的版权认知状况

第七章　少年儿童阅读活动参与度评价

第四部分
0—8 周岁儿童阅读与购买倾向调查报告

第一章 儿童图书阅读与购买状况

第四章　家长版权认知状况

导　言

一、主要发现

由中国新闻出版研究院组织实施的全国国民阅读调查项目，到目前为止已经持续开展了九次。第九次全国国民阅读调查从 2011 年 9 月开始全面启动，2011 年 9 月至 11 月开展样本城镇抽样工作，2011 年 12 月至 2012 年 2 月在全国范围内开展入户问卷调查执行工作，2012 年 2—3 月开展问卷复核、数据录入和数据处理工作，4 月完成本次调查初步成果的分析和发布工作。本次调查增加了对电子书、电子报纸和电子期刊阅读情况的调查。调查执行样本城镇为 49 个，有效样本量为 18881 个，其中未成年样本占到总样本的 24.1%，农村样本比例为 26.8%。数据经过加权后，可推及我国 0—70 周岁人口 11.6 亿，其中城镇居民占 37.3%，农村居民占 62.7%。以下为第九次全国国民阅读调查的主要发现。

1.1　各媒介阅读率

2011 年我国 18—70 周岁成年国民包括书报刊和数字出版物在内的各种媒介的综合阅读率为 77.6%，比 2010 年的 77.1%增加了 0.5 个百分点。其中，图书阅读率为 53.9%，比 2010 年的 52.3%

增加了 1.6 个百分点；报纸阅读率为 63.1%，比 2010 年的 66.8% 下降了 3.7 个百分点；期刊阅读率为 41.3%，比 2010 年的 46.9% 下降了 5.6 个百分点。

但值得注意的是，从对书报刊的数字化阅读方式的接触情况分析来看，我国 18—70 周岁成年国民电子书阅读率为 16.8%，电子报和电子期刊的阅读率分别为 8.2%和 5.9%。

数字化阅读方式（网络在线阅读、手机阅读、电子阅读器阅读、光盘阅读、PDA/MP4/MP5 阅读等）的接触率为 38.6%，比 2010 年的 32.8%上升了 5.8 个百分点。

1.2 各类数字化阅读方式接触率

对各类数字化阅读方式的接触情况进行分析发现，2011 年我国 18—70 周岁成年国民的网络在线阅读、手机阅读、电子阅读器阅读、光盘读取等数字化阅读方式接触率，均有不同程度的上升。具体来看，2011 年有 29.9%的 18—70 周岁成年国民进行过网络在线阅读，比 2010 年的 18.1%增加了 11.8 个百分点；有 27.6%的国民进行过手机阅读，比 2010 年的 23.0%增加了 4.6 个百分点；有 5.4%的国民在电子阅读器上阅读，比 2010 年的 3.9%增加了 1.5 个百分点；有 2.4%的国民用光盘取读，比 2010 年的 1.8%增加了 0.6 个百分点；有 3.9%的国民使用 PDA/MP4/MP5 等进行数字化阅读，比 2010 年的 2.6%增加了 1.3 个百分点。可以看到，各类数字化阅读方式的接触率较去年增幅均超过 30%，而其中网络在线阅读的接触率增长幅度最大，增幅达 65.2%。

1.3 各类出版物阅读量

从对传统纸质出版物阅读量的考察来看，2011 年我国 18—70

周岁成年国民人均阅读图书、报纸和期刊分别为 4.35 本、100.70 期（份）、6.67 期（份）。除纸质图书阅读量外，我们在本次调查中还考察了国民对电子书的阅读数量。分析结果显示，2011 年我国 18—70 周岁成年国民人均阅读电子书 1.42 本。

1.4 各媒介接触时长

从我国 18—70 周岁成年国民每天接触各类媒介的时长来看，2011 年，传统纸质媒介（图书、报纸、期刊）和传统电波媒介（电视、广播）的接触时长，均比 2010 年有所减少；但新兴数字媒介（互联网、手机阅读、电子阅读器）的接触时长均比 2010 年有所增加。

传统媒介中报纸的接触时间最长，我国 18—70 周岁成年国民人均每天读报时长为 22.00 分钟，但比 2010 年的 23.69 分钟减少了 1.69 分钟；人均每天读书时长为 14.85 分钟，比 2010 年的 16.78 分钟减少了 1.93 分钟；人均每天阅读期刊时长为 11.80 分钟，比 2010 年的 13.66 分钟减少了 1.86 分钟。人均每天看电视时长为 95.41 分钟，比 2010 年的 98.90 分钟减少了 3.49 分钟；人均每天听广播的时长为 11.24 分钟，比 2010 年的 11.57 分钟略有减少。

从新兴媒介来看，互联网的接触时长最长，我国 18—70 周岁成年国民人均每天上网时长为 47.53 分钟，比 2010 年的 42.73 分钟增加了 4.80 分钟；人均每天手机阅读时长为 13.53 分钟，比 2010 年的 10.32 分钟增加了 3.21 分钟；人均每天电子阅读器阅读时长为 3.11 分钟，比 2010 年的 1.75 分钟增加了 1.36 分钟。从新兴媒介的增长幅度来看，手机阅读和电子阅读器的接触时长增幅相对较大，分别为 31.1%和 77.7%。

1.5 上网率与上网从事的主要活动

2011 年，我国 18—70 周岁成年国民上网率为 54.9%，比 2010

年的49.9%增加了5个百分点。具体来看，有超过半数（50.6%）的国民通过电脑上网，有25.4%的国民通过手机上网。手机上网率的增幅明显，与2010年的16.6%相比，增幅高达53.0%。

我国18—70周岁网民上网从事的活动中，互联网的娱乐功能排在首位，例如，有72.7%的网民将“网上聊天/交友”作为主要网上活动之一，有50.0%的网民将“在线听歌/下载歌曲和电影”作为主要网上活动之一，有41.5%的网民将“网络游戏”作为主要网上活动之一；信息获取功能也受到较多网民的重视，有63.1%的网民将“阅读新闻”作为主要网上活动之一，有46.3%的网民将“查询各类信息”作为主要网上活动之一。值得注意的是，有16.0%的网民将“阅读网络书籍、报刊”作为主要网上活动之一。

1.6 各类出版物价格承受能力

对于购买一本200页左右的文学类简装书，有25.6%的国民能够接受8—12元的价格，有25.5%的国民能够接受12—20元的价格；22.5%能够接受8元以下，17.1%能够接受20元以上，另有9.2%的国民认为只要喜欢多贵都买。对我国国民能够接受图书价格的量化分析发现，我国国民能够接受一本200页左右的文学类简装书的平均价格为13.43元，比2010年的12.75元增加了0.68元。

对期刊承受能力的分析发现，我国18—70周岁成年国民平均可接受一本期刊的价格为6.60元，比2010年的6.12元增加了0.48元。

在接触过数字化阅读方式的国民中，有41.8%的人表示能够接受付费下载阅读，这一比例比2010年的53.8%有明显下降。但数字化阅读接触者总体能够接受一本电子书的平均价格为3.50元，价格接受程度比2010年的3.45元也略有增加。

手机阅读的群体中51.4%的人在过去一年中进行过付费阅读，

而有48.6%的人只看免费的手机读物。综合所有手机阅读人群在2011年全年花费在手机阅读上的费用，我们发现手机阅读人群在2011年全年人均花费在手机阅读上的费用为20.75元。

1.7 成年国民倾向的阅读方式

从数字化阅读方式的人群分布特征来看，我国18—70周岁数字化阅读方式接触者中，18—29周岁人群占到54.9%，30—39周岁人群占30.3%，40—49周岁人群占10.7%，50周岁及以上人群占4.0%。可见，我国数字化阅读接触者中85.3%是18—40周岁人群。

对我国国民倾向的阅读形式的研究发现，75.3%的18—70周岁成年国民更倾向于“拿一本纸质图书阅读”，有11.8%的国民更倾向于“网络在线阅读”，有9.4%的国民倾向于“手机阅读”，有2.5%的人倾向于“在电子阅读器上阅读”，1.0%的国民“习惯从网上下载并打印下来阅读”。

另外，有11.8%的数字阅读接触者表示，在阅读过某一电子书后还曾购买过该书的纸质版本。

1.8 阅读状况自我评价

2011年我国18—70周岁成年国民对个人阅读数量评价中，只有1.2%的国民认为自己的阅读数量很多，7.6%的国民认为自己的阅读数量比较多，50.7%的国民认为自己的阅读数量很少或比较少，另有40.5%的国民认为自己的阅读量一般。

从国民对个人纸质阅读内容和数字阅读内容的阅读量变化情况的反馈来看，有7.7%的国民表示2011年“增加了纸质内容的阅读”，但有12.2%的国民表示2011年“减少了纸质内容的阅读”；有4.4%的国民表示2011年“减少了数字阅读内容的阅读”，但有

6.2%的国民表示2011年“增加了数字阅读内容的阅读”。

对于个人总体阅读情况，有21.2%的国民表示满意（非常满意或比较满意），有20.9%的国民表示不满意（比较不满意或非常不满意），另有57.9%的国民表示一般。

我国国民对当地举办阅读活动的呼声较高，而农村居民的期望程度要高于城镇居民。有62.6%的18—70周岁成年国民认为有关部门应当举办读书活动或读书节，其中，城镇居民认为当地有关部门应该举办阅读活动的比例为60.6%，农村居民中这一比例为64.0%。

1.9 未成年人图书阅读率与阅读量

从未成年人的图书阅读率来看，2011年9—13周岁未成年人图书阅读率最高，为93.5%，比2010年的92.1%增长了1.4个百分点；其次是14—17周岁人群的图书阅读率为81.0%，比2010年的83.0下降了2个百分点。而0—8周岁人群的图书阅读率为75.2%，比2010年的74.3%增长了0.9个百分点。

对未成年人图书阅读量的分析发现，2011年我国14—17周岁未成年人课外图书的阅读量最大，为10.68本，比2010年的9.99本有所增加。其次为9—13周岁未成年人，人均课外图书阅读量为7.24本，比2010年的6.32本增加了0.92本；0—8周岁人群的人均课外图书阅读量为5.40本，比2010年的4.78本有所增加。可以看到，三个年龄段未成年人的人均图书阅读量均超过了18—70周岁成年人。

1.10 亲子阅读

对亲子早期阅读行为的分析发现，2011年我国0—8周岁儿童的家庭中，平时有陪孩子读书习惯的家庭占到85.9%，这些家庭中家长平均每天花费 24.15 分钟陪孩子读书，比 2010 年的 22.78 分钟略有增加。

此外，0—8 周岁儿童的家长平均每年大约带孩子逛书店 3.12 次，比 2010 年的 2.69 次略有增加。

二、抽样设计

2.1 调查目的

“全国国民阅读调查”项目是经国家新闻出版广电总局（原新闻出版总署）批准，由中国新闻出版研究院组织实施的一项大规模、连续性的基础性调查工程。

项目于每年年底在全国范围内开展入户抽样调查，该调查旨在全面了解我国国民的阅读与购买兴趣、偏好、方式、需求、行为等基本状况，分析、总结国民阅读与购买图书、报纸、期刊、音像制品、电子出版物、数字化阅读方式等的变化规律和发展趋势，从而为新闻出版管理机关制定新闻出版政策提供决策参考，为出版单位进行科学投资决策，有针对性地制定选题计划、组织营销等活动提供市场参考。

2.2 执行城镇

2.2.1 31 个自代表城镇

31 个自代表城镇：4 个直辖市，除港澳台地区以及西藏、新疆、海南以外的 24 个省会城镇，阅读活动持续开展的 3 个城镇，即苏州、厦门、深圳。

2.2.2 18个非自代表城镇

除以上31个自代表城市外，还有18个非自代表城市，具体如下表所示：

表1 第九次全国国民阅读调查非自代表城镇抽样

地域	省份	城镇
东部	河北省	衡水市
	辽宁省	鞍山市
	江苏省	南通市
	浙江省	衢州市
	山东省	青岛市
	广东省	茂名市
中部	山西省	运城镇
	吉林省	四平市
	安徽省	宿州市
	江西省	九江市
	河南省	平顶山市
	湖北省	宜昌市
	湖南省	湘潭市
西部	广西壮族自治区	百色市
	四川省	资阳市
	陕西省	咸阳市
	宁夏回族自治区	石嘴山市
	云南省	昭通市

2.2.3 样本量

本次调查设计样本量18600个，其中，农业样本4800个，非农业样本13800个。农业样本占到总数的25.8%。

2.3 抽样原则

第九次全国国民阅读调查采用抽样和入户访问分步执行的方式。前期抽样工作完成后，入户阶段访问员将依照入户登记表中所列户址信息进行调查。现将抽样工作的具体步骤说明如下：

本方案采用分层的六阶段不等概率抽样，各阶段的抽样单位为：

第一阶段：以人口数在50万以上的地级及以上城镇为一级抽样单位。

第二阶段：以区（市辖区）、县（市辖县）为二级抽样单位。

第三阶段：城镇样本以地图块为三级抽样单位，农村样本以乡镇以下行政村为三级抽样单位。

第四阶段：以家庭户为四级抽样单位。

第五阶段：以个人为最终样本（以KISH表①随机选取的家庭成员为最终样本）。

2.4 二级抽样单元的选取

对城区的抽样采用随机抽样，对郊区和郊县的抽样依据"就近原则"，抽取距离市中心最近的郊区或郊县。

对样本量为600的城镇，抽取4个主城区，1个郊区，1个县（县级市）。

对样本量为400的城镇，抽取2个城区，1个郊区，1个县（县级市）。

对样本量为300的城镇，抽取1个主城区，1个郊区，1个县。

---

① KISH表是美国著名抽样专家KISH创立的一种在确定了户之后，如何选择户内家庭成员的方法，它的原理与随机数表一致。

深圳只执行城镇样本，抽取 4 个城区。

2.5 城镇样本的选取

对城镇样本采用地图块抽样，具体步骤如下：

划分地图块：对每个城镇抽取出来的区县，在地图上按比例划好面积大致相同的若干方块。方块不宜太大，尽量控制在每个抽样员能在两个小时内走完。

对地图块进行编号：编号原则是：从左向右，从下向上依次编号。对于每个地图块，需要标出组成地图块边界的具体路名。

对地图块进行随机抽样。

抽取出的地图块分配到每个访问员。访问员按一定路线对地图块进行行走，按行走路线抄取地图块范围内的所有地址表。

对以上地址表行进编码和等距抽样，抽取最终访问到的家庭户。

入户之后，采用 KISH 表抽取最终参加访问的家庭成员。

2.6 农村样本的选取

农村地广人稀，没有密集的居住区和规划整齐的街道，不适合地图块抽样，因而农村样本以行政村为抽样单元，在抽中的行政村中抽取样本户。具体抽样方法如下：

在选取的每一个县级单位内，列出所辖的所有乡镇名称。

依据“就近原则”，选取离县中心最近的 2 个乡镇。

依据“就近原则”，在每一抽取出的乡镇中，选取离乡镇中心最近的 5 个行政村。在抽中的行政村中，以进村的第一户为起点，进行等距抽样，抽取需要访问的家庭户。入户之后，采用 KISH 表抽取最终访问到的家庭成员。

▌2.7　城镇/农村样本配额

由于农村地区的阅读状况是本调查关注的重点之一，一方面考虑执行调查的可行性，另一方面考虑调查样本的代表性，本次调查将城镇样本与农村样本的比例设计为 3∶1 的配额抽样。

为了加强具体调查执行过程的可操作性和数据的可控性，我们规定在市辖区内只抽取地图块为三级单元，并且只访问城镇样本；在市辖县内只抽取乡镇为三级单元，并且只访问农村样本。具体配额如下：

自代表城镇样本量为 600 的样本城镇，城镇∶农村＝5∶1

自代表城镇样本量为 400 的样本城镇，城镇∶农村＝3∶1

其他非自代表城镇样本量为 300 的样本城镇，城镇∶农村＝2∶1

最终设计样本分布情况为：东部、中部、西部地区的样本比例为 7600∶5700∶6300；城镇居民和农村居民的比例为 2.9∶1。

各省市城镇居民、农村居民的样本具体分布，如表 2 所示。

表 2　第九次全国国民阅读调查样本量分布

地域	省份	城镇	总样本	非农样本	农业样本
东部	北京	北京	600	500	100
	天津	天津	400	300	100
	河北	石家庄	400	300	100
		衡水	300	200	100
	辽宁	沈阳	400	300	100
		鞍山	300	200	100
	上海	上海	600	500	100
	江苏	南京	400	300	100
		苏州	400	300	100
		南通	300	200	100

续前表

地域	省份	城镇	总样本	非农样本	农业样本
东部	浙江	杭州	400	300	100
		衢州	300	200	100
	福建	福州	400	300	100
		厦门	400	300	100
	山东	济南	400	300	100
		青岛	300	200	100
	广东	广州	600	500	100
		深圳	400	400	0
		茂名	300	200	100
小计			7600	5800	1800
中部	山西	太原	400	300	100
		运城	300	200	100
	内蒙古	呼和浩特	400	300	100
	吉林	长春	400	300	100
		四平	300	200	100
	黑龙江	哈尔滨	400	300	100
	安徽	合肥	400	300	100
		宿州	300	200	100
	江西	南昌	400	300	100
		九江	300	200	100
	河南	郑州	400	300	100
		平顶山	300	200	100
	湖北	武汉	400	300	100
		宜昌	300	200	100
	湖南	长沙	400	300	100
		湘潭	300	200	100
小计			5700	4100	1600
西部	广西	南宁	400	300	100
		百色	300	200	100

续前表

地域	省份	城镇	总样本	非农样本	农业样本
西部	重庆	重庆	600	500	100
	四川	成都	400	300	100
		资阳	300	200	100
	贵州	贵阳	400	300	100
	云南	昆明	400	300	100
		昭通	300	200	100
	陕西	西安	400	300	100
		咸阳	300	200	100
	甘肃	兰州	400	300	100
	青海	西宁	400	300	100
	宁夏	银川	400	300	100
		石嘴山	300	200	100
小计			5300	3900	1400

2.8 统计推断

本次研究采用的抽样方法为多阶段分层不等概率抽样。由于是全国性大样本的调查，在各个阶段中使用了多种复杂抽样方法的组合，包括 PPS 抽样[①]、简单随机抽样、等距抽样、KISH 表抽样、典型抽样等。

由于抽样阶段很多，每个层次涉及到的抽样方法各不相同，在进行最终统计推断时非常复杂。为了简化参数估计的计算，对总体的推断有更加清晰的了解，我们将复杂的抽样过程简化为两个阶段：初级抽样单元（PSU），即抽取到的城镇；二级抽样单元

① PPS 为 Sampling with probability proportional to size 的缩写，即不等概率抽样。

(SSU)，即抽取到的最终样本——个人。

根据方差分析原理，对总体进行分层后，总体方差可以分解为两部分，一部分是层间方差，一部分是层内方差。初级抽样单元PSU之间的方差为层间方差；二级抽样单元SSU之间的方差为层内方差。两个层的方差估计过程如下：

第一阶段，城镇的抽取，采用的是PPS抽样。PPS抽样的估计，可直接应用汉森—赫维茨（Hansen-Hurwitz）估计量的公式进行计算。具体计算过程如下：

记Y_{ij}为总体的第i个群中第j个次级单元的观测值（$i=1, 2, \ldots, N$；$j=1, 2, \ldots, M_i$），其中M_i是群的大小。y_{ij}为样本中第i个群中第j个次级单元的观测值（$i=1, 2, \ldots, n$；$j=1, 2, \ldots, m_i$）其中m_i是群的大小。

总体总量Y的估计量为$\hat{Y}$。

$$\hat{Y}=\frac{1}{n}\sum_{i=1}^{n}\frac{y_i}{z_i}$$

总体总量估计量$\hat{Y}$的方差估计量V（$\hat{Y}$）。

$$V(\hat{Y})=\frac{1}{n}\sum_{i=1}^{N}Z_i\left(\frac{Y_i}{Z_i}-Y\right)^2 \qquad (1)$$

其中$Y_i=\sum_{i=1}^{M_i}Y_{ij}$，$y_i=\sum_{i=1}^{m_i}y_{ij}$，$Z_i=\frac{M_i}{M_o}$（$M_i$是分层抽样中群的大小，$M_o$是总体中所有群大小之和）。

第二阶段，从抽到的城镇中抽取访问的个体。这个过程分成了多个阶段，地图块的抽取采用简单随机抽样，从地图块抽取户采用等距抽样，从户中抽取最终访问的样本采用KISH表抽样。在这一阶段中虽然采用了多种抽样方法的结合，但这几种方法组合的抽样原理基本可以认为与分层随机抽样一致。因此在这一阶段，我们采用分层随机抽样的统计推断方法来对总体进行估计。

在抽中的PSU所含的全部M_i个SSU中抽取m_i个，总体方差的估计公式为

$$V(\hat{Y}) = \frac{1}{n}\sum_{i=1}^{N}\frac{M_i^2(1-f_i)S_i^2}{m_iZ_i} \tag{2}$$

其中S_i^2为第i个PSU中的SSU之间的方差。$fi=\frac{n_i}{N_i}$

非自代表城镇样本，通过以上两阶段抽取，在统计推断时其总体方差估计＝公式（1）＋公式（2）。

自代表城镇样本，没有经过抽取城镇的第一阶段，因此在统计推断时其总体方差仅来自于层内差，即公式（2）。

农业人口样本，在抽取县和行政村时，采用了就近抽样的典型抽样方法，这种方法的变异量要高于随机抽样，因此在估计农业人口样本的总体方差时，需要适当扩大公式（2）的值。

三、最终样本结构

本次调查最终录入数据库的有效问卷为18881份。其中成年人样本14334个，18周岁以下未成年人样本为4547个，未成年样本占到总样本的24.1%；有效采集城镇样本为13821个，农村样本为5060个，农村样本比例为26.8%。

经过样本加权，本次全部有效样本量可推及全国当时11.62亿的人口规模。加权后城乡结构为，城镇样本量占37.3%，农村样本量占62.7%。各年龄段样本分布情况如表3所示：

表3　各年龄段样本分布结构

类别	人口特征	0—8周岁	9—13周岁	14—17周岁	18—70周岁
样本量	—	2131	1182	1234	14334
性别	男	53.0%	53.6%	51.3%	44.0%
	女	47.0%	46.4%	48.7%	56.0%

续前表

类别	人口特征	0—8 周岁	9—13 周岁	14—17 周岁	18—70 周岁
样本城乡结构	城镇	69.3%	70.9%	75.8%	73.8%
	农村	30.7%	29.1%	24.2%	26.2%
加权后推及人口	—	134522441	118325273	79790824	829798077
加权后城乡结构	城镇	31.1%	28.6%	36.5%	39.6%
	农村	68.9%	71.4%	63.5%	60.4%

主体报告

第一部分

18—70 周岁成年人阅读与购买倾向调查报告

第九次国民阅读调查实际获取的18—70周岁成年人样本量为14334个。其中，男性成年人样本占44.0%，女性成年人样本占56.0%；城镇成年人样本占73.8%，农村成年人样本占26.2%。样本加权后可推及18—70周岁人口8.30亿人，加权后城乡结构比为1∶1.52，城镇人口占到39.6%，农村人口占到60.4%。样本总体结构和分城镇样本结构如表1、表2所示。

表1 实际样本结构与加权后样本结构

类别	人口特征	18—70周岁
样本量	—	14334
性别	男	44.0%
	女	56.0%
样本城乡结构	城镇	73.8%
	农村	26.2%
加权后推及人口	—	829798077
加权后城乡结构	城镇	39.6%
	农村	60.4%

表2 各抽样城镇城乡样本数量及所占比例明细表

城镇	城乡类型	样本量	样本所占比例
北京	城镇	344	76.8%
	农村	104	23.2%
天津	城镇	216	77.4%
	农村	63	22.6%
石家庄	城镇	240	77.4%
	农村	70	22.6%
衡水	城镇	153	65.1%
	农村	82	34.9%
沈阳	城镇	255	73.1%
	农村	94	26.9%
鞍山	城镇	175	67.0%
	农村	86	33.0%
南通	城镇	157	63.6%
	农村	90	36.4%

续前表

城镇	城乡类型	样本量	样本所占比例
上海	城镇	355	80.0%
	农村	89	20.0%
南京	城镇	256	75.1%
	农村	85	24.9%
苏州	城镇	235	74.4%
	农村	81	25.6%
金华	城镇	159	71.9%
	农村	62	28.1%
杭州	城镇	227	76.7%
	农村	69	23.3%
福州	城镇	242	73.1%
	农村	89	26.9%
厦门	城镇	231	75.0%
	农村	77	25.0%
青岛	城镇	160	67.5%
	农村	77	32.5%
济南	城镇	244	76.7%
	农村	74	23.3%
茂名	城镇	107	66.0%
	农村	55	34.0%
广州	城镇	341	76.5%
	农村	105	23.5%
深圳	城镇	333	100.0%
	农村	0	0.0%
运城	城镇	162	69.5%
	农村	71	30.5%
太原	城镇	216	72.7%
	农村	81	27.3%
四平	城镇	151	67.1%
	农村	74	32.9%
呼和浩特	城镇	199	69.8%
	农村	86	30.2%
西宁	城镇	239	79.9%
	农村	60	20.1%

续前表

城镇	城乡类型	样本量	样本所占比例
长春	城镇	243	76.4%
	农村	75	23.6%
哈尔滨	城镇	243	75.2%
	农村	80	24.8%
银川	城镇	213	74.7%
	农村	72	25.3%
合肥	城镇	193	69.4%
	农村	85	30.6%
宿州	城镇	105	63.6%
	农村	60	36.4%
石嘴山	城镇	174	68.8%
	农村	79	31.2%
南昌	城镇	244	78.7%
	农村	66	21.3%
郑州	城镇	237	74.8%
	农村	80	25.2%
平顶山	城镇	124	64.6%
	农村	68	35.4%
九江	城镇	187	74.2%
	农村	65	25.8%
武汉	城镇	263	75.1%
	农村	87	24.9%
宜昌	城镇	171	63.8%
	农村	97	36.2%
长沙	城镇	249	75.5%
	农村	81	24.5%
百色	城镇	194	70.8%
	农村	80	29.2%
南宁	城镇	261	73.3%
	农村	95	26.7%
重庆	城镇	385	83.3%
	农村	77	16.7%
成都	城镇	216	70.6%
	农村	90	29.4%

续前表

城镇	城乡类型	样本量	样本所占比例
湘潭	城镇	164	66.9%
	农村	81	33.1%
贵阳	城镇	150	73.5%
	农村	54	26.5%
昆明	城镇	246	79.4%
	农村	64	20.6%
资阳	城镇	172	65.9%
	农村	89	34.1%
昭通	城镇	134	68.7%
	农村	61	31.3%
西安	城镇	218	72.2%
	农村	84	27.8%
兰州	城镇	246	73.0%
	农村	91	27.0%
咸阳	城镇	143	65.0%
	农村	77	35.0%

第九次国民阅读调查仍采用入户问卷调查的方式，调查内容与往年调查基本保持一致。下面我们将分章节呈现18—70周岁成年人部分的国民阅读调查结论。

第一章
成年国民媒介接触及消费状况

1.1 成年国民媒介接触状况

1.1.1 媒介接触率

调查数据显示，近几年电视一直是成年国民中受众规模最大的媒介。2011 年，我国 18—70 周岁成年国民的电视接触率[①]为 95.6%，虽然这一数值比 2010 年的 96.6%下降了 1.0 个百分点，但仍远高于其他各类媒介。

其次是报纸，报纸的接触率为 53.0%，比 2010 年的 55.2%下降了 2.2 个百分点，但依旧是成年国民接触率第二高的媒介。

2011 年，我国 18—70 周岁成年国民的互联网接触率比 2010 年增加了 6.0 个百分点，达到 49.8%，并连续三年呈增长态势，互联网接触率与报纸接触率之间的差距也在进一步缩小。

各媒介的接触率具体情况，如表 1—1—1 所示。

---

① 课题组注：此处接触率为“平均接触率”，即媒介的工作日接触率与休息日接触率的平均值。

表 1—1—1　成年国民媒介接触率

媒介类型	平均接触率	工作日接触率	休息日接触率
电视	95.6%	93.9%	94.4%
报纸	53.0%	51.0%	47.6%
互联网	49.8%	48.1%	48.1%
期刊	34.4%	31.7%	29.6%
图书	31.3%	29.1%	27.3%
手机阅读（小说/新闻）	26.2%	25.0%	23.0%
广播	23.3%	21.6%	20.1%
音像出版物（CD/VCD/DVD/录音带等）	18.3%	16.0%	15.3%
MP3/MP4/MP5	16.3%	15.0%	13.5%
电子阅读器（电子书/电纸书等）	7.2%	6.2%	5.9%

值得注意的是，手机阅读的接触率相较于 2010 年的 20.9%，增加了 5.3 个百分点，达到 26.2%，并一跃超过广播和音像出版物，居于第六位。虽然电子阅读器仍为接触率最低的媒介，仅为 7.2%，但较 2010 年增加了近 3.0 个百分点。与上年相比，除电子阅读器外，其余各媒介的接触率均有不同程度的下降。这一现象从一定程度上表明，社会应用需求的增加推动了互联网和电子产品的普及，科学技术则为互联网和电子产品搭建了更为广阔的舞台，即为其提供了良好的技术支持，保证其功能的多样性和使用的便捷性。因而，互联网、手机和电子阅读器作为适应时代需求的媒介，有着巨大的发展潜力。

1.1.2　媒介接触时长及变化

如表 1—1—2 所示，从 2009 年至 2011 年，我国成年国民平均每天接触电视的时长逐年递减。调查数据显示，2011 年成年国民平均每天接触电视的时长为 95.41 分钟，比 2010 年减少了 3.49 分钟，比 2009 年减少了 4.36 分钟，但仍是成年国民接触时间最长的媒介。

与此同时，成年国民的期刊平均接触时长也逐年递减，接触时长从2009年的14.05分钟，降到了2011年的11.80分钟。

与电视和期刊的平均接触时长逐年递减相反，互联网的平均接触时长呈逐年递增态势，且增长速度较快，2011年突破了40.00分钟大关，达到47.53分钟。

2011年我国成年国民对手机阅读的平均接触时长达到13.53分钟，比2010年增加了3.21分钟。与其他媒介相比，手机阅读接触时长已超过期刊和广播，位居第五。

表1—1—2 成年国民每天接触各媒介的平均时长（分钟）

媒介类型	2011年	2010年	2009年
电视	95.41	98.90	99.77
互联网	47.53	42.73	31.34
报纸	22.00	23.69	19.27
图书	14.85	16.78	13.39
期刊	11.80	13.66	14.05
广播	11.24	11.57	7.67
手机阅读（小说/新闻）	13.53	10.32	5.52
音像出版物（CD/VCD/DVD/录音带等）	6.69	9.12	7.23
MP3/MP4/MP5	6.86	7.76	5.59
电子阅读器（电子书/电纸书）	3.11	1.75	—

1.1.3 媒介接触种类

为了研究成年国民的媒介接触种类，我们定义：如果一个被访者过去一年只接触了一种媒介，则计数为1；接触了两种媒介，则计数为2；以此类推，接触了N种媒介，则计数为N。据此计算，可以获知，2011年我国成年国民平均接触的媒介种类为3.53种。同时，不同人口特征的人群在接触的媒介种类数量上存在显著性差异。例如，年龄越小、学历越高的人群，平均接触的媒介种类数越多；收入较高的群体，接触的媒介种类数也相对较高。

从职业来看，“学生”“机关/事业单位干部”“教师”“军人/武警”“企业领导或管理人员”“律师/医生/IT 等专业技术人员”“公务员”接触的媒介种类均在 5 种以上。这在一定程度上表明，这些人群获取信息和所需知识的渠道多样，有能力获取更多的有用信息。从数据中也不难看出，上述人群的媒介接触种类显著高于“农民或农民工”以及“无业及失业人员”。

另外，2011 年的城乡居民媒介接触种类均比 2010 年有所增加，城镇居民平均接触的媒介种类达到 4.28 种，农村居民则为 3.03 种。

具体情况如表 1—1—3 所示。

表 1—1—3　不同人口特征人群的媒介接触种类

人口特征	类别	媒介接触种类
性别	男	3.64
	女	3.41
年龄	18—29 周岁	4.70
	30—39 周岁	3.72
	40—49 周岁	2.95
	50—59 周岁	2.32
	60—70 周岁	2.14
学历	博士研究生	4.70
	硕士研究生	5.69
	本科	5.47
	大专	5.18
	高中	4.11
	初中	2.90
	小学及以下	1.66
收入	无收入	3.28
	500 元以下	2.08

续前表

人口特征	类别	媒介接触种类
收入	500—1000元	2.57
	1001—1500元	3.08
	1501—2000元	3.66
	2001—3000元	4.14
	3001—4000元	4.55
	4001—5000元	4.54
	5001—6000元	4.81
	6001—7000元	4.67
	7001—8000元	5.19
	8001—10000元	5.05
	10000元及以上	5.26
	拒绝回答	4.41
职业或身份	工人/商业服务业人员	3.76
	企业领导或管理人员	5.16
	农民或农民工	2.30
	机关/事业单位干部	5.75
	一般职员/文员/秘书	4.54
	公务员	5.02
	军人/武警	5.40
	教师	5.43
	律师/医生/IT等专业技术人员	5.04
	私营或个体劳动者	3.73
	学生	5.80
	离退休人员	2.93
	无业及失业人员	2.79
	自由职业者	4.54
	其他	3.12
城乡	城镇	4.28
	农村	3.03

1.2　成年国民媒介使用目的

如表1—2—1所示，总的来看，我国成年国民更多倾向于利用电视、互联网和报纸来了解各类信息。其中，电视是了解各类信息最主要的渠道；有83.3%的成年国民表示，在其了解“国内外新闻时事”时会借助于电视；另有73.9%的成年国民表示会通过电视来了解“国内外观点和思潮”；在了解其他各类信息的渠道选择上，均有五成以上的成年国民表示，电视是其了解这些信息的主要媒介。

其次，互联网也是我国成年人了解各类信息的常用媒介。如表1—2—1所示，通过互联网了解各类信息的成年人均已超过三成，并且选择利用互联网获取各类信息的比例，均多于利用报纸获取各类信息的比例。其中，通过互联网来了解“时尚流行趋势”和“休闲娱乐信息”的比例，显著高于报纸。

此外，报纸也是成年国民了解各类信息时经常使用的媒介。在利用报纸了解各类信息的人群中，有35.2%的成年国民选择利用报纸获取“国内外新闻时事”方面的信息。

除了电视、互联网和报纸这三类强势媒介外，成年国民也习惯通过广播、手机、期刊、图书等媒介了解各类信息。通过广播了解“国内外新闻时事”和通过期刊了解“时尚流行趋势”信息的选择比例相对较高，而通过境外媒体、电子阅读器、音像出版物和电子出版物了解各类信息的选择比例较低。

通过已有数据我们可以看到，成年国民对“国内外新闻时事”的关注度非常高，有97.5%[①]的成年国民通过不同媒介了解这类信息。相对来看，时尚流行趋势和与工作学习有关的信息受关注度较低。

① 课题组注：该值计算方式为，1减去不通过任何媒介了解“国内外新闻时事”（即“无”）的比例。

表 1—2—1　成年国民了解各类信息时借助的媒介①

	国内外新闻时事	国内外观点和思潮	与工作学习有关的信息	生活/消费资讯	时尚流行趋势	休闲娱乐信息
电视	83.3%	73.9%	55.1%	65.9%	60.1%	65.1%
互联网	35.5%	34.1%	35.5%	34.4%	35.2%	36.6%
报纸	35.2%	27.6%	21.0%	22.2%	16.9%	15.9%
广播	9.1%	7.3%	5.5%	6.4%	4.8%	5.2%
手机	7.0%	5.7%	4.8%	6.0%	4.8%	7.1%
期刊	5.7%	5.7%	5.2%	7.8%	9.2%	6.6%
图书	1.8%	2.0%	6.3%	2.0%	1.4%	2.1%
境外媒体	0.3%	0.4%	0.3%	0.3%	0.3%	0.3%
电子阅读器	0.3%	0.2%	0.3%	0.2%	0.2%	0.4%
音像出版物（CD/VCD/DVD/录音带等）	0.2%	0.6%	0.6%	0.3%	0.5%	2.7%
电子出版物（如游戏/软件等）	0.1%	0.2%	0.3%	0.2%	0.3%	0.4%
MP3/MP4/MP5	0.1%	0.1%	0.1%	0.2%	0.4%	1.4%
其他	0.2%	0.2%	0.6%	0.6%	0.6%	0.7%
无	2.5%	7.7%	14.7%	10.8%	16.0%	11.7%

如表 1—2—2 所示，从城乡对比来看，城镇居民和农村居民在了解各类信息时，所选取的媒介渠道存在显著性差异。虽然城镇居民和农村居民都倾向于选择通过电视了解各类信息，但城镇居民除利用电视外，通过其他媒介了解各类信息的比例也比较高，尤其是互联网和报纸在城镇居民了解各类信息时，发挥了较大的作用，城镇居民中通过互联网获取各类信息的比例已超过报纸。

调查数据显示，农村居民通过互联网获取各类信息的比例，已

① 课题组注：表中百分比的意义是在了解某类信息的人群中选择某一媒介作为获取这类信息的渠道的人群所占的百分比。例如，在了解“国内外新闻时事”的人群中，有 88.5%的人选择“国内电视”作为获取这类信息的途径。

全面超过报纸。农村居民通过互联网了解国内外各种信息更加便利，对于促进农村经济的进一步发展有着积极的推动作用。

除此之外，表 1—2—2 中的数据显示，农村居民利用广播了解各类信息的比例均高于城镇居民。广播作为传统的电波媒介，是农村居民获取各类信息的主要渠道，因而农村居民的广播使用比例高于城镇居民。具体情况如表 1—2—2 所示。

表 1—2—2　城乡居民了解各类信息时借助的媒介

	国内外新闻时事		国内外观点和思潮		与学习工作有关的信息		生活/消费资讯		时尚流行趋势		休闲娱乐信息	
	城镇	农村	城镇	农村	城镇	农村	城镇	农村	城镇	农村	城镇	农村
电视	80.8%	85.0%	72.1%	75.1%	49.2%	59.0%	64.7%	66.7%	57.4%	61.8%	61.2%	67.6%
互联网	53.6%	23.7%	52.4%	22.1%	53.5%	23.7%	52.6%	22.4%	52.4%	23.9%	54.6%	24.8%
报纸	53.1%	23.5%	41.7%	18.4%	31.2%	14.2%	34.3%	14.2%	25.2%	11.5%	23.1%	11.1%
广播	7.7%	10.0%	6.3%	8.0%	4.4%	6.2%	5.9%	6.8%	4.4%	5.0%	4.8%	5.6%
杂志	7.5%	4.6%	8.7%	3.8%	7.2%	3.9%	11.6%	5.4%	14.5%	5.6%	10.0%	4.4%
手机	7.3%	6.7%	6.2%	5.5%	5.5%	4.4%	6.1%	6.0%	5.2%	4.5%	7.2%	7.1%
图书	2.2%	1.6%	2.6%	1.6%	9.8%	4.0%	3.2%	1.3%	1.9%	1.1%	2.6%	1.7%
境外媒体	0.6%	0.1%	0.7%	0.2%	0.4%	0.2%	0.4%	0.3%	0.4%	0.1%	0.3%	0.4%
电子阅读器	0.3%	0.2%	0.3%	0.1%	0.4%	0.2%	0.3%	0.1%	0.4%	0.1%	0.5%	0.4%
音像出版物（CD/VCD/DVD/录音带等）	0.2%	0.2%	0.5%	0.7%	0.6%	0.5%	0.4%	0.3%	0.5%	0.5%	2.0%	3.1%
电子出版物（如游戏/软件等）	0.2%	0.1%	0.2%	0.1%	0.5%	0.2%	0.3%	0.1%	0.4%	0.2%	0.7%	0.1%
MP3/MP4/MP5	0.1%	0.2%	0.1%	0.1%	0.2%	0.1%	0.2%	0.2%	0.4%	0.4%	1.5%	1.3%
其他	0.2%	0.3%	0.2%	0.3%	0.3%	0.7%	0.4%	0.7%	0.3%	0.8%	0.4%	0.8%

1.3　成年国民使用各种阅读载体的场所

调查数据显示，“家中”“学校或单位”这些与个人生活、学习或工作联系最为密切的地方，是成年国民最为经常的阅读场所，且这些场所都具有适合阅读的氛围。有 46.8%的成年国民通常在家中看报纸，有46.6%的成年国民通常在家中进行上网阅读，有超过三成的成年人乐于在家中阅读图书（33.9%）和期刊（32.7%）。有两成左右的成年国民习惯于在“学校或单位”进行报纸阅读（21.3）和上网阅读（17.0%）。

另外，由于手机、MP3/MP4/MP5等载体携带方便，因而除了“家庭”“学校或单位”外，也有相当多的成年国民在乘坐交通工具时使用这些阅读载体进行阅读，2011年，乘坐交通工具时使用手机进行阅读的成年国民比例多于其他媒介。具体情况如表1—3—1所示。

表1—3—1 各种阅读载体的使用场所

	图书阅读	期刊阅读	报纸阅读	上网阅读	手机阅读（小说/新闻）	MP3/MP4/MP5阅读	电子阅读器（电子书/电纸书）
家中	33.9%	32.7%	46.8%	46.6%	21.1%	9.6%	4.9%
学校或单位	9.4%	13.1%	21.3%	17.0%	8.7%	3.3%	1.7%
书店	4.1%	2.3%	0.9%	0.5%	0.3%	0.2%	0.1%
图书馆	4.0%	1.5%	0.7%	0.2%	0.3%	0.2%	0.1%
乘交通工具时	1.0%	2.3%	4.0%	1.1%	9.5%	6.1%	1.4%
网吧	0.7%	0.4%	0.3%	5.9%	0.4%	0.3%	0.3%
其他地点	0.7%	0.9%	2.3%	0.2%	0.3%	0.3%	0.1%

1.4 成年国民媒介消费状况

1.4.1 2011年我国出版业基本情况

据新闻出版总署2012年9月公布的“2011年全国新闻出版业基本情况”① 显示，2011年我国新闻出版业发展势头良好。为呈现这一年度我国出版业的基本发展情况，现将其中的部分数据摘录如下：

2011年，全国出版图书、期刊、报纸总印张为3099.23亿印

① 数据来源：新闻出版总署网站。

张，折合用纸量717.01万吨，与2010年相比用纸量增长5.58%。其中：书籍用纸占总量11.80%，课本用纸占总量8.95%，图片用纸占总量0.01%，附录用纸占总量0.04%；期刊用纸占总量6.32%；报纸用纸占总量72.88%。

1.4.1.1 图书出版情况

2011年，全国共有出版社580家（包括副牌社33家），其中中央级出版社220家（包括副牌13家），地方出版社360家（包括副牌20家）。2011年全国共出版图书369523种，其中新版图书207506种，重版、重印162017种，总印数77.05亿册（张），总印张634.51亿印张，折合用纸量149.11万吨，定价总金额1063.06亿元。与2010年相比，图书品种增长12.53%，新版图书品种增长9.62%，重版、重印图书品种增长16.48%，总印数增长7.46%，总印张增长4.65%，定价总金额增长13.57%。

1.4.1.2 期刊出版情况

2011年，全国共出版期刊9849种，平均期印数16880万册，总印数32.85亿册，总印张192.73亿印张，定价总金额238.43亿元，折合用纸量45.28万吨。与2010年相比，期刊种数下降0.35%，平均期印数增长3.25%，总印数增长2.17%，总印张增长6.44%，定价总金额增长9.53%。

1.4.1.3 报纸出版情况

2011年，全国共出版报纸1928种，平均期印数21517.05万份，总印数467.43亿份，总印张2271.99亿印张，定价总金额400.44亿元，折合用纸量522.56万吨。与2010年相比，报纸种数降低0.57%，平均期印数增长0.37%，总印数增长3.38%，总印张增长5.77%，定价总金额增长8.91%。

1.4.1.4 音像制品及电子出版物情况

全国共有音像制品出版单位369家，电子出版物出版单位268

家。2011 年全国共出版录音制品 9931 种，出版数量 2.46 亿盒（张），发行数量 2.60 亿盒（张），发行总金额 10.35 亿元。与 2010 年相比，录音制品品种下降 6.65%，出版数量增长 3.30%，发行数量增长 1.43%，发行总金额下降 14.28%。

2011 年共出版录像制品 9477 种，出版数量 2.18 亿盒（张），发行数量 1.28 亿盒（张），发行总金额 7.91 亿元。与 2010 年相比，录像制品品种下降 13.16%，出版数量增长 17.59%，发行数量增长 7.97%，发行总金额下降 1.72%。

2011 年共出版电子出版物 11154 种，21322.22 万张。与 2010 年相比，电子出版物品种下降 0.19%，数量下降 17.71%。其中：只读光盘（CD-ROM）7546 种、15919.66 万张。与 2010 年相比品种下降 1.53%，数量下降 29.09%。高密度只读光盘（DVD-ROM）2747 种、3995.4 万张，与 2010 年相比品种下降 0.18%，数量增长 47.19%。交互式光盘（CD-I）及其他 861 种、1407.17 万张，与 2010 年相比，品种增长 13.29%，数量增长 88.14%。

1.4.1.5 出版物发行情况

2011 年，全国共有出版物发行网点 168586 处，与 2010 年相比增长 0.42%。其中，国有书店和国有发行网点 9513 处，与 2010 年相比降低了 4.73%；供销社发行网点 997 处，与 2010 年相比降低 34.41%；出版社自办发行网点 447 处，与 2010 年相比降低 3.25%；文化、教育、广电、邮政系统发行网点 36455 处，与 2010 年相比降低 7.15%；新华书店系统外批发网点 7141 处，与 2010 年相比增长了 10.15%；集个体零售网点 113932 处，与 2010 年相比增长 3.58%。

1.4.1.6 出版物购进与销售

2011 年，全国新华书店系统、出版社自办发行单位出版物总购进 184.06 亿（册张份盒）、2024.89 亿元；与 2010 年相比，数量增长6.68%，金额增长14.05%。其中，新华书店系统购进123.50亿(册张份盒)，与2010年相比增长8.42%，购进金额1078.02亿元，与2010年相比增长10.65%。

全国新华书店系统、出版社自办发行单位出版物总销售178.17亿册（张、份、盒)、1953.49亿元；与2010年相比，数量增长4.99%，金额增长11.36%。其中，新华书店系统销售117.51亿册(张、份、盒)、1040.40亿元；与2010年相比，数量增长5.76%，金额增长8.64%。

1.4.1.7 出版物进出口

1.4.1.7.1 图书、报纸、期刊进出口

2011年，全国累计出口（包括全国出版物进出口经营单位的出口和部分出版单位、发行单位的出口，系不完全统计。后同。）图书、报纸、期刊出口1056800种次、1549.17万册（份)、5894.12万美元。其中，全国出版物进出口经营单位累计出口914726种次、1144.18万册（份)、3905.51万美元。与2010年相比，种次下降4.21%，数量增长21.00%，金额增长5.24%。

其中，图书出口878174种次、855.76万册、3276.61万美元，与2010年相比，种次下降3.85%，数量增长21.00%，金额增长1.38%。期刊出口36018种次、252.89万册、573.44万美元，与2010年相比，种次下降12.29%，数量增长29.83%，金额增长35.25%。报纸出口534种次、35.52万份、55.46万美元，与2010年相比，种次下降4.81%，数量下降18.56%，金额增长1.01%。

全国出版物进出口经营单位累计进口图书、报纸、期刊1119975种次、2979.88万册（份)、28373.26万美元。与2010年相比，种次增长27.31%，数量增长3.40%，金额增长9.09%。其中，图书进口1042288种次、754.85万册、11666.91万美元，与2010年相比，种次增长29.30%，数量增长32.76%，金额增长

24.09%。期刊进口 76337 种次、439.93 万册、13906.17 万美元，与 2010 年相比，种次增长 5.94%，数量增长 4.58%，金额增长 0.56%。报纸进口 1350 种次、1785.10 万份、2800.18 万美元，与 2010 年相比，种次下降 14.66%，数量下降 5.68%，金额增长 0.81%。

1.4.1.7.2 音像制品、电子出版物进出口

2011 年，全国累计出口音像制品、电子出版物 430378 种次、8.32 万盒（张）、1502.43 万美元。其中，全国出版物进出口经营单位累计出口 8077 种次、7.71 万盒（张）、35.17 万美元；与 2010 年相比，种次下降 21.98%，数量下降 92.43%，金额下降 25.41%。

2011 年，全国出版物进出口经营单位累计进口音像制品、电子出版物 14553 种次、39.63 万盒（张）、14134.78 万美元；与 2010 年相比，种次下降 42.40%，数量下降 37.05%，金额增长 24.18%。

1.4.1.8 版权贸易

2011 年，全国共引进版权 16639 种，其中图书 14708 种，录音制品 278 种，录像制品 421 种，电子出版物 185 种，软件 273 种，电影 37 种，电视节目 734 种，其他 3 种。

全年共输出版权 7783 种，其中图书 5922 种，录音制品 130 种，录像制品 20 种，电子出版物 125 种，软件 5 种，电影 2 种，电视节目 1559 种，其他 20 种。

1.4.2 成年国民自费消费出版物情况

为跟踪了解国内出版物的个人消费情况，我们在第九次国民阅读调查中依然对成年国民的图书、报纸、期刊、VCD/DVD、盒式录音带、CD-ROM、CD、手机报和电子书的消费数量、消费金额进行了调查，具体到各类出版物的消费情况如下所述。

1.4.2.1 各类出版物消费情况

调查数据显示，在各类出版物中，2011 年我国成年国民购买率最高的出版物是报纸，其购买率达到 37.7%，但相较于 2010 年的 39.6%，下降了 1.9 个百分点。图书、期刊的购买率位居第二、三位，分别为 26.6%和 22.5%。与 2010 年相比，这两类出版物的购买率也有不同程度的下降。VCD/DVD、CD、CD-ROM 和盒式录音带等音像出版物的购买率仍旧相对较低，除 VCD/DVD 的购买率达到 12.4%外，其余音像出版物的购买率均低于 10%，盒式录音带仅有 1.3%的购买率。

值得注意的是，新型阅读方式“电子书/E-book”的购买率延续了 2009 年至 2010 年的增长趋势，2011 年达到 2.5%的购买率。相较于“电子书/E-book”购买率的持续增长，同样作为新型阅读方式的“手机报”，却未能实现购买率的连续增长，其 2011 年的购买率仅有 8.3%，比 2010 年下降了 1.1 个百分点。

从整体上看，无论是“电子书/E-book”购买率的持续增长，还是“手机报”购买率的下降，这两类出版物的购买率总和也仅有 10%左右，所占份额甚小。

表 1—4—1 各类出版物购买率

	2011 年	2010 年	2009 年
报纸	37.7%	39.6%	31.2%
图书	26.6%	27.0%	26.8%
期刊	22.5%	26.4%	25.6%
VCD/DVD	12.4%	17.2%	14.6%
手机报	8.3%	9.4%	6.1%
CD	3.7%	4.4%	3.3%
电子书/E-book	2.5%	2.1%	1.7%
CD-ROM	2.3%	1.2%	1.0%
盒式录音带	1.3%	1.1%	1.4%

1.4.2.2 图书消费情况

调查数据显示，不同人口特征的成年国民在自费图书消费的数量和金额上，均存在显著差异。

具体来说，2011 年我国成年男性人均自费购买图书 2.08 本，略低于成年女性的人均自费图书购买量（2.10 本），并且相较于 2010 年成年男性人均 2.66 本的自费图书购买量，减少了 0.58 本。与此同时，2011 年我国成年男性的人均自费图书消费金额仅有 42.54 元，但仍高于成年女性的人均自费图书消费金额（37.61 元）。

从不同年龄段来看，人均自费图书购买量和自费图书消费金额随着年龄的增加而逐渐减少，其中 18—29 周岁年龄段人群的人均自费图书购买量和自费图书消费金额均为最高，分别为 2.68 本和 53.88 元。

从学历上看，图书消费数量与图书消费金额基本上随学历的升高而有所增加，其中硕士研究生学历人群的人均自费购书量和人均自费图书消费金额均为最高，分别为 10.24 本和 348.71 元。

从职业或身份来看，“教师”群体的图书自费消费数量最多，达到 7.61 本；其次为“公务员”群体的 6.75 本。从图书自费消费金额来看，“公务员”群体的图书自费消费金额最高，达到 166.68 元；其次为“教师”群体，其图书自费消费金额为 154.22 元。

从城乡对比来看，城镇居民的人均自费购书量为 3.13 本，远高于农村居民的 1.41 本，并且城镇居民的人均自费图书消费金额，也大大高于农村居民。具体情况如表 1—4—2 所示。

表 1—4—2　不同人口特征人群的自费图书消费情况

人口特征	类别	自费图书消费数量（本）	自费图书消费金额（元）
性别	男	2.08	42.54
	女	2.10	37.61

续前表

人口特征	类别	自费图书消费数量（本）	自费图书消费金额（元）
年龄	18—29 周岁	2.68	53.88
	30—39 周岁	2.55	45.17
	40—49 周岁	1.85	34.96
	50—59 周岁	1.04	22.52
	60—70 周岁	0.85	17.49
学历	博士研究生	7.44	123.60
	硕士研究生	10.24	348.71
	本科	5.74	128.74
	大专	3.79	77.58
	高中	2.29	38.40
	初中	1.12	18.59
	小学及以下	0.43	6.64
职业或身份	工人或商业/服务业人员	1.39	27.34
	企业领导或管理人员	5.48	133.22
	农民或农民工	0.83	12.29
	事业单位干部	5.91	101.17
	一般职员/文员/秘书	2.40	59.10
	公务员	6.75	166.68
	军人/武警	4.12	144.24
	教师	7.61	154.22
	律师/医生/IT 等专业技术人员	5.43	110.05
	私营或个体劳动者	2.87	42.65
	学生	3.73	72.65
	离退休人员	1.28	29.81
	无业及失业人员	1.68	31.89

续前表

人口特征	类别	自费图书消费数量（本）	自费图书消费金额（元）
职业或身份	自由职业者	3.10	50.28
	其他	2.23	44.26
城乡	城镇	3.13	65.83
	农村	1.41	23.25

1.4.2.3 报纸消费情况

调查数据显示，不同性别、年龄、学历和职业的成年国民，在报纸消费种类和消费金额上存在着较大差异。

具体来看，成年男性人均自费报纸购买种类为1.42种，是成年女性（0.61种）的两倍多。成年男性的人均自费报纸消费金额为65.73元，远高于成年女性的人均自费报纸消费金额（52.79元）。

从不同年龄段来看，40—49周岁年龄段人群的人均自费报纸购买种类和人均自费报纸消费金额均高于其他年龄人群，分别为2.36种和70.11元。此外，18—29周岁年龄段成年人的人均自费报纸购买种类，虽略高于50—70周岁年龄段，但人均自费报纸消费金额却低于50—70周岁年龄段的成年人。

从学历来看，人均自费报纸购买种类与受教育程度并无直接关系。人均自费报纸购买种类最多的为“小学及以下”学历的人群，人均自费购买报纸1.71种。“博士研究生”学历人群的人均自费报纸消费金额仅高于初中和小学及以下学历人群。相较之下，大专学历人群的人均自费报纸消费金额最多，为95.98元。

从职业或身份来看，“学生”的人均自费报纸购买种类最多，达到7.52种，但人均自费报纸消费金额却相对较低，仅为32.64元。

城乡居民在人均自费报纸购买种类和人均自费报纸消费金额

上，也存在着显著性差异。城镇居民的人均自费报纸购买种类为1.15种，略高于农村居民的0.95种。城镇居民的人均自费报纸消费金额（94.46元）远高于农村居民的36.40元。具体情况如表1—4—3所示。

表1—4—3　不同人口特征人群自费报纸消费情况

人口特征	类别	自费报纸消费种类（种）	自费报纸消费金额（元）
性别	男	1.42	65.73
	女	0.61	52.79
年龄	18—29周岁	0.73	43.60
	30—39周岁	0.73	63.73
	40—49周岁	2.36	70.11
	50—59周岁	0.65	64.58
	60—70周岁	0.62	67.80
学历	博士研究生	0.48	58.72
	硕士研究生	1.15	90.21
	本科	0.97	93.70
	大专	1.05	95.98
	高中	0.98	80.33
	初中	0.66	43.65
	小学及以下	1.71	17.73
职业或身份	工人或商业/服务业人员	0.98	68.77
	企业领导或管理人员	1.21	126.79
	农民或农民工	0.34	23.28
	事业单位干部	1.09	124.42
	一般职员/文员/秘书	0.99	98.96
	公务员	0.77	96.08

续前表

人口特征	类别	自费报纸消费种类（种）	自费报纸消费金额（元）
职业或身份	军人/武警	0.88	112.49
	教师	1.07	119.18
	律师/医生/IT等专业技术人员	0.96	70.01
	私营或个体劳动者	0.99	73.01
	学生	7.52	32.64
	离退休人员	1.47	128.18
	无业及失业人员	0.45	39.83
	自由职业者	0.57	47.70
	其他	0.67	64.17
城乡	城镇	1.15	94.46
	农村	0.95	36.40

1.4.2.4 期刊消费情况

调查数据显示，从性别上看，我国成年男性和成年女性的人均自费期刊消费金额差异并不大。成年男性的人均自费期刊消费金额为19.53元，略低于成年女性的20.45元，但成年男性的人均自费期刊购买种类却多于成年女性，达到1.06种。

从不同年龄段来看，人均自费期刊购买种类与年龄大小并无直接关系，但人均自费期刊消费金额却随着年龄的增加而逐渐减少，这在一定程度上说明，年轻人购买期刊的积极性更高。

从学历来看，人均自费期刊购买种数和人均自费期刊消费金额，基本随着学历的升高而不断增加。值得注意的是，“小学及以下”学历人群的人均自费期刊购买种类，仅次于“博士研究生”学历人群的1.86种，达到1.46种；而在人均自费期刊消费金额方面，“博士研究生”学历人群的人均自费期刊消费金额，仅为36.31元，远低于“硕士研究生”学历人群的116.17元。

从职业或身份来看，学生的人均自费期刊购买种类最多，达到 7.79 种。从不同职业成年人的人均自费期刊消费金额可以看出，“企业领导或管理人员”的人均自费期刊消费金额最高，为 67.38 元。

从城乡来看，2011 年城乡居民人均期刊购买种类差距较小，农村居民的人均自费期刊购买种类，仅比城镇居民少 0.02 种，但城镇居民人均自费期刊消费金额，却是农村居民的三倍左右。具体情况见表 1—4—4。

表 1—4—4　不同人口特征人群的期刊消费情况

人口特征	类别	期刊自费消费种类（种）	期刊自费消费金额（元）
性别	男	1.06	19.53
	女	0.62	20.45
年龄	18—29 周岁	0.90	26.71
	30—39 周岁	0.60	22.96
	40—49 周岁	1.83	17.48
	50—59 周岁	0.25	11.01
	60—70 周岁	0.19	7.63
学历	博士研究生	1.86	36.31
	硕士研究生	1.34	116.17
	本科	1.37	59.72
	大专	1.20	43.46
	高中	0.70	22.49
	初中	0.30	7.87
	小学及以下	1.46	1.11
职业或身份	工人或商业/服务业人员	0.46	14.53
	企业领导或管理人员	1.25	67.38
	农民或农民工	0.20	5.94
	事业单位干部	1.06	46.44

续前表

人口特征	类别	期刊自费消费种类（种）	期刊自费消费金额（元）
职业或身份	一般职员/文员/秘书	1.02	38.30
	公务员	0.94	47.56
	军人/武警	0.96	42.77
	教师	1.28	58.24
	律师/医生/IT等专业技术人员	1.25	51.70
	私营或个体劳动者	0.71	21.40
	学生	7.79	28.49
	离退休人员	0.36	15.95
	无业及失业人员	0.39	11.62
	自由职业者	0.80	25.87
	其他	0.58	27.10
城乡	城镇	0.86	33.48
	农村	0.84	11.10

通过从不同角度对18—70周岁的成年国民进行划分来考量该年龄段人群在图书、期刊、报纸三类出版物上的消费情况，可以看出这三类传统出版物在城乡上的消费差异最为明显。农村居民在这三类出版物上的消费种类和消费金额均明显少于城镇居民。当前数字出版产业方兴未艾，并对传统出版产业形成冲击，广阔的农村市场开发能否为传统出版业带来新的发展空间，为传统出版业注入新的发展动力，这些都值得我们进一步思考和研究。

第二章 成年国民图书阅读状况与购买倾向

2.1 成年国民阅读状况及变化

2.1.1 阅读重要性认知

调查数据显示，我国有近七成（68.9%）的成年国民认为，阅读对其个人的生存和发展来说是重要的（“非常重要”或“比较重要”），而明确表示阅读对其个人的生存和发展不重要的（“比较不重要”或“非常不重要”）比例较低，仅为3.5%，这说明我国成年国民对阅读作用的重要性认知程度较高。具体情况如图2—1—1所示。

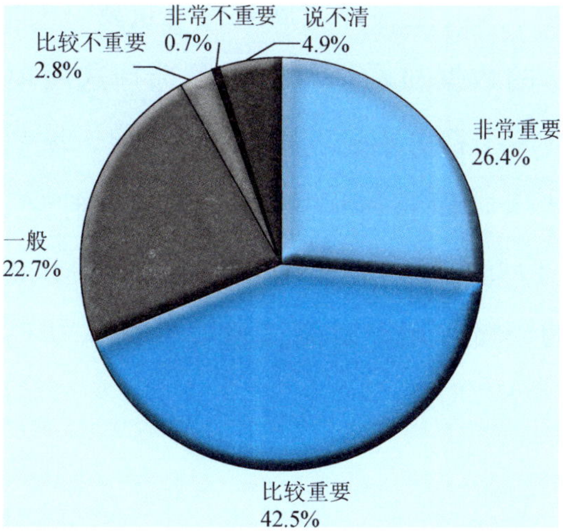

图2—1—1　成年国民对阅读重要性的认知

通过对各年龄段人群阅读重要性认知情况的考察发现，18—70周岁成年国民中，认为阅读对于个人的生存和发展来说重要（“非常重要”或“比较重要”）的比例均超过60.0%，18—29周岁群体对阅读重要性的认知显著高于其他年龄段。

表2—1—1　各年龄段人群对阅读重要性认知的选择比例

年龄段	非常重要	比较重要	一般	比较不重要	非常不重要	说不清
18—29周岁	29.9%	44.7%	20.5%	1.6%	0.4%	2.9%
30—39周岁	28.5%	40.9%	23.1%	2.9%	0.3%	4.3%
40—49周岁	25.1%	38.6%	24.2%	3.8%	0.7%	7.8%
50—59周岁	24.8%	38.7%	23.4%	2.8%	1.0%	9.3%
60—70周岁	26.7%	36.6%	20.0%	2.8%	2.0%	11.9%

从城乡对比来看，城镇居民认为阅读对于个人的生存和发展来说“非常重要”或“比较重要”的比例为71.1%，高于农村居民的66.7%。其中，城镇居民认为阅读“非常重要”的比例较2010年下降了3.4个百分点，认为阅读“比较重要”的比例较2010年上升了1.5个百分点。相较之下，农村居民认为阅读“非常重要”的比例较2010年下降了2.4个百分点，认为阅读“比较重要”的比例较2010年上升了2.5个百分点。

关于阅读对个人的生存和发展来说不重要（“非常不重要”或“比较不重要”）的数据显示，城镇居民选择这两项认知的比例较农村居民高出0.6个百分点。与2010年相比，城镇居民选择这两项的比例变化不大，而农村居民的选择比例则较2010年下降了1.8个百分点。由此可见，越来越多的农村居民认识到阅读对于个人生存和发展的积极作用，对阅读重要性的认知也得到了进一步的提升。

表 2—1—2　城乡居民的阅读重要性认知的评价

年份	地域	城乡居民对阅读重要性认知评价					
		非常重要	比较重要	一般	比较不重要	非常不重要	说不清
2011 年	城镇	23.6%	47.5%	21.2%	3.2%	0.5%	4.1%
	农村	30.2%	36.5%	23.0%	2.3%	0.8%	7.2%
2010 年	城镇	27.0%	46.0%	19.7%	3.0%	0.6%	3.8%
	农村	32.6%	34.0%	21.7%	3.9%	1.0%	6.8%

从性别来看，男性和女性成年国民在阅读重要性的认知上差异不大。从受教育程度来看，受教育程度越高的群体，普遍认为阅读重要的比例相对较高。此外，“博士研究生”群体认为阅读重要的比例低于其他群体。

表 2—1—3　不同性别、学历群体的阅读重要性认知

人口特征		非常重要	比较重要	一般	比较不重要	非常不重要	说不清
性别	男	27.6%	40.5%	23.4%	2.7%	0.6%	5.2%
	女	27.6%	41.3%	21.0%	2.6%	0.8%	6.7%
学历	博士研究生	8.3%	42.1%	49.6%	0.0%	0.0%	0.0%
	硕士研究生	46.4%	40.7%	12.0%	0.0%	0.0%	0.0%
	本科	37.7%	44.7%	14.7%	1.1%	0.1%	1.7%
	大专	30.5%	47.5%	17.2%	1.7%	0.2%	2.9%
	高中	24.2%	45.8%	22.7%	2.4%	0.4%	4.6%
	初中	23.9%	40.3%	25.7%	3.6%	1.0%	5.4%
	小学及以下	31.6%	28.3%	23.5%	3.0%	1.2%	12.3%

2.1.2　综合阅读率

2011 年，我国 18—70 周岁成年国民包括书报刊和数字出版物在内的各种媒介的综合阅读率为 77.6%，比 2010 年的 77.1%增加了 0.5 个百分点。其中，图书阅读率为 53.9%，比 2010 年的 52.3%增加了 1.6 个百分点；报纸阅读率为 63.1%，较 2010 年的 66.8%下降了 3.7 个百分点；期刊阅读率为 41.3%，较 2010 年的

46.9%下降了5.6个百分点。数字化阅读方式（网络在线阅读、手机阅读、电子阅读器阅读、光盘阅读、PDA/MP4/MP5阅读等）的接触率为38.6%，比2010年的32.8%上升了5.8个百分点。具体情况如图2—1—2所示。

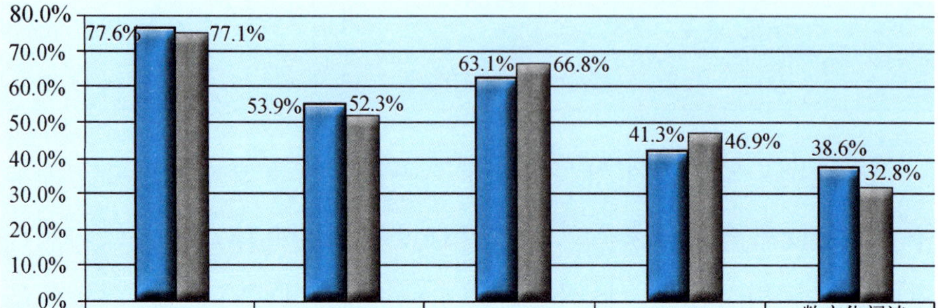

	综合阅读率	图书阅读率	报纸阅读率	期刊阅读率	数字化阅读方式接触率
2011年	77.6%	53.9%	63.1%	41.3%	38.6%
2010年	77.1%	52.3%	66.8%	46.9%	32.8%

图2—1—2　综合阅读率比较

从对书报刊的数字化阅读方式的接触情况分析来看，我国18—70周岁成年国民的电子书阅读率为16.8%，电子报和电子期刊的阅读率分别为8.2%和5.9%。

2.1.3　图书阅读率

如图2—1—3所示，2011年我国18—70周岁成年国民的图书阅读率为53.9%①，较2010年有所提高。调查数据显示，我国18—70周岁成年国民的图书阅读率一度从2001年的54.2%，下降至2005年的48.7%，经历过连续两年的下降之后，图书阅读率一直处于缓步提升之中。2011年，我国18—70周岁成年国民的图书阅读率已回升至53.9%，与2001年基本持平。在这十年间，随着经济

① 课题组注："图书阅读率"在本报告中使用的是狭义的概念，即2011年读过图书的读者总体在我国成年识字人口总体中的百分比。在接下来的成年人报告中，除特殊说明外，我们采用的数据均为成年识字人口的数据。

浪潮的冲击，成年国民对图书阅读的热情经历了由高至低，又从谷底缓慢爬升的过程，这一定程度上代表了社会文化的发展趋势，也间接体现了中国特色社会主义价值观的演变过程。

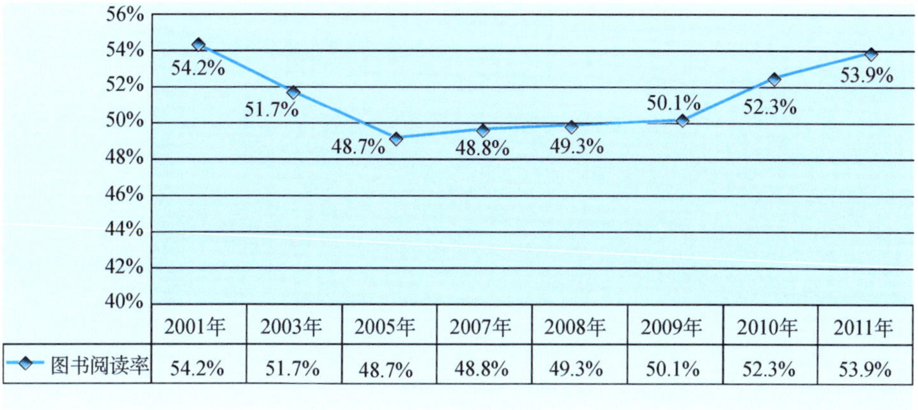

图 2—1—3　图书阅读率历年变化趋势

第九次国民阅读调查显示，不同人口特征群体之间的图书阅读率存在不同程度的差异。如表 2—1—4 所示。

表 2—1—4　不同人口特征群体的图书阅读率

人口特征	类　别	图书阅读率
性别	男	57.0%
	女	50.5%
城乡	城镇	63.3%
	农村	47.3%
年龄	18—29 周岁	77.6%
	30—39 周岁	56.0%
	40—49 周岁	39.2%
	50—59 周岁	28.2%
	60—70 周岁	26.1%
学历	博士研究生	65.3%
	硕士研究生	94.5%
	本科	88.4%
	大专	82.3%
	高中	62.2%

续前表

人口特征	类　别	图书阅读率
学历	初中	40.8%
	小学及以下	16.8%
收入	无收入	43.4%
	500 元以下	19.7%
	501—1000 元	27.5%
	1001—1500 元	30.8%
	1501—2000 元	33.1%
	2001—3000 元	43.7%
	3001—5000 元	52.9%
	5000—8000 元	54.2%
	8000—10000 元	57.3%
	10000 元以上	58.3%
	拒绝回答	64.1%
职业或身份	学生	76.6%
	教师	80.6%
	律师/医生/IT 等专业技术人员	65.8%
	事业单位干部	74.8%
	公务员	67.6%
	企业领导或管理人员	67.9%
	一般职员/文员/秘书	45.9%
	自由职业者	51.7%
	军人/武警	81.4%
	工人或商业/服务业人员	34.1%
	私营或个体劳动者	36.5%
	无业及失业人员	27.2%
	离退休人员	33.4%
	农民或农民工	23.2%
总体	53.9%	

从性别来看，2011 年，我国男性成年居民的图书阅读率为 57.0％，较女性成年居民（50.5％）高出 6.5 个百分点。

从城乡对比来看，2011 年，我国城镇成年居民的图书阅读率为 63.3％，较农村成年居民的 47.3％高 16.0 个百分点。

从年龄分布上看，年龄较轻群体的图书阅读率相对较高，尤其是 18—29 岁群体，高达 77.6％，远高于其他年龄段群体。而 50 周岁以上群体的图书阅读率明显偏低，均不足 30.0％。

从受教育程度来看，学历越高的群体，图书阅读率相对较高。“硕士研究生”学历群体的图书阅读率最高，达 94.5％。初中以下学历群体的图书阅读率不及全国平均水平。

从收入水平来看，中高收入群体的图书阅读率相对高于低收入群体。个人月收入在 10000 元以上群体的图书阅读率最高，为 58.3％。另外，个人月收入在 3000 元以上的群体，图书阅读率均超过 50.0％。个人月收入在 1000 元以下（不含无收入）的群体，图书阅读率均不足 30.0％。

从职业或身份来看，“军人/武警”“教师”“学生”“事业单位干部”的图书阅读率较高，均超过 70％；“企业领导或管理人员”“公务员”“律师/医生/IT 等专业技术人员”群体的图书阅读率均超过 65％；其他各类人群的图书阅读率则均低于全国平均水平。尤其是“无业/失业人员”和“农民/农民工”的图书阅读率较低，不足 30.0％。

2.1.4 图书阅读量

2011 年，我国 18—70 周岁成年国民的图书阅读量为 4.35 本，较 2010 年的 4.25 本增加了 0.10 本。图书读者群体的图书阅读量为 10.16 本，与 2010 年的 10.20 本基本相当。不同人口特征群体之间的图书阅读量均存在一定差异。具体情况如表 2—1—5 所示。

从城乡对比来看，城镇成年居民的图书阅读量为 4.77 本，较农村成年居民（3.87 本）多出 0.90 本。

从性别来看，男性成年居民的图书阅读量为 5.11 本，较女性成年居民（3.54 本）多出 1.57 本。

从年龄分布上看，年龄较轻群体的图书阅读量相对较多。18—29 周岁群体的图书阅读量最多，为 6.09 本；40—49 周岁群体的图书阅读量次之，为 4.84 本。而 50—59 周岁群体的图书阅读量最少，为 1.85 本。

从受教育程度来看，学历越高的群体图书阅读量相对较多。硕士研究生学历群体的图书阅读量最多，为 20.30 本；本科学历群体的图书阅读量次之，为 10.16 本。小学及以下学历群体的图书阅读量最少，为 1.38 本。

从收入水平来看，中高收入群体的图书阅读量相对多于低收入群体。月收入在 10000 元以上群体的图书阅读量最多，为 14.02 本；月收入在 8000—10000 元群体的图书阅读量次之，为 9.52 本。月收入在 500—1000 元群体的图书阅读量最少，仅为 2.20 本。

从职业或身份来看，“教师”群体的图书阅读量最多，为 14.43 本。“学生”“公务员”“律师/医护人员/IT 等专业技术人员”“事业单位干部”“企业领导或管理人员”“自由职业者”和“军人/武警”群体的图书阅读量均超过全国平均水平，显著多于“无业及失业人员”和“离退休人员”等群体。

表 2—1—5　不同人口特征群体图书阅读量

人口特征	类别	图书阅读量（本）
性别	男	5.11
	女	3.54
城乡	城镇	4.77
	农村	3.87
年龄	18—29 周岁	6.09
	30—39 周岁	4.20

续前表

人口特征	类别	图书阅读量（本）
年龄	40—49 周岁	4.84
	50—59 周岁	1.85
	60—70 周岁	2.98
教育程度	博士研究生	7.25
	硕士研究生	20.30
	本科	10.16
	大专	7.69
	高中	5.29
	初中	1.57
	小学及以下	1.38
收入	无收入	5.53
	500 元以下	4.05
	500—1000 元	2.20
	1000—1500 元	2.42
	1500—2000 元	3.14
	2000—3000 元	5.19
	3000—4000 元	5.71
	4000—5000 元	6.51
	5000—6000 元	6.69
	6000—7000 元	7.82
	7000—8000 元	8.10
	8000—10000 元	9.52
	10000 元以上	14.02
	拒绝回答	6.22
职业或身份	工人或商业/服务业人员	2.46
	企业领导或管理人员	8.18
	农民或农民工	2.41
	事业单位干部	8.93
	一般职员/文员/秘书	3.67

续前表

人口特征	类别	图书阅读量（本）
职业或身份	公务员	11.27
	军人/武警	4.93
	教师	14.43
	律师/医生/IT 等专业技术人员	9.25
	私营或个体劳动者	3.89
	学生	13.08
	离退休人员	2.32
	无业及失业人员	2.34
	自由职业者	5.12
	其他	5.81

2.1.5 阅读图书来源

2011 年，在阅读过图书的成年国民中，有七成（70.1%）的读者表示，他们主要通过“自费购买”获取图书。而通过借阅（“向他人借阅”和“到图书馆借阅”）途径获取图书的人数也不少，通过人际借阅即“向他人借阅”的比例高达 43.6%，而通过公共文化设施借阅即“到图书馆借阅”的比例也占到了 19.8%。具体情况如图 2—1—4 所示。

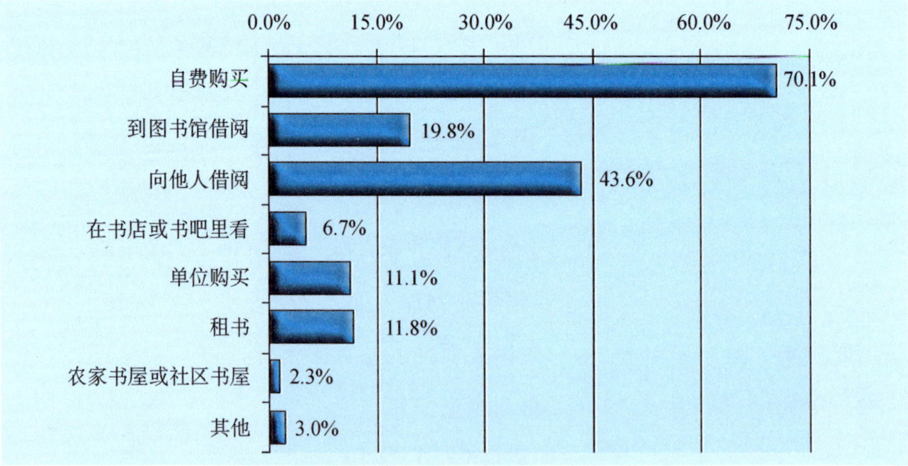

图 2—1—4 阅读图书的来源

城镇图书读者与农村图书读者在图书获取渠道方面，存在的现实差异较为明显。如表 2—1—6 所示，在城镇居民中，通过“自费购买”“到图书馆借阅”“单位购买”等渠道获得图书的比例，显著高于农村居民中选择这些渠道的比例。而农村居民选择“向他人借阅”的比例达到 46.4%，高于城镇居民的 40.9%。另外，农村居民通过“农家书屋或社区书屋”和“租书”渠道来获取图书的比例也高于城镇居民。

表 2—1—6 城乡居民图书获取渠道的差异

图书获取渠道	城镇	农村
自费购买	76.0%	64.1%
向他人借阅	40.9%	46.4%
到图书馆借阅	24.3%	15.3%
单位购买	15.0%	8.6%
在书店或书吧里看	13.5%	8.6%
租书	5.8%	7.5%
农家书屋或社区书屋	1.3%	3.3%
其他	1.6%	4.5%

2.1.6 家庭藏书量

2011 年，我国 18—70 周岁成年国民的平均家庭藏书量为 29.94 本[①]，图书读者群体平均家庭藏书量为 59.29 本。有 33.8%的成年国民表示，其家庭藏书量在 20 本及以下；而表示家庭藏书量在 100 本及以上的成年国民只占到 5.3%；另外，还有 38.5%的成年国民

① 课题组注：此处家庭藏书量为 18—70 周岁成年人总体的平均家庭藏书量，与 2008 年的“国民”家庭藏书量概念不同，2008 年的家庭藏书量根据读过书的被访者的家庭藏书量计算而得。

表示，家里基本没有藏书。具体情况如图 2—1—5 所示。

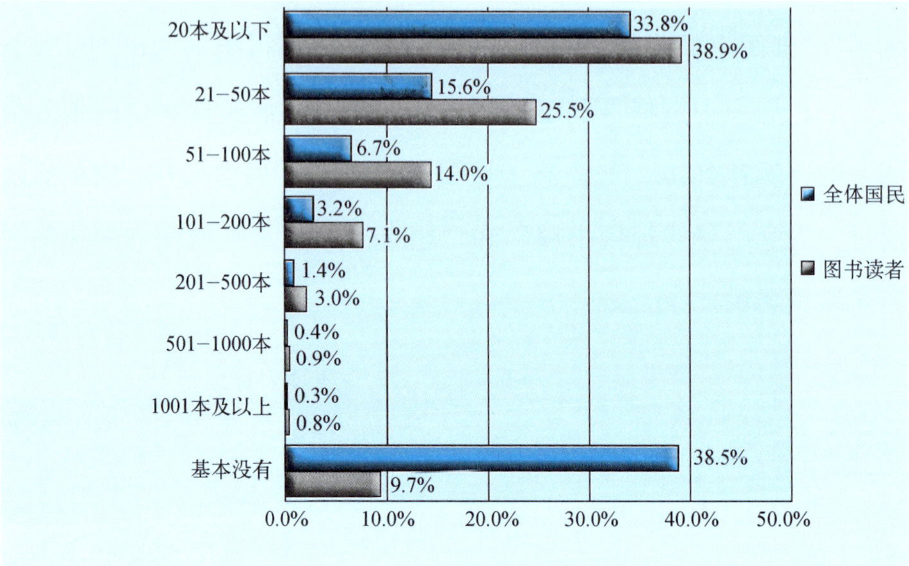

图 2—1—5　家庭藏书量比较

城乡居民的家庭藏书量之间存在显著性差异。城镇成年居民的平均家庭藏书量为 46.94 本，而农村成年居民的平均家庭藏书量仅为 17.77 本，城乡差距较为明显。具体情况如图 2—1—6 所示。

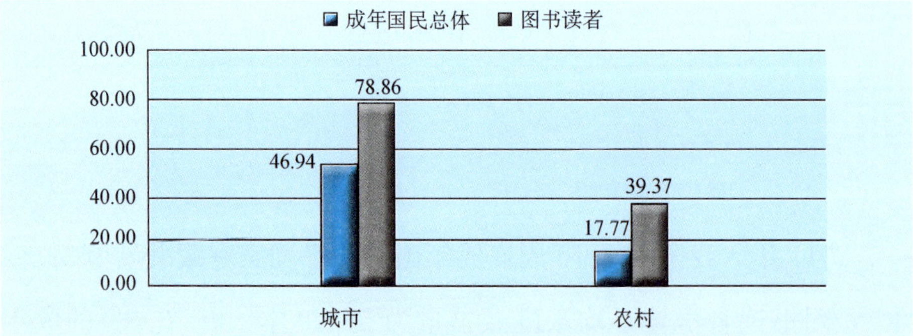

图 2—1—6　城乡居民的家庭藏书量比较

我国有读书行为的成年国民中，其家庭平均藏书量为 59.29 本。其中，城镇成年居民家庭平均藏书量为 78.86 本，远高于农村成年居民家庭的 39.37 本。

通过对不同人口特征群体的家庭藏书量的比较发现，不同学历群体的家庭藏书量随着学历层次的升高而递增。但硕士研究生群体的家庭藏书量要高于博士研究生群体，为119.36本。

不同收入群体的家庭藏书量，整体趋势是随着收入水平的增高而增多，但收入在6000—7000元人群的家庭藏书量却低于收入在5000—6000元的人群，为44.89本。

在不同职业的群体中，家庭藏书量差距悬殊。“公务员”“教师”“军人/武警”群体的家庭藏书量排在前三位；而“无业及失业人员”群体的家庭藏书量排在最后。具体情况如表2—1—7所示。

表2—1—7　不同人口特征人群的家庭藏书量

人口特征		家庭藏书量（单位：本）
学历	博士研究生	99.11
	硕士研究生	119.36
	本科	83.76
	大专	52.97
	高中	29.22
	初中	14.78
	小学及以下	7.39
收入	无收入	24.62
	500元以下	8.92
	500—1000元	15.54
	1000—1500元	20.94
	1500—2000元	26.37
	2000—3000元	34.38
	3000—4000元	49.62

续前表

人口特征		家庭藏书量（单位：本）
收入	4000—5000 元	54.80
	5000—6000 元	60.27
	6000—7000 元	44.89
	7000—8000 元	74.69
	8000—10000 元	127.82
	10000 元及以上	175.06
	拒绝回答	41.67
职业或身份	工人或商业/服务业人员	22.20
	企业领导或管理人员	72.58
	农民或农民工	10.80
	事业单位干部	71.56
	一般职员/文员/秘书	31.57
	公务员	145.50
	军人/武警	104.72
	教师	117.70
	律师/医生/IT 等专业技术人员	60.64
	私营或个体劳动者	28.08
	学生	43.87
	离退休人员	60.36
	无业及失业人员	20.26
	自由职业者	37.13
	其他	41.41

2.2 成年国民读书目的及不读书原因

2.2.1 读书目的

如图 2—2—1 所示，“增加知识，开阔眼界”是大多数（59.3%）图书读者的主要读书目的。另外，有四成左右的图书读者表示，他们也会为了“满足兴趣爱好”（37.9%）和“打发时间/休闲消遣”（40.2%）而读书，还有三成左右的读者会为了“掌握一些实用技能”（28.8%）、“提高修养”（30.6%）或“工作学习需要”（27.2%）而读书。

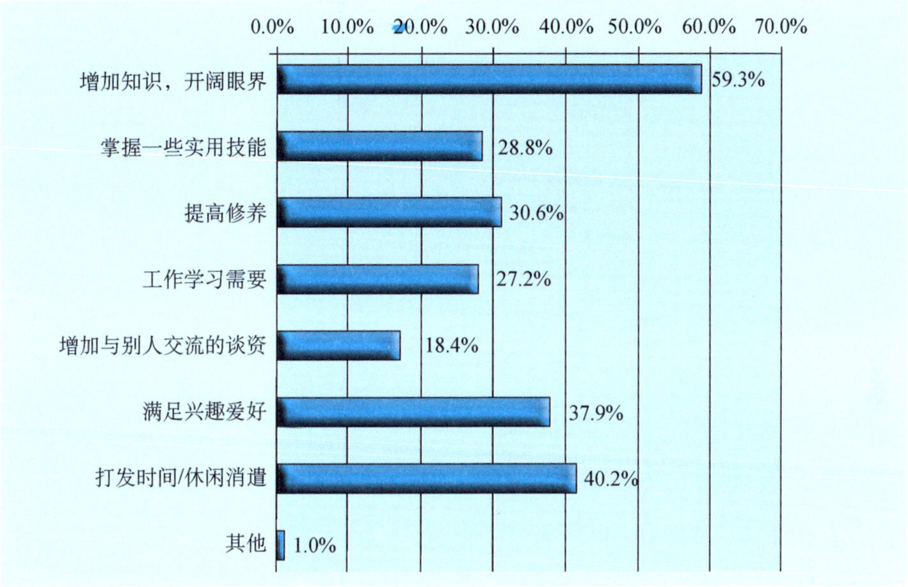

图 2—2—1　成年国民读书的目的

对比而言，城镇居民的读书目的与农村居民的读书目的基本一致，选项比例差距较大的读书目的是“提高修养”。相对于农村居民而言，城镇居民读书多是出于“增加知识，开阔眼界”“掌握一些实用技能”“工作学习需要”“满足兴趣爱好”等目的；选择“打发时间/休闲消遣”为读书目的的城镇居民，与选择此读书目的的农村居民比例基本持平。具体情况如图 2—2—2 所示。

从学历上看，博士研究生是选择“提高修养”“工作学习需要”为读书目的比例最高的人群；硕士研究生是选择“增加知识，开阔眼界”为读书目的比例最高的人群；选择“掌握一些实用技能”“满足兴趣爱好”为读书目的比例最高的学历人群为本科学历人群；

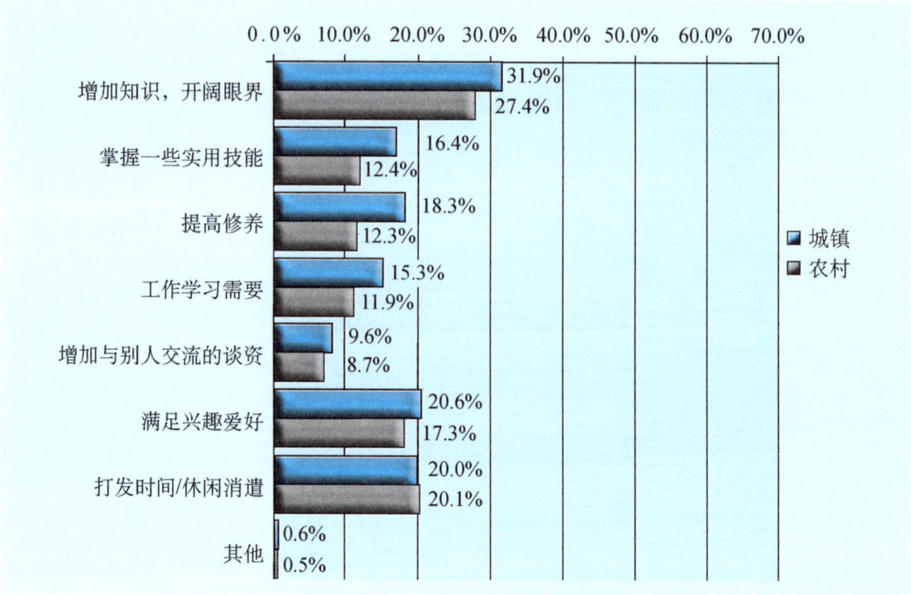

图 2—2—2　城乡居民读书目的差异性比较

而选择“增加与别人交流的谈资”为读书目的比例最高人群是大专学历人群；以“打发时间/休闲消遣”为读书目的最多的人群是初中学历人群。具体情况如表 2—2—1 所示。

表 2—2—1　不同学历人群的读书目的

学历	增加知识，开阔眼界	掌握一些实用技能	提高修养	工作学习需要	增加与别人交流的谈资	满足兴趣爱好	打发时间/休闲消遣	其他
博士研究生	67.4%	34.8%	47.9%	77.9%	4.3%	42.2%	26.4%	0.0%
硕士研究生	76.5%	33.7%	41.0%	45.9%	18.9%	41.3%	31.6%	4.6%
本科	68.0%	39.3%	41.5%	44.4%	19.1%	43.2%	32.6%	0.5%
大专	64.7%	34.8%	38.4%	34.7%	23.1%	39.5%	36.6%	1.0%
高中	59.2%	26.5%	26.7%	22.5%	19.1%	38.6%	44.2%	1.3%
初中	52.5%	19.2%	21.5%	15.0%	13.7%	35.8%	45.4%	1.0%
小学及以下	39.9%	24.3%	13.3%	7.8%	11.1%	21.9%	39.6%	0.1%

2.2.2 影响成年国民读书的因素

调查数据显示，在 2011 年没有读过书的成年国民中，近四成（39.2%）的人表示，是因为“工作太忙没时间读书”；还有近四成的人（38.3%）表示，是因为“没有读书的习惯/不喜欢读书”而没有进行读书。

其他媒介的内容传播也不可避免地影响到成年国民的读书行为。在过去一年没有读过书的成年国民中，有 18.8%的人表示“因看电视而没有时间读书”，有 8.7%的人表示“因上网/玩游戏等而没时间读书”。

同时也可以看到，图书内容和外部环境也是影响人们读书行为的因素之一。在过去一年没有读过书的成年国民中，有 10.7%的人表示，因“找不到感兴趣的书”而没有读书；有 8.8%的人因“不知道该读什么”而没有读书；“缺少读书氛围”也是影响人们读书的不可忽视的因素。此外，有 13.7%的人因为“文化水平有限，读书有困难”而不读书，具体情况如图 2—2—3 所示。

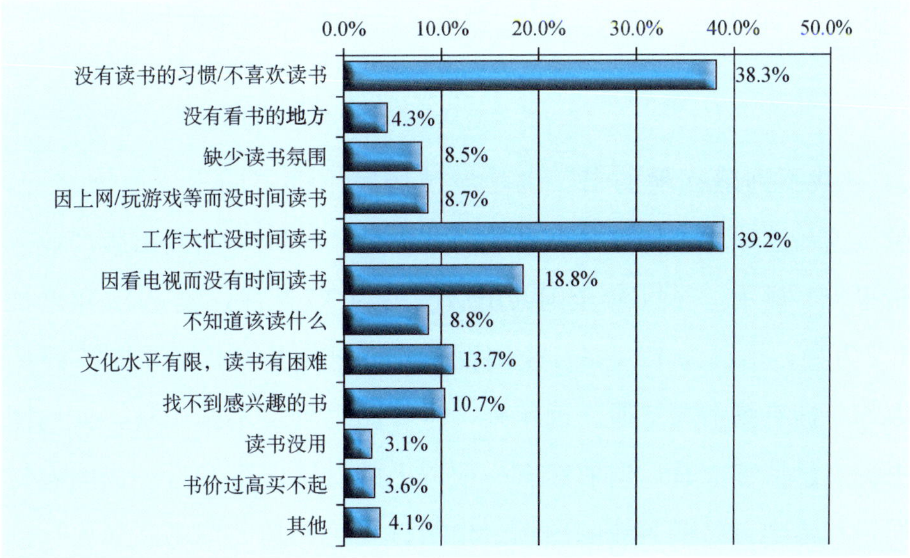

图 2—2—3　成年国民不读书的原因

对比城乡居民不读书的原因不难发现，农村居民中选择“没有读书的习惯/不喜欢读书”（39.3%）和“工作太忙没时间读书”（38.7%）而不读书的比例明显偏高。同样，在城镇居民中，选择“工作太忙没时间读书”（40.1%）和“没有读书的习惯/不喜欢读书”（36.5%）的比例最高。电视、网络影响和读书氛围的缺失，也是影响城镇居民不读书的外部因素，具体情况如图 2—2—4 所示。

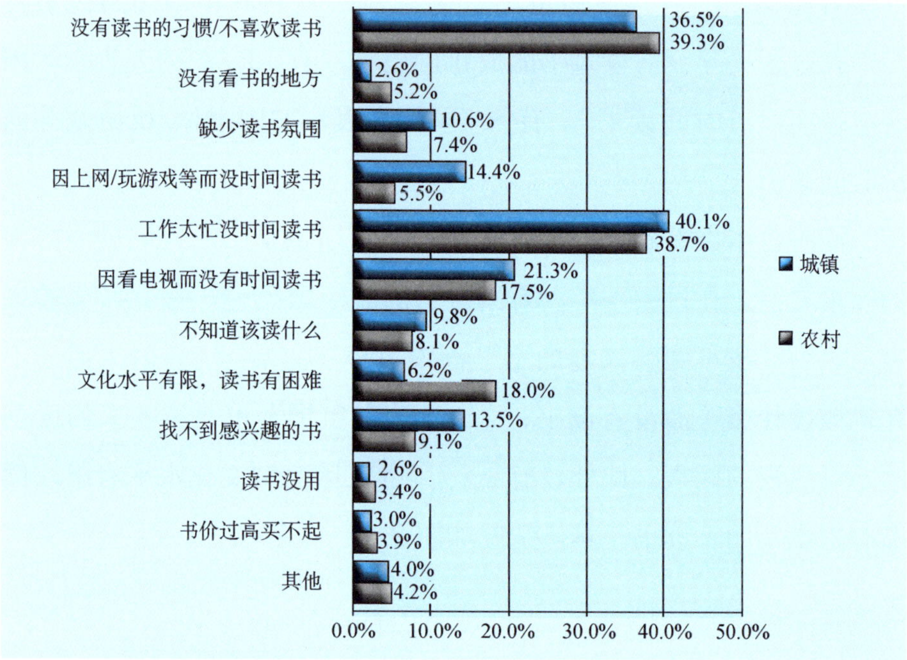

图 2—2—4　城乡居民不读书的原因比较

“找不到感兴趣的书”也是城镇居民不读书的重要原因之一，虽然这一选项所占比重并不是最高。但是《2011 年新闻出版产业分析报告》显示，2011 年全国共出版图书约 37 万种，较 2010 年增加 4.1 万种，增幅为 12.5%。全国百万人均拥有当年出版图书 274 种，人均年拥有图书 5.7 册。近年来，尽管图书种类不断丰富，人均图书拥有量持续上升，但依然有一成以上的城镇居民和近一成的农村居民找不到自己感兴趣的图书。出版读者感兴趣的图书和如何让读者高效便捷地找到感兴趣的图书，是出版单位未来发展过程中需要加强的工作。

“工作太忙没有时间读书”是我国成年国民不读书的最表面化的原因，而“没有读书的习惯/不喜欢读书”更接近我国成年国民不读书的本质原因。随着物质生活水平的提升，人们对精神文化的吸收不再仅限于图书这一单一媒介，电视、互联网等媒体更容易满足目前成年人汲取信息快餐的需求，如此就不难理解一成左右的我国成年国民因为“缺少读书氛围”而不读书了。社会主义文化建设需要共建全民阅读的大环境，营造全民读书的良好氛围。同时，阅读习惯的培养，要从儿童抓起，有专家认为，如果一个人在青少年时期没有形成良好的读书习惯，那么在今后就很难再培养出良好的阅读习惯了。

2.3　成年国民购书状况及变化

2.3.1　购买图书的频率

如图 2—3—1 所示，我国 18—70 周岁成年国民平均每年购书频率为 2.20 次/年。其中，一年以内买过一次或一次以上图书的成年国民，占三成以上（35.0%）；有 10.0%的成年国民表示，在两年或更长的时间内才购买一次图书，还有 55.0%的成年国民表示，从来不买书。

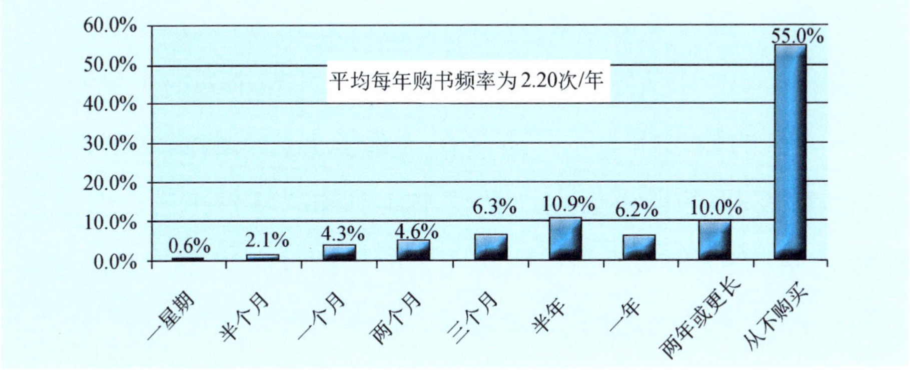

图 2—3—1　购买图书的频率

2.3.2 购书者的购书目的

调查数据显示，我国绝大多数购书者（83.8%）的购书目的是为了“自己看”；也有超四成的成年国民（40.6%）是为了“给孩子、家人看”而购买图书；还有3.2%的成年国民买书目的是为了“作为礼品赠送他人”。具体情况如图2—3—2所示。

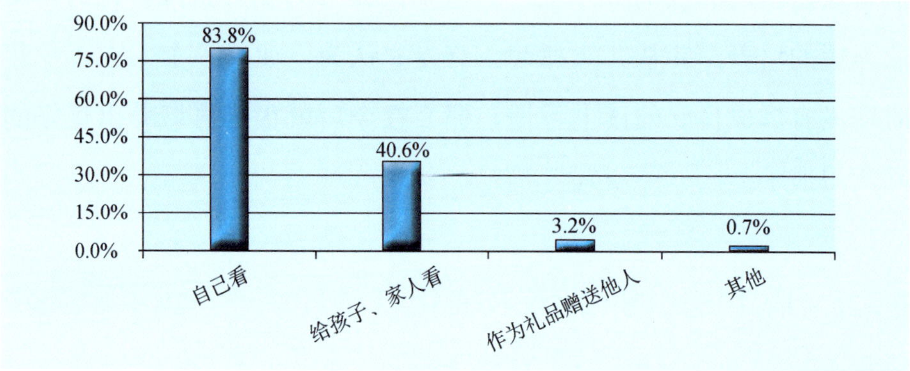

图2—3—2 购书者的购书目的

由此可见，大多数人购书是为了满足自己和家人的阅读需求，在物质礼品泛滥的今天，图书作为文化产品，更有利于拉近人与人之间的精神距离，将图书作为礼品赠予他人是值得鼓励和推广的。

2.3.3 购书渠道与渠道选择原因

如图2—3—3所示，各种实体书店是成年购书者的主要购书渠道。70.6%的购书者表示，通常在“新华书店”购买图书；也有32.8%和9.3%的购书者在“私营书店”和“特价书店、旧书店”购书。选择在“街头书摊”购买图书的比例也高达28.2%；另外，分别有9.4%和7.3%的购书者表示，曾在“图书批发市场”和“书展、书市”上购买过图书。

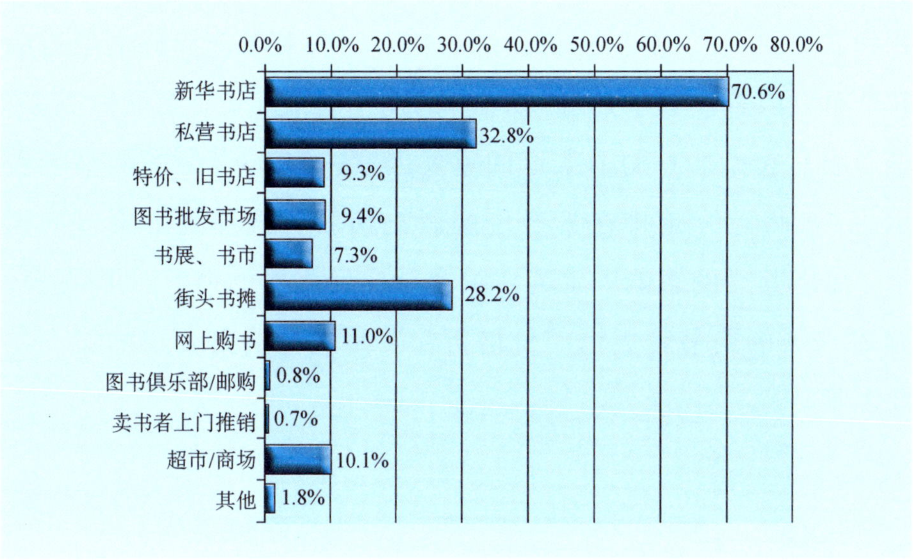

图 2—3—3　购书者的购书渠道

调查数据显示，新华书店仍然是我国国民购书的最主要渠道，选择私营书店购书的比例不足新华书店的一半，这对于打破购书渠道一家独大的局面形成了一定程度的难度。经过十几年发展，网上书店已经为越来越多的消费者所接受并使用，尽管只有 11.0％的购书者选择网上购书，但其发展态势十分强劲，已经成为实体书店的强大竞争对手。超市/商场也因购书的便捷性与灵活的销售策略，成为又一备受购书者青睐的购书渠道。

进一步对比城乡居民购书渠道差异时发现，城乡居民之间选择各购书渠道的差异性相对较大。城镇居民通过“网上购书”“新华书店”和“图书批发市场”为渠道购书的比例明显高于农村。农村居民选择“街头书摊”和“私营书店”的比例高于城镇居民，这与农村购书渠道分布不如城镇密集，且形式较为单一有直接关系。由此可见，图书销售渠道和文化消费习惯的多样化，是影响城乡居民购书渠道差异化的重要因素。具体情况如图 2—3—4 所示。

调查数据显示，图书供给情况（图书种类多少、是否容易找到需要的书）、便利性和价格，是影响购书者选择购书渠道的几个重要因素。其中，有56.1%的购书者表示，“图书种类多”是影响其选择某一购书渠道的重要因素；有33.5%的购书者表示，“离得近”是排在第二位的影响购书者选择购书渠道的因素；紧随其后的影响因素为“很容易找到需要的书”（31.4%）；有29.2%的购书者表示“价格折扣”是选择购书渠道的又一主要因素。

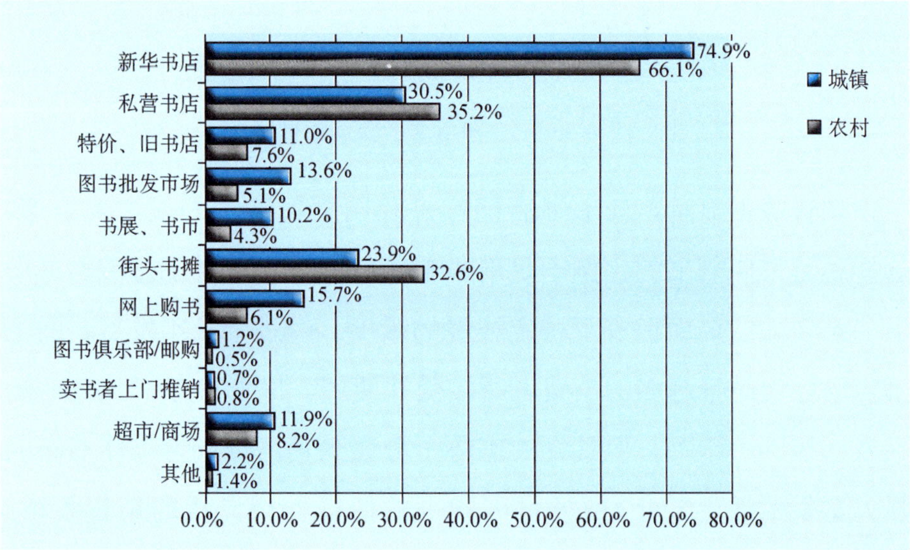

图 2—3—4　城乡居民购书渠道选择差异性

此外，购书点的内外部环境也是购书者选择购书渠道时的重要因素。例如，有27.1%的购书者将“图书信息丰富”，作为选择购书渠道的主要因素之一；有17.1%的购书者将“店内环境好、设施齐全”，作为选择购书渠道的主要因素之一；也有7.1%的购书者将购书点服务人员的服务态度，作为是否选择该购书渠道的又一主要因素。具体情况如图 2—3—5 所示。

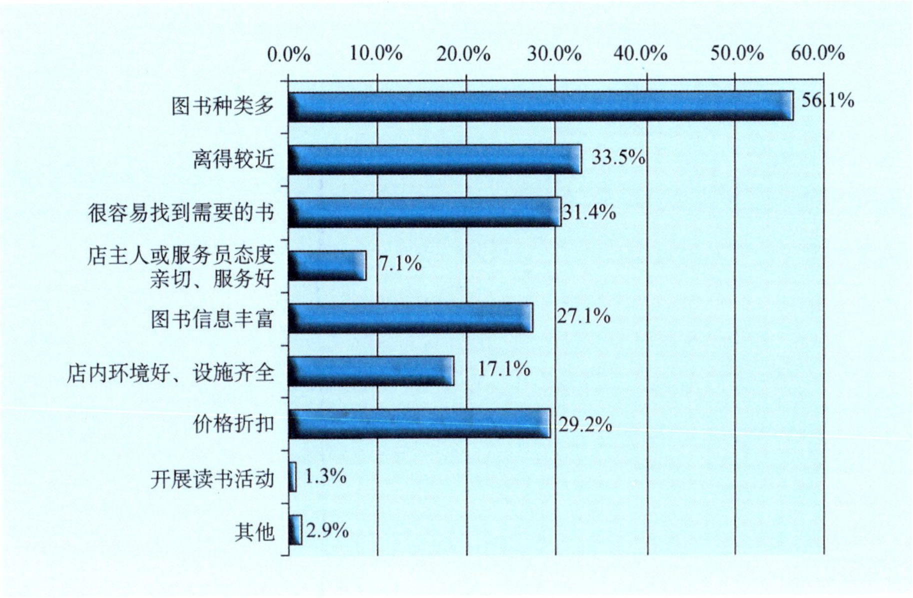

图 2—3—5　购书者选择购书渠道时考虑的因素

为了清晰地表达图书消费者选择各购书渠道时重点考虑的因素，我们对购书渠道和影响因素做了交叉分析。图书消费者在选择购书渠道时，首要考虑的因素大多为“图书种类多”，对其他因素的侧重则各有不同。其中，选择在新华书店购书的图书消费者，考虑的首要因素为“图书种类多”，其次为“很容易找到需要的书”和“图书信息丰富”。选择在私营书店购书的图书消费者，首要考虑的因素为“图书种类多”，“离得较近”和“价格折扣”也是其重要考虑因素。选择图书批发市场和网上购书的消费者，考虑的第一因素为“图书种类多”，“价格折扣”居于第二位。“图书种类多”和“离得较近”是很多消费者选择在超市/商场购书的原因。图书消费者选择图书俱乐部/邮购，主要是因为“图书种类多”“很容易得到需要的书”和“图书信息丰富”。图书消费者选择特价、旧书店和街头书摊购书时，首先考虑到的是价格因素，“价格折扣”位居选择原因的首位，“图书种类多”和“离得较近”为次要原因。具体情况如表 2—3—1 所示。

表 2—3—1 购书渠道与选择渠道时重点考虑的因素

	图书种类多	离得较近	很容易找到需要的书	店主人或服务员态度亲切、服务好	图书信息丰富	店内环境好、设施齐全	价格折扣	开展读书活动	其他
新华书店	68.9%	29.7%	33.9%	7.3%	31.7%	21.9%	22.8%	1.3%	2.4%
私营书店	55.6%	49.6%	32.3%	9.9%	26.9%	16.2%	39.0%	1.5%	1.4%
特价、旧书店	51.9%	43.4%	39.5%	12.5%	26.0%	15.3%	63.0%	2.6%	1.7%
图书批发市场	69.2%	38.4%	44.7%	11.3%	30.5%	16.3%	46.8%	2.3%	0.6%
书展、书市	65.0%	39.1%	45.1%	16.2%	45.0%	29.1%	44.1%	5.3%	1.7%
街头书摊	44.1%	45.5%	29.0%	8.4%	25.0%	8.0%	50.3%	2.1%	2.5%
网上购书	66.5%	26.7%	43.7%	8.7%	42.4%	22.2%	48.7%	2.5%	1.9%
图书俱乐部/邮购	65.1%	33.9%	44.5%	27.7%	44.5%	37.6%	35.2%	11.3%	5.6%
卖书者上门推销	58.9%	44.8%	16.4%	13.9%	48.2%	19.7%	19.1%	2.8%	2.9%
超市/商场	51.0%	43.8%	36.8%	9.9%	35.5%	24.4%	33.3%	2.2%	2.9%
其他	41.9%	17.7%	30.5%	0.4%	22.7%	20.7%	17.8%	0.7%	20.4%

2.3.4 影响购书的因素

调查数据显示，“图书内容简介”对于图书销售的影响较大，有56.4%的购书者表示“图书内容简介”是影响其购买图书的主要因素之一。其次，“熟人推荐”（24.8%）、“店员推荐”（13.8%）这些人际传播渠道，也会影响到较多购书者的购书抉择。另外，两成以上（24.1%）的购书者，会受到“价格”因素的影响而干预购书行为。具体情况如图 2—3—6 所示。

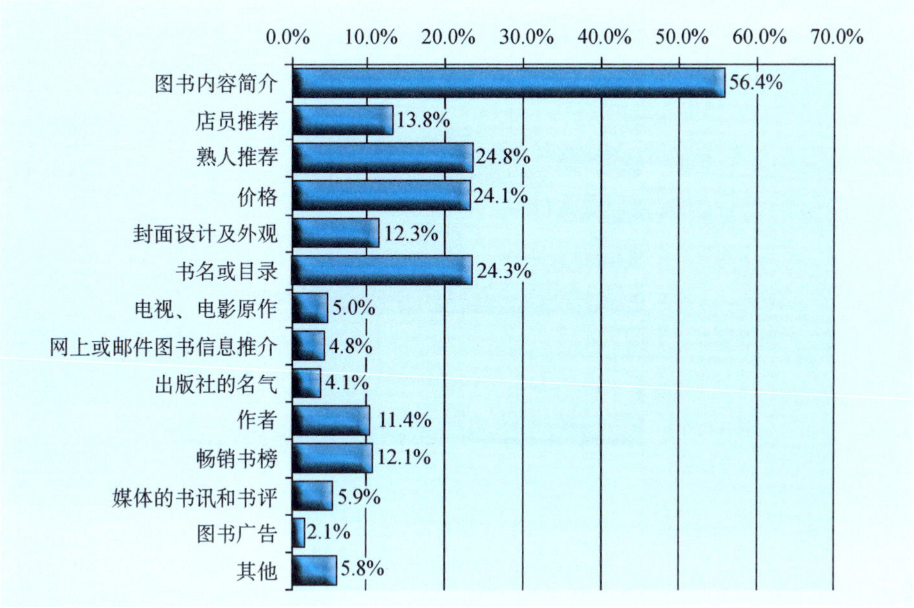

图 2—3—6　影响购书者购书的因素

2.3.5　图书信息的获取途径

调查数据显示，传统媒介、人际传播和新媒介，是我国成年国民获取图书信息的主要途径。在被调查的成年国民中，25.6%的人所获取的图书信息来自于电视，电视作为成年国民获取信息的主要渠道之一，对图书信息的宣传与推广有着不可忽视的作用，尤其是以读书栏目为代表的电视节目，对受众的购书行为有着更为直接的影响。

人际传播（“朋友或他人推荐”）也是许多成年国民（24.3%）获取图书信息的主要渠道，还有 20.9%的成年国民是通过互联网获取图书信息的。另外，还有 35.2%的成年国民表示，没有获取图书信息的渠道。具体情况如图 2—3—7 所示。

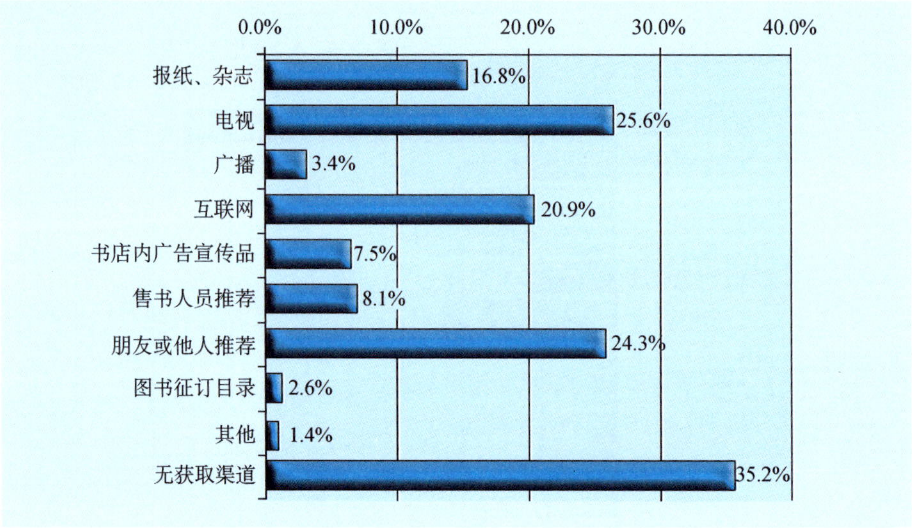

图 2—3—7　购书者获取图书信息的途径

2.3.6　图书销售网点的覆盖密度

如图 2—3—8 所示，2011 年，距居民住所最近的图书销售点的平均距离为 3.27 公里。其中，有 52.0%的成年国民表示，离其家庭住所最近的购书点在 3 公里以内，有 31.8%的成年国民表示，距其家庭住所最近的购书点在 3 公里以上；另外，16.3%的成年国民对这一距离不很确定（“不清楚/不知道”）。

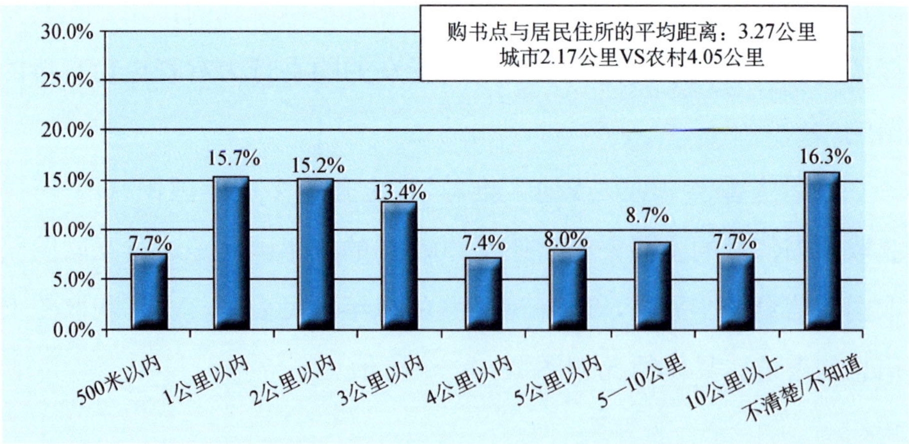

图 2—3—8　图书销售点的覆盖密度

城乡之间的购书点覆盖密度存在显著性差异。距城镇居民家庭最近的购书点的平均距离为 2.17 公里，而距农村居民家庭最近的购书点的平均距离则长达 4.05 公里。

2.3.7 购买图书的制约因素

如图 2—3—9 所示，2011 年，有 64.7%的成年国民表示，在买书时“没有什么不方便”的因素。有 16.8%的成年国民表示，因“家离买书的地方远”而感到购书不便，有 13.3%的成年国民表示，因“对书的信息知道的少”而感到购书不便。

表示“想买的书总是没有”的成年国民比例仅为 5.6%，与 2010 年的 5.3%相比，略有增长，这在一定程度上说明，目前国内图书的供给情况良好，能够满足人们的购书需求，但图书销售点的覆盖密度有待进一步提升。

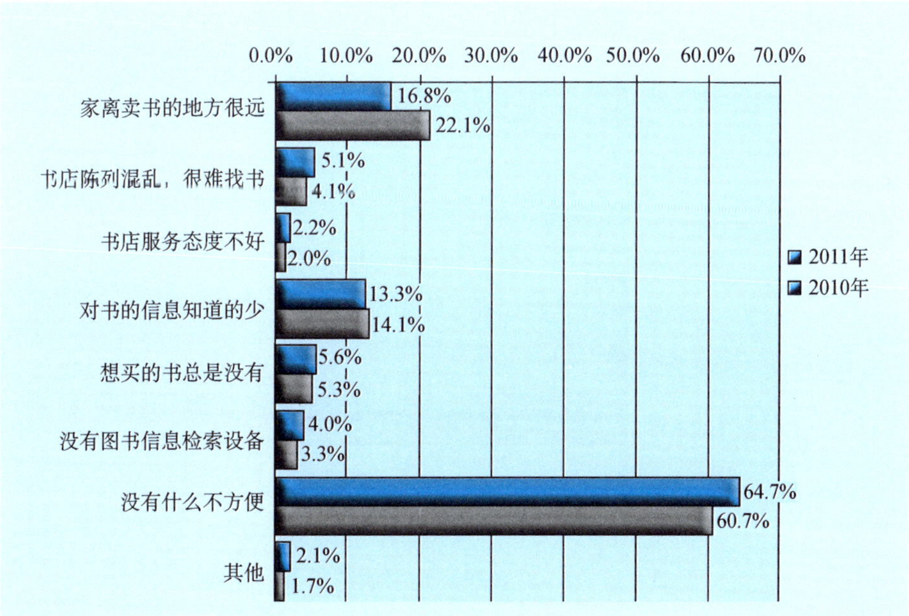

图 2—3—9 造成购书不便的因素

数据显示，制约城乡居民购书的因素存在显著性差异。“家离卖书的地方远”是造成农村居民购书不便的最主要原因，且这一比例明显高于城镇居民。“对书的信息知道得少”也是农村居民感到购书不便的因素之一。“书店陈列混乱，很难找书”“书店服务态度不好”“没有图书信息检索设备”这些服务型因素，则对较多的城镇居民造成购书不便。由此可见，图书信息的检索不便对购书行为造成的影响，是当前实体书店要克服和解决的难题，而电商则在这方面显现出得天独厚的优势，尤其是根据用户搜索过的图书信息进行相关推荐的功能，是受到时间、空间及技术制约的实体书店所无法比拟的。城镇居民表示购书“没有什么不方便”的比例显著高于农村居民，说明城镇在图书销售的软硬件建设方面的成效与农村相比有较大优势。因此，相关部门应加大农村地区图书信息传播力度，及图书销售点的覆盖密度，以便于农村居民购书。具体情况如图 2—3—10 所示。

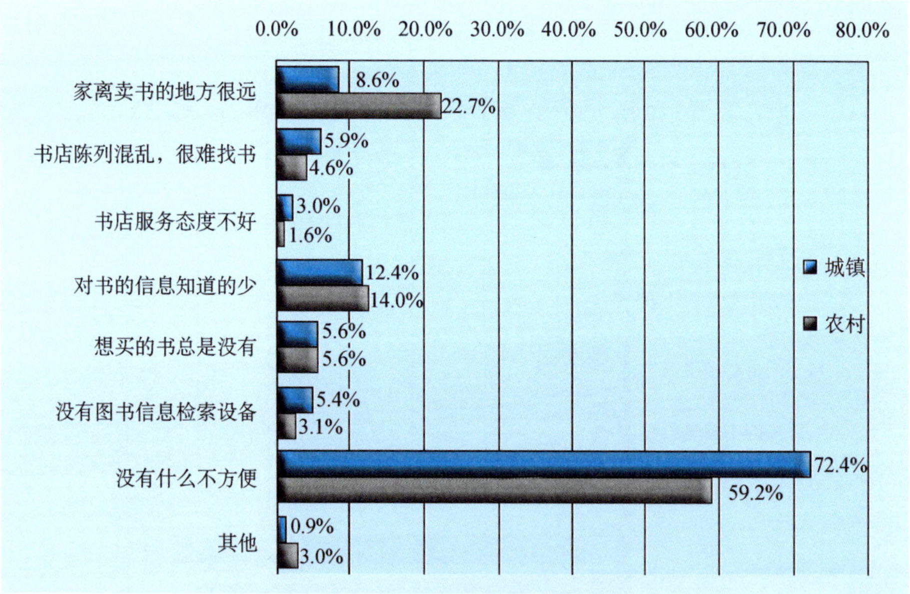

图 2—3—10　城乡居民购书制约因素的比较

2.3.8　对图书价格的评价

如图 2—3—11 所示，有 27.2%的成年国民认为，目前的图书价格“合适”，有 5.2%的成年国民认为，目前的图书价格便宜

（“比较便宜”或“非常便宜”），而有超过一半的成年国民（51.8%）认为，目前的图书价格较高（“比较贵”或“非常贵”）。

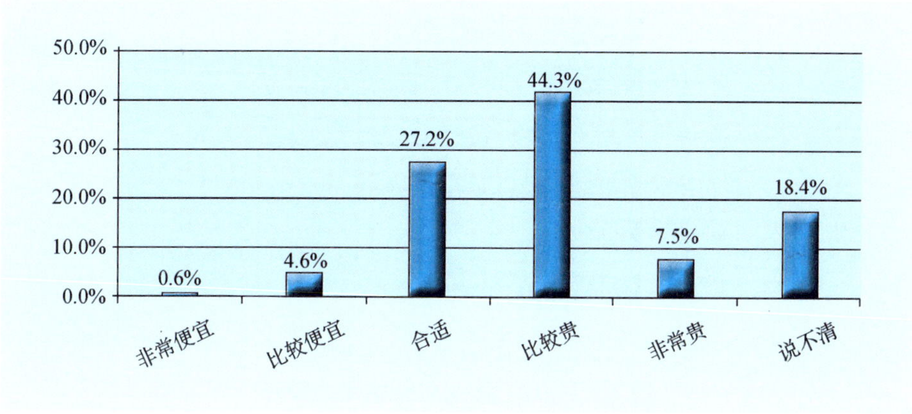

图 2—3—11　对图书价格的评价

图书价格一直是广受关注又饱受争议的话题。由于大部分读者不了解图书的成本及定价策略，在信息不透明的情况下形成了图书“暴利”的印象。图书作为非生活必需品，在图书消费者心目中的承受价位一直偏低，高定价与低折扣滋生的图书消费市场，培养着读者“无折不买”的消费心理，也使图书靠打折来促销的趋势难以遏制。

2.3.9　图书价格承受力

调查数据显示，对于一本 200 页左右的文学类简装书，我国 18—70 周岁成年国民的平均接受价格为 13.43 元，比 2010 年的 12.75 元，增加了 0.68 元。其中，8—12 元、12—20 元的价格，被相对较多的成年人接受，所占比例均为 25.6%；4—8 元和 20—30 元的价格，也分别被 16.7%和 14.2%的成年人接受。总体来看，30 元以下的图书价格容易被绝大多数（87.9%）的成年国民接受。具体情况如图 2—3—12 所示。

数据显示，对于同样一本 200 页左右的文学类简装书，我国城乡居民可接受的价格呈现一定差异。城镇居民平均可承受的图书价

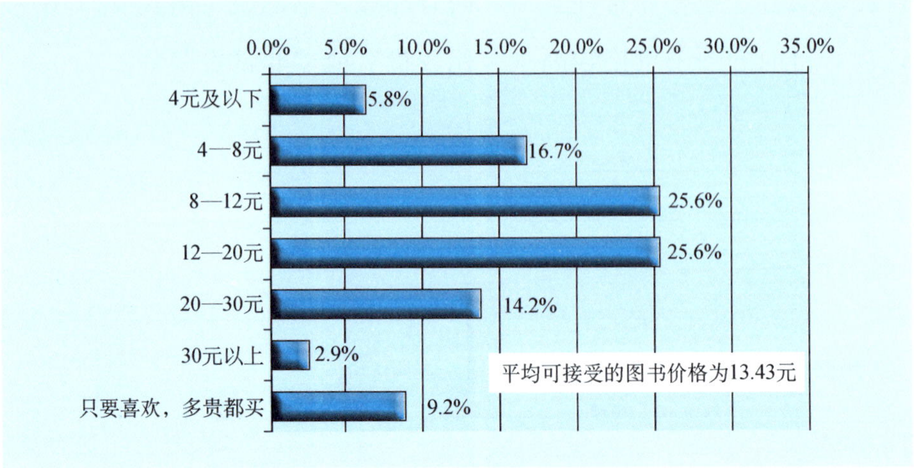

图 2—3—12　图书价格承受力分布

格为 15.06 元，较农村居民（12.23 元）高出 2.83 元。

从城乡来看，农村居民中只能接受 12 元以下图书价格的比例为 59.7%，较城镇居民（40.9%）高出 18.8 个百分点。而城镇居民中能接受 12 元及以上图书价格的比例为 49.9%，较农村居民（31.0%）高出 18.9 个百分点。同时，城镇居民中表示“只要喜欢，多贵都买”的比例为 9.2%，低于农村居民（9.4%）。具体情况如图 2—3—13 所示。

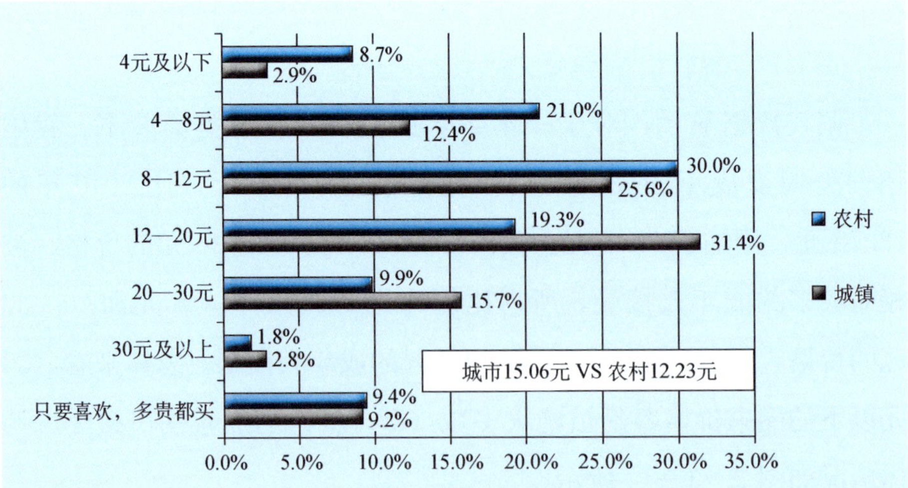

图 2—3—13　城乡居民图书价格承受能力对比

2.3.10 读者最喜爱的书店

在无提示的情况下，我们请被访者列举其最经常购买出版物的书店，并对这些书店进行排名。结果显示，“本地新华书店”被提及的次数最多，排名第一。除新华书店外，“当当网”“卓越网”等网络书店的表现也非常出色，分列第二和第四位；当地“商场/超市/商城”位居第三，这说明图书购买场所已日趋多样化，不再局限于传统意义上的书店，便利性成为影响人们购书的重要因素。具体情况如表2—3—2所示。

表2—3—2 读者最喜爱的书店

书店名称	排名
本地新华书店	1
当当网	2
商场/超市/商城	3
卓越网	4
大众书城	5
街头书摊	6
私营书店	7
淘宝书店	8
上海书城	9
西单图书大厦	10

2.3.11 书店知名度和市场渗透率

在调查中，我们请被访者对所列举的23家国内较为知名的书店（包括网上书店），进行知名度（知晓率）选择，然后再根据被访者选取情况对这些书店进行整体排名。结果表明，“本地新华书店”的知名度最高，“当当网”“北京西单图书大厦”分别位居第二、第三名。具体情况如表2—3—3所示。

表 2—3—3　书店的知名度排名

书店名称	排名
本地新华书店	1
当当网	2
北京西单图书大厦	3
卓越网	4
新华文轩连锁书店	5
大众书局	6
中国图书网	7
上海书城	8
九九网上书店	9
新知书城	10
博库书城	11
新书城网上书店	12
一城网	13
孔夫子旧书	14
时代网上书店	15
蔚蓝图书网	16
西西弗书店	17
光合作用书房	18
800 图书网	19
季风书园	20
弘道书局	21
红泥巴图书	22
风入松书店	23

我们进一步询问被访者曾在以上列出的哪些书店购买过出版物，再根据被访者的选择比例，来判断这些书店的市场渗透情况。数据显示，大多数人（73.2%）曾去过“本地新华书店”购买出版

物；其次，曾在“当当网”“卓越网”等网络书店购买过出版物的比例也较高。具体情况如表 2—3—4 所示。

表 2—3—4　书店的市场渗透率排名

书店名称	所占比例	排名
本地新华书店	73.2%	1
当当网	15.3%	2
北京西单图书大厦	14.4%	3
卓越网	5.7%	4
新华文轩连锁书店	4.4%	5
新知书城	2.4%	6
中国图书网	2.4%	6
上海书城	2.3%	8
大众书局	1.7%	9
西西弗书店	1.1%	10
九九网上书店	1.1%	10
一城网	0.8%	12
博库书城	0.8%	12
蔚蓝图书网	0.8%	12
新书城网上书店	0.8%	12
800 图书网	0.7%	16
时代网上书店	0.5%	17
孔夫子旧书网	0.5%	17
光合作用书房	0.4%	19
季风书园	0.3%	20
弘道书局	0.2%	21
红泥巴图书网	0.2%	21
风入松书店	0.1%	23

从2011年国内书店知名度和市场渗透率的排名看，网络书店的发展速度和影响实力不容小觑，已经被越来越多的成年国民接受和使用。除了“当当网”和“卓越网”两大优势网络书店外，其他一些网络书店在经过大浪淘沙的考验后，也占领了部分市场份额。

从榜单的排名来看，“北京西单图书大厦”和“新华文轩连锁书店”等国营书店，昔日的优势地位有所复苏。而最令人感到担忧的则是，民营实体书店的集体退潮。2007年以来我国倒闭关门的民营书店达一万多家，究其原因，实体书店生存空间被网络书店挤压，房租、人力等经营成本过高，加之自身经营模式不甚合理，都是造成民营实体书店集体退潮的原因。在价格上，民营实体书店无法跟网络书店的低价销售竞争；在经营成本上，不像新华书店拥有房租优惠和减税政策的扶持；在自身经营模式上，民营实体书店虽然已经向多元化经营方式靠拢，但如何将多元化之路与营利模式完美结合，是当前诸多民营实体书店需要思考的问题。

2.4 我国分类图书市场

2.4.1 各分类图书市场消费状况及市场预期

调查数据显示，2011年成年国民中有26.8%的人喜欢“文学”类图书，还有26.4%的人喜欢“日常生活”类图书，喜欢“历史”“医药卫生”“心理”“经济、管理”“军事”类图书的成年人也相对较多，所占比例均在10%以上。同时，“文学”“日常生活”“少儿”“经济管理”和“教育”类图书的购买率和消费者规模，在各类图书中名列前茅。推及总体后，文学类图书的消费者规模近一亿人(0.93亿人)，日常生活类图书的消费者规模也高达0.66亿人。

从各类图书的预购率来看，“文学”和“日常生活”这两类读者最多的图书，其预购率也是最高的。“经济、管理”类图书的预购率也名列前茅，且高于偏好度的名次。但从整体图书分类来看，图书的市场预购率跟图书的受喜爱程度并不呈严格的正比关系。一方面，偏好度高的图书种类预购率并不高，如“历史”“军事”类图书的偏好度分别为 11.9%和 10.2%，排名靠前，但其市场预购率却仅为 4.0%和 3.5%。另一方面，偏好度排名靠后的，其市场预购率却位居前列，虽然“少儿”类图书的偏好度排名（7.1%）较为靠后，但其预购率排名（5.8%）却位居第三。

数据显示，当前各类图书的市场空缺度都不高，相对而言，“农业”类图书的市场空缺度最高，为 2.7%；其次为“日常生活”和“心理”类图书，均为 2.4%。具体情况如表 2—4—1 所示。

表 2—4—1　各分类图书市场占有情况及市场预期

图书分类	偏好度①	消费状况		市场预期		市场空缺度④
		购买率②	消费者（亿人）	预购率③	消费者（亿人）	
文学	26.8%	12.1%	0.93	11.8%	0.91	2.3%
日常生活	26.4%	8.6%	0.66	11.3%	0.87	2.4%
历史	11.9%	4.1%	0.32	4.0%	0.31	1.0%
医药卫生	11.1%	3.6%	0.28	5.3%	0.41	1.9%
心理	10.8%	3.8%	0.29	5.1%	0.40	2.4%
经济、管理	10.2%	4.7%	0.36	5.4%	0.42	1.6%
军事	10.2%	2.9%	0.22	3.5%	0.27	1.6%
法律	9.9%	2.1%	0.16	4.5%	0.34	1.8%
教育	9.6%	4.2%	0.32	5.1%	0.39	1.8%

① 课题组注：喜欢某类图书的人数占总体的比例。

② 课题组注：认为某类图书在市场上比较缺乏的人数占总体的比例。

③ 课题组注：购买过某类图书的人数占总体比例。

④ 课题组注：将来打算购买某类图书的人数占总体比例。

续前表

图书分类	偏好度①	消费状况		市场预期		市场空缺度①
		购买率①	消费者（亿人）	预购率①	消费者（亿人）	
农业	8.1%	1.9%	0.15	4.8%	0.37	2.7%
科普	7.5%	2.6%	0.20	3.8%	0.29	1.2%
少儿	7.1%	5.7%	0.44	5.8%	0.44	1.0%
体育健身	7.0%	2.2%	0.17	2.9%	0.23	0.9%
计算机网络	5.7%	2.8%	0.22	2.5%	0.19	0.8%
政治	5.2%	1.7%	0.13	1.8%	0.14	0.9%
天文、地理	4.7%	1.6%	0.12	1.9%	0.15	1.1%
哲学	4.5%	2.1%	0.17	2.0%	0.15	1.7%
美术书法艺术	2.9%	1.7%	0.13	1.5%	0.12	0.9%
工业技术	2.7%	1.2%	0.10	1.3%	0.10	1.0%
生物科学	1.9%	0.7%	0.06	0.7%	0.05	0.9%
外文版图书	1.3%	1.1%	0.09	1.1%	0.09	1.1%
数学物理化学	1.2%	1.1%	0.09	0.7%	0.06	0.5%
其他	5.8%	2.8%	0.21	3.7%	0.29	1.8%

我们通过对购买率和市场空缺度两个维度的对比，分析各类图书的市场表现及其发展前景。购买率较高、空缺度也较高的图书种类有“文学”“日常生活”和“少儿”类图书；同时，“文学”和“日常生活”类图书的偏好度和预购率，均远高于其他类图书。据此可以推测，在所有图书种类中，“文学”和“日常生活类”图书的市场表现最佳，相对于其他各类图书仍有较大的发展空间；虽然“少儿”类图书空缺度低，但其购买率、预购率双高，仍然具有相当可观的发展前景。具体情况如图 2—4—1 所示。

相比之下，“农业”“哲学”“天文、地理”“外文版图书”和“工业技术”等类图书的购买率不高，市场供给也相对较为匮乏，可见这些类别的图书仍有一定的市场上升空间。而“数学物理化学”和“生物科学”等类图书的购买率低且饱和度高（空缺度较低），这些图书的发展空间会相对狭窄。

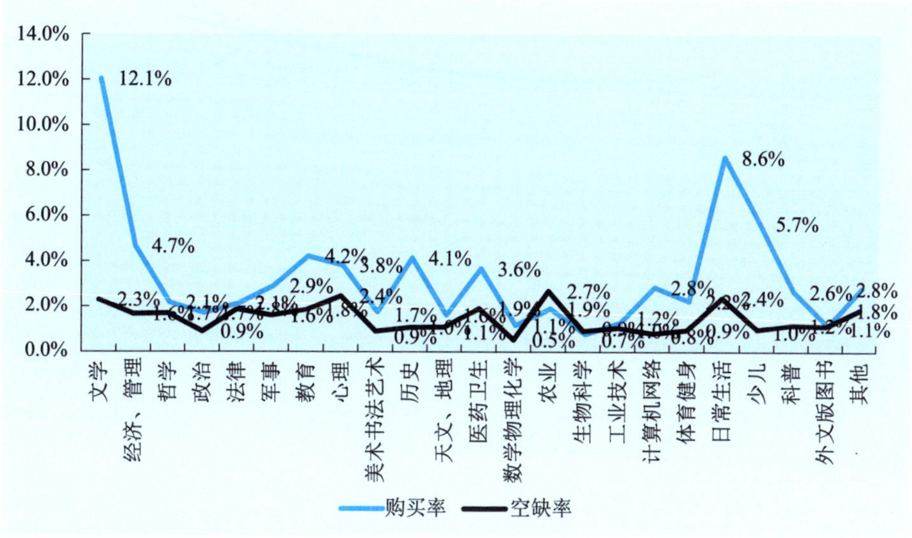

图 2—4—1　各分类图书的市场购买和空缺情况

2.4.2　文学类图书市场消费状况及市场预期

调查数据显示，与 2010 年的排名情况一致，2011 年成年国民最喜欢的文学类图书分别为“言情小说”“文学名著”和“武侠小说”，购买过和计划购买这些图书的成年国民也相对较多。

2011 年，最受成年国民喜爱的文学类图书为“言情小说”（33.8％），但购买率最高的是“文学名著”（30.3％）。推及总体后，2011 年购买过“文学名著”的消费者规模为 0.46 亿人。从预购率来看，“文学名著”“人物传记”和“言情小说”的预购率排名位列前三，分别达到了 25.7％、18.1％和 17.2％，推及总体后，潜在消费者规模合计达 1.55 亿人。

从市场空缺情况看，“纪实报告”“文学名著”“人物传记”“民间文学”和“文学评论”这些文学类书籍，被 10.0％以上的成年人认为市场上比较匮乏。具体情况如表 2—4—2 所示。

表 2—4—2 文学类图书分类市场状况

图书分类	偏好度	市场消费状况		市场预期		市场空缺度
		购买率	消费者（亿人）	预购率	消费者（亿人）	
言情小说	33.8%	20.8%	0.32	17.2%	0.44	9.1%
文学名著	29.9%	30.3%	0.46	25.7%	0.65	13.0%
武侠小说	28.0%	13.8%	0.21	15.6%	0.40	7.1%
当代小说	24.6%	18.4%	0.28	15.6%	0.39	9.8%
人物传记	22.8%	14.0%	0.21	18.1%	0.46	12.7%
历史小说	22.1%	13.7%	0.21	16.4%	0.42	9.1%
纪实报告	17.7%	9.0%	0.14	13.9%	0.35	16.3%
民间文学	16.1%	8.1%	0.12	11.5%	0.29	11.9%
科幻小说	14.0%	6.2%	0.09	8.6%	0.22	6.8%
散文随笔	12.0%	9.3%	0.14	9.5%	0.24	9.9%
玄疑/惊悚小说	11.4%	5.8%	0.09	6.0%	0.15	5.1%
青春/玄幻小说	9.2%	4.2%	0.06	5.6%	0.14	3.3%
文学评论	7.6%	6.1%	0.09	7.0%	0.18	11.3%
儿童文学	7.0%	10.8%	0.16	10.4%	0.26	6.8%
诗歌/戏剧	3.5%	2.9%	0.04	3.7%	0.09	8.7%
其他	0.6%	1.7%	0.03	1.7%	0.04	3.6%

我们将各种文学类图书在偏好度、购买率、预购率和市场空缺度这四个指标的数据制作成轴心图进行分析。不难发现，成年国民偏好度最高的文学类作品为“言情小说”，位居首位。购买率最高的是“文学名著”，位居第二的是“言情小说”。而偏好度与购买率之间存在较大悬殊的则是“武侠小说”。具体情况如图 2—4—2 所示。

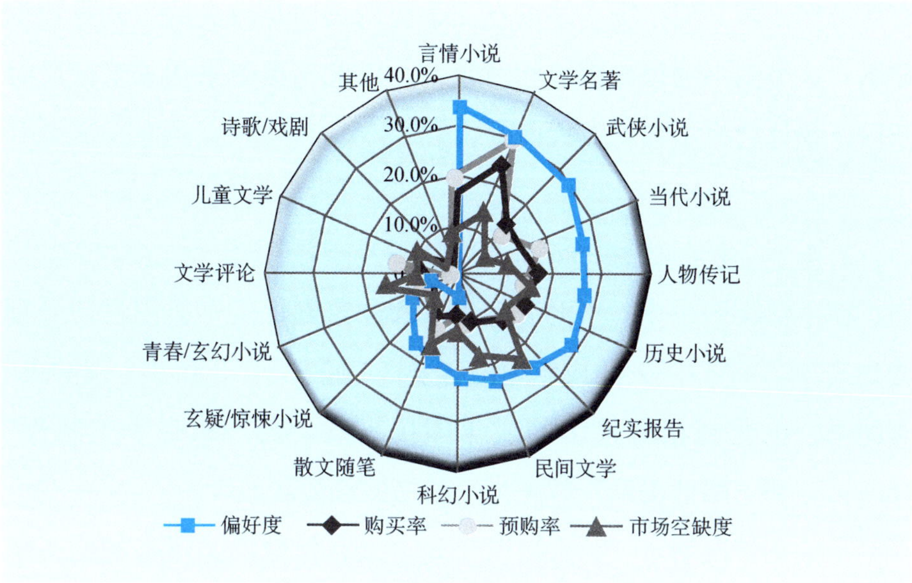

图 2—4—2　文学类图书市场指标分析

我们从购买率和市场空缺度两个维度，更为直观地表达文学类图书市场的竞争状况。如图 2—4—3 所示，“文学名著”的市场购买率最高，空缺度比较大，也就是说，“文学名著”的市场占有率高，但饱和度相对较低，存在较大的上升空间。同时，“人物传记”和“当代小说”类图书也具有相同的特点。

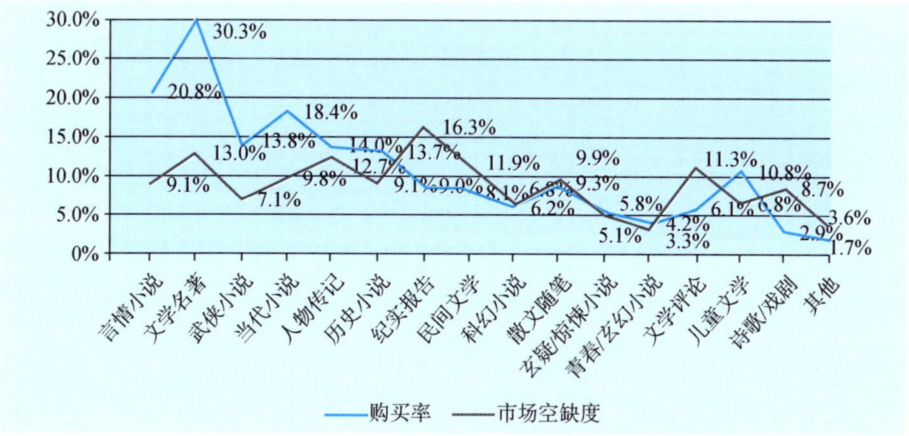

图 2—4—3　文学类图书的市场占有和空缺情况

值得注意的是，“纪实报告”和“民间文学”类图书的市场占有率虽然不高，但市场空缺度在文学类图书中是较高的。调查数据显示，这类图书的预购率也相对较高，因此这类图书在未来一段时间内，预计会有不错的发展前景。

2.4.3 生活类图书市场消费状况及市场预期

在生活类图书中，“生活知识”和“家庭保健”类图书，分别受到53.6%和47.7%的成年国民喜爱，“烹饪美食”和“心理健康”类图书，也受到相对较多的成年国民喜欢，而“家庭手工制作”(5.9%）和“两性关系”(7.0%）图书的喜爱者较少。

从购买情况看，“生活知识”和“家庭保健”类图书的购买率相对较高，购买者规模分别达到0.39亿人和0.32亿人，同时这两类图书的预购率也相对较高，均在30.0%以上。

从市场空缺情况看，“心理健康”类图书被20.3%的成年国民认为是市场上最缺乏的生活类图书，“生活知识”和“励志学习”类图书，被相对较多的成年国民（分别为18.9%和15.4%）认为是市场上较缺乏的。具体情况如表2—4—3所示。

表2—4—3 生活类图书分类市场状况

图书分类	偏好度	消费状况		市场预期		市场空缺度
		购买率	消费者（亿人）	预购率	消费者（亿人）	
家庭保健	47.7%	24.4%	0.32	31.9%	0.81	13.0%
生活知识	53.6%	29.6%	0.39	33.8%	0.86	18.9%
休闲旅游	21.5%	14.3%	0.19	15.0%	0.38	10.1%
美发美容	11.3%	6.6%	0.09	7.4%	0.19	5.7%
服装服饰	17.2%	8.5%	0.11	10.7%	0.27	6.5%
烹饪美食	24.5%	17.9%	0.24	18.5%	0.47	7.2%
家庭手工制作	5.9%	3.8%	0.05	5.5%	0.14	11.9%

续前表

图书分类	偏好度	消费状况		市场预期		市场空缺度
		购买率	消费者（亿人）	预购率	消费者（亿人）	
女性生活	15.2%	8.2%	0.11	9.8%	0.25	6.2%
育儿	12.5%	13.5%	0.18	12.6%	0.32	6.8%
家居装饰	10.9%	6.6%	0.09	7.7%	0.20	11.3%
励志学习	12.5%	13.7%	0.18	10.0%	0.25	15.4%
心理健康	22.4%	12.2%	0.16	17.0%	0.43	20.3%
两性关系	7.0%	2.5%	0.03	4.7%	0.12	11.0%
其他	0.3%	1.6%	0.02	0.6%	0.02	3.3%

为了更直观地表现各种生活类图书在偏好度、购买率、预购率和市场空缺度这四个指标上的差异，我们同样将以上数据做成轴心图来分析，如图2—4—4所示。不难发现，“生活知识”“家庭保健”和“烹饪美食”类图书的偏好度和预购率最为突出，而“心理健康”类图书在偏好度和预购率均较高的情况下，市场空缺度最高，这就为出版商占据此类图书市场提供了广阔思路。

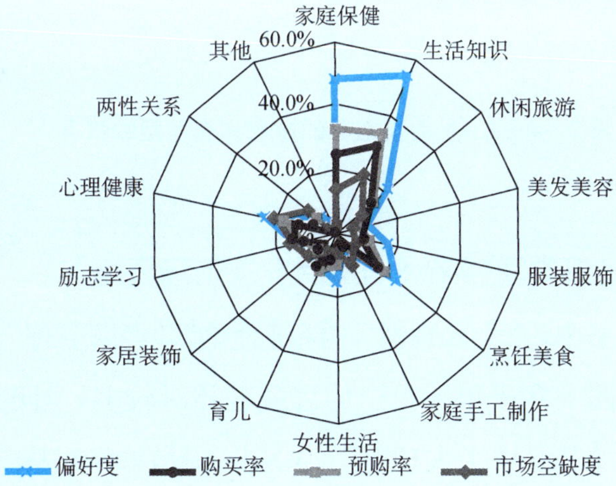

图2—4—4　生活类图书市场指标分析

在生活类图书中，“生活知识”“家庭保健”和“励志学习”类图书的市场占有率较高分别为29.6%、24.4%和13.7%，同时市场空缺度（18.9%、13.0%和15.4%）也位居前列。此外，“烹饪美食”“休闲旅游”和“心理健康”类图书的购买率和市场空缺度都相对较高。

另外，“家庭手工制作”“家居装饰”和“两性关系”类图书的市场占有率虽然不高，但其市场空缺度相对较高，喜欢和打算购买这类图书的成年国民也较多，因此这几类图书预计会有较好的市场发展前景。具体情况如图2—4—5所示。

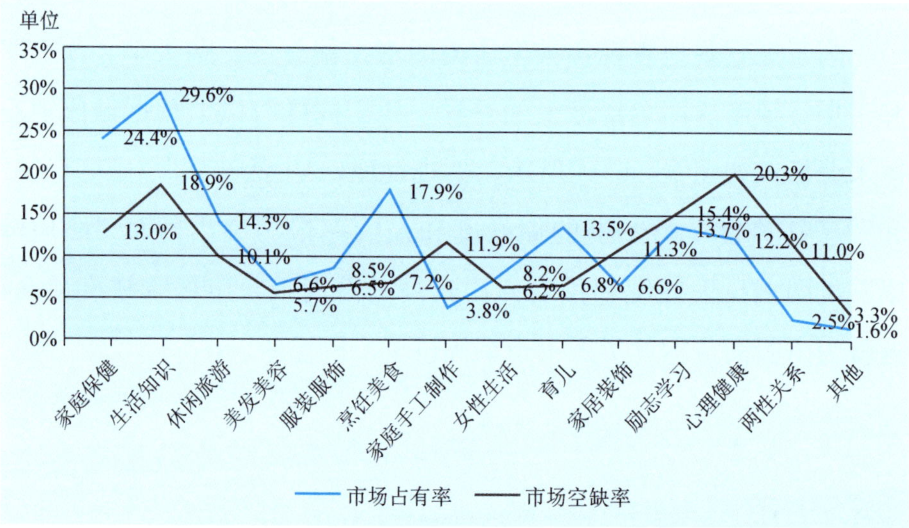

图2—4—5　生活类图书的市场占有和空缺情况

2.4.4　经济类图书市场消费状况及市场预期

经济类图书中，“个人理财”“经济理论”“经营管理”和“市场营销”这四类图书在成年国民中的喜爱者相对较多，且购买率和预购率也较高。尤其是“个人理财”类图书，预购率高达35.2%，远高于其他经济类图书。其次，“职场”类图书的偏好度、购买率、预购率也都有不俗表现。

从市场空缺情况看，“个人理财”类图书的市场空缺度最高，其次为“金融保险”“经济理论”类图书。“房产物业”类图书的空缺度高于“职场”类图书，这与近年来房地产行业热度攀升，以及物业管理逐步规范化是密不可分的。具体情况如表 2—4—4 所示。

表 2—4—4　经济类图书分类市场状况

图书分类	偏好度	消费状况		市场预期		市场空缺度
		购买率	消费者（亿人）	预购率	消费者（亿人）	
经济理论	31.6%	19.3%	0.15	18.3%	0.30	15.9%
市场营销	28.6%	24.6%	0.20	20.2%	0.33	10.8%
财务会计	9.9%	10.3%	0.08	7.6%	0.13	10.1%
经营管理	28.9%	25.5%	0.20	20.8%	0.34	13.3%
财政税收	4.5%	3.9%	0.03	3.1%	0.05	7.9%
房产物业	9.6%	5.2%	0.04	8.4%	0.14	15.7%
金融保险	15.1%	8.4%	0.07	10.8%	0.18	16.3%
广告宣传	8.2%	5.8%	0.05	5.7%	0.09	9.4%
证券期货	6.0%	6.5%	0.05	6.3%	0.10	11.8%
个人理财	40.2%	22.7%	0.18	35.2%	0.58	19.4%
职场	16.8%	10.3%	0.08	15.9%	0.26	14.0%
其他	1.6%	4.6%	0.04	2.2%	0.03	4.3%

为直观地表现经济类图书在偏好度、购买率、预购率和市场空缺度这四个指标上的差异，我们将以上数据做成轴心图来分析。如图 2—4—6 所示，“个人理财”和“经营管理”类图书的偏好度与预购率相对来说更为突出，“个人理财”和“经济理论”类图书的购买率与空缺度相对更高一些。

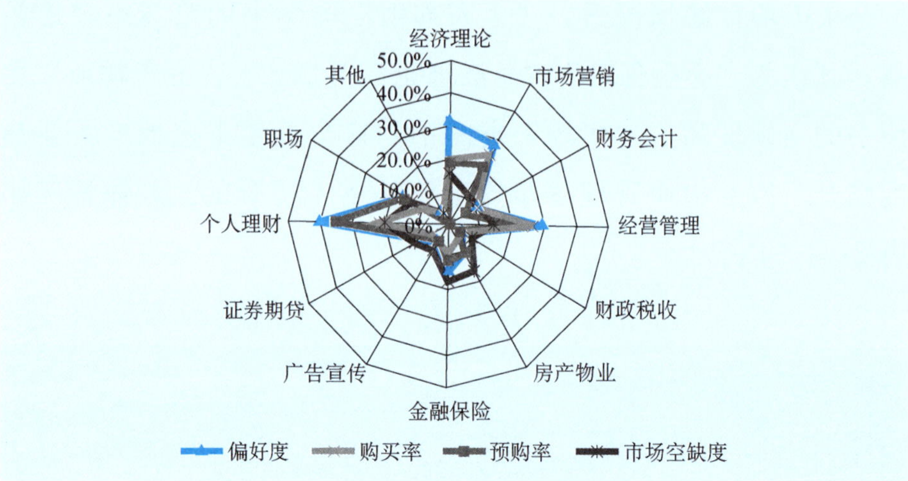

图 2—4—6 经济类图书市场指标分析

2.4.5 外语类图书市场及国民消费情况

在外语类图书中，“口语听力”和“外语工具书”在成年国民中的偏好度较高，而购买率相对较高的是“教材教辅”和“外语工具书”，市场空缺度最高的外语类图书是“文艺读物”，其次为“商贸外语”。

从市场预购情况看，外语类图书中的“文艺读物”“教材教辅”和“阅读写作”类图书的预购率相对较高。具体情况如表 2—4—5 所示。

表 2—4—5 外语类图书分类市场状况

图书分类	偏好度	消费状况		市场预期		市场空缺度
		购买率	消费者（亿人）	预购率	消费者（亿人）	
外语工具书	27.8%	24.2%	0.14	18.4%	0.17	13.8%
词汇语法	22.5%	20.9%	0.12	17.4%	0.16	12.0%
口语听力	28.6%	22.9%	0.13	20.0%	0.18	18.1%
阅读写作	27.3%	20.5%	0.12	21.7%	0.19	14.6%
商贸外语	15.4%	12.5%	0.07	14.9%	0.13	23.1%
文艺读物	27.0%	14.5%	0.09	23.1%	0.21	23.3%
教材教辅	18.5%	27.1%	0.16	22.0%	0.20	11.2%
其他	4.3%	8.5%	0.05	4.9%	0.04	9.4%

为直观地表现外语类图书在偏好度、购买率、预购率和市场空缺度这四个指标上的差异，将以上数据做成轴心图来分析。如图2—4—7所示，在偏好度上，除“商贸外语”和“教材教辅”外，其他各外语类图书间的差距不大；在预购率上，“文艺读物”“教材教辅”和“阅读写作”位居前三；在市场空缺度上，“文艺读物”“商贸外语”“口语听力”，以及“阅读写作”基本呈矩形分布；在购买率上，“教材教辅”和“外语工具书”的数值表现较为突出。

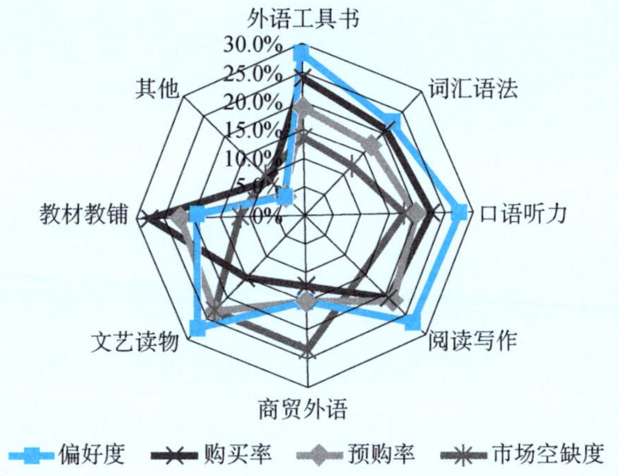

图 2—4—7　外语类图书市场指标分析

2.4.6　科技类图书市场及国民消费情况

在科技类图书中，“医药卫生”类图书最受成年人喜爱，偏好度高达46.9%；其次，有30.9%的成年国民喜欢“农业科技”类图书，“科普”类图书则位居第三（22.9%）。

除“医药卫生”类图书外，“计算机”和“农业科技”类图书的购买率最高，分别为23.9%和20.8%；预购率方面，“医药卫生”和“农业科技”类图书最高，分别为33.9%和26.1%；从市场空缺度看，“农业科技”类图书的市场空缺度最高，为24.0%。具体情况如表2—4—6所示。

表 2—4—6　科技类图书分类市场状况

图书分类	偏好度	消费状况		市场预期		市场空缺度
		购买率	消费者（亿人）	预购率	消费者（亿人）	
医药卫生	46.9%	27.7%	0.26	33.9%	0.65	21.7%
农业科技	30.9%	20.8%	0.20	26.1%	0.50	24.0%
交通运输	10.7%	7.4%	0.07	9.3%	0.18	10.0%
计算机	21.5%	23.9%	0.23	19.7%	0.38	11.8%
网络	18.7%	16.2%	0.15	16.4%	0.31	10.4%
机械建筑	4.6%	4.2%	0.04	5.5%	0.11	11.4%
工程技术	10.9%	10.2%	0.10	9.2%	0.17	14.9%
科普	22.9%	14.7%	0.14	18.6%	0.36	23.0%
其他	1.1%	4.6%	0.04	1.7%	0.03	5.8%

我们将以上数据制作成轴心图，来直观地表现各种科技类图书在偏好度、购买率、预购率和市场空缺度这四个指标上的差异。可以发现，我国成年国民对“医药卫生”类图书的需求十分旺盛，偏好度、购买率、预购率均排名第一，但市场空缺度由2010年的第一位降至2011年的第三位。不难推测，虽然成年国民对“医药卫生”类图书的需求度很高，但随着大量同类图书的涌现，市场空缺度在

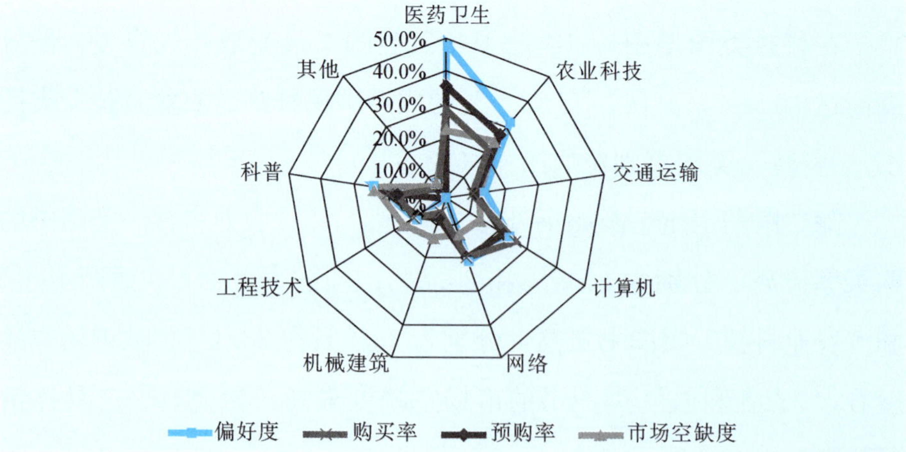

图 2—4—8　科技类图书市场指标分析

逐步降低，加之“医药卫生”类图书的内容良莠不齐，出版社在出版此类图书产品时应审慎为之。

2.5 读者最喜爱的图书

此次调查过程中，在无提示的情况下请被访者列举其最喜欢的三本图书的书名，然后根据图书被提及的次数进行排名。数据显示，中国古代四大名著和《简·爱》等外国名著依然受到较多成年国民的喜爱。另外，《史蒂夫·乔布斯传》首次上榜，超过《围城》位列第九位，《钢铁是怎样炼成的》和《平凡的世界》分列第七和第八位。具体情况如表 2—5—1 所示。

表 2—5—1 最受读者欢迎的图书排名

排名	2011 年	2010 年	2009 年
1	三国演义	三国演义	三国演义
2	红楼梦	红楼梦	红楼梦
3	水浒传	水浒传	水浒传
4	西游记	西游记	西游记
5	简·爱	射雕英雄传	围城
6	天龙八部	天龙八部	简·爱
7	钢铁是怎样炼成的	梦里花落知多少	射雕英雄传
8	平凡的世界	钢铁是怎样炼成的	钢铁是怎样炼成的
9	史蒂夫·乔布斯传	明朝那些事儿	天龙八部
10	围城	平凡的世界	方与圆

2.6 读者最喜爱的图书作者

在无提示的情况下，请被访者列举其最喜欢的三个图书作者的姓名。调查数据显示，鲁迅、金庸、琼瑶等作家依旧是最受国人欢迎的图书作者。与2010年相比，前三甲中，金庸、鲁迅依然位列前两名，韩寒、郭敬明作为青年作家的代表人物也位居前五名。四大名著中，只有《红楼梦》的作者曹雪芹进入前十名。另外，老舍、巴金、古龙、冰心等文学作家也位列前十。具体排名如表2—6—1所示。

表2—6—1　读者最喜爱的图书作者排名

排名	2011年	2010年	2009年
1	鲁迅	金庸	金庸
2	金庸	鲁迅	鲁迅
3	韩寒	琼瑶	琼瑶
4	琼瑶	郭敬明	曹雪芹
5	郭敬明	韩寒	古龙
6	老舍	曹雪芹	巴金
7	曹雪芹	老舍	郭敬明
8	冰心	古龙	老舍
9	古龙	冰心	冰心
10	巴金	三毛	罗贯中

2.7　读者最喜爱的出版社

2.7.1　读者最喜爱的出版社排名

在无提示情况下，我们请被访者列举其最喜欢的三个国内出版社名字。统计结果显示，“人民出版社”连续三年位居第一，“新华出版社”“人民教育出版社”“人民文学出版社”和“北京出版社”等国内著名出版社均名列前茅。“浙江教育出版社”则首次进入前十名。具体情况如表2—7—1所示。

表 2—7—1 读者最喜爱的出版社排名

排名	2011 年	2010 年	2009 年
1	人民出版社	人民出版社	人民出版社
2	新华出版社	新华出版社	新华出版社
3	人民教育出版社	人民教育出版社	人民教育出版社
4	人民文学出版社	人民文学出版社	人民文学出版社
5	北京出版社	北京出版社	北京出版社
6	上海人民出版社	长江文艺出版社	上海人民出版社
7	作家出版社	中国青年出版社	中国青年出版社
8	中国青年出版社	上海人民出版社	科学出版社
9	清华大学出版社	作家出版社	作家出版社
10	浙江教育出版社	清华大学出版社	高等教育出版社

2.7.2 国内出版社知名度和市场渗透率排名

为了解国内出版社的知名度，我们列举了 29 家国内较为知名的出版社名字，请被访者在其中选择其所知晓的出版社，然后进行数据整理和顺序排名，调查和统计结果如表 2—7—2 所示。

知名度排名最靠前的是“人民出版社”“人民教育出版社”“新华出版社”“人民文学出版社”和“北京出版社”。高等学校主办的出版社如“北京大学出版社”“清华大学出版社”“中国人民大学出版社”的知名度也较高，排名均在前十之列。相比之下，“三联书店”“商务印书馆”“中华书局”等老牌著名出版社都排到了十名之外。

表 2—7—2 国内出版社的知名度排名

出版社名称	排名
人民出版社	1
人民教育出版社	2
新华出版社	3

续前表

出版社名称	排名
人民文学出版社	4
北京出版社	5
北京大学出版社	6
高等教育出版社	7
清华大学出版社	8
上海人民出版社	9
中国人民大学出版社	10
三联书店	11
中国青年出版社	12
商务印书馆	13
科学出版社	14
中华书局	15
浙江教育出版社	16
作家出版社	17
江苏教育出版社	18
长江文艺出版社	19
人民邮电出版社	20
复旦大学出版社	21
重庆出版社	22
机械工业出版社	23
外语教学与研究出版社	24
中国财政经济出版社	25
电子工业出版社	26
接力出版社	27
中信出版社	28
社科文献出版社	29

为进一步了解以上出版社的市场表现，我们询问被访者在2011年曾购买过哪些出版社的出版物。如表2—6—2所示，“人民出版社”“人民文学出版社”“人民教育出版社”和“新华出版社”等知名度较高的出版社同样也具有较高的市场渗透率。高校出版社中，“北京大学出版社”“清华大学出版社”“中国人民大学出版社”在

市场渗透率排名中也位居前十；地方出版社中，“上海人民出版社”和“北京出版社”表现不俗，分列第五和第八位；而前十名之后的出版社，则多以在某一专业领域表现强势的出版社为主。

表 2—6—2　国内出版社的市场渗透率排名

出版社名称	排名
人民出版社	1
人民文学出版社	2
人民教育出版社	3
新华出版社	4
上海人民出版社	5
中国青年出版社	6
北京大学出版社	7
北京出版社	8
清华大学出版社	9
中国人民大学出版社	10
高等教育出版社	11
三联书店	12
江苏教育出版社	13
长江文艺出版社	14
作家出版社	15
商务印书馆	16
浙江教育出版社	17
重庆出版社	18
科学出版社	19
复旦大学出版社	20
中华书局	21
人民邮电出版社	22
机械工业出版社	23
接力出版社	24
电子工业出版社	25
外语教学与研究出版社	26
中信出版社	27
中国财政经济出版社	28
社科文献出版社	29

第三章
成年国民报刊阅读与购买倾向

3.1 成年国民报纸阅读状况

3.1.1 报纸阅读率

2011年，我国18—70周岁成年国民的报纸阅读率为63.1%，比2010年的66.8%，下降了3.7个百分点。

从性别上看，我国成年男性的报纸阅读率为67.9%，成年女性的报纸阅读率为57.7%，二者之间相差10.2个百分点，差距较为明显。

从年龄上看，30—39周岁、40—49周岁人群的报纸阅读率最高，均为65.7%；60—70周岁人群的报纸阅读率为61.6%，排在次席。

从报纸阅读人群的学历、收入、职业类型上看，不同群体之间的报纸阅读率存在显著性差异。具有硕士研究生学历的成年人群的报纸阅读率最高，为85.4%，而小学及以下学历的成年人群的报纸阅读率最低，为34.6%。收入高低基本与报纸阅读率成对应关系，收入在7001—8000元的成年人群报纸阅读率最高，为94.7%，收入在500元以下的成年人群报纸阅读率最低，为38.1%。从职业类型上看，“企业领导或管理人员”的报纸阅读率最高，为 88.3%，而“农民或农民工”的报纸阅读率最低，为 44.9%。

从城乡对比来看，2011 年城镇居民的报纸阅读率为 77.5%，农村居民的报纸阅读率为 52.7%，两者之间的差距较大。具体情况如表 3—1—1 所示。

表 3—1—1 不同人口特征人群的报纸阅读率

人口特征	类别	报纸阅读率
性别	男	67.9%
	女	57.7%
年龄	18—29 周岁	61.5%
	30—39 周岁	65.7%
	40—49 周岁	65.7%
	50—59 周岁	57.4%
	60—70 周岁	61.6%
学历	博士研究生	57.5%
	硕士研究生	85.4%
	本科	78.5%
	大专	77.8%
	高中	73.9%
	初中	55.5%
	小学及以下	34.6%
收入	无收入	49.1%
	500 元以下	38.1%
	501—1000 元	48.6%
	1001—1500 元	58.4%
	1501—2000 元	70.2%
	2001—3000 元	75.5%
	3001—4000 元	79.9%
	4001—5000 元	78.6%
	5001—6000 元	83.8%

续前表

人口特征	类别	报纸阅读率
收入	6001—7000 元	74.2%
	7001—8000 元	94.7%
	8001—10000 元	86.5%
	10000 元以上	84.5%
	拒绝回答	67.6%
职业或身份	工人或商业/服务业人员	70.6%
	企业领导或管理人员	88.3%
	农民或农民工	44.9%
	事业单位干部	87.5%
	一般职员/文员/秘书	77.7%
	公务员	83.9%
	军人/武警	83.4%
	教师	83.5%
	律师/医生/IT 等专业技术人员	79.0%
	私营或个体劳动者	69.7%
	学生	61.8%
	离退休人员	76.5%
	无业及失业人员	50.3%
城乡	城镇	77.5%
	农村	52.7%

3.1.2 报纸阅读量

2011 年，我国成年国民的年平均报纸阅读量为 100.70 份，与 2010 年的 101.16 份基本持平。若按月计算，我国成年国民总体上每月阅读报纸 8.39 份。

从报纸读者每月的报纸阅读量来看，成年男性报纸读者的平均阅读量为 13.80 份/月，高于成年女性报纸读者的 12.84 份/月。城镇报纸读者的平均阅读量为16.25份/月，农村报纸读者的平均阅读量为10.33份/月，城乡之间的差距较大。

从年龄分布状况来看，60—70周岁群体的平均报纸阅读量最高，达到了19.83份/月，50—59周岁群体的平均报纸阅读量为16.84份/月，位居次席。

从报纸读者的学历和收入整体情况上看，高学历、高收入群体的平均报纸阅读量大体上高于低学历、低收入群体。

从报纸读者的职业类型来看，“公务员”的平均报纸阅读量最高，达到23.71份/月。排在第二位的职业是“离退休人员”，其平均报纸阅读量为21.33份/月。紧随其后的职业类型分别是“教师”“企业领导或管理人员”和“事业单位干部”，其平均报纸阅读量分别为20.80份/月、19.44份/月和19.08份/月，且相互之间的差距不大。具体情况如表3—1—2所示。

表3—1—2　不同人口特征的报纸读者的报纸阅读量

人口特征	类别	成年人总体（份/月）	报纸读者（份/月）
性别	男	9.32	13.80
	女	7.34	12.84
年龄	18—29周岁	5.46	8.91
	30—39周岁	8.84	13.49
	40—49周岁	10.33	15.81
	50—59周岁	9.54	16.84
	60—70周岁	12.14	19.83
学历	博士研究生	5.68	9.88
	硕士研究生	11.50	13.48
	本科	13.08	16.69
	大专	11.98	15.41
	高中	10.54	14.33
	初中	5.99	10.88
	小学及以下	3.48	10.20

续前表

人口特征	类别	成年人总体（份/月）	报纸读者（份/月）
收入	无收入	3.81	7.83
	500元以下	2.45	6.50
	501—1000元	4.37	9.08
	1001—1500元	6.71	11.58
	1501—2000元	9.29	13.25
	2001—3000元	11.99	15.91
	3001—4000元	14.06	17.58
	4001—5000元	14.93	19.00
	5001—6000元	14.88	17.83
	6001—7000元	12.80	17.33
	7001—8000元	17.49	18.50
	8001—10000元	14.12	16.33
	10000元以上	14.46	17.08
	拒绝回答	10.13	15.17
职业或身份	工人或商业/服务业人员	9.32	13.22
	企业领导或管理人员	17.14	19.44
	农民或农民工	4.32	9.71
	事业单位干部	16.68	19.08
	一般职员/文员/秘书	12.41	16.01
	公务员	19.88	23.71
	军人/武警	12.26	14.80
	教师	17.37	20.80
	律师/医生/IT等专业技术人员	10.81	13.72
	私营或个体劳动者	9.21	13.33
	学生	3.16	5.16
	离退休人员	16.28	21.33
	无业及失业人员	5.30	10.74
	自由职业者	7.13	10.96
	其他	7.02	12.08

续前表

人口特征	类别	成年人总体（份/月）	报纸读者（份/月）
城乡	城镇	12.56	16.25
	农村	5.39	10.33

3.2 成年国民期刊阅读及消费状况

3.2.1 期刊阅读状况

3.2.1.1 期刊阅读率

2011 年，我国 18—70 周岁成年国民的期刊阅读率为 41.3%，相比 2010 年成年国民的期刊阅读率（46.9%），下降了 5.6 个百分点，降幅较为明显。

从性别上看，与报纸阅读率情况不同的是，成年男性群体的期刊阅读率为 39.4%，低于成年女性群体的 43.4%，二者相差不到 4.0 个百分点。

从年龄上看，高年龄段人群的期刊阅读率，明显低于低年龄段人群，18—29 周岁年龄段人群的期刊阅读率最高，为 54.0%；60—70 周岁年龄段人群的期刊阅读率最低，仅为 19.0%。

从学历上看，期刊读者的教育程度与其所对应的阅读率基本呈正比关系。总体来说，教育程度越高，所对应的期刊阅读率也越高。具有“硕士研究生”学历的期刊读者的期刊阅读率最高，达到了 75.7%；而“小学及以下”学历的人群，期刊阅读率最低，仅为 9.8%。

从收入情况上看，收入越高的群体期刊阅读率相对越高，收入在 10000 元以上的人群，期刊阅读率为 73.9%，而收入在 500 元以下的人群期刊阅读率最低，仅为 19.3%。

从职业类型上看，“教师”是唯一一个期刊阅读率超过 80%的职业，其期刊阅读率达到了 82.1%；“公务员”“军人/武警”“事业单位干部”“企业领导或管理人员”“律师/医生/IT 等专业技术人员”，以及“学生”紧随其后，其期刊阅读率均在 60%以上；“农民或农民工”的期刊阅读率最低，仅为 24.2%。具体情况如表 3—2—1 所示。

表 3—2—1 不同人口特征人群的期刊阅读率

人口特征	类别	期刊阅读率
性别	男	39.4%
	女	43.4%
年龄	18—29 周岁	54.0%
	30—39 周岁	44.6%
	40—49 周岁	34.2%
	50—59 周岁	25.7%
	60—70 周岁	19.0%
学历	博士研究生	55.2%
	硕士研究生	75.7%
	本科	70.6%
	大专	64.8%
	高中	48.9%
	初中	29.9%
	小学及以下	9.8%
收入	无收入	38.7%
	500 元以下	19.3%
	501—1000 元	29.0%
	1001—1500 元	33.2%
	1501—2000 元	40.6%
	2001—3000 元	49.9%
	3001—4000 元	57.8%
	4001—5000 元	53.7%
	5001—6000 元	58.4%
	6001—7000 元	54.7%

续前表

人口特征	类别	期刊阅读率
收入	7001—8000 元	64.4%
	8001—10000 元	63.2%
	10000 元以上	73.9%
	拒绝回答	54.0%
职业或身份	工人或商业/服务业人员	40.3%
	企业领导或管理人员	64.3%
	农民或农民工	24.2%
	事业单位干部	69.1%
	一般职员/文员/秘书	59.6%
	公务员	70.1%
	军人/武警	69.1%
	教师	82.1%
	律师/医生/IT 等专业技术人员	62.9%
	私营或个体劳动者	42.2%
	学生	62.4%
	离退休人员	31.8%
	无业及失业人员	31.3%
	自由职业者	52.3%

3.2.1.2 期刊阅读量

2011 年，我国 18—70 周岁成年国民的平均期刊阅读量为 6.67 期/年，比 2010 年的 7.17 期/年略有下降。

从性别特征上看，成年男性的期刊阅读量为 6.94 期/年，高于成年女性的期刊阅读量（6.36 期/年）。成年男性期刊读者的平均期刊阅读量是 17.70 期/年，同样也高于成年女性期刊读者的平均期刊阅读量（14.76 期/年）。

从城乡对比上看，城镇成年人期刊阅读读量为 7.84 期/年，农村成年人期刊阅读量为 5.82 期/年。城镇期刊读者的平均期刊阅读量为 15.26 期/年，比农村期刊读者的平均期刊阅读量（17.31 期/年）少了 2.05 期。

从年龄上看，“30—39 周岁”成年读者的期刊阅读量最多，为 8.22 期/年，“50—59 周岁”成年读者的期刊阅读量最低，为 4.41 期，“18—29 周岁”期刊读者的平均期刊阅读量仅为 14.00 期/年，排在最后。

从教育程度上看，教育程度大体上与平均期刊阅读量成正比。具有“硕士研究生”学历的成年读者的期刊阅读量最高，为 23.83 期/年；在期刊读者中具有“硕士研究生”学历的成年读者，平均期刊阅读量为 31.49 期/年，排在榜首。具有“小学及以下”学历的成年读者，平均期刊阅读量最低，为 1.60 期/年。而与既定认知差距较大的是具有“博士研究生”学历的期刊读者，其平均期刊阅读量仅为 11.06 期/年，排在最后。

从收入上看，月收入在“10000 元以上”的成年读者期刊阅读量与平均期刊阅读量最高，分别为 18.30 期/年与 25.00 期/年；月收入在“500 元以下”的成年读者期刊阅读量与平均期刊阅读量最低，分别为 2.01 期/年与 11.00 期/年。大体上期刊读者的月收入情况与其期刊阅读率成正比关系，相对而言，收入高的期刊读者，其期刊阅读量明显高于低收入期刊读者的期刊阅读量。

从职业类型上看，无论是成年读者还是期刊读者，“教师”的期刊阅读量与平均期刊阅读量最高，分别达到 19.53 期/年与 23.82 期/年；“农民或农民工”的期刊阅读量最低，为 4.27 期/年。而在期刊读者中，“私营或个体劳动者”的平均期刊阅读量最低，仅为 12.00 期/年。具体情况如表 3—2—2 所示。

表 3—2—2　不同人口特征的期刊读者的期刊阅读量

人口特征	类别	成年人总体（期/年）	期刊读者（期/年）
性别	男	6.94	17.70
	女	6.36	14.76
年龄	18—29 周岁	7.53	14.00
	30—39 周岁	8.22	18.54
	40—49 周岁	5.05	14.88
	50—59 周岁	4.41	17.24
	60—70 周岁	4.98	26.83
学历	博士研究生	6.11	11.06
	硕士研究生	23.83	31.49
	本科	11.81	16.76
	大专	10.46	16.19
	高中	7.18	14.80
	初中	5.25	17.70
	小学及以下	1.60	16.41
收入	无收入	6.63	17.00
	500 元以下	2.01	11.00
	501—1000 元	3.65	13.00
	1001—1500 元	4.66	14.00
	1501—2000 元	9.13	23.00
	2001—3000 元	7.38	15.00
	3001—4000 元	8.44	15.00
	4001—5000 元	9.19	16.19
	5001—6000 元	11.29	19.00
	6001—7000 元	6.92	13.00
	7001—8000 元	15.29	24.00
	8001—10000 元	14.59	23.00
	10000 元以上	18.30	25.00
	拒绝回答	9.02	17.00

续前表

人口特征	类别	成年人总体（期/年）	期刊读者（期/年）
职业或身份	工人或商业/服务业人员	5.28	13.22
	企业领导或管理人员	12.63	19.68
	农民或农民工	4.27	17.70
	事业单位干部	12.69	18.35
	一般职员/文员/秘书	8.53	14.36
	公务员	12.09	17.24
	军人/武警	8.41	12.34
	教师	19.53	23.82
	律师/医生/IT等专业技术人员	10.52	16.83
	私营或个体劳动者	5.03	12.00
	学生	10.16	16.42
	离退休人员	6.10	19.29
	无业及失业人员	6.70	21.62
	自由职业者	10.13	19.52
	其他	9.22	19.25
城乡	城镇	7.84	15.26
	农村	5.82	17.31

3.2.1.3 制约期刊阅读的因素

期刊读者在期刊阅读的制约因素中选择比例最高的是“没时间”（41.5%），29.2%的人因为“对现在期刊的内容没兴趣”而选择不阅读期刊。另外，表示“看电视、听广播就够了，没必要再读”而不阅读期刊的人有25.7%。选择因为“买期刊不方便”所占比例最少，为7.1%。具体情况如图3—2—1所示。

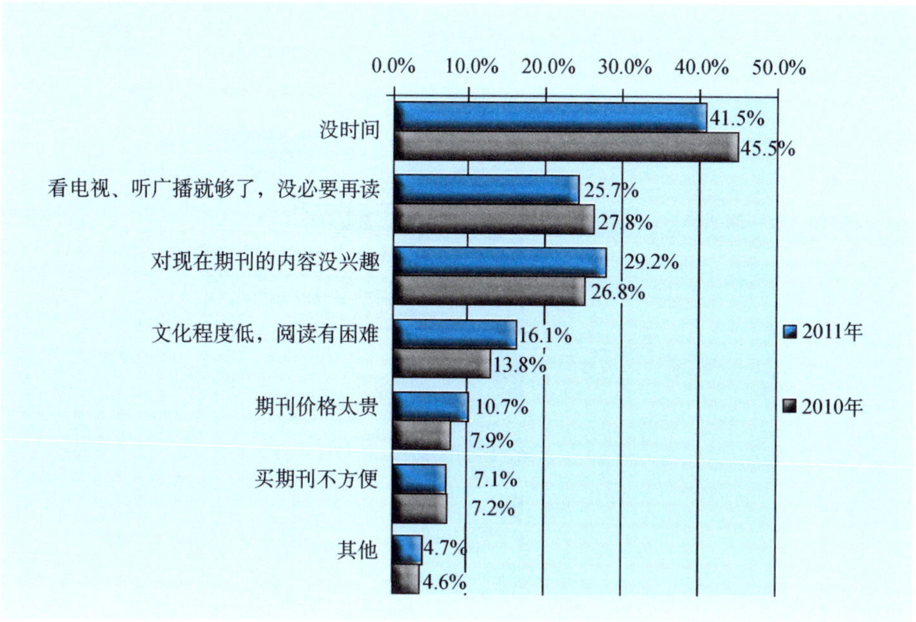

图 3—2—1　制约期刊阅读的因素

通过分析制约期刊阅读的原因，除去时间因素这个客观条件外，期刊内容吸引力不足，以及媒介表现的多样化，也是制约成年期刊读者阅读期刊的主要因素。因此，只有不断提高期刊的内容质量和文化品位，以适应不同读者群的精神文化需求，才能有效地解决以上问题。

在阅读期刊的制约因素上，存在着城乡差异。调查数据显示，2011 年城镇居民因“对现在期刊的内容没兴趣”，从而不阅读期刊所占的比例最大，达到 41.6%。而农村居民则主要因为“没时间”，从而不进行期刊阅读，其所占比例为 43.2%。仅有 22.6%的农村居民因“对现在期刊的内容没兴趣”，从而影响其阅读期刊；同样，仅有 6.3%的城镇居民因“文化程度低，阅读有困难”，从而影响其阅读期刊；农村居民因此原因选择不阅读期刊的比例，则高达 21.2%。具体情况如图 3—2—2 所示。

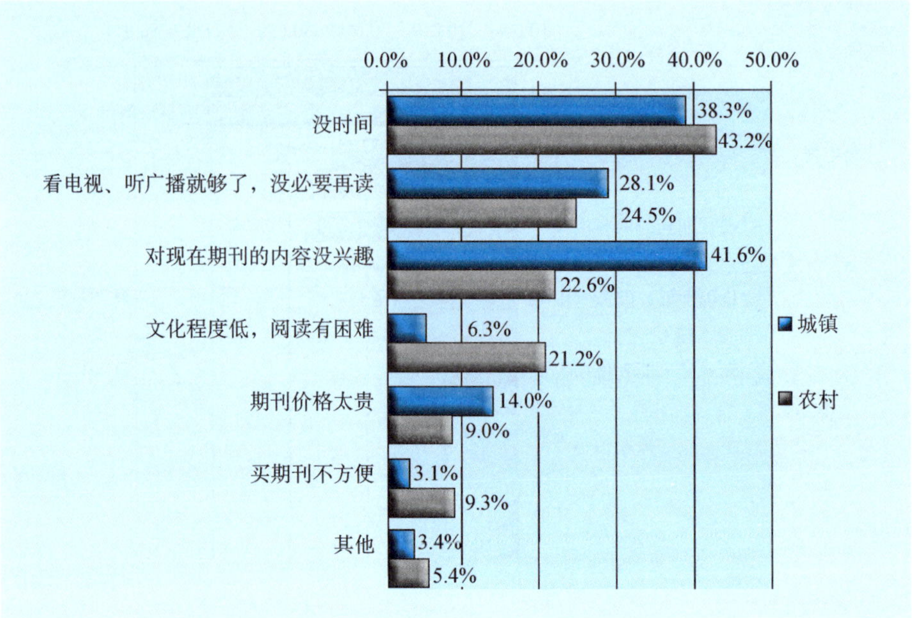

图 3—2—2　制约期刊阅读因素的城乡差别

3.2.1.4　期刊读者的阅读偏好

2011 年，我国成年期刊读者阅读“文学艺术”类期刊的比例超过三成（32.5%），“女性家庭情感”类期刊以 28.4%的被阅读比例紧随其后，“新闻时政”“医药健康”“服饰美容时尚”“娱乐明星/八卦”类期刊的阅读比例，也都超过了两成。“旅游休闲”“家居装饰”“科普”类期刊的读者，其阅读比例均超过了一成。具体情况如图 3—2—3 所示。

在阅读偏好上，城乡之间存在差异。城镇居民在阅读“服饰美容时尚”“旅游休闲”“财经管理/大众理财”类期刊的偏好程度上，远高于农村居民。而农村成年期刊读者则在“医药健康”“学术科技”类期刊的偏好程度上，高于城镇成年期刊读者。两者之间的差异与其生活方式，以及实际需求有着密切的关联。具体情况如图 3—2—4 所示。

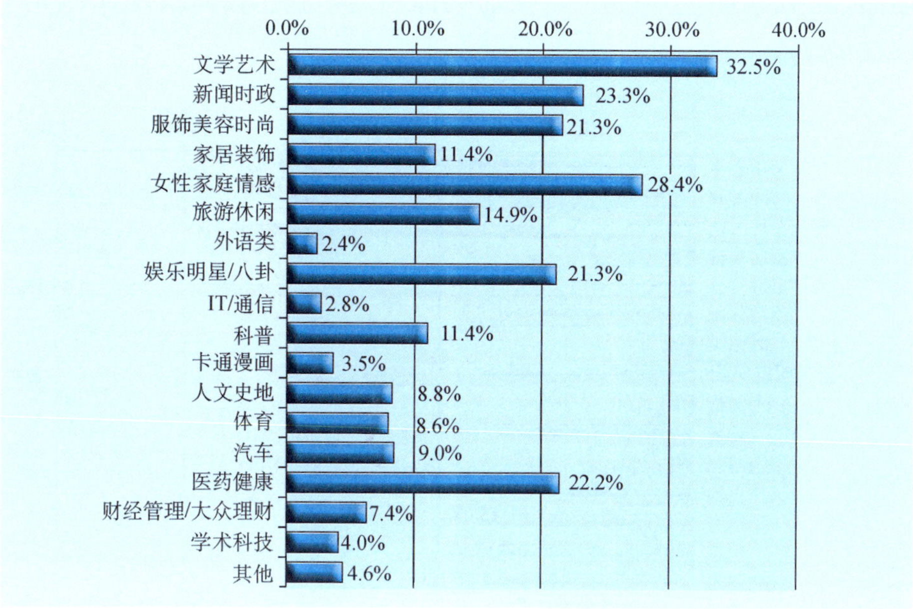

图 3—2—3　期刊读者的阅读偏好

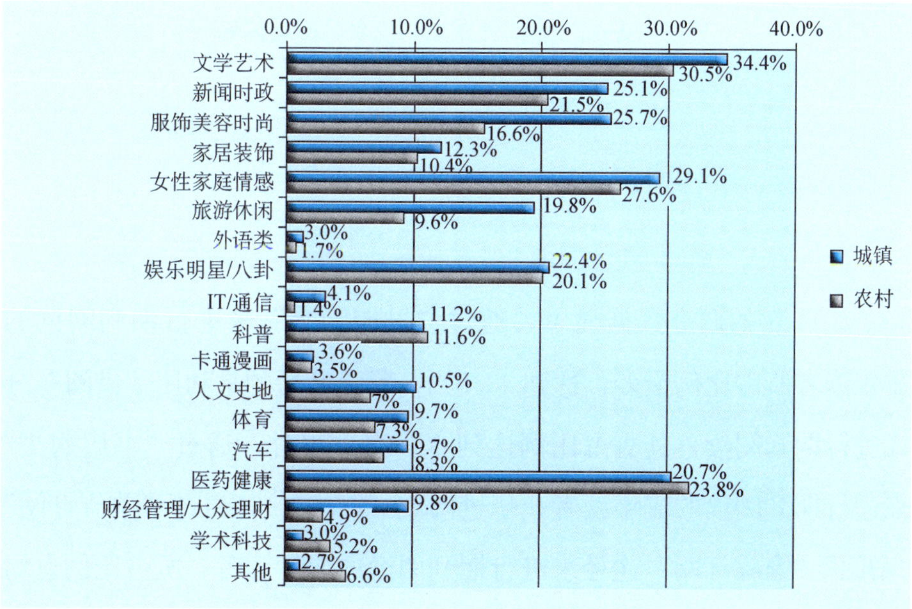

图 3—2—4　城乡期刊读者的阅读偏好

在阅读偏好上，不同性别之间也存在着差异。男性更偏好阅读“新闻时政”“汽车”“体育”“科普”“人文史地”“财经管理/大众理财”等类期刊；而女性则更偏好阅读“女性家庭情感”“服饰美容时尚”“娱乐明星/八卦”“家居装饰”类期刊。具体情况如图 3—2—5 所示。

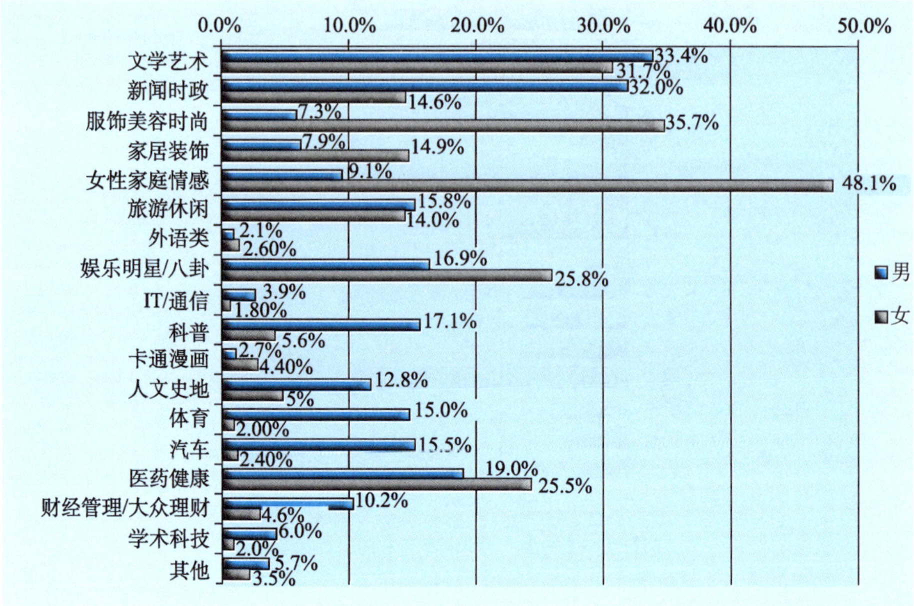

图 3—2—5　不同性别期刊读者的阅读偏好

3.2.2　期刊购买状况

3.2.2.1　获取期刊渠道

2011 年的调查数据显示，通过“报摊购买”来进行期刊阅读的成年读者所占比例最多，达到 49.8%；紧随其后的是利用“借阅”方式进行期刊阅读，其所占比例达到 45.9%。另外，通过“书店购买”来进行期刊阅读的成年读者，超过两成（21.0%）；通过“单位订阅”“赠阅”“家庭订阅”途径来进行期刊阅读的成年读者，所占比例也均在 10.0%以上；通过“网上购买”方式来进行期刊阅读的成年读者人数最少，所占比例仅为 3.8%。具体情况如图 3—2—6 所示。

成年期刊读者在获取期刊的渠道上，也存在着城乡差异。调查数据显示，2011 年城镇成年期刊读者，通过“报摊购买”来进行期刊阅读所占比例最高，达到了 58.8%；农村成年期刊读者则主要通过“借阅”来进行期刊阅读，所占比例为48.7%。具体情况如图3—2—7所示。

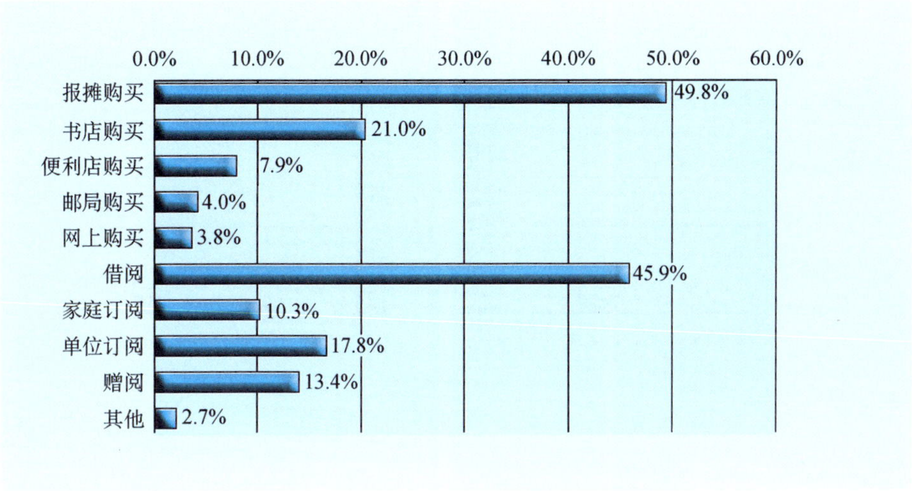

图3—2—6　期刊读者获取期刊渠道

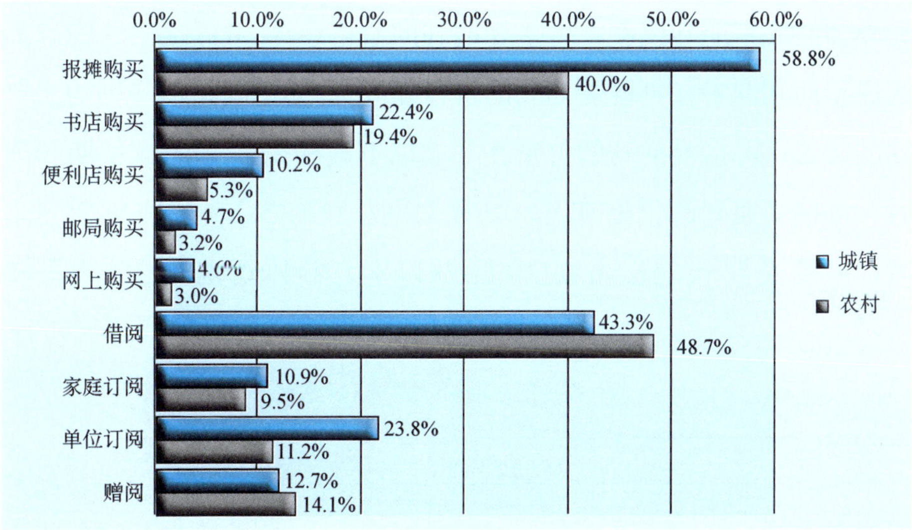

图3—2—7　城乡期刊读者获取期刊渠道

3.2.2.2　期刊价格评价

2011年，对成年期刊读者的期刊价格调查显示，44.4%的期刊读者认为，当前期刊价格“合适”，但也有42.3%的成年期刊读者认为，当前期刊价格“比较贵”或“非常贵”；还有6.0%的成年期刊读者认为，当前期刊价格“比较便宜”或“非常便宜”。另外，

7.3%的成年期刊读者，对当前期刊价格的认知较为模糊，表示对当前的期刊价格说不清是高是低。具体情况如图 3—2—8 所示。

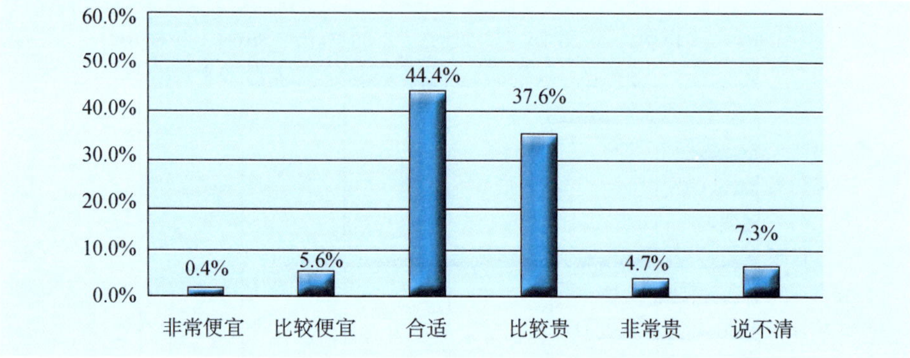

图 3—2—8 期刊读者对期刊价格评价的差异

3.2.2.3 期刊价格承受力

2011 年，在对成年期刊读者的期刊期望价格的调查中显示，有 39.3%的成年期刊读者，可接受期刊的价格在 3—6 元之间；28.7%的成年期刊读者，可接受期刊的价格在 6—9 元之间；75.9%的成年期刊读者，可接受期刊的价格在 9 元以下；有 20.9%的成年期刊读者，可接受期刊的价格在 9—19 元之间；仅有 3.3%的成年期刊读者，可接受期刊的价格在 19 元及以上。具体情况如图 3—2—9 所示。

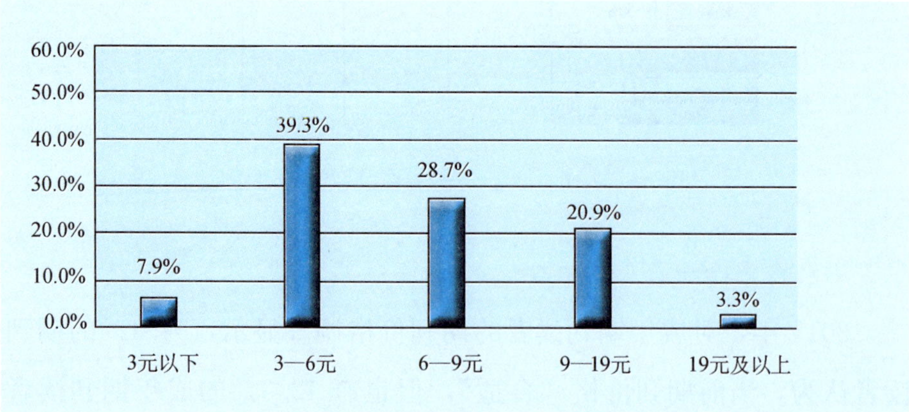

图 3—2—9 期刊读者对期刊的可接受价格

3.2.3 读者对期刊广告的态度

2011 年，在对成年期刊读者进行期刊广告所占版面比重的调查中发现，有 66.0%的成年期刊读者，可以接受期刊广告版面占总版面的 20%以下；但也有 20.4%的成年期刊读者表示，不能接受期刊中刊登广告；只有 2.1%的成年期刊读者，可以接受期刊广告面积占到期刊总版面的一半以上。具体情况如图 3—2—10 所示。

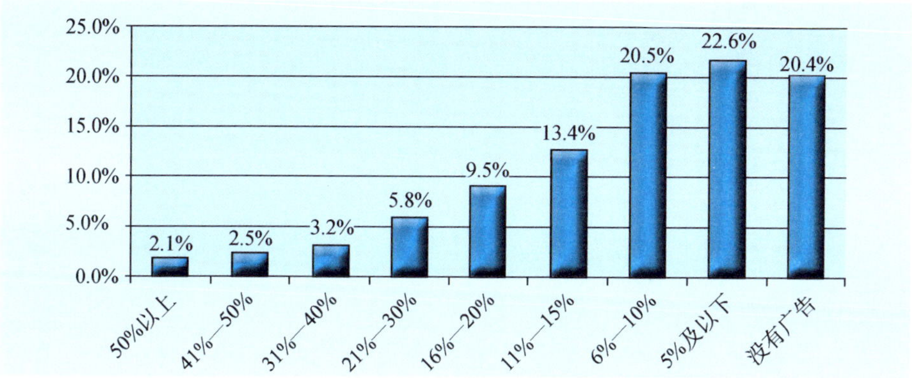

图 3—2—10 期刊读者可接受的广告面积

3.2.4 读者喜爱的期刊

3.2.4.1 期刊知名度排名与购买情况

此次调查中，我们列举了 38 种国内较为知名的期刊，并请期刊读者选择其知晓的期刊名称，以及曾在 2011 年购买过的期刊，目的是了解这些期刊的知名度和市场渗透率。根据被访者选取期刊的数值进行比例统计，获得了各个期刊的具体排名。

在 18—70 周岁的成年国民中，期刊知名度排在前三甲的依次是：《知音》《读者》《青年文摘》；市场渗透率排在前三位的期刊依次为：《读者》《知音》《青年文摘》。由此可见，目前《读者》《知音》与《青年文摘》这三种期刊，无论在知名度或在市场渗透率上，都处于领先位置。

具体情况如表 3—2—3 和表 3—2—4 所示。

表 3—2—3 期刊知名度排名

期刊名称	知名度	知名度排名
知音	63.0%	1
读者	59.9%	2
青年文摘	52.3%	3
故事会	50.4%	4
家庭	44.2%	5
瑞丽	26.9%	6
时尚	26.8%	7
女友	22.0%	8
意林	17.0%	9
服饰与美容	15.4%	10
都市丽人	15.1%	11
财经	14.8%	12
恋爱婚姻家庭	12.4%	13
演讲与口才	12.3%	14
格言	12.3%	14
车主之友	10.3%	16
小说月报	10.1%	17
世界时装之苑	9.5%	18
特别关注	9.5%	18
父母必读	9.3%	20
大众医学	9.2%	21
中国国家地理	9.0%	22
新华文摘	8.0%	23
足球周刊	7.9%	24

续前表

期刊名称	知名度	知名度排名
上海服饰	7.7%	25
读书	6.3%	26
悦己	6.2%	27
电脑爱好者	5.8%	28
商界	5.8%	28
理财周刊	5.6%	30
上海服饰	5.6%	30
南风窗	5.5%	32
昕薇	4.9%	33
三联生活周刊	4.3%	34
看电影	4.3%	34
证券市场周刊	3.2%	36
英语沙龙	2.3%	37
贝太厨房	1.8%	38

表3-2-4 期刊市场渗透率排名

期刊名称	市场渗透率	市场渗透率排名
读者	38.2%	1
知音	27.9%	2
青年文摘	19.9%	3
瑞丽	13.5%	4
故事会	12.9%	5
家庭	12.2%	6
时尚	9.2%	7
家庭医生	8.3%	8
意林	7.8%	9
特别关注	7.5%	10

续前表

期刊名称	市场渗透率	市场渗透率排名
格言	5.0%	11
女友	4.9%	12
服饰与美容	4.7%	13
车主之友	4.6%	14
足球周刊	4.2%	15
都市丽人	4.1%	16
财经	3.1%	17
恋爱婚姻家庭	2.9%	18
昕薇	2.9%	18
大众医学	2.7%	20
电脑爱好者	2.6%	21
演讲与口才	2.5%	22
中国国家地理	2.4%	23
父母必读	2.3%	24
小说月报	2.1%	25
商界	1.8%	26
南风窗	1.8%	26
悦己	1.7%	28
上海服饰	1.7%	28
新华文摘	1.5%	30
世界时装之苑	1.4%	31
理财周刊	1.3%	32
看电影	1.1%	33
证券市场周刊	1.1%	33
读书	0.9%	35
三联生活周刊	0.9%	35
英语沙龙	0.7%	37
贝太厨房	0.5%	38

在期刊读者中调查38种期刊知名度，排在前四位的比例数值都

超过了50%。《读者》在期刊知名度排名中居于首位，其比例数值为67.5%；《知音》《青年文摘》《故事会》紧随其后。以上四种期刊在知名度和市场渗透率方面都优于其他期刊，尤其是《读者》和《知音》，更是期刊中的佼佼者，受到读者们的普遍喜爱与认同。可以看出，文学类期刊的知名度与市场渗透率，在所有期刊中表现最好，在期刊读者中的认可度也最高。具体情况如表3—2—5及3—2—6所示。

表3—2—5 期刊知名度排名

期刊名称	知名度	知名度排名
读者	67.5%	1
知音	67.4%	2
青年文摘	59.7%	3
故事会	51.5%	4
家庭	49.6%	5
瑞丽	36.6%	6
时尚	34.8%	7
家庭医生	29.6%	8
女友	27.3%	9
意林	23.3%	10
服饰与美容	21.2%	11
都市丽人	21.1%	12
财经	19.2%	13
格言	17.3%	14
演讲与口才	17.1%	15
恋爱婚姻家庭	15.7%	16
特别关注	14.0%	17
小说月报	13.5%	18
世界时装之苑	13.3%	19
车主之友	12.9%	20
大众医学	12.3%	21

续前表

期刊名称	知名度	知名度排名
父母必读	12.3%	22
中国国家地理	11.6%	23
上海服饰	11.2%	24
新华文摘	10.6%	25
足球周刊	9.4%	26
悦己	9.2%	27
读书	8.3%	28
南风窗	8.2%	29
电脑爱好者	8.2%	29
昕薇	7.9%	31
理财周刊	7.7%	32
商界	7.6%	33
三联生活周刊	5.9%	34
看电影	5.8%	35
证券市场周刊	4.3%	36
英语沙龙	3.5%	37
贝太厨房	3.0%	38

表 3—2—6　期刊市场渗透率排名

期刊名称	市场渗透率	市场渗透率排名
读者	39.3%	1
知音	28.2%	2
青年文摘	19.8%	3
瑞丽	14.0%	4
故事会	12.2%	5
家庭	12.1%	6
时尚	9.7%	7
家庭医生	8.9%	8
意林	7.8%	9
特别关注	7.7%	10

续前表

期刊名称	市场渗透率	市场渗透率排名
格言	5.2%	11
女友	5.1%	12
服饰与美容	4.9%	13
车主之友	4.8%	14
足球周刊	4.5%	15
都市丽人	4.3%	16
财经	3.3%	17
昕薇	3.1%	18
恋爱婚姻家庭	2.8%	19
电脑爱好者	2.7%	20
演讲与口才	2.7%	20
大众医学	2.6%	22
中国国家地理	2.5%	23
小说月报	2.2%	24
父母必读	2.2%	24
南风窗	2.0%	26
商界	1.9%	27
上海服饰	1.8%	28
悦己	1.7%	29
新华文摘	1.6%	30
世界时装之苑	1.5%	31
理财周刊	1.3%	32
证券市场周刊	1.1%	33
看电影	1.1%	33
读书	0.9%	35
英语沙龙	0.8%	36
三联生活周刊	0.8%	36
贝太厨房	0.3%	38

3.2.4.2 读者最喜爱的前十名期刊

本次调查中，在无提示的情况下，我们请期刊读者列举其最喜欢的三种期刊名称，然后根据期刊被提及的频次进行排名。结果显示，最受我国 18—70 周岁期刊读者喜爱的期刊是《读者》，排在第二、第三位的依次是《知音》《瑞丽》。从期刊的内容类型看，在排名前十位的期刊中，以文学类期刊和时尚类期刊居多，家庭类期刊在近几年的发展态势较好。具体情况如表 3—2—7 所示。

表 3—2—7 期刊读者最喜爱的十本期刊

期刊名	排名
读者	1
知音	2
瑞丽	3
青年文摘	4
家庭	5
故事会	6
家庭医生	7
意林	8
特别关注	9
时尚	10

第四章
成年国民音像电子出版物阅读与购买倾向

4.1　音像电子出版物购买情况

调查数据显示，2011 年我国 18—70 周岁成年国民的音像电子出版物购买率为 32.6%，低于 2010 年的 37.9%。

对音像电子出版物的购买渠道调查显示，有 17.9%的成年人通过“音像店”购买音像电子出版物，有 10.5%的成年人通过“书店”购买，有 9.9%的成年人通过“街头地摊”购买，另外，还有 8.0%的成年人通过“商场超市”购买。而通过其他途径购买音像电子出版物的比例相对较低。具体情况如图 4—1—1 所示。

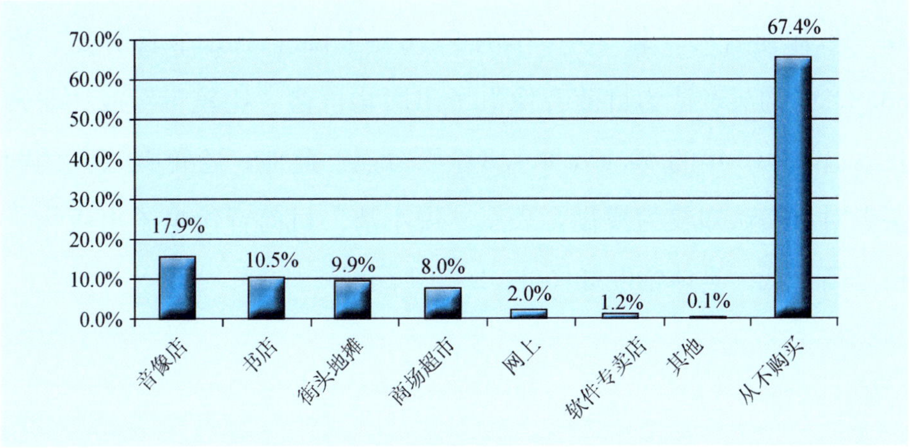

图 4—1—1　购买音像电子出版物的渠道

进一步分析发现，城镇居民与农村居民在购买渠道上存在一定差异。城镇居民中通过“音像店”“书店”和“商场超市”购买音像电子出版物的比例高于农村居民，而农村居民中通过“街头地摊”购买音像电子出版物的比例高于城镇居民。具体情况如图4—1—2所示。

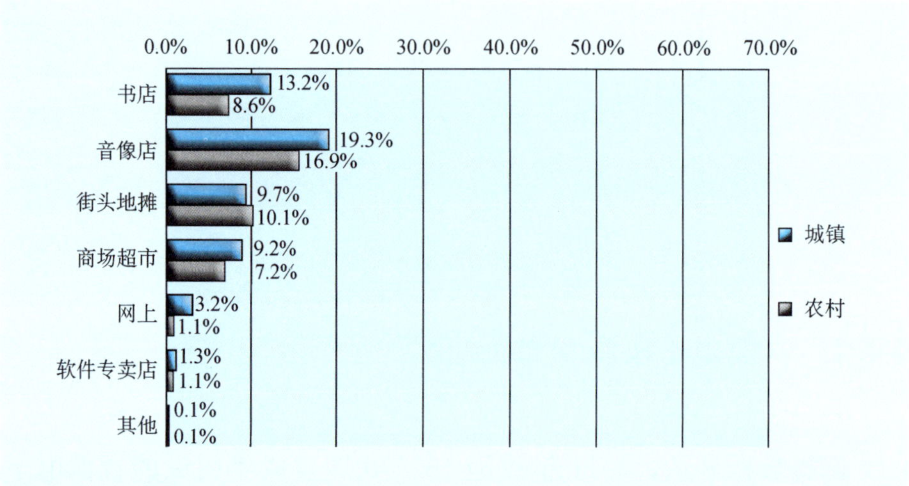

图4—1—2　城乡居民购买音像电子出版物的渠道比较

4.2　音像电子出版物价格评价

在音像电子出版物购买者中，有五成（50.3%）以上的购买者认为目前音像电子出版物价格在可接受范围（“合适”“比较便宜”和“非常便宜”），较2010年的52.6%下降了2.3个百分点；有38.8%的购买者认为目前音像电子出版物价格“比较贵”或“非常贵”，较2010年的40.6%少1.8个百分点。此外，还有10.8%的购买者对价格认知较为模糊，表示“说不清”目前音像电子出版物价格是高是低。具体情况如图4—2—1所示。

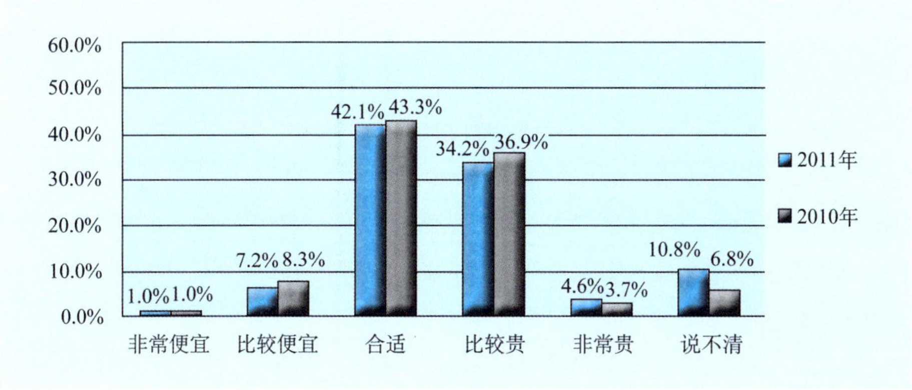

图 4—2—1　音像电子出版物的价格评价

4.3　音像电子出版物的价格承受力

调查数据显示，我国 18—70 周岁音像电子出版物购买者平均可接受的 CD 光盘价格为 10.34 元、VCD/DVD 价格为 11.00 元、盒式录音带价格为 9.74 元、CD-ROM 价格则为 13.28 元。

大部分音像电子出版物购买者认为音像电子出版物的价格一般不应超过 20 元。尤其对于 CD 光盘、VCD/DVD 来说，分别有 86.7%、83.3%的音像电子出版物购买者认为 VCD/DVD 、CD 光盘价格应控制在 20 元以内。而盒式录音带、CD-ROM 由于使用者减少，一些音像电子出版物购买者对其价格的认知变得较为模糊，分别有 29.6%和 39.8%的购买者表示“不清楚、不知道”盒式录音带、CD-ROM 的价格，但依然分别有 65.7%和 48.1%的购买者认为盒式录音带和 CD-ROM 的价格应控制在 20 元以内。具体情况如表 4—3—1 所示。

表 4—3—1　成年人购买者可接受的音像电子出版物价格

可接受价格	CD 光盘	VCD/DVD	盒式录音带	CD-ROM
≤10 元	48.8%	47.3%	42.5%	24.2%
11—20 元	34.5%	39.4%	23.2%	23.9%
21—30 元	5.3%	6.9%	3.7%	8.6%
≥31 元	1.1%	1.6%	1.2%	3.5%
不清楚/不知道	10.2%	4.8%	29.6%	39.8%
平均可接受价格（元）	10.34	11.00	9.74	13.28

第五章
成年国民动漫与游戏消费状况

5.1　动漫产品消费市场

5.1.1　各类动漫作品的接触率

2011 年，我国 18—70 周岁成年国民的动漫作品接触率为 32.7%。在接触过动漫作品的成年国民中，“动画片/动漫影视”的选择比例最高，为 18.0%；其次为“网络游戏”，选择比例为 16.7%；排第三、第四位的是“单机游戏”和“漫画书”，选择比例分别为 9.1%和 9.0%；“漫画期刊”的接触率最低，选择比例为 5.6%。具体情况如图 5—1—1 所示。

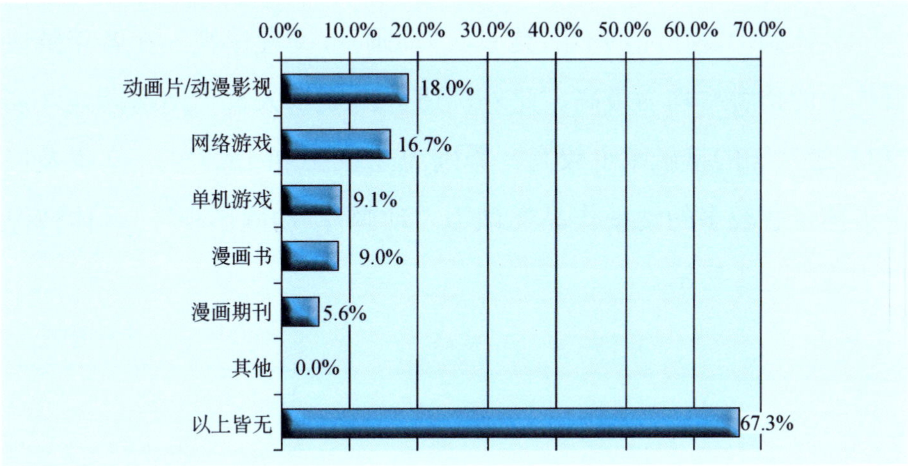

图 5—1—1　各类动漫作品接触率

从性别来看，成年男性对动漫作品的接触率为33.7%，略高于成年女性的31.6%。其中成年男性中接触过“网络游戏”和“单机游戏”的比例明显多于成年女性；而成年女性中接触过“动画片/动漫影视”“漫画书”和“漫画期刊”的比例多于成年男性。具体情况如图5—1—2所示。

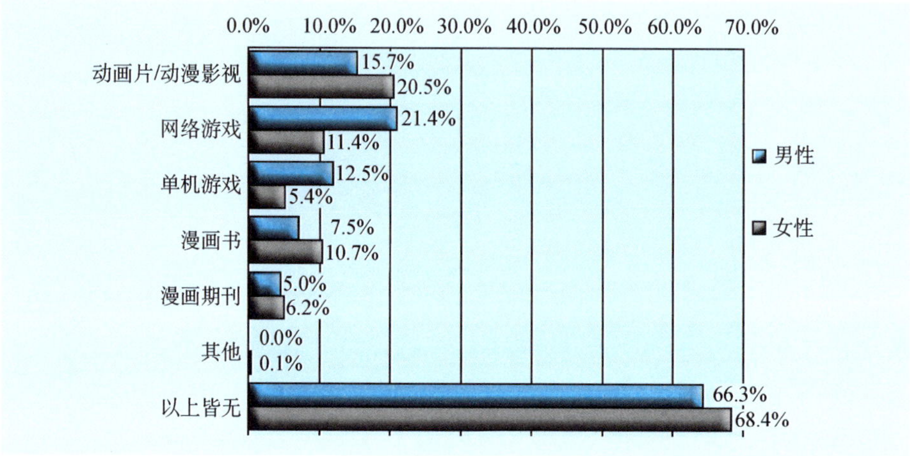

图5—1—2 不同性别人群的动漫作品接触率

从年龄分布上看，年龄越低，其动漫作品接触率则越高。18—29周岁群体的动漫作品接触率最高，该群体中有半数以上（54.6%）的人接触过不同形式的动漫作品；而50—59周岁和60—70周岁群体的动漫作品接触率则较低，分别为9.4%和10.0%。

具体到动漫作品的不同类型，“动画片/动漫影视”在各年龄段群体中的接触率均为最高。此外，18—29周岁人群“网络游戏”和“单机游戏”的接触率也较高，分别为32.9%和18.7%。40岁及以上群体接触较多的动漫作品类型为“动画片/动漫影视”。具体情况如表5—1—1所示。

表 5—1—1　不同年龄段群体的动漫作品接触率

	漫画书	漫画期刊	动画片/动漫影视	单机游戏	网络游戏	其他	以上皆无
18—29 周岁	16.5%	9.6%	27.3%	18.7%	32.9%	0.0%	45.4%
30—39 周岁	9.1%	5.8%	20.9%	8.8%	14.9%	0.0%	65.1%
40—49 周岁	4.0%	2.7%	10.1%	2.4%	7.3%	0.0%	82.7%
50—59 周岁	1.6%	1.1%	6.0%	1.0%	3.0%	0.0%	90.6%
60—70 周岁	2.2%	2.4%	7.6%	0.5%	1.2%	0.0%	90.0%

5.1.2　动漫题材的偏好

在接触过动漫作品的成年国民中，55.7%的人偏爱“搞笑”类动漫作品。其次，三成左右的人喜欢“科幻”“侦探”“神话”和“格斗”类动漫作品，两成左右的人喜欢“爱情”和“励志”类动漫作品，一成多的人喜欢“恐怖”和“体育”类动漫作品。具体情况如图 5—1—3 所示。

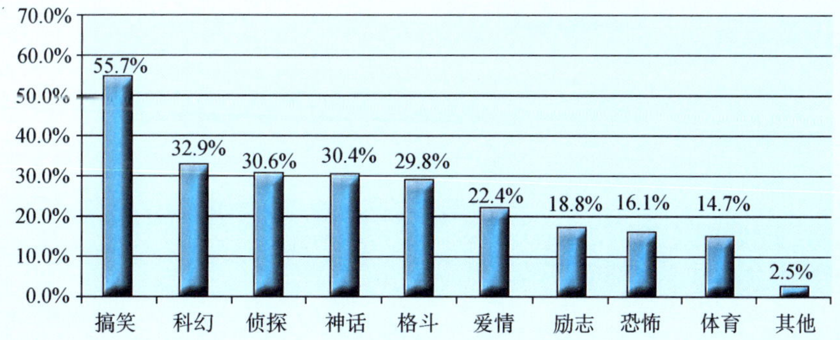

图 5—1—3　动漫接触者对动漫题材的偏好

5.2　单机游戏消费市场

5.2.1　单机游戏题材偏好

在接触过单机游戏的成年人中，排在前三位的题材分别是“棋牌益智类”“赛车类”和“动作类”游戏。具体来看，分别有39.2%和38.7%的人喜欢“棋牌益智类”和“赛车类”单机游戏。而“动作类”单机游戏的受欢迎程度也相对较高，选择比例为30.0%。此外，喜欢“神话武侠类”和“策略类”游戏的比例在两成左右。喜欢“体育类”“音乐舞蹈类”和“科幻奇幻类”游戏的比例分别为17.6%、16.4%和15.3%。还有47.7%的动漫作品接触者表示对这些单机游戏题材“都不喜欢”。具体情况如图5—2—1所示。

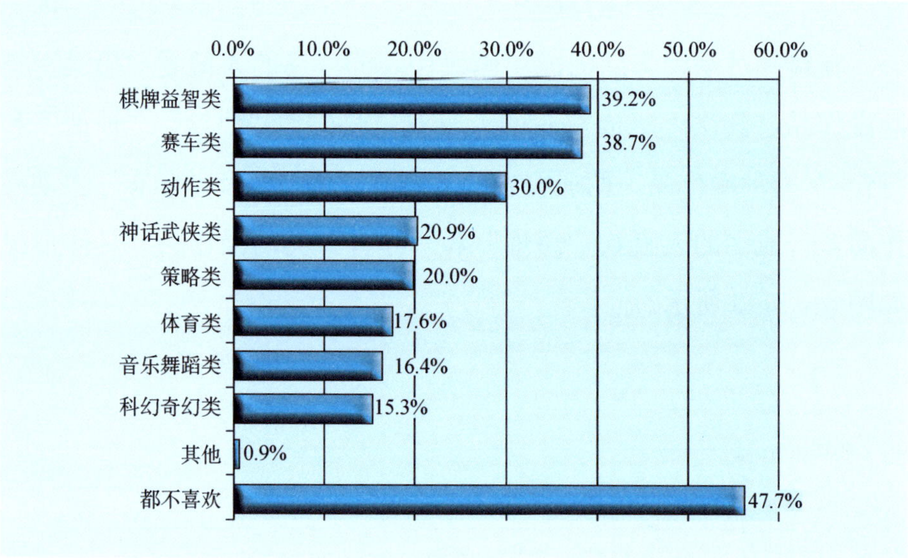

图5—2—1 单机游戏接触者对题材的偏好

5.2.2 单机游戏的黏度

当被问及过去一周平均每天花在单机游戏上的时间长度时，在我国18—70周岁单机游戏玩家中，有66.5%的人平均每天玩单机游戏的时长集中在1.5个小时以内。具体看来，有28.8%的玩家平均每天玩单机游戏的时长在半小时以下，有23.4%的玩家平均每天玩单机游戏的时长在0.5—1小时，还有14.3%的玩家平均每天玩单机游戏的时长在1—1.5小时之间。此外，平均每天玩单机游戏的时间超过一个半小时的单机游戏玩家仅占15.4%。具体情况如图5—2—2所示。

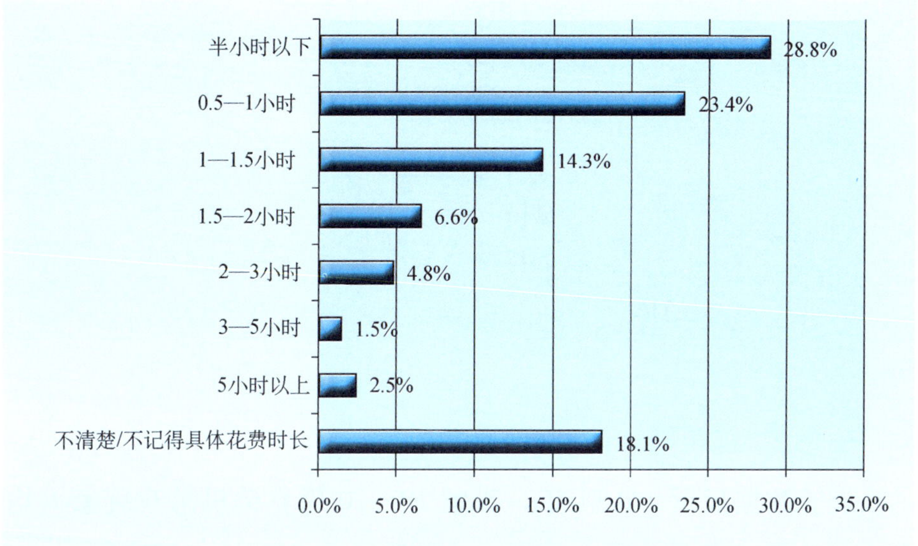

图5—2—2　平均每天玩单机游戏的时长

2011年，我国18—70周岁单机游戏玩家平均每天接触单机游戏的时长为49.27分钟。不同人口统计特征的单机游戏玩家花费在单机游戏上的时长存在一定差异。

男性玩家平均每天花在单机游戏上的时长为55.41分钟，较女性玩家平均每天在单机游戏上花费的时长（42.11分钟）多出13.30分钟。城镇玩家平均每天花费在单机游戏上的时长为47.86分钟，少于农村玩家的50.82分钟。18—29周岁玩家平均每天花费在单机游戏上的时长显著高于其他年龄群体，高达55.37分钟。具体情况如表5—2—1所示。

表5—2—1　不同人口特征的玩家平均每天玩单机游戏的时长

人口特征	类别	单机游戏时间花费（分钟）
性别	男	55.41
	女	42.11

续前表

人口特征	类别	单机游戏时间花费（分钟）
年龄	18—29 周岁	55.37
	30—39 周岁	45.52
	40—49 周岁	34.81
	50—59 周岁	42.49
	60—70 周岁	36.02
城乡	城镇	47.86
	农村	50.82
总体		49.27

5.2.3 单机游戏消费状况

调查数据显示，2011 年，我国 18—70 周岁单机游戏玩家人均花费在单机游戏上的金额为 71.38 元。在接触过单机游戏的成年国民中，有超过六成（65.4%）的人在单机游戏上没有花费，有 4.1%的人表示，在单机游戏上的花费在 20 元以下，另有 4.1%的人表示，其花费在 21—100 元之间，而明确表示在单机游戏上的花费金额超过 100 元的成年人，仅占 1.8%。具体情况如图 5—2—3 显示。

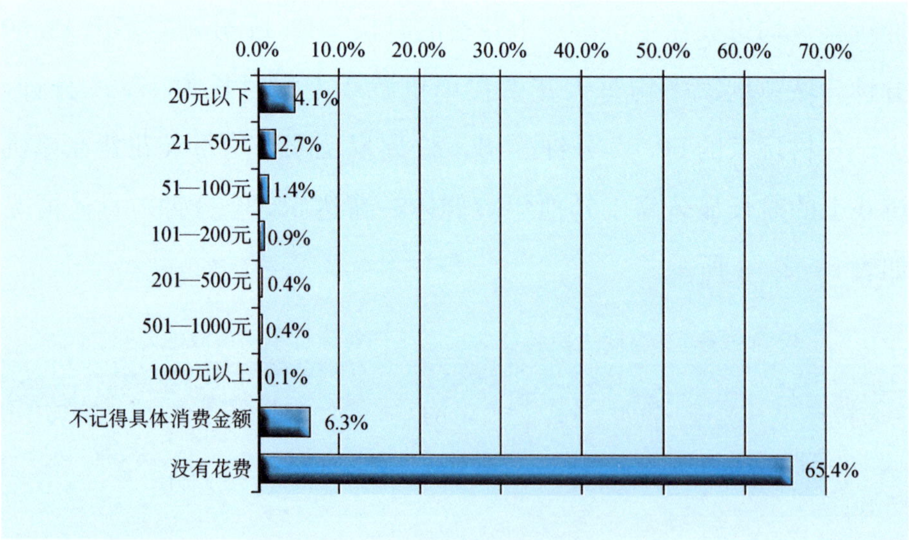

图 5—2—3 单机游戏玩家的花费

5.3 网络游戏接触情况

5.3.1 网络游戏题材偏好

“棋牌益智类”是最受欢迎的网络游戏题材，在接触过动漫作品的我国18—70周岁成年国民中，有40.0%的人喜欢“棋牌益智类”网络游戏。而“动作类”“神话武侠RPG”“赛车类”和“科幻奇幻RPG”类网络游戏的受欢迎程度也相对较高，选择比例分别为32.4%、26.9%、25.6%和24.6%。喜欢“体育类”网络游戏的动漫作品接触者相对较少，选择比例为15.8%。具体情况如图5—3—1所示。

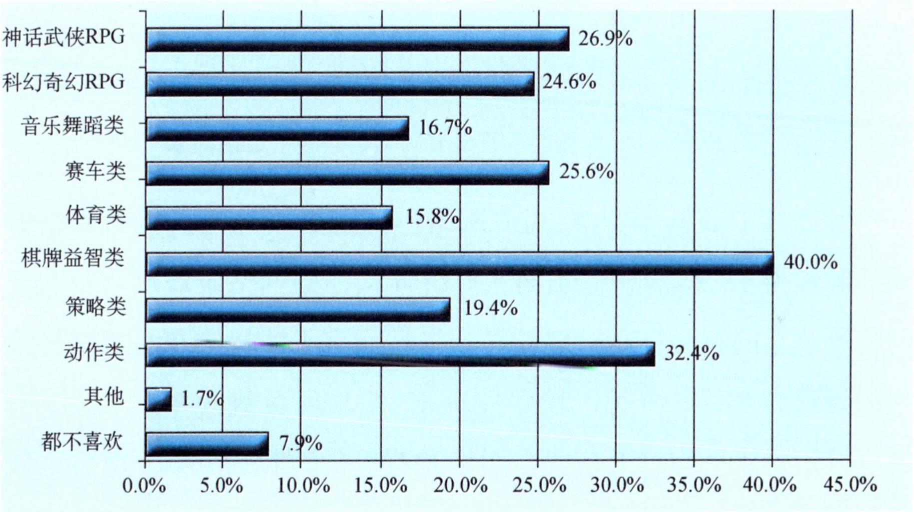

图5—3—1 网络游戏的题材偏好

5.3.2 网络游戏的黏度

当被问及过去一周平均每天花在网络游戏的时间长度时，在我国18—70周岁网络游戏玩家中，有35.1%的玩家平均每天玩网络游戏的时长集中在1.5个小时以内。具体看来，有10.8%的玩家平均每天玩网络游戏的时长在半小时以下，有13.4%的玩家平均每天玩网络游戏的时长在0.5—1小时，还有10.9%的玩家平均每天玩网络游戏的时长在1—1.5小时之间。此外，近两成（19.8%）的玩家平均每天玩网络游戏的时间超过一个半小时。具体情况如图5—3—2所示。

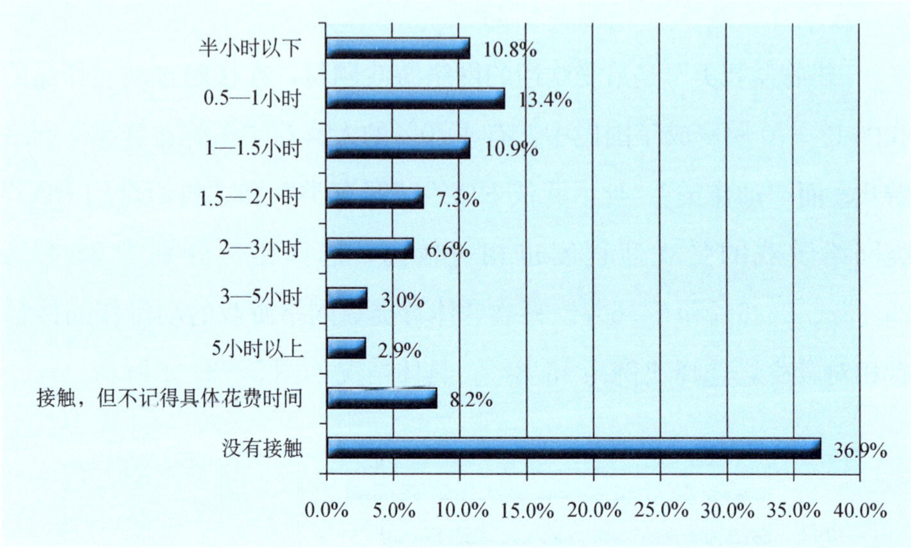

图5—3—2　网络游戏接触者对网络游戏的接触时长

2011年，我国18—70周岁网络游戏玩家平均每天接触网络游戏的时长为67.25分钟。不同人口统计特征的网络游戏玩家花费在网络游戏上的时间存在一定差异。男性玩家平均每天花在网络游戏上的时长为81.36分钟，较女性玩家（50.95分钟）多出30.41分钟。城镇玩家平均每天花费在网络游戏上的时长为67.70分钟，较农村玩家平均花费时长（66.76分钟）多出0.94分钟。具体情况如表5—3—1所示。

表5—3—1　不同人口特征玩家平均每天玩网络游戏时长

人口特征	类别	网络游戏时间花费（分钟）
性别	男	81.36
	女	50.95
城乡	城镇	67.70
	农村	66.76
总体		67.25

5.3.3 网络游戏的消费状况

2011 年，我国 18—70 周岁网络游戏玩家人均花费在网络游戏上的金额为 118.86 元，高于单机游戏玩家人均花费在单机游戏上的金额（71.38 元）。

2011 年，在我国 18—70 周岁网络游戏玩家中，有 28.9%的人在网络游戏上有所花费，有超过七成（71.1%）的人在网络游戏上没有花费。具体来看，有 3.5%的人表示其在网络游戏上的花费在 20 元以下，有 3.3%的人表示其在网络游戏上的花费在 20—50 元之间，有 5.0%的人表示其在网络游戏上的花费在 50—100 元之间。有 8.9%的人表示其在网络游戏上的花费超过 100 元。具体情况如图 5—3—3 所示。

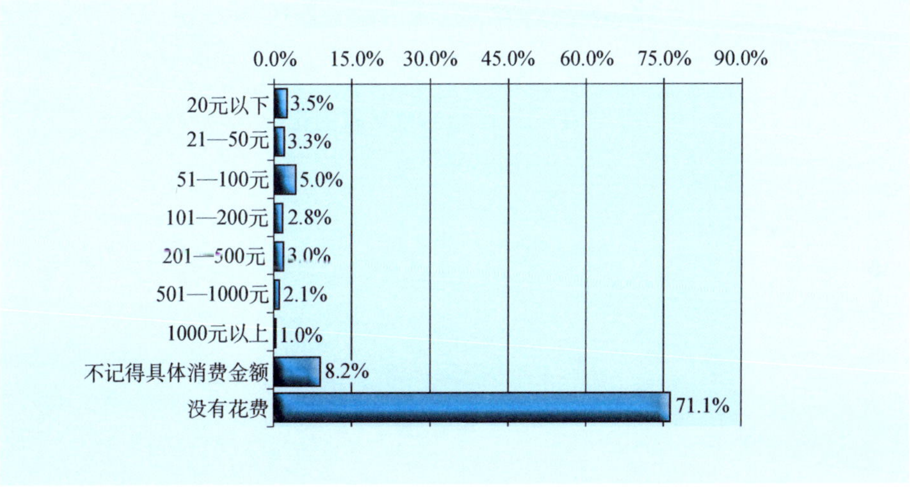

图 5—3—3 网络游戏玩家的花费

5.4 手机游戏消费状况

2011 年，在我国 18—70 周岁成年国民中，有 66.5%的人接触过手机游戏。具体来看，有 4.6%的动漫作品接触者在手机游戏上的花费金额不足 10 元，有 6.1%的动漫作品接触者在手机游戏上的花费金额在 10—50 元，有 2.2%的动漫作品接触者在手机游戏上的花费金额在 50—100 元，仅有 2.3%的动漫作品接触者在手机游戏上的花费金额超过 100 元。还有 7.0%的动漫作品接触者不记得具体消费金额。另外，还有 44.5%的动漫作品接触者只玩免费的手机游戏。具体情况如图 5—4—1 所示。

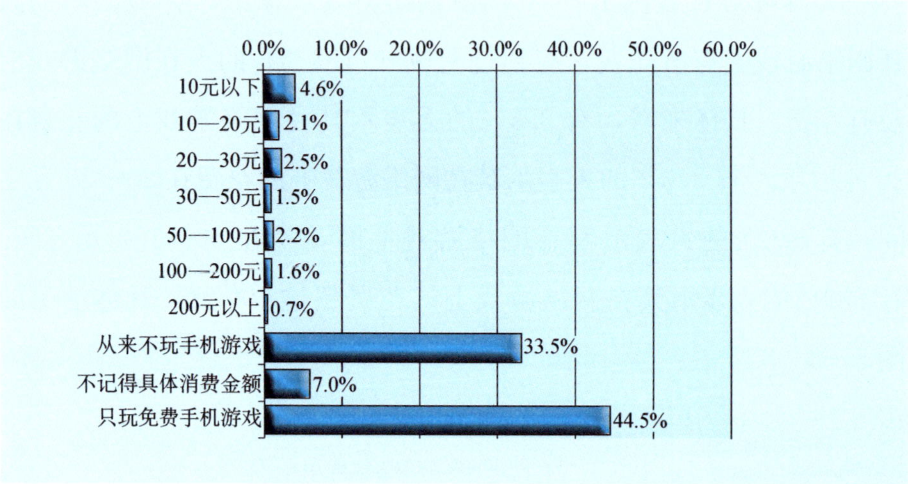

图 5—4—1　手机游戏玩家的花费

第六章 成年国民数字出版产品的阅读与购买倾向

6.1 数字出版物阅读状况

6.1.1 数字阅读方式接触率

调查数据显示，2011 年我国 18—70 周岁成年国民数字化阅读方式（网络在线阅读、手机阅读、电子阅读器阅读、光盘阅读、PDA/MP4/MP5 阅读等）的接触率为 38.6%，比 2010 年的 32.8% 上升了 5.8 个百分点。进一步对各类数字化阅读方式的接触情况进行分析发现，2011 年我国 18—70 周岁成年国民的网络在线阅读、手机阅读、电子阅读器阅读、光盘读取等数字化阅读方式接触率，均有不同程度的上升。

具体来看，2011 年，有 29.9%的 18—70 周岁成年国民，进行过网络在线阅读，比 2010 年的 18.1%增加了 11.8 个百分点；有 27.6%的成年国民进行过手机阅读，比 2010 年的 23.0%增加了 4.6 个百分点；有 5.4%的成年国民在电子阅读器上阅读，比 2010 年的 3.9%增加了 1.5 个百分点；有 2.4%的成年国民用光盘取读，比 2010 年的 1.8%增加了 0.6 个百分点；有 3.9%的成年国民使用 PDA/MP4/MP5 等进行数字化阅读，比 2010 年的 2.6%增加了 1.3

个百分点。各类数字化阅读方式的接触率较 2010 年增幅均超过 30%。具体情况如图 6—1—1 所示。

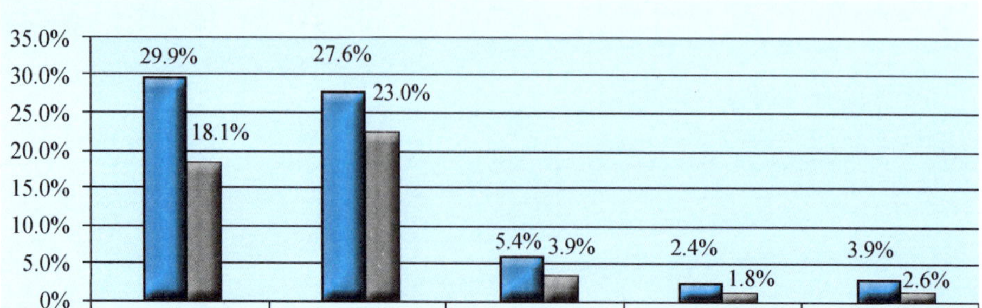

	网络在线阅读	手机阅读	电子阅读器阅读	光盘读取	PDA/MP4/MP5等
2011年	29.9%	27.6%	5.4%	2.4%	3.9%
2010年	18.1%	23.0%	3.9%	1.8%	2.6%

图 6—1—1　数字化阅读方式接触率

从数字化阅读方式人群的年龄分布来看，2011 年，我国 18—70 周岁数字化阅读方式接触者中，18—29 周岁人群占到 54.9%，30—39 周岁人群占 30.3%，40—49 周岁人群占 10.7%，50 周岁及以上人群占 4.0%。具体情况如图 6—1—2 所示。

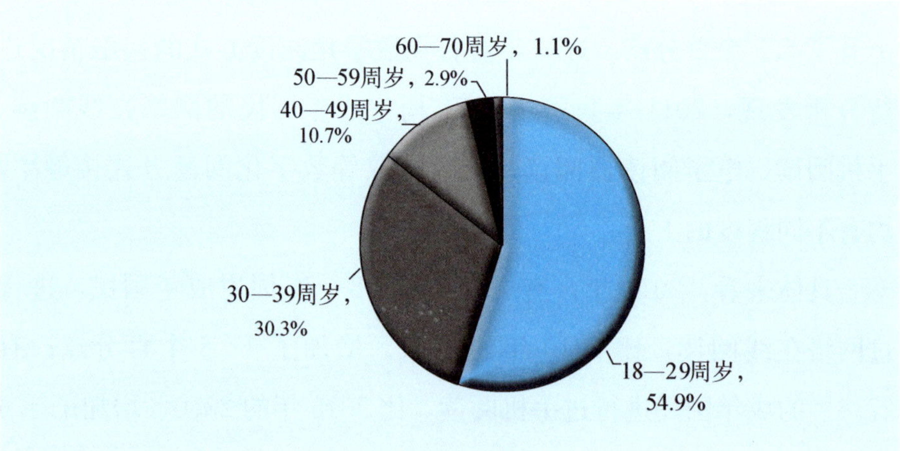

图 6—1—2　数字化阅读方式接触人群的年龄分布

6.1.2 数字化阅读方式选择原因与制约因素

获取与阅读便利、成本低廉以及信息量大是我国 18—70 周岁数字化阅读接触者选择数字阅读的主要原因。调查结果显示，59.2%的人因为“获取便利”而选择数字化阅读方式，有 40.0%的人因为“方便随时随地阅读”而选择数字化阅读方式，有 29.2%的人因为“方便信息检索”而选择数字化阅读方式，以上几点都是因为便利性而选择数字阅读的表现。其次，有 27.9%的人因为“收费少甚至不付费”而选择数字化阅读方式。此外，还有超过两成（24.5%）的人是因为“信息量大”而选择数字化阅读方式。具体情况如图 6—1—3 所示。

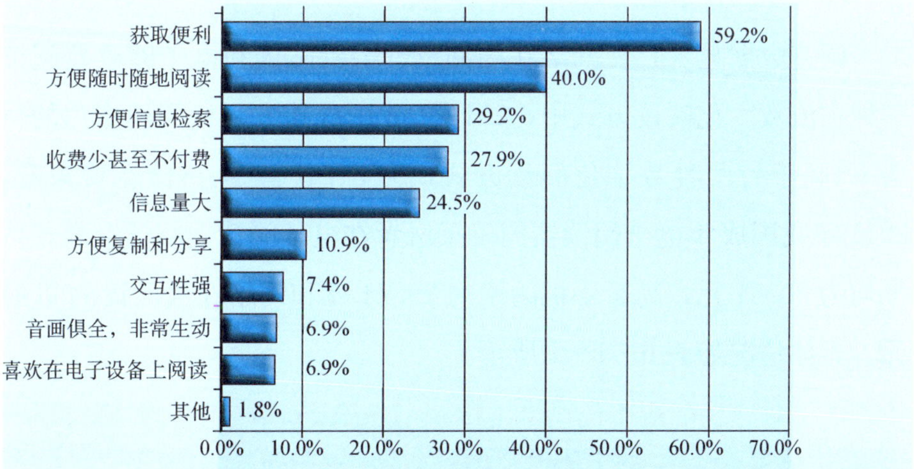

图 6—1—3　选择数字阅读的原因

然而，不少我国 18—70 周岁成年国民对数字化阅读仍持质疑态度。数据显示，五成以上（53.8%）的人认为数字化阅读“伤眼睛，容易视觉疲劳”，三成以上（35.6%）的人认为数字化阅读“辐射大”。另有 21.7 和 22.4%的人分别表示数字化阅读“有一定操作限制”或者“不习惯通过屏幕阅读”。具体情况如图 6—1—4 所示。

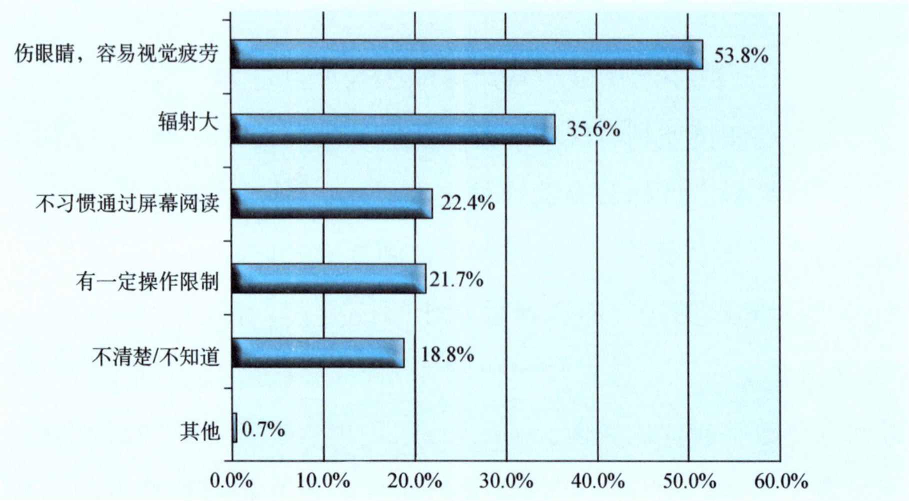

图 6—1—4　数字阅读方式的不足之处

6.1.3　数字出版物阅读的花费

调查数据显示，在网络在线阅读、手机阅读和电子阅读器阅读三种主流数字化阅读方式中，2011 年我国成年人手机阅读用户的付费率[①]高于另两种数字化阅读方式，为 51.4%。从具体花费来看，2011 年我国成年电子阅读器阅读接触者在电子阅读器阅读上的花费平均为 30.61 元，高于手机阅读的 20.74 元和网络在线阅读的 9.94 元。具体情况如表 6—1—1 所示。

表 6—1—1　数字出版物阅读的花费

花费	网络在线阅读	手机阅读	电子阅读器阅读
10 元以下	10.1%	17.7%	8.4%
10—20 元	5.9%	6.9%	8.3%
20—30 元	3.4%	4.3%	7.1%
30—50 元	3.3%	7.5%	8.7%
50—100 元	2.8%	11.0%	6.1%
100—200 元	1.4%	3.0%	4.8%

① 课题组注：此处付费率指为某种数字阅读支付过费用的成年人在接触过该类数字阅读方式的成年人中的比例。

续前表

花费	网络在线阅读	手机阅读	电子阅读器阅读
200元及以上	1.1%	1.0%	6.0%
从未付费	72.1%	48.6%	50.5%
平均花费（元）	9.94	20.74	30.61

6.2 电子书刊阅读状况

6.2.1 电子书刊阅读率

调查显示，2011年我国18—70周岁成年国民的电子书阅读率为16.8%，电子报和电子期刊的阅读率分别为8.2%和5.9%。

6.2.2 电子书价格承受能力

在接触过数字化阅读方式的国民中，有41.8%的人表示能够接受付费下载阅读，这一比例比2010年的53.8%有明显下降。但数字化阅读接触者总体能够接受一本电子书的平均价格为3.50元，价格接受程度比2010年的3.45元略有增加。具体来看，有34.2%的人能接受电子书价格在1—5元的区间，仅有2.7%的人表示可接受电子书价格在10元及以上。具体情况如图6—2—1所示。

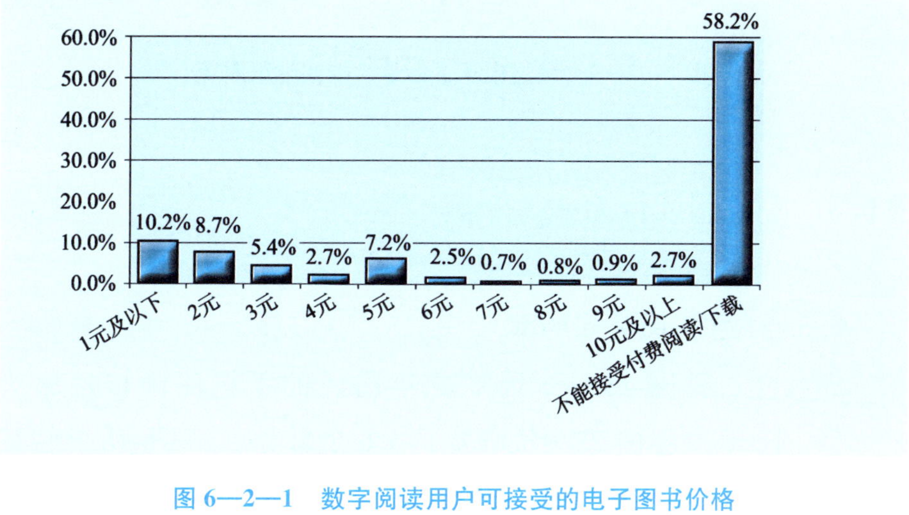

图6—2—1 数字阅读用户可接受的电子图书价格

6.2.3 电子书对传统纸质图书销售的影响

2011年，在我国18—70周岁电子书读者中，有88.2%的人表示阅读过电子书后，就没有购买过该书的纸质版。在我国18—70周岁电子报读者中，有84.0%的人表示阅读过电子报后，就没有再购买过该报的纸质版。在我国18—70周岁电子期刊读者中，有83.8%的人表示在阅读过电子期刊后，就没有购买过该期刊的纸质版。由此可见，电子书报刊所提供的内容基本能够满足读者的阅读需求，并对纸质书报刊的销售有一定冲击力。具体情况如图6—2—2所示。

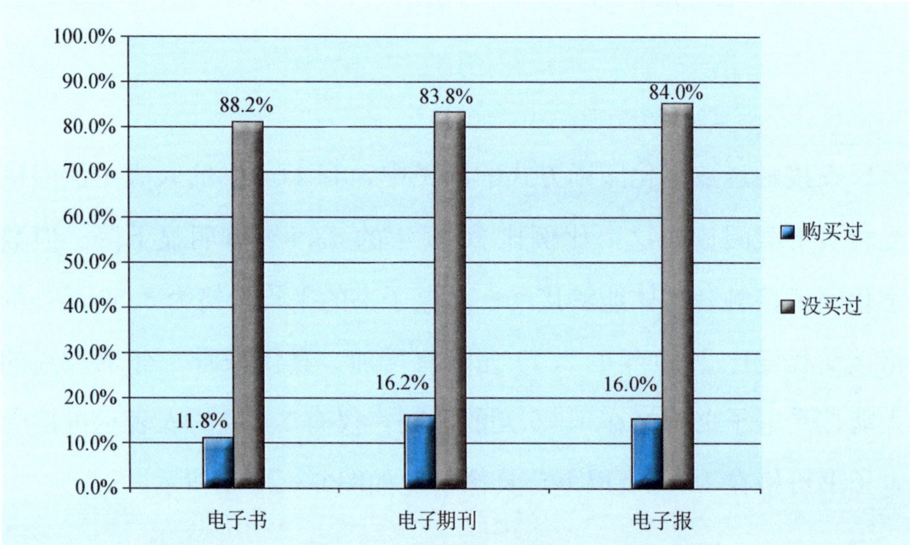

图6—2—2 读过电子书后是否购买过纸质版

6.3 手机阅读行为

6.3.1 手机阅读接触率

2011年，我国18—70周岁成年国民的手机阅读接触率为27.6%，比2010年的23.0%增加了4.6个百分点。不同人口特征群体的手机阅读接触率存在一定差异。从性别差异看，男性居民的手机阅读接触率为 29.3%，高出女性居民（25.7%）3.6 个百分点。从城乡对比看，城镇居民的手机阅读接触率为 31.6%，高出农村居民（24.7%）6.9 个百分点。

从手机阅读群体的年龄分布特征来看，在接触过手机阅读方式的我国 18—70 周岁成年国民中，18—29 周岁群体所占比例最高，达到 59.7%。30—39 周岁群体所占比例为 29.9%，40—49 周岁群体所占比例为 8.0%。而 50—59 周岁及 60—70 周岁群体所占比例较低，分别为 1.9%和 0.5%。

从手机阅读群体的学历分布特征来看，超九成（95.9%）的手机阅读接触者分布在本科到初中学历之间，而硕士研究生及以上和小学及以下学历的占比则较低。具体情况如表 6—3—1 所示。

表 6—3—1　手机阅读接触者的年龄与学历分布

人口特征	类别	手机阅读接触率
年龄	18—29 周岁	59.7%
	30—39 周岁	30.0%
	40—49 周岁	8.0%
	50—59 周岁	1.9%
	60—70 周岁	0.5%
学历	博士研究生	0.1%
	硕士研究生	0.9%
	本科	16.9%
	大专	27.1%
	高中	27.7%
	初中	24.2%
	小学及以下	3.1%

6.3.2　手机阅读时间

调查数据显示，2011 年我国手机阅读接触人群平均每天手机阅读时长为 37.42 分钟。手机阅读时长选择在 10 分钟以内的手机用户，比例占到24.8%；选择阅读时长在10—20分钟的手机阅读用户，比例为14.4%；选择阅读时长在20—30分钟的手机阅读用户，占到21.2%；手机阅读时长选择在0.5—1小时的手机阅读用户，占到20.5%；选择阅读时长在1小时以上的用户，其比例为19.1%。具体情况如图6—3—1所示。

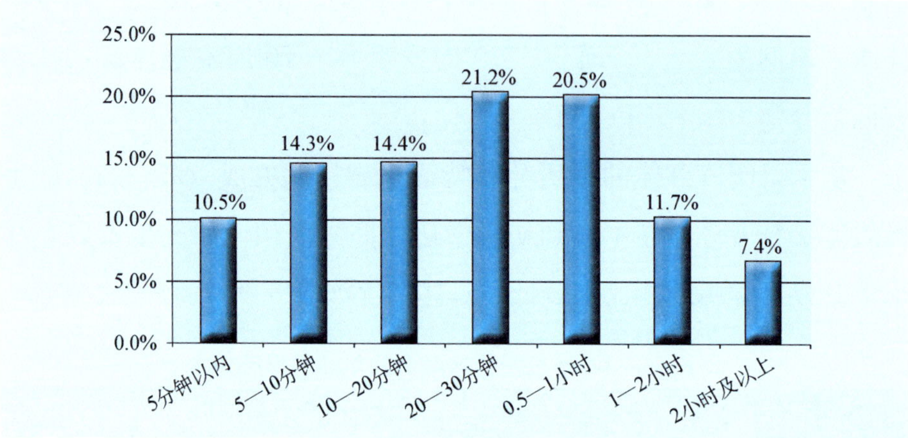

图6—3—1　手机阅读者手机阅读时长

6.3.3　手机阅读内容

调查显示，“听音乐”“手机QQ、飞信等”“看手机小说”“阅读手机报”“手机游戏”，是手机阅读接触者的重点使用内容。

具体来看，在接触过手机阅读的人群中，有超过六成（64.8%）的人选择“听音乐”；“手机QQ、飞信等”的选择比例为60.8%；选择“看手机小说”的比例为48.1%；选择“阅读手机报”的比例为42.2%，均超过40.0%。选择“手机游戏”的比例是35.5%，选择“手机网页浏览”的比例为35.1%，均超过30.0%。“手机查收电子邮件”“看视频”的选择比例，各有不同程度的上升。以“博客或微博”为主要阅读内容的手机阅读接触者，正在形成并迅猛发展，其选择比例为14.8%，相比于2010年的6.2%，增幅较大。具体情况如图6—3—2所示。

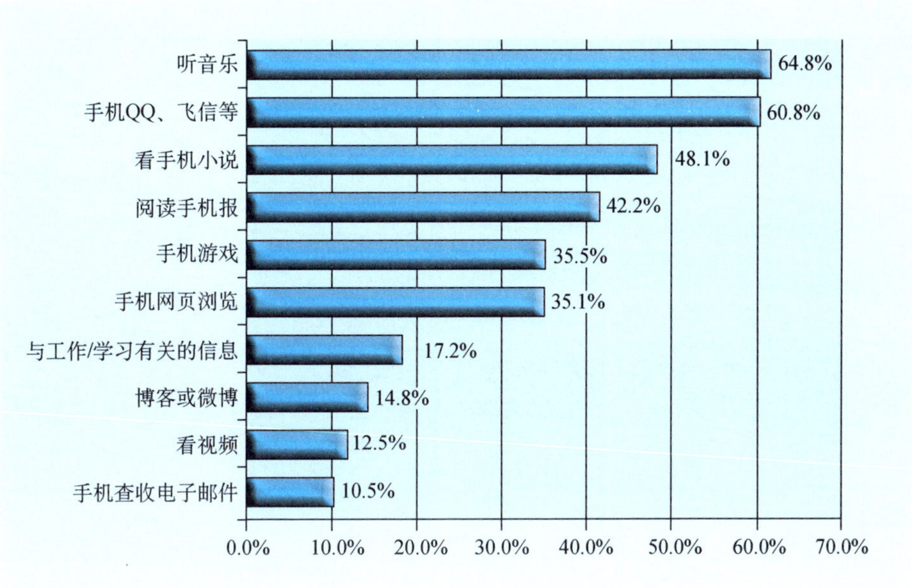

图 6—3—2　手机阅读接触人群的阅读内容

进一步对手机阅读接触人群的手机定制服务展开调查发现，有接近六成（55.7%）的手机阅读接触者，曾经使用过手机定制服务。在手机阅读接触者中，有 37.2%的人表示定制过“手机报”；“新闻、资讯、本地新闻等”的选择比例为 17.3%；“手机美化软件，如主题、桌面等”的选择比例为 7.8%；“在手机上定时弹出类似‘QQ 中央弹窗’的综合性新闻窗口”的选择比例为 7.3%，其余选项的选择比例均不足 5.0%。具体情况如表 6—3—2 所示。

表 6—3—2　手机阅读接触人群选择的手机定制服务

手机定制服务	选择比例
手机报	37.2%
新闻、资讯、本地新闻等	17.3%
手机美化软件，如主题、桌面等	7.8%
在手机上定时弹出类似“QQ 中央弹窗”的综合性新闻窗口	7.3%
流行的完整版小说购买	4.6%
流行的连载小说购买	3.9%
电子版的文学杂志，如《读者》《青年文摘》等	3.5%
同城的购物信息，如团购信息等	3.2%

续前表

手机定制服务	选择比例
同城的优惠短信、电子打折券等	2.9%
电子版的时尚图文杂志，如《瑞丽》《时尚》等	2.6%
在手机上可以定制需要的资讯，同时也可以要求发送到你的邮箱或网盘	2.6%
同城的聚会发起、活动发起、邀请信等	2.3%
从国内外、各大财经、商务当期杂志、报纸、网站上，根据你的定制需求摘选的文章	2.0%
都没有定制过	44.3%

6.3.4 手机阅读花费

根据调查数据，2011 年，在我国 18—70 周岁手机阅读接触群体中，有 51.4%的人曾使用手机进行付费阅读，人均手机阅读花费为 22.80 元。其中城镇手机阅读接触者的人均花费为 21.26 元，低于农村手机阅读接触者的 24.60 元。

从手机阅读消费的金额来看，有 17.7%的人手机阅读花费在 10 元及以下；有 29.7%的手机阅读接触者的手机阅读花费在 10—100 元之间，还有 4.0%的手机阅读接触者的手机阅读花费在 100 元以上。具体情况如图 6—3—3 所示。

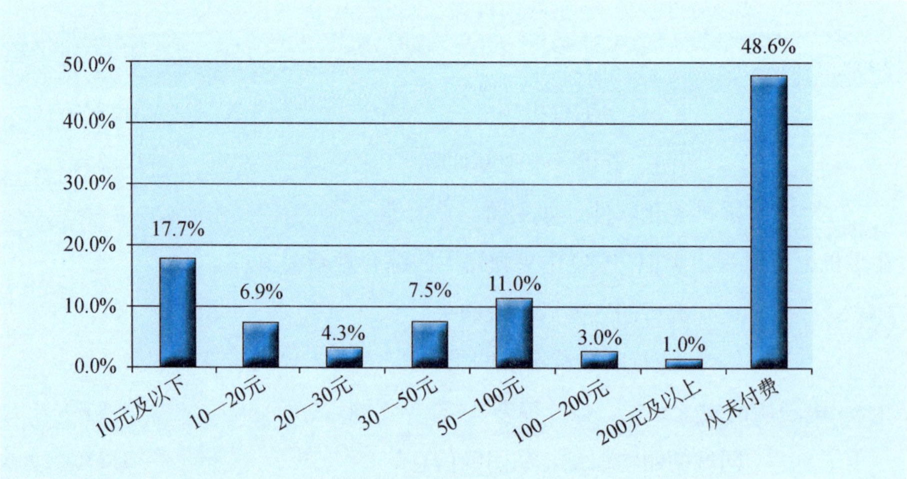

图 6—3—3 手机阅读人群的手机阅读消费金额

6.3.5 手机读物价格承受力

面对和纸质读物内容完全相同的手机读物，接近七成（67.2%）的手机阅读接触者表示，“只看免费的”手机读物。另外，有13.9%的手机阅读接触者表示，“价格要低于纸质读物的80%以上”才愿意购买；有8.9%的手机阅读接触者表示，“价格要低于纸质读物的50%以上”才愿意购买；有6.1%的手机阅读接触者表示，“价格要低于纸质读物的30%以上”才愿意购买。也有3.8%的手机阅读接触者表示，“可以花费和购买纸质读物一样多的钱”来购买手机读物。具体情况如图6—3—4所示。

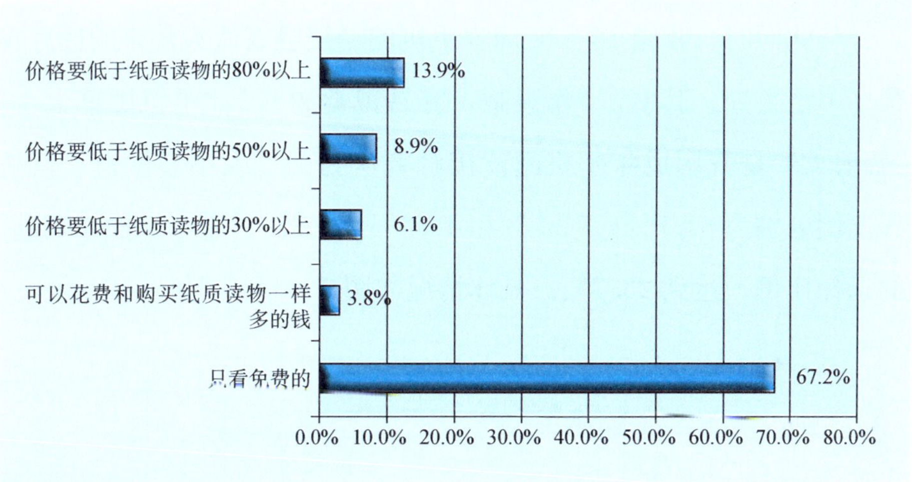

图6—3—4　手机读物付费意愿

6.3.6 手机阅读优缺点

本次调查显示，我国成年手机阅读接触者认为，手机阅读的优点主要集中于便利性和低成本两个方面。其中“可以随时随地阅读”的选择比例最高，达到90.7%；“阅读内容费用较低或免费”的选择比例为34.2%；“不用携带图书或者其他阅读设备就能阅读”的选择比例是33.2%。另外，“信息时效性强”的选择比例占到了26.4%。具体情况如图6—3—5所示。

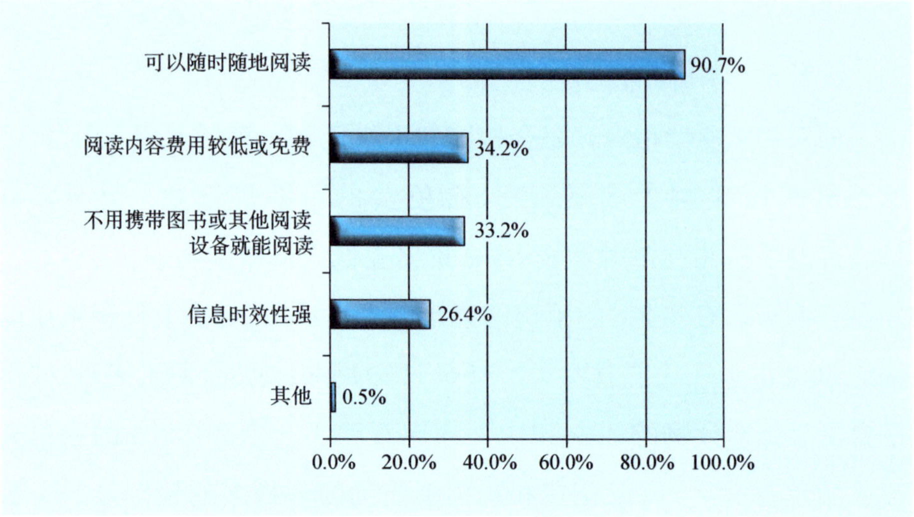

图 6—3—5　手机阅读的优点

与此同时，我国 18—70 周岁手机阅读接触者认为数字阅读存在很多不足之处。其中，“伤眼睛，容易视觉疲劳”“手机屏幕太小”“辐射大”是我国成年手机阅读接触者认为的三大主要缺点，其选择比例分别为 61.0％、54.5％和 48.4％。另外，“有一定操作限制”的选择比例，达到 25.7％。具体情况如图 6—3—6 所示。

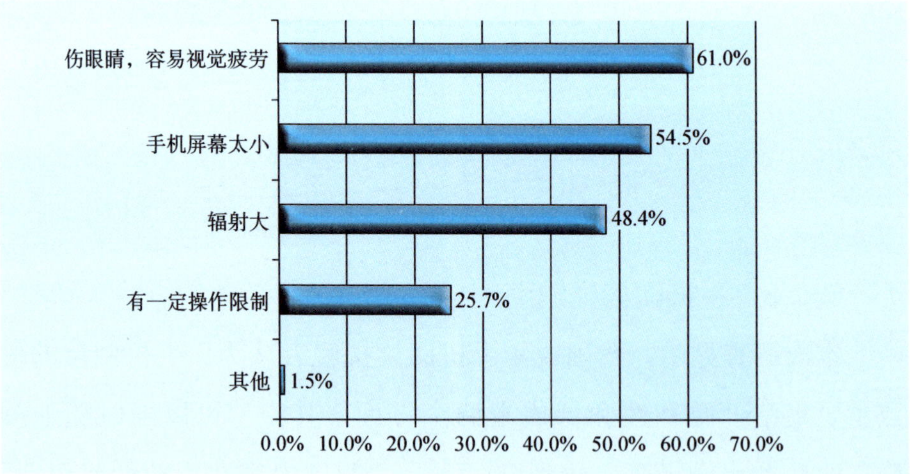

图 6—3—6　手机阅读的缺点

6.3.7 手机阅读软件使用状况

调查结果显示，在我国成年国民中，有 56.1％的手机阅读接触者表示，使用过手机阅读软件。在所给定的 13 种常见手机阅读软件中，用户选择较多的是“掌上书院”“百阅”“熊猫看书”这三种阅读软件，其选择比例分别为 7.2％、6.8％和 4.2％。“移动阅读基地”“GGbook”的选择比例也相对较高，分别为 2.7％和 2.5％。此外，“不清楚是什么阅读软件”的选择比例高达 25.0％。具体情况如图 6—3—7 所示。

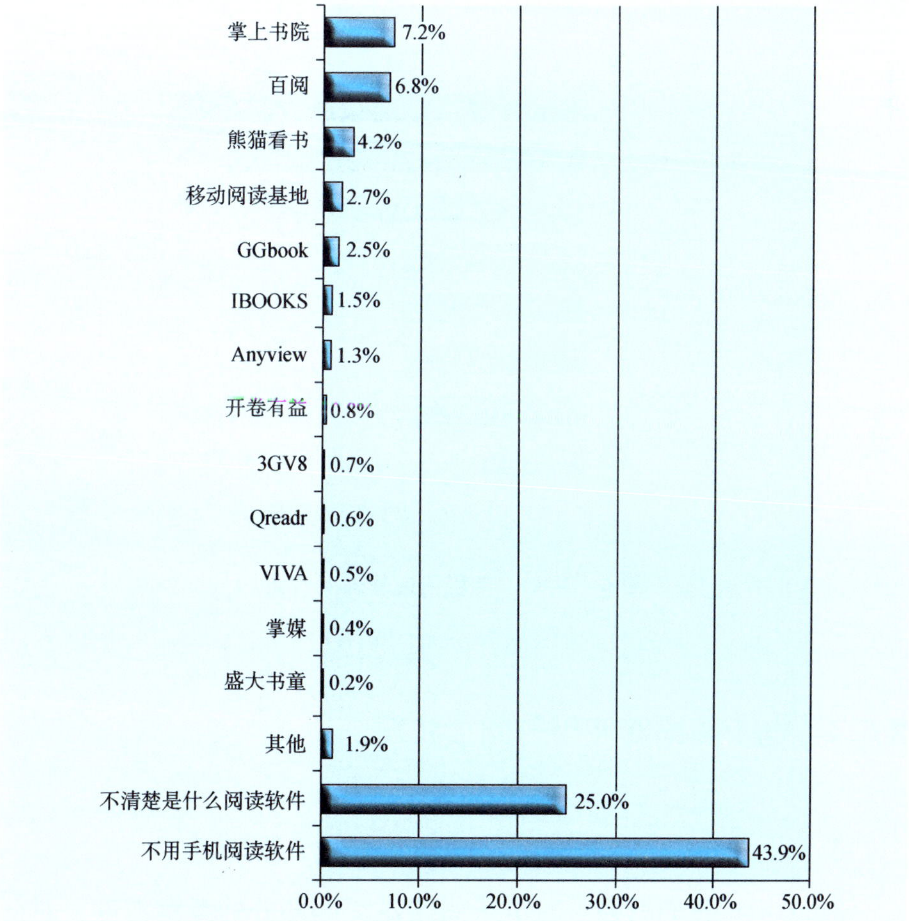

图 6—3—7 手机阅读接触者阅读软件使用情况

“软件操作的简单易学”“软件的电子书资源丰富”和“更节约流量”是手机阅读接触者选择手机阅读软件时最看重的三大优点。其中“软件操作的简单易学”的选择比例最高，达 34.1%；“软件的电子书资源丰富”的选择比例为 29.4%；“更节约流量”的选择比例为 28.8%。此外，手机阅读软件的功能、使用的便捷性等因素，也是手机阅读接触者非常看重的几个方面，“功能更多”“更省电”“支持电子书的格式更多”的选择比例，均超过 15.0%，分别为 15.3%、15.1%和 15.0%。“不需要联网”也是手机阅读接触者看重的优点之一，选择比例为 14.1%。具体情况如图 6—3—8 所示。

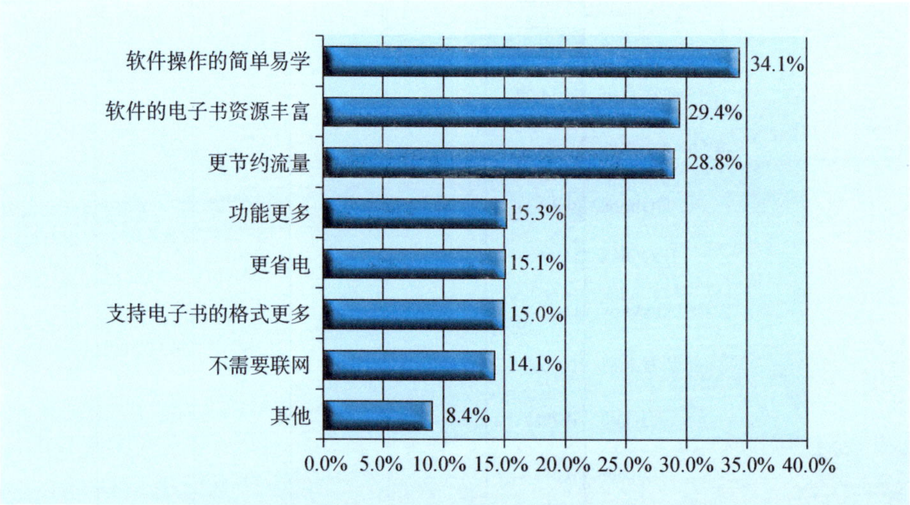

图 6—3—8 手机阅读软件的优点

6.4 电子阅读器使用与阅读状况

6.4.1 电子阅读器阅读接触率及接触人群特征

2011 年，我们增强了对电子阅读器阅读部分的考察力度，对此有了更为深入的发现。2011 年，有 5.4%的国民在电子阅读器上阅读，比 2010 年的 3.9%增加了 1.5 个百分点。

从城乡对比看，城镇成年居民的电子阅读器接触率为 7.4%，比农村成年居民的电子阅读器接触率（3.9%）高 3.5 个百分点。从性别差异看，男性成年居民的电子阅读器接触率为 5.7%，高于女性成年居民的 4.9%。

从年龄特征上来看，18—39 周岁人群的电子阅读器接触率较高，其中 18—29 周岁人群的电子阅读器接触率为 10.6%，30—39 周岁人群的电子阅读器接触率为 4.9%，均高于其他年龄段。

从收入情况来看，收入在 10000 元及以上的人群电子阅读器接触率最高，为 21.4%；收入在 8000—10000 元之间的人群电子阅读器接触率为 10.7%；收入在 5000—6000 元之间的人群电子阅读器接触率为 10.3%。另外，收入在 500 元以下的人群电子阅读器接触率仅为 1.3%。

从职业/身份来看，“事业单位干部”“学生”“律师/医生/IT 等专业技术人员”“公务员”的电子阅读器接触率相对较高，均在 10.0%以上。“离退休人员”“农民或农民工”“无业及失业人员”的电子阅读器接触率相对较低。

从学历特征上来分析，受教育程度越高，电子阅读器接触率也相对较高。具体情况如表 6—4—1 所示。

表 6—4—1　电子阅读器阅读接触人群特征分析

人口特征		选择比例
城乡	城镇	7.4%
	农村	3.9%
性别	男	5.7%
	女	4.9%
年龄	18—29 周岁	10.6%
	30—39 周岁	4.9%
	40—49 周岁	2.2%
	50—59 周岁	1.2%
	60—70 周岁	0.1%

续前表

人口特征		选择比例
收入	无收入	7.6%
	500元以下	1.3%
	500—1000元	1.5%
	1000—1500元	2.7%
	1500—2000元	4.2%
	2000—3000元	7.3%
	3000—4000元	8.6%
	4000—5000元	7.8%
	5000—6000元	10.3%
	6000—7000元	8.6%
	7000—8000元	9.8%
	8000—10000元	10.7%
	10000元及以上	21.4%
	拒绝回答	7.1%
职业/身份	工人或商业/服务业人员	6.2%
	企业领导或管理人员	11.1%
	农民或农民工	1.3%
	事业单位干部	18.2%
	一般职员/文员/秘书	7.7%
	公务员	11.5%
	军人/武警	4.6%
	教师	10.2%
	律师/医生/IT等专业技术人员	13.9%
	私营或个体劳动者	4.0%
	学生	15.5%
	离退休人员	0.5%

续前表

人口特征		选择比例
职业/身份	无业及失业人员	3.4%
	自由职业者	9.1%
	其他	6.1%
学历	博士研究生	13.7%
	硕士研究生	19.0%
	本科	14.4%
	大专	12.9%
	高中	5.2%
	初中	1.8%
	小学及以下	0.0%

6.4.2 电子阅读器拥有率

调查结果显示，在接触过电子阅读器的人群中，有接近五成（46.6%）的人表示，拥有自己的电子阅读器。还有 53.4%的人表示，没有自己的电子阅读器。具体情况如图 6—4—1 所示。

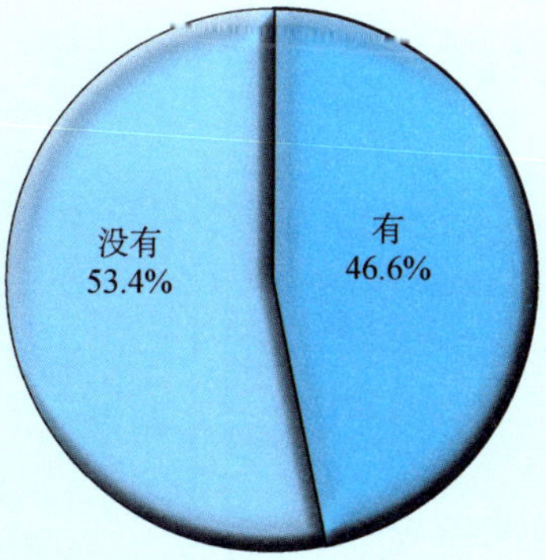

图 6—4—1 电子阅读器阅读接触者的电子阅读器拥有情况

从不同人口特征的电子阅读器拥有群体来看，城镇居民的电子阅读器拥有率为 50.6%，高于农村居民的 41.3%。从性别来看，男性居民的电子阅读器拥有率为 45.6%，低于女性居民的 48.0%。从年龄来看，18—29 周岁群体的电子阅读器拥有率最高为 49.9%，60—70 周岁群体的电子阅读器拥有率最低，为 23.4%。从受教育程度来看，受教育程度较高的群体的电子阅读器拥有率相对较高。具体情况如表 6—4—2 所示。

表 6—4—2 电子阅读器阅读拥有人群特征分析

人口特征		拥有率
城乡	城镇	50.6%
	农村	41.3%
年龄	18—29 周岁	49.9%
	30—39 周岁	40.0%
	40—49 周岁	42.7%
	50—59 周岁	48.8%
	60—70 周岁	23.4%
学历	博士研究生	53.2%
	硕士研究生	62.4%
	本科	57.4%
	大专	52.5%
	高中	36.6%
	初中	28.2%
	小学及以下	4.4%
性别	男	45.6%
	女	48.0%

6.4.3 电子阅读器阅读的内容

调查数据显示，“看电子书”“听音乐”“看视频”“阅读自行下载的文件”是电子阅读器阅读接触者使用电子阅读器从事的主要活动。其中，“看电子书”的选择比例为 66.2%，“听音乐”“看视频”的选择比例分别是 45.2%和 39.2%。“阅读自行下载的文件”的选择比例为 25.1%，“看报纸”“看漫画”“看电子期刊”的选择比例分别为 17.3%、13.0%和 11.5%。具体情况如图 6—4—2 所示。

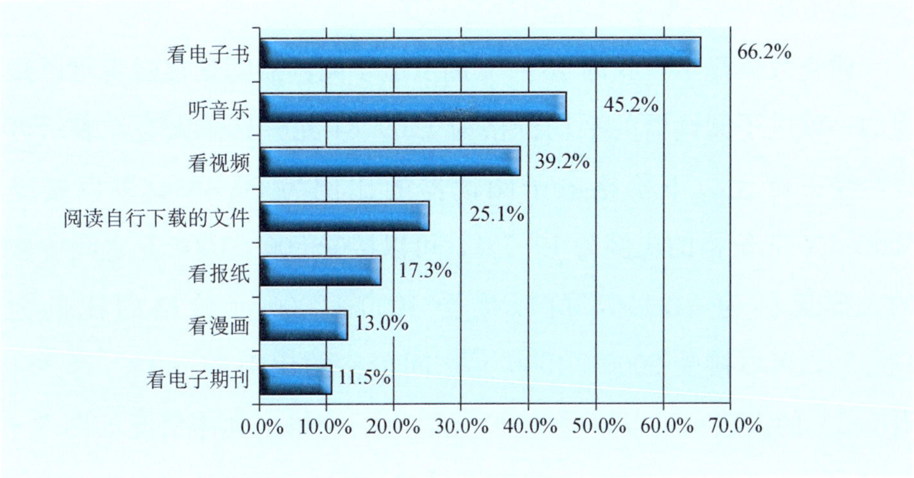

图 6—4—2 使用电子阅读器进行的阅读内容

6.4.4 电子阅读器阅读花费

调查发现，我国 18—70 周岁电子阅读器阅读接触者在电子阅读器阅读上的总花费为 30.61 元。有接近五成（49.5%）的接触者对电子阅读器阅读进行付费，具体来看，花费在 50 元以下的比例为 32.5%，花费在 50—100 元之间的比例为 6.1%，花费在 100 元以上的比例为 10.8%。具体情况如图 6—4—3 所示。

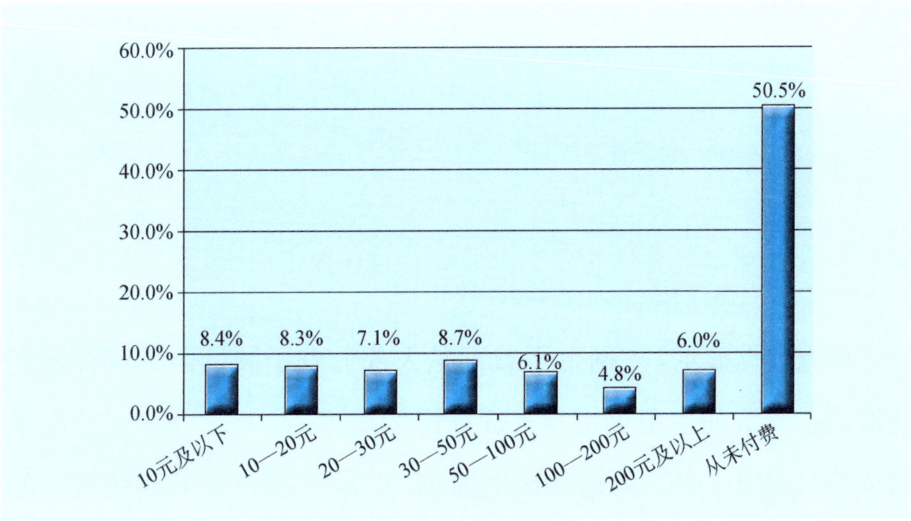

图 6—4—3 电子阅读器阅读接触者在电子阅读器上的花费

6.4.5 电子阅读器的价格承受力

调查数据显示，我国18—70周岁电子阅读器阅读接触者可以接受的一款电子阅读器的平均价格为1369.84元。具体来看，表示可以接受500元以下价格电子阅读器的比例为50.3%，可以接受500—800元价格的比例为19.7%，可以接受800—1000元之间价格的人群比例为11.1%，可以接受1000—2000元价格的比例为13.5%，可以接受2000—4000元之间价格的比例为4.9%。另外，有0.5%的人表示可以接受4000元以上的价格。具体情况如图6—4—4所示。

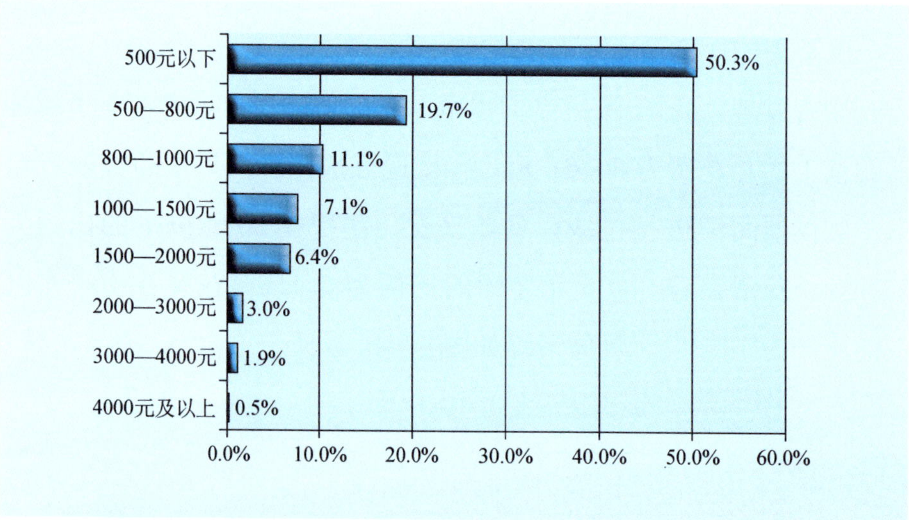

图6—4—4　电子阅读器阅读接触者对电子阅读器价格的承受范围

6.4.6 电子阅读器阅读资源来源

调查数据显示，"网上下载"是大部分电子阅读器阅读接触者获取阅读资源的主要渠道，其选择比例高达75.9%。其次，"电子阅读器自带电子书"的选择比例为10.6%，"朋友间互相传送"的选择比例为6.9%，选择"公共图书馆的数字阅读网站"的比例为6.7%。具体情况如图6—4—5所示。

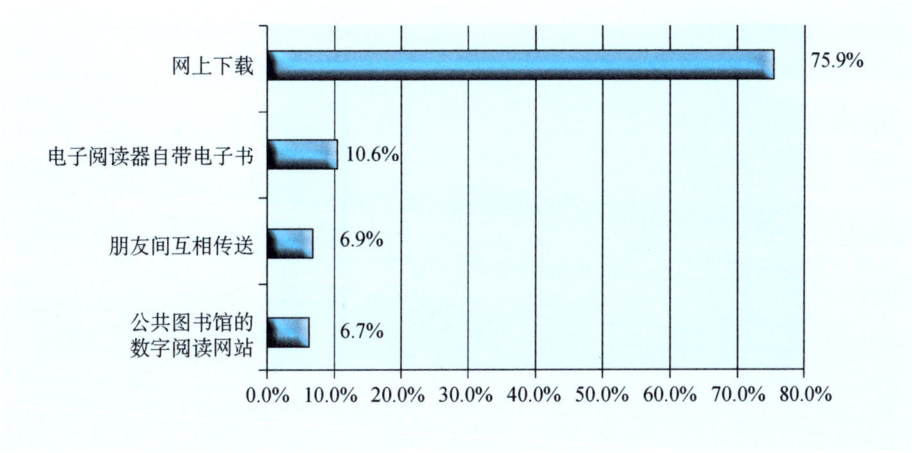

图 6—4—5　电子阅读器阅读资源的来源

6.4.7　电子阅读器品牌知名度和市场渗透率

本次调查中，我们向被访者出示了 27 种目前市面上常见的阅读器品牌，并向被调查者询问“所知道的电子阅读器品牌”，具体结果如表 6—4—3 所示。在电子阅读器阅读接触者中，知名度最高的是 iPad，其选择比例为 48.0%；其次为纽曼，选择比例为 39.2%；位居第三的是方正，选择比例为 36.4%；iPod 的选择比例为 35.2%；汉王的选择比例为 31.7%。

为进一步了解以上电子阅读器的市场表现，我们向被访者询问正在使用的电子阅读器品牌。具体情况如表 6—4—3 所示。iPad 的市场渗透率最高，达 22.3%；其次，纽曼的市场渗透率为 13.5%；位居第三位的是汉王，其市场渗透率为 12.2%；其他品牌电子阅读器的市场渗透率均不足 10.0%。

表 6—4—3　电子阅读器品牌知名度及市场渗透率

阅读器品牌	知名度	市场渗透率
iPad	48.0%	22.3%
纽曼	39.2%	13.5%
汉王	31.7%	12.2%
iPod	35.2%	8.9%

续前表

阅读器品牌	知名度	市场渗透率
方正	36.4%	7.1%
iPhone	23.6%	5.1%
黑莓	27.6%	4.6%
读者阅读器	19.0%	4.4%
辞海	24.8%	4.2%
翰林	20.8%	3.4%
易博士	10.4%	3.2%
亚马逊 Kindle	19.5%	2.4%
OPPO	12.3%	2.3%
Google Phone	10.3%	1.2%
Sony Reade	6.8%	1.2%
龙源	2.5%	0.8%
津科	1.4%	0.5%
BeBook Neo	2.9%	0.4%
Foxit	5.8%	0.4%
Cool-e	5.4%	0.3%
Elonex	2.0%	0.3%
E墨	1.8%	0.3%
锦书	2.1%	0.2%
大佳	1.7%	0.0%
iRex iLiad	3.2%	0.0%
Nintedo D5	2.1%	0.0%
欣博阅	0.5%	0.0%

6.4.8 电子阅读器市场预期

在表示2011年接触过电子阅读器的18—70周岁成年国民中，有26.7%的人表示有计划在未来12个月内购买电子阅读器，其中5.4%的人表示“正在准备购买”；有21.3%的人表示“可能会买”。有 65.8%的人表示不会购买，其中有 51.3%的人表示在未来 12 个月内“绝对不会”购买；有 14.5%的人表示“不太可能购买”。此外，有 7.4%的人表示，“我已经买了，会坚持使用”。具体情况如图 6—4—6 所示。

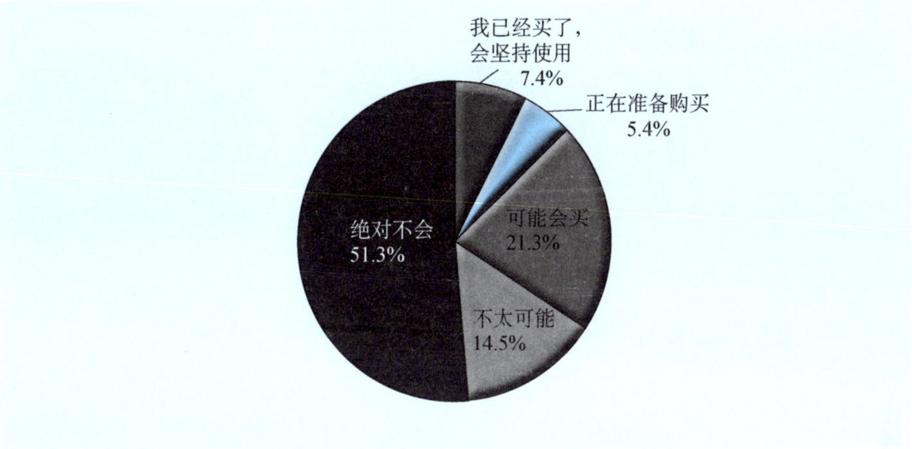

图 6—4—6　电子阅读器的购买意愿

进一步向有计划购买电子阅读器的成年接触者询问其要购买的电子阅读器品牌。数据显示，2011 年，有 30.5%的成年接触者表示计划购买的电子阅读器品牌是方正，有 18.6%的成年接触者选择 iPad，大佳和纽曼的选择比例分别为 16.6%和 14.9%，黑莓、汉王和翰林的选择比例均超过 10.0%。具体情况如表 6—4—4 所示。

表 6—4—4　电子阅读器品牌的预购情况

电子阅读器品牌	选择比例
方正	25.5%
iPad	18.6%
大佳	16.6%
纽曼	14.9%
黑莓	12.8%
汉王	12.2%
翰林	11.8%
OPPO	8.9%

续前表

电子阅读器品牌	选择比例
iPod	7.5%
读者阅读器	6.3%
亚马逊 Kindle	5.5%
辞海	4.8%
iPhone	4.6%
易博士	2.7%
Sony Reade	2.6%

6.5 网上阅读与购买状况

6.5.1 上网率

2011 年，我国 18—70 周岁成年国民的上网率为 54.9%，比 2010 年的 49.9% 增加了 5.0 个百分点。具体来看，超过半数（50.7%）的成年网民通过电脑上网，25.4%的成年网民通过手机上网，与 2010 年的 16.6%相比，增长了 8.8 个百分点。仅有 0.9%的成年网民通过电子阅读器上网。具体情况如图 6—5—1 所示。

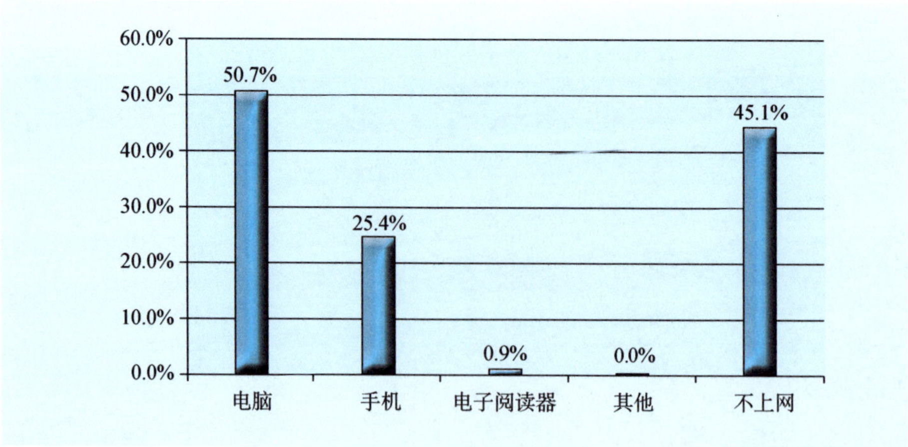

图 6—5—1　上网率

进一步从城乡对比情况来看，2011 年，我国城镇成年居民的上网率为 72.7%，远高于农村居民的上网率（36.1%）。对于上网设备而言，城镇成年居民选择通过电脑、手机和电子阅读器上网的比例，均高于农村居民。有 71.0%的城镇成年居民选择通过电脑上网，高出农村居民（36.1%）34.9 个百分点。有 30.2%的城镇成年居民选择通过手机上网，高出农村居民（21.9%）8.3 个百分点。有 1.5%的城镇成年居民选择通过电子阅读器上网，较农村居民（0.6%）高 0.9 个百分点。具体情况如图 6—5—2 所示。

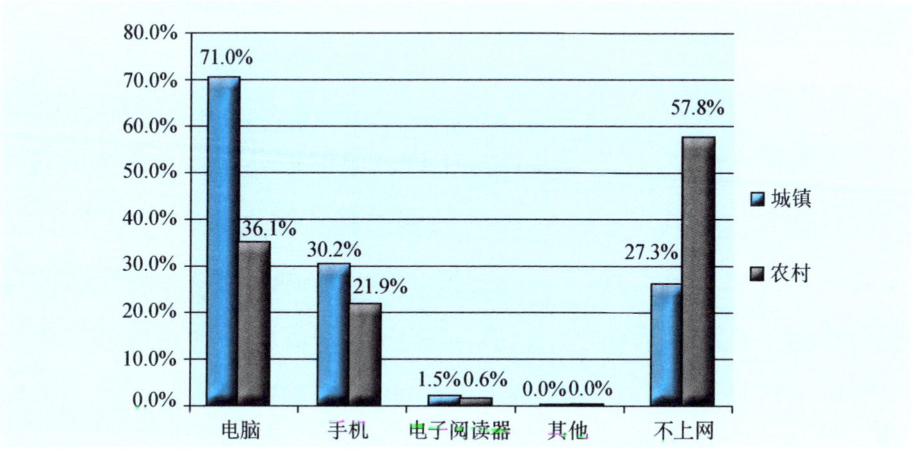

图 6—5—2　上网率、上网设备的城乡对比

6.5.2　上网频率

2011 年，我国 18—70 周岁成年网民人均每月上网 24.21 次，较 2010 年的 22.84 次略有增加。具体来看，接六成以上（63.6%）的我国 18—70 周岁成年网民平均每天至少上网一次，19.1%的网民平均每周上网 4—6 次，11.4%的网民平均每周上网 2—3 次，还有 2.7%的网民平均每周只上网 1 次。总体来看，96.8%的成年网民平均每周至少上网一次。具体情况如图 6—5—3 所示。

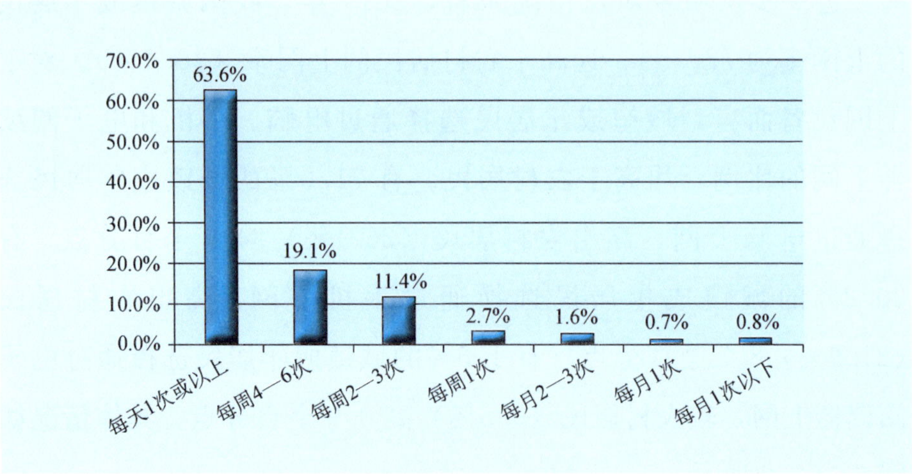

图 6—5—3　上网频率

6.5.3　网上从事的活动

在我国 18—70 周岁成年网民上网从事的活动中，互联网的娱乐功能排在首位。其中，有 72.7%的网民将“网上聊天/交友”作为主要网上活动之一；有 50.0%的网民将“在线听歌/下载歌曲和电影”作为主要网上活动之一；有 41.5%的网民将“网络游戏”作为主要网上活动之一，有 37.3%的网民将“看视频”作为主要的上网活动之一。此外，互联网的信息获取功能也受到较多网民的青睐，有 63.1%的网民将“阅读新闻”作为主要网上活动之一，有 46.3%的网民将“查询各类信息”作为主要的网上活动之一。具体情况如图 6—5—4 所示。

6.5.4　网上阅读行为

当问及上网主要从事的与阅读相关的活动时，在接触过网络在线阅读的成年国民中，有高达 81.5%的人表示主要会在“网上阅读新闻”，可见我国绝大多数成年网络在线阅读接触者都会通过网络获取新闻信息。此外，有 42.2%的人表示主要在网上“阅读手机报”，有 34.8%和 26.8%的人表示主要在网上“搜索图书信息”和

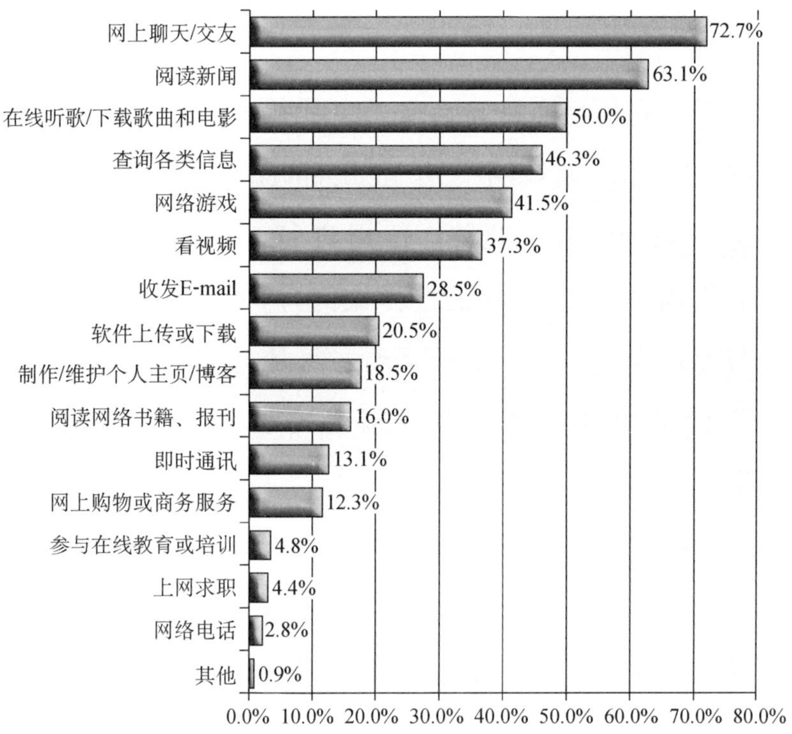

图 6—5—4　成年网民上网从事的活动

"检索图书内容"。"网上阅读电子书（或下载后阅读）"的选择比例为 30.2%，高于"网上阅读电子期刊"和"网上阅读电子报"的选择比例（17.2%和 17.1%）。具体情况如图 6—5—5 所示。

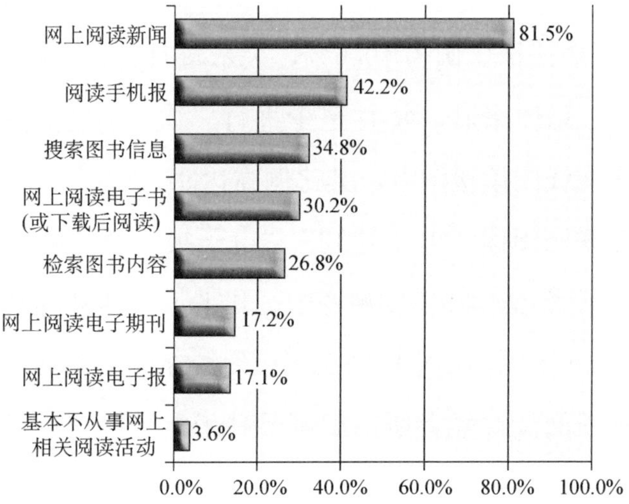

图 6—5—5　网上从事的阅读相关活动

6.5.5　网上阅读活动的频率

2011年，在选择通过互联网“搜索图书信息”的18—70周岁成年网络在线阅读接触者中，有14.8%的阅读接触者表示“几乎每天”都进行该项活动。此外，每周进行3—4次的选择比例为14.1%，每周进行1—2次的选择比例为31.5%，每月进行1—2次的选择比例为26.3%。总体来看，每月至少进行一次“搜索图书信息”活动的成年网络在线阅读接触者，其比例接近九成(86.7%)。

在选择通过互联网“检索图书内容”的18—70周岁成年网络在线阅读接触者中，有10.8%的阅读接触者表示“几乎每天”都进行该项活动。此外，每周进行3—4次的选择比例为16.0%，每周进行1—2次的选择比例为30.4%，每月进行1—2次的选择比例为27.1%。总体来看，每月至少进行一次“检索图书内容”活动的成年网络在线阅读接触者，其比例超过八成（84.3%）。

选择在“网上阅读新闻”的18—70周岁成年网络在线阅读接触者中，有44.0%的阅读接触者表示“几乎每天”都进行该项活动，为各选项中最高。此外，每周进行3—4次的选择比例为27.8%，每周进行1—2次的选择比例为19.6%，表示每月进行1—2次的选择比例为6.4%。总体来看，每月至少进行一次“网上阅读新闻”活动的成年网络在线阅读接触者，其比例高达97.8%。

选择通过互联网阅读“电子期刊”“电子报”及“电子书”的18—70周岁成年网络在线阅读接触者中，几乎每天都进行该项活动的比例分别是17.6%、22.7%及22.6%，每天在网上阅读电子书和电子报的网络在线阅读接触者所占比例要高于电子期刊。而每月至少进行一次“网上阅读电子书”“网上阅读电子报”和“网上阅读电子期刊”活动的成年网络在线阅读接触者的比例大体相当，分别为 87.8%、86.3%和 84.7%。

在上述网上进行的与阅读相关的活动中，“网上阅读新闻”的频次最高，为 227.76 次/年；其次为“网上阅读电子书”和“网上阅读电子报”，分别为 141.34 次/年和 135.10 次/年。具体情况如表 6—5—1 所示。

表 6—5—1 网民进行网上阅读活动的频率

频次	搜索图书信息	检索图书内容	网上阅读新闻	网上阅读电子期刊	网上阅读电子报	网上阅读电子书
几乎每天	14.8%	10.8%	44.0%	17.6%	22.7%	22.6%
每周 3—4 次	14.1%	16.0%	27.8%	14.7%	13.8%	17.5%
每周 1—2 次	31.5%	30.4%	19.6%	30.3%	29.5%	29.6%
每月 1—2 次	26.3%	27.1%	6.4%	22.1%	20.3%	18.1%
2—3 个月 1 次	9.4%	12.2%	1.4%	9.7%	6.7%	7.2%
每年 2—3 次	2.8%	3.1%	0.5%	2.5%	4.5%	3.5%
每年 1 次	1.1%	0.3%	0.3%	3.1%	2.5%	1.5%
频次（次/年）	109.71	97.90	227.76	119.30	135.10	141.34

6.5.6 网络在线阅读花费

调查数据显示，2011 年，我国 18—70 周岁网络在线阅读接触者在网络在线阅读上的花费为人均 9.94 元。有 27.9%的网络在线阅读接触者对网络在线阅读进行付费。有 10.1%的网络在线阅读接触者的网络在线阅读花费在 10 元以下，付费额度在 10—20 元之间的网络在线阅读接触者的比例为 5.9%，付费额度在 20—50 元的比例为 6.7%，付费额度在 50—100 元的比例为 2.8%，仅有 2.5%的网络在线阅读接触者表示花费在 100 元及以上。具体情况如图 6—5—6 所示。

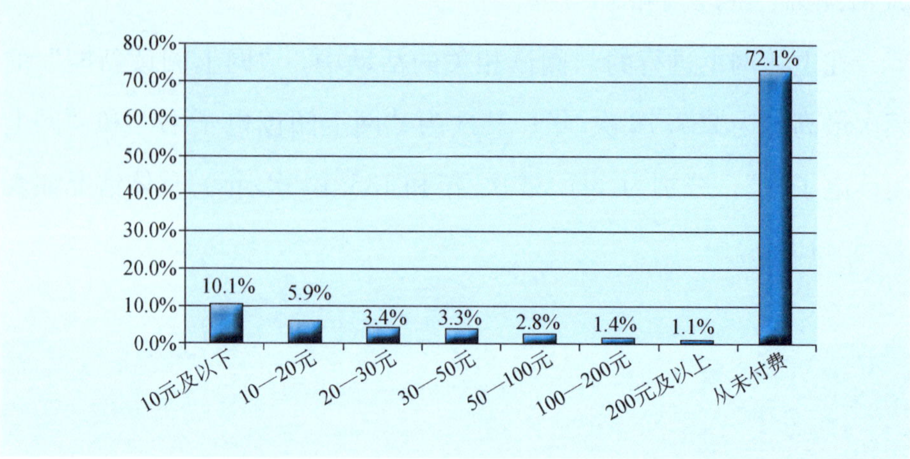

图 6—5—6　成年人网络在线阅读花费

6.5.7　网上购买的出版物类型

调查数据显示，2011 年，通过互联网购买过不同类型出版物的我国 18—70 周岁成年网民中，购买“图书”的人数最多，其比例超过七成（75.4%）。另外，有 26.6%的人表示，曾通过互联网购买过“期刊”，有超过一成（12.4%）的人通过互联网购买过“软件/游戏光盘”。通过互联网购买“VCD/DVD”“CD”的比例分别为 10.3%和 8.8%；购买“盒式录音带”的比例仅为 1.3%。由此可见，图书是我国成年网民通过互联网购买的最主要的出版物类型。具体情况如图 6—5—7 所示。

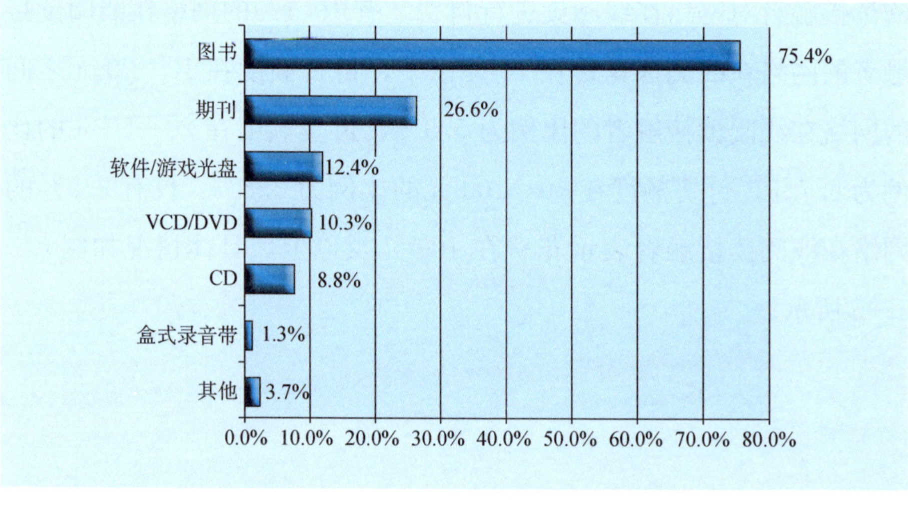

图 6—5—7　通过互联网购买的出版物类型

6.5.8 选择互联网购买出版物的原因和制约因素

2011 年，通过互联网购买过出版物的我国 18—70 周岁网民表示，在网上购买出版物主要有以下四点原因。一是“价格优惠”，有 57.9%的人将此作为其网上购买出版物的主要原因。二是便利性，有 44.1%的人将“送货上门”作为选择网上购买出版物的主要原因；“节省去书店的时间和费用”和“很容易找到需要的书”的选择比例分别为 44.1%和 23.4%。三是“图书种类多”，有 44.2%的人将此作为其网上购买出版物的主要原因。四是“有丰富的信息和评论供参考”，选择比例为 20.1%。而“提供赠品，开展活动”的选择比例相对较低，仅为 6.5%。具体情况如图 6—5—8 所示。

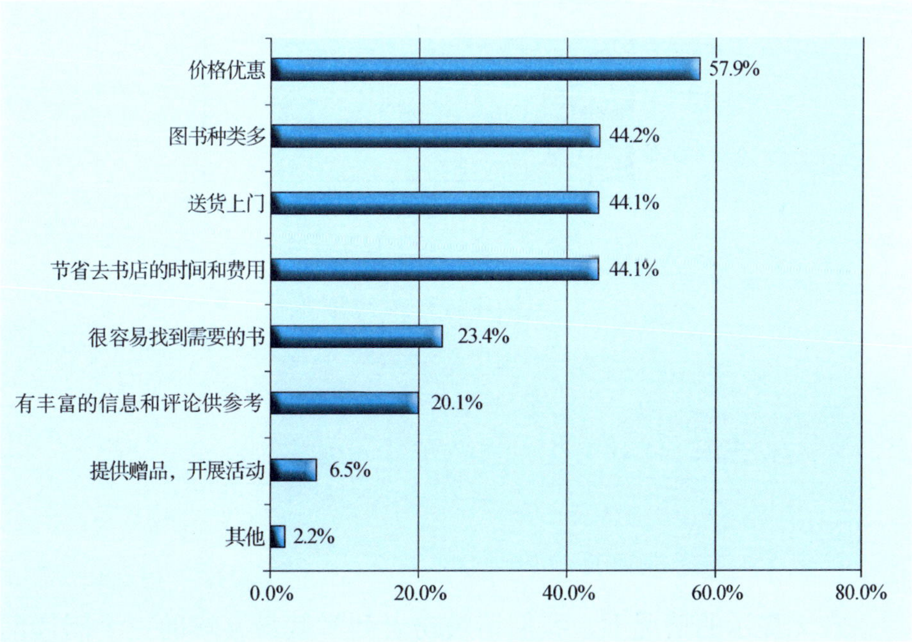

图 6—5—8 通过互联网购买出版物的原因

调查数据显示，2011 年，在没有通过互联网购买过任何出版物的我国 18—70 周岁网民中，有 46.5%的人把“不习惯网上购物”

作为不通过网上购买出版物的主要原因。其次，有34.8%的人因为“网上购物不安全”而不通过互联网购买出版物，有25.6%的人因为担心“无法检验出版物质量”而不通过互联网购买出版物，有22.5%的网民因为“太麻烦/流程过于复杂”而不通过互联网购买出版物。此外，“付费不方便”“运费太高”和“交货周期太长”的选择比例相对较低，分别为12.1%、7.8%和5.9%。具体情况如图6—5—9所示。

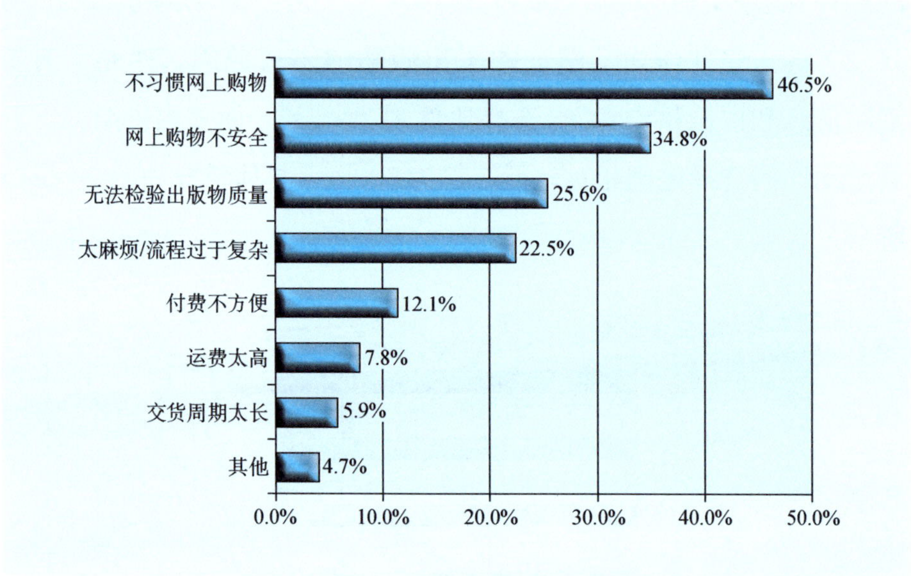

图6—5—9 互联网购买出版物的制约因素

6.6 读者最喜爱的阅读网站及市场表现

6.6.1 读者最喜爱的阅读网站

在无提示的情况下，我们请被访者列举其最喜欢的三个阅读网站（读书频道）名称，其后进行排名。新浪、搜狐、腾讯、百度、起点中文网等网站名列前茅，天涯论坛、豆瓣网、小说阅读网、红袖添香和当当网等阅读网站，也受到较多成年人的喜爱，位居前十。具体情况如表6—6—1所示。

表 6—6—1　最受欢迎的阅读网站

排名	2010 年	2011 年
1	新浪	新浪
2	搜狐	搜狐
3	腾讯	腾讯
4	百度	百度
5	起点中文网	起点中文网
6	天涯论坛	天涯论坛
7	豆瓣网	豆瓣网
8	小说阅读网	小说阅读网
9	榕树下	红袖添香
10	红袖添香	当当网
11	当当网	潇湘书院
12	飞库网	榕树下
13	潇湘书院	网易
14	书香门第	E 书网
15	网易	书香门第
16	卓越网	凤凰网
17	爱搜网	中国知网
18	中国知网	飞库网
19	凤凰网	土豆网
20	土豆网	爱搜网

6.6.2　阅读网站知名度与市场表现

此次调查中，为了解国内阅读网站的知名度，我们列举了 31 家国内较知名的阅读网站，请被访者按照其所知道的情况进行选择。同时，我们询问被访者在 2011 年曾在列举出的哪些阅读网站阅读过书刊，以了解这些阅读网站的市场表现。

统计结果显示，“新浪读书”的知名度和市场渗透率分别达到 70.0%和 54.4%，均名列第一；“搜狐读书”的知名度和市场渗透率分别为59.9%和38.5%，位列第二；“腾讯读书频道”的知名度和市场渗透率则排在第三名，其知名度和市场渗透率分别是32.0%和22.6%。具体情况如表6—6—2所示。

表6—6—2　阅读网站知名度和市场渗透率

网站名称	知名度	市场渗透率
新浪读书	70.0%	54.4%
搜狐读书	59.9%	38.5%
腾讯读书频道	32.0%	22.6%
豆瓣网	25.0%	13.4%
天涯论坛	23.9%	13.8%
起点中文网	16.9%	11.7%
红袖添香	15.5%	8.4%
小说阅读网	14.4%	10.5%
潇湘书院	13.5%	8.0%
榕树下	10.9%	4.9%
中国知网	9.1%	5.4%
E书网	7.2%	3.9%
白鹿书院	7.1%	2.3%
书香门第	7.0%	2.1%
爱读爱看网	5.9%	2.6%
爱搜书	5.3%	2.5%
飞库网	5.0%	2.3%
世纪文学网	4.9%	2.3%
一起看17K	4.7%	3.5%
幻剑书盟	3.8%	2.5%
维普网	3.8%	1.8%
萌芽	3.6%	2.0%
书生读吧	3.6%	1.2%
逐浪玄幻小说	3.3%	2.3%

续前表

网站名称	知名度	市场渗透率
万方数据	2.9%	1.6%
晋江原创网	2.6%	2.0%
龙源期刊网	1.8%	0.7%
非凡 TXT	1.7%	1.5%
超星网	1.5%	0.6%
佐罗网 ZCOM	0.6%	0.1%
Xplus	0.2%	0.0%

第七章 成年国民的版权认知状况

7.1 版权认知度

2011年，我国18—70周岁成年国民的版权认知度为74.7%，与2010年的75.0%基本相当。近年来的成年国民版权认知情况如图7—1—1所示。

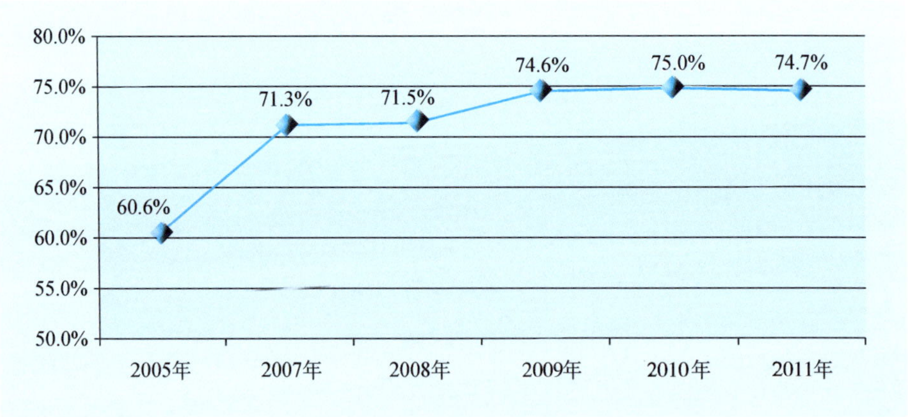

图7—1—1 成年国民版权认知度历年变化趋势

不同人口特征群体的版权认知度有一定程度的差异。从性别来看，男性成年居民版权认知度为78.1%，高于女性居民的版权认知度（70.9%）。从城乡对比看，城镇成年居民的版权认知度为

91.7%，而农村成年居民的版权认知度仅为 62.6%。具体情况如表 7—1—1 所示。

表 7—1—1　版权认知度

人口特征	类别	版权认知度
性别	男	78.1%
	女	70.9%
城乡	城镇	91.7%
	农村	62.6%

7.2　盗版出版物市场现状

7.2.1　盗版出版物市场占有状况

随着近年来国民版权认知度的逐年提高，我国 18—70 周岁成年国民对盗版出版物的购买率呈逐年下降趋势。我国成年国民的盗版出版物购买率从 2005 年的 45.5%，下降至 2011 年的 15.2%，具体情况如图 7—2—1 所示。

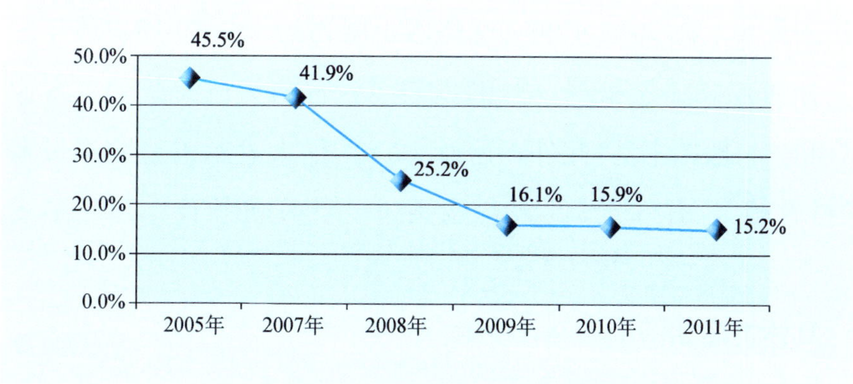

图 7—2—1　盗版出版物购买率变化

调查数据显示，2011 年，在我国 18—70 周岁成年国民中，有 8.7%的人表示购买的图书或音像制品均为正版。仅有 3.1%的成年居民表示购买的出版物均为盗版，还有 12.1%的人表示正版盗版出版物均购买过，即至少有15.2%的成年国民在2011年购买过盗版出版物。另外，仍有23.3%的人表示分不清其购买的出版物是正版还是盗版。具体情况如图7—2—2所示。

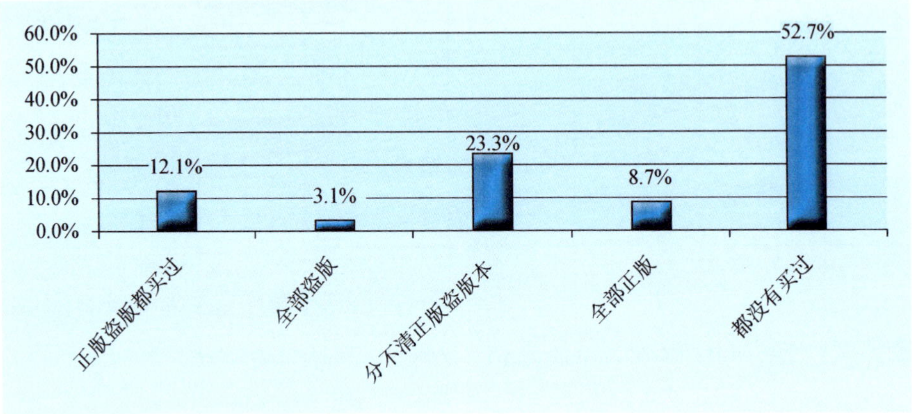

图7—2—2　盗版出版物消费情况

7.2.2　盗版出版物消费状况

7.2.2.1　购买盗版出版物类型

在各类盗版出版物中，盗版音像制品和盗版图书的消费人群所占比例最大。在2011年购买过盗版出版物的18—70周岁成年国民中，分别有48.6%和48.3%的人表示，曾购买过盗版的“音像制品”和“一般图书”。此外，还有12.6%的人表示曾经购买过盗版“教材教辅”，有6.5%的人曾购买过“计算机软件”和“游戏软件”。

具体情况如图7—2—3所示。

7.2.2.2　购买盗版出版物的驱动因素

调查数据显示，“价格便宜”是我国18—70周岁盗版出版物购买者购买盗版出版物的主要原因，其选择比例为79.5%。另外，有接近三成（28.3%）的盗版出版物购买者表示，“购买方便”是促使其购买盗版出版物的主要原因。“品种丰富”和“买时不知道是盗

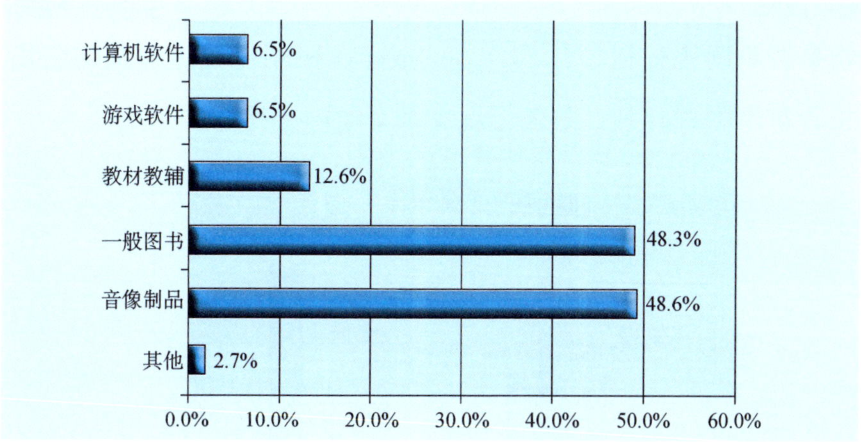

图 7—2—3　消费者购买的盗版出版物类型

版”的选择比例分别为16.3%和15.2%。因“内容新颖”而购买盗版出版物的比例为6.3%。此外，还有5.0%的人因为“没有正版可买”而购买盗版出版物。具体情况如图7—2—4所示。

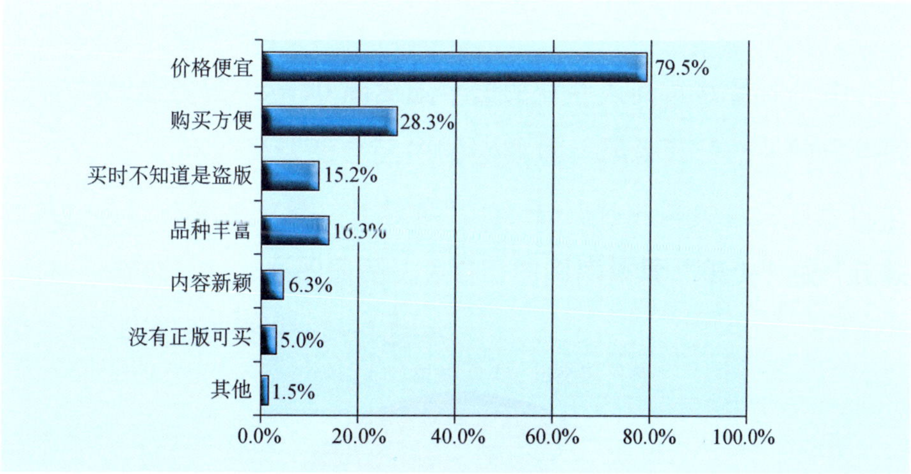

图 7—2—4　购买盗版出版物的原因

7.3　成年国民对盗版消费现象的认识

多数成年国民认为，购买盗版无论对于读者，还是对于出版者来说都是无益的，认为购买盗版对出版者不利的比例更高，超过了六成（64.3%）。另外，有 27.8%的成年国民不能确定购买盗版出版物是否对读者有利，有 23.8%的成年国民不能确定购买盗版出版物是否对出版者有利。具体情况如图 7—3—1 所示。

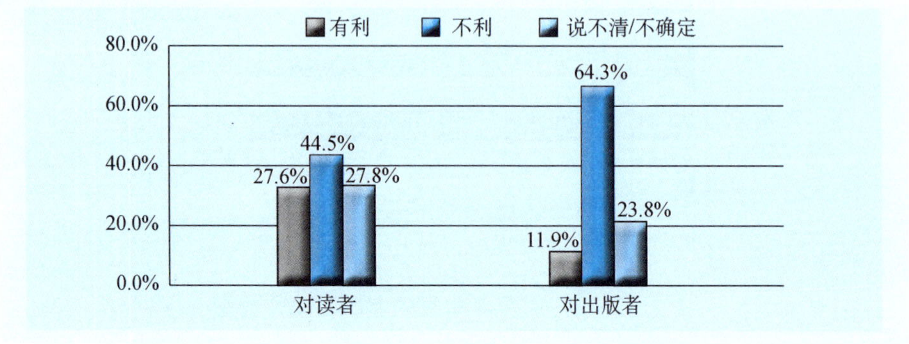

图 7—3—1 对盗版消费现象的认识

第八章
我国公共文化设施状况

8.1　城镇地区公共文化设施

8.1.1　城镇居民公共文化设施知晓率

调查过程中，我们请城镇被访者回答，其所在的街道附近是否有公共图书馆、社区阅览室和报刊栏等公共文化设施。统计结果显示，30.7%的城镇居民表示，在其居住的街道附近有报刊栏；18.6%的城镇居民表示，在其居住的街道附近有社区阅览室；13.5%的城镇居民表示，在其居住的街道附近有公共图书馆。由此可以看出，我国城镇居民对于报刊栏的知晓率最高，其次是社区阅览室和公共图书馆。具体情况如图 8—1—1 所示。

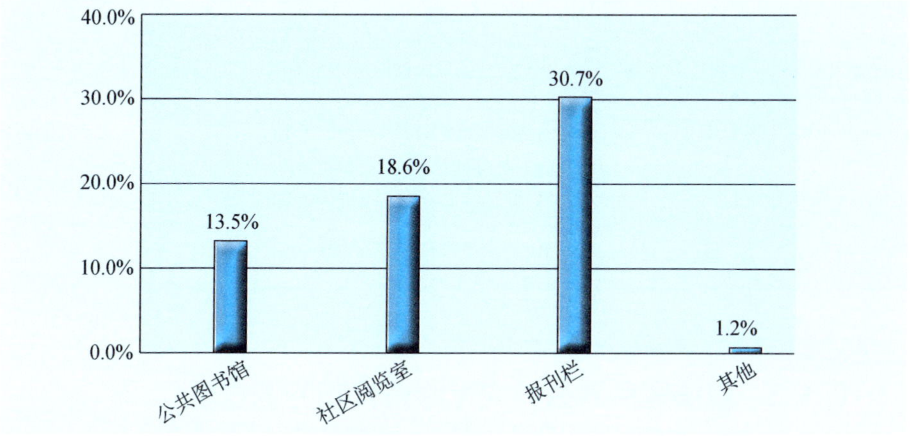

图 8—1—1　城镇居民对各类公共文化设施的知晓率

8.1.2 城镇居民对公共文化服务设施的使用率

调查数据显示，2011 年，在各类公共文化服务设施中，报刊栏和公共图书馆的使用率相对较高。在表示其居住的街道附近有公共图书馆的城镇成年居民中，使用过公共图书馆的比例为 55.5%；表示其居住的街道附近有报刊栏的城镇成年居民中，使用过报刊栏的比例为 53.4%。而表示其居住的街道附近有社区阅览室/社区书屋的城镇成年居民中，使用过社区阅览室/社区书屋的比例为 42.0%。

此外，2011 年，表示其居住的街道附近有公共图书馆的城镇成年居民，其公共图书馆的人均使用频次为 13.93 次/年；表示其居住的街道附近有报刊栏的城镇成年居民，其报刊栏的人均使用频次为 12.35 次/年；表示其居住的街道附近有社区阅览室/社区书屋的城镇成年居民，其社区阅览室/社区书屋的人均使用频次为 8.32 次/年。具体使用情况如表 8—1—1 所示。

表 8—1—1　城镇居民对各类公共文化服务设施的使用率

使用频次	公共图书馆	社区阅览室/社区书屋	报刊栏
每周 1 次	12.2%	6.1%	13.2%
每月 2—3 次	11.2%	7.3%	10.8%
每月 1 次	10.8%	9.2%	8.8%
2—3 个月 1 次	9.4%	6.9%	8.9%
4—6 个月 1 次	6.0%	6.5%	6.1%
1 年 1 次	5.9%	5.9%	5.6%
从未使用	44.5%	58.0%	46.6%
使用频次（次/年）	13.93	8.32	12.35

8.1.3 城镇居民对公共文化服务设施的满意度

对于使用过以上公共文化服务设施的城镇居民而言，在上述公共文化服务设施中，公共图书馆的满意度最高，为 28.1%；报刊栏和社区阅览室/社区书屋的满意度相对略低，分别为 22.6%和 20.3%。

而对这三种公共文化服务设施明确表示不满意（“比较不满意”或“非常不满意”）的比例分别为 3.8%、8.2%和 6.9%。具体情况如表 8—1—2 所示。

表 8—1—2　城镇居民对各类公共文化服务设施的满意度

满意度	公共图书馆	社区阅览室/社区书屋	报刊栏
非常满意	3.4%	2.7%	3.0%
比较满意	24.7%	17.5%	19.6%
一般	34.3%	34.8%	39.2%
比较不满意	2.6%	4.9%	6.5%
非常不满意	1.2%	2.0%	1.7%
说不好	33.8%	37.9%	30.0%

8.2　农村地区公共文化服务设施——农家书屋

8.2.1　农家书屋认知度与使用率

2011 年，我国 18—70 周岁农村居民对农家书屋的认知度为 9.8%。在表示知道其居住的村内建有农家书屋的村民中，使用过农家书屋的比例为 46.5%。从使用频次来看，2011 年，表示知道其居住的村内建有农家书屋的村民人均使用农家书屋 10.33 次。具体情况如表 8—2—1 所示。

表 8—2—1　农家书屋的使用率

使用频率	选择比例
每周一次	11.8%
每月 2—3 次	7.0%

续前表

使用频率	选择比例
每月 1 次	5.8%
2—3 个月 1 次	8.4%
4—6 个月 1 次	5.1%
1 年 1 次	8.5%
从未使用	53.5%
使用频次	10.33 次/年

8.2.2 农家书屋满意度

在表示使用过农家书屋的农村居民中，约三成（26.8%）的村民对农家书屋表示满意（“非常满意”或“比较满意”），明确表示不满意（“非常不满意”或“比较不满意”）的比例为 8.2%。另外，有 31.7%的村民对农家书屋的评价为“一般”，也有 33.3%的村民对农家书屋的评价较为模糊（“说不好”）。具体情况如图 8—2—1 所示。

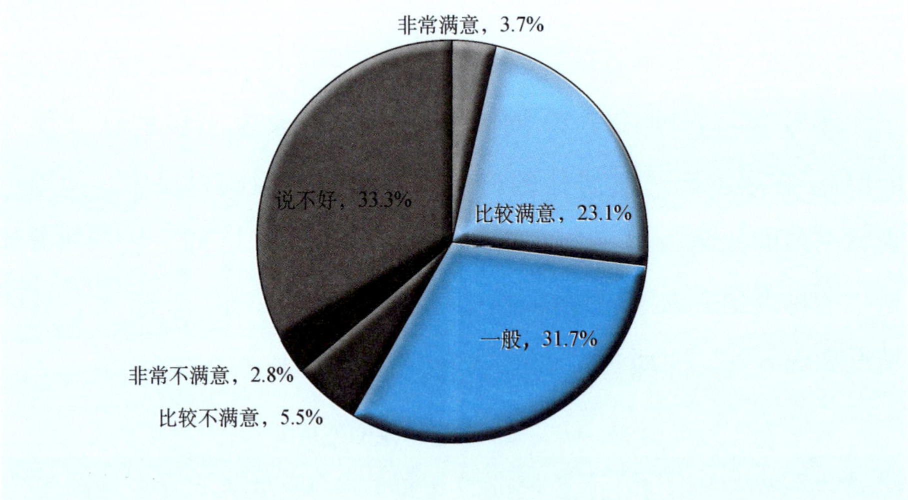

图 8—2—1　农家书屋的满意度

8.2.3 农家书屋内容提供情况

调查数据显示，“农业科普类图书”在农家书屋中最受欢迎。在使用过农家书屋的我国18—70周岁农村居民中，近三成（22.7%）的人表示经常阅读“农业科普”类图书，有15.6%的人表示经常阅读报纸，有10.4%的人表示经常阅读“文学”类图书，11.1%的人表示经常阅读“法律”类图书，8.8%的人表示经常阅读“期刊”，12.5%的人表示经常阅读“科学、教育”类图书，8.4%的人表示经常阅读“经济”类图书，12.0%的人表示经常阅读“农业科教影像资料”。分别有9.9%和6.5%的人表示经常阅读“史地”和“育儿保健”类图书。具体情况如图8—2—2所示。

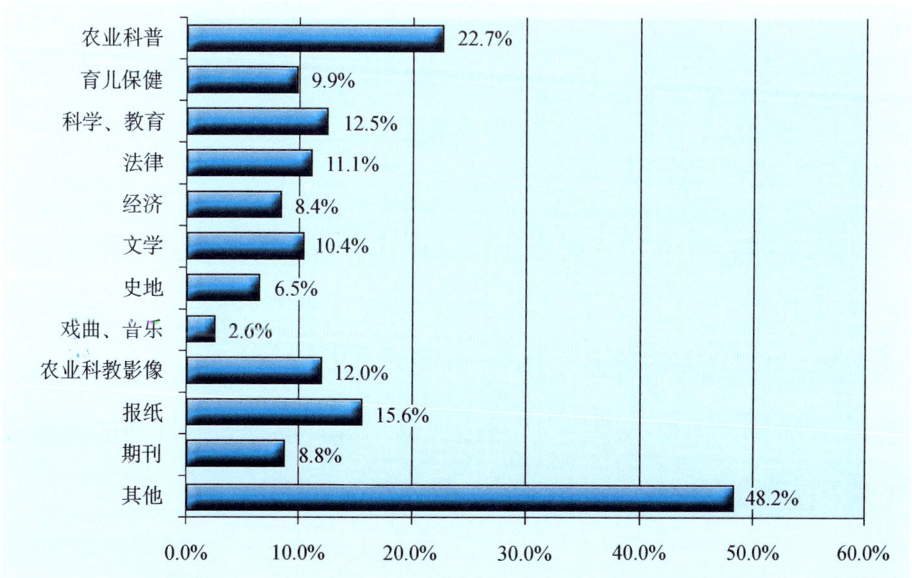

图8—2—2 农村居民在农家书屋经常阅读的出版物类型

同时，“农业科教影像”类资料、“农业科普”类图书、“法律”等类图书是我国18—70周岁农村居民认为农家书屋中比较缺乏的出版物。在使用过农家书屋的农村居民中，有15.1%的人认为缺少“农业科教影像”资料，有14.9%的人认为农家书屋中缺少“农业科普”类图书，有14.8%的人认为缺少“法律”类图书，认为缺少“报纸”的比例为11.4%，其余出版物类型的选择比例均低于

10.0%。具体情况如图 8—2—3 所示。

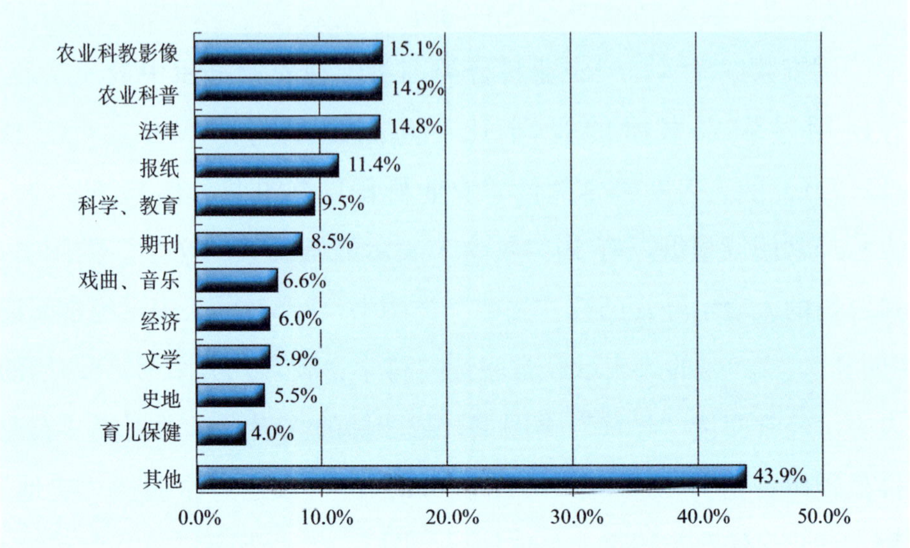

图 8—2—3　农家书屋比较缺乏的出版物类型

8.3　公共文化服务设施存在的不足

当问及我国 18—70 周岁成年国民其住所附近的公共文化设施有哪些不足时，有六成以上（65.7%）的人认为，“没有文化设施”是公共文化设施建设中存在的最主要问题。此外，“书报刊太少”“信息更新不及时”“环境不理想”“路途太远”等，也是人们反映的周围文化服务设施存在的较大不足之处。具体情况如图 8—3—1 所示。

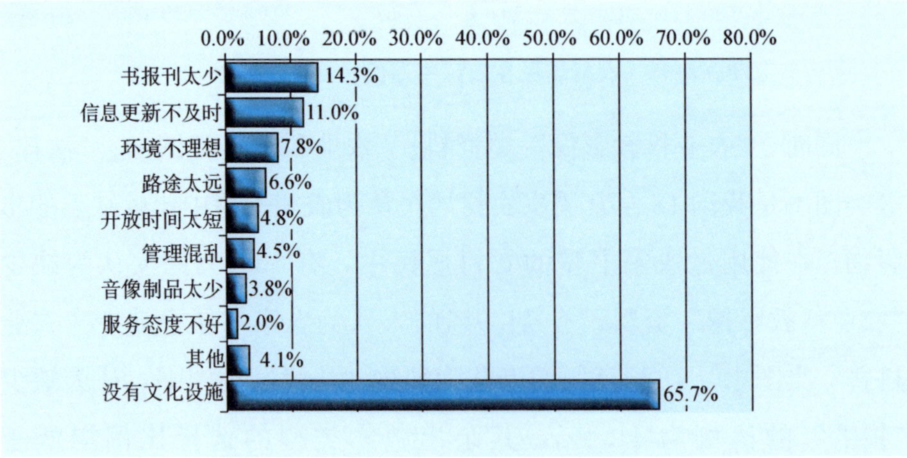

图 8—3—1　公共文化服务设施的不足之处

第九章
成年国民的个人阅读评价与阅读活动参与状况

9.1　个人阅读情况评价

9.1.1　个人阅读量评价

2011 年我国 18—70 周岁成年国民对个人阅读数量评价中，只有 1.2%的成年国民认为自己的阅读数量“很多”，7.6%的成年国民认为自己的阅读数量“比较多”，有 40.5%的国民认为自己的阅读量“一般”，50.7%的国民认为自己的阅读数量“很少”或“比较少”。具体情况如图 9—1—1 所示。

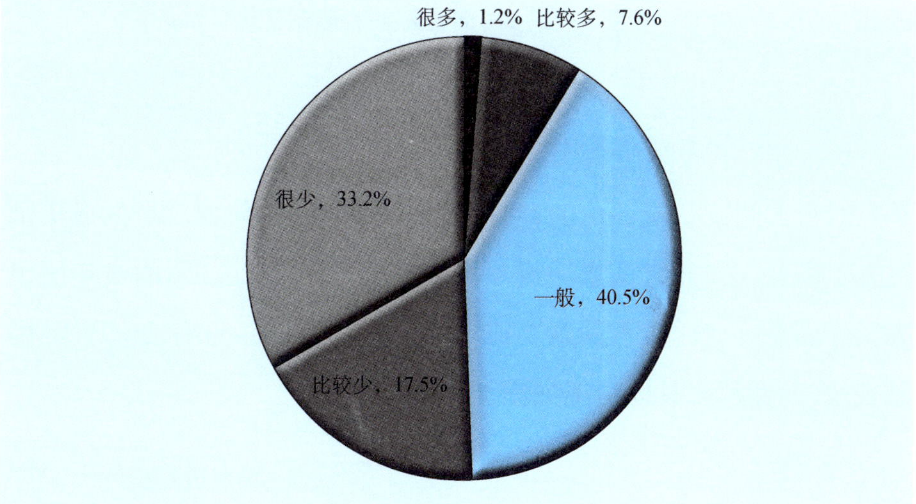

图 9—1—1　个人阅读量评价

9.1.2 个人阅读量变化情况

从成年国民对个人纸质阅读内容和数字阅读内容的阅读量变化情况的反馈来看，与 2010 年相比，七成以上（72.3%）的成年国民认为“没有什么变化”。有 7.6%的国民表示 2011 年“增加了纸质内容的阅读”，有 12.2%的国民表示 2011 年“减少了纸质内容的阅读”；有 4.4%的国民表示 2011 年“减少了数字阅读的内容”，但有 6.2%的国民表示 2011 年“增加了数字阅读的内容”。具体情况如图 9—1—2 所示。

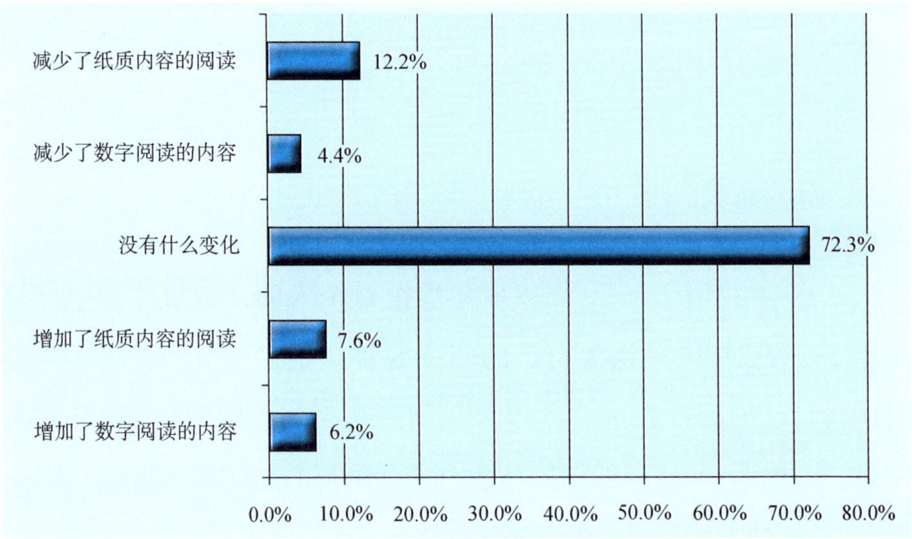

图 9—1—2　阅读量变化情况

9.1.3 个人阅读满意度评价

对个人阅读状况评价的调查发现，2011 年，有 21.2%的成年国民表示满意（“非常满意”或“比较满意”）；有 20.9%的成年国民表示不满意（“比较不满意”或“非常不满意”）；另有 57.9%的国民表示“一般”。具体情况如图 9—1—3 所示。

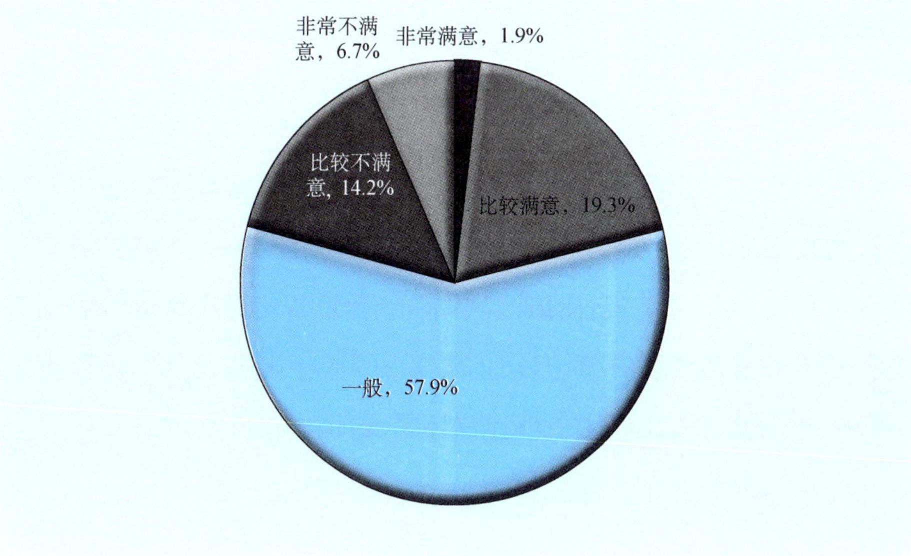

图 9—1—3　个人阅读满意度评价

9.1.4　阅读量与阅读满意度的关系

调查数据显示，对于我国18—70周岁成年国民而言，认为个人阅读量多（“很多”或“比较多”）的人，更容易对自己的总体阅读状况给出积极的评价（“很满意”或“比较满意”）。在认为自己阅读量“很多”的成年国民中，有74.2%的人对自己的总体阅读情况感到满意（“非常满意”或“比较满意”）；而认为自己的阅读量“很少”的成年国民中，仅有7.5%的人对自己的阅读情况感到满意（“非常满意”或“比较满意”）。具体情况如表9—1—1所示。

表 9—1—1　阅读量与阅读满意度

	非常满意	比较满意	一般	比较不满意	很不满意
很多	39.3%	34.9%	24.7%	0.9%	0.2%
比较多	3.7%	75.1%	18.5%	2.2%	0.5%
一般	1.5%	23.1%	70.4%	4.2%	0.8%
比较少	0.5%	10.7%	58.5%	27.9%	2.4%
很少	1.3%	6.2%	53.2%	22.0%	17.4%

9.2 读书活动参与状况

9.2.1 读书活动/读书节开展情况

调查数据显示，2011 年，只有 6.2%的我国 18—70 周岁成年国民表示身边举办过读书活动或读书节，有 69.1%的成年国民表示身边没有读书活动或读书节，另有 24.7%的成年国民表示不知道身边是否举办过读书活动或读书节。具体情况如图 9—2—1 所示。

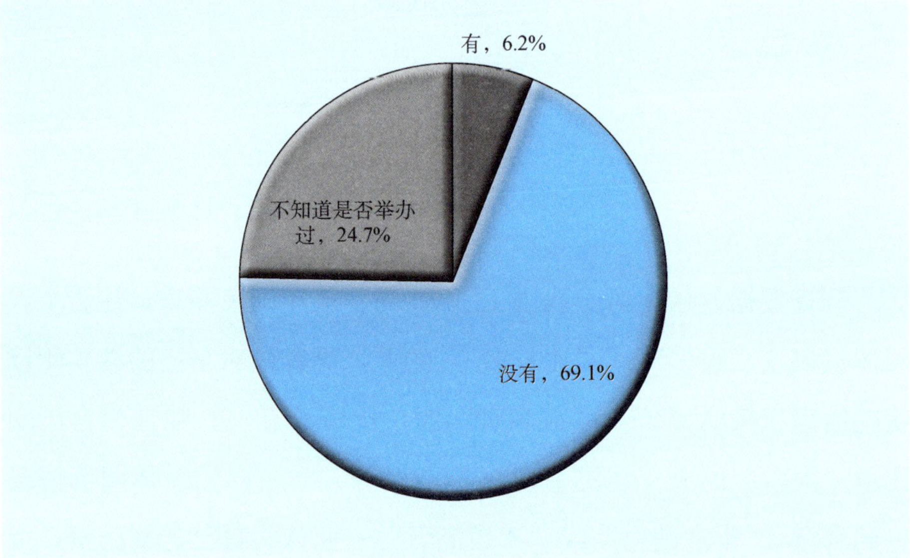

图 9—2—1 读书活动/读书节开展情况

9.2.2 读书活动诉求情况

我国 18—70 周岁成年国民对当地举办阅读活动的呼声较高，而农村居民的期望程度要高于城镇居民。2011 年，有 62.5%的 18—70 周岁成年国民认为有关部门应当举办读书活动或读书节，其中，城镇居民认为当地有关部门应该举办阅读活动的比例为 60.6%，而农村居民中这一比例为 63.9%。具体情况如图 9—2—2 所示。

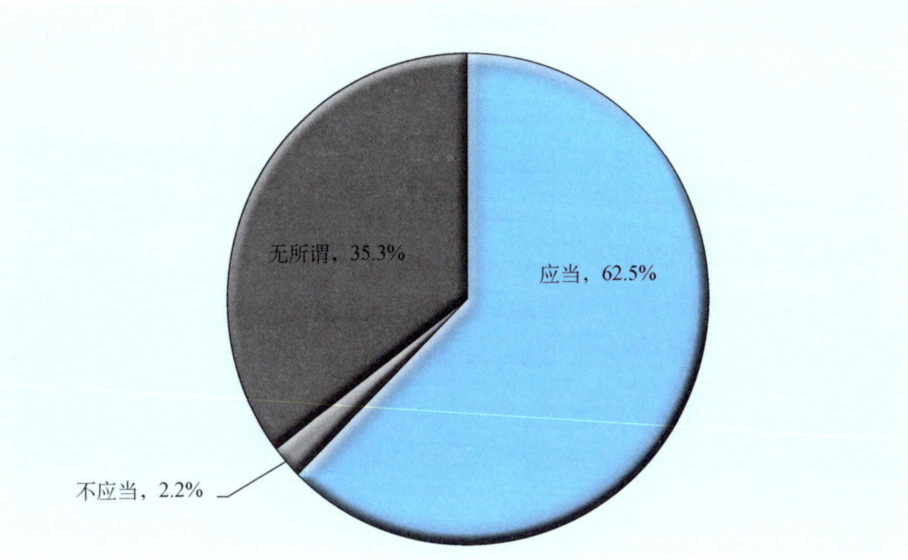

图 9—2—2　对读书活动/读书节的诉求情况

9.2.3　读书活动参与状况

调查数据显示，2011 年，我国 18—70 周岁成年国民参与各种读书活动的程度相对较低，只有 7.1%的成年国民参加过不同形式的读书活动。在参加过读书活动的我国 18—70 周岁成年国民中，35.9%的国民参加了“捐书献爱心活动”；有 35.5%的国民参加过“图书展览会/特价书市”；再次为“读书竞赛/演讲/辩论赛”“读书征文/作文或书画摄影大赛”“读书交流会”和“读书讲座/作家报告会”（选择比例分别为 26.9%、25.9%、22.6%和 20.8%）。其余读书活动的选择比例均在 20.0%以下。具体情况如图 9—2—3 所示。

9.2.4　参与读书活动的原因

在参加过读书活动的我国 18—70 周岁成年国民中，有五成以上（54.2%）的人是为了“促进自己的读书学习”而参加读书活动，有 28.9%的人参加读书活动是因“学校组织参加”，有 24.7%的人参

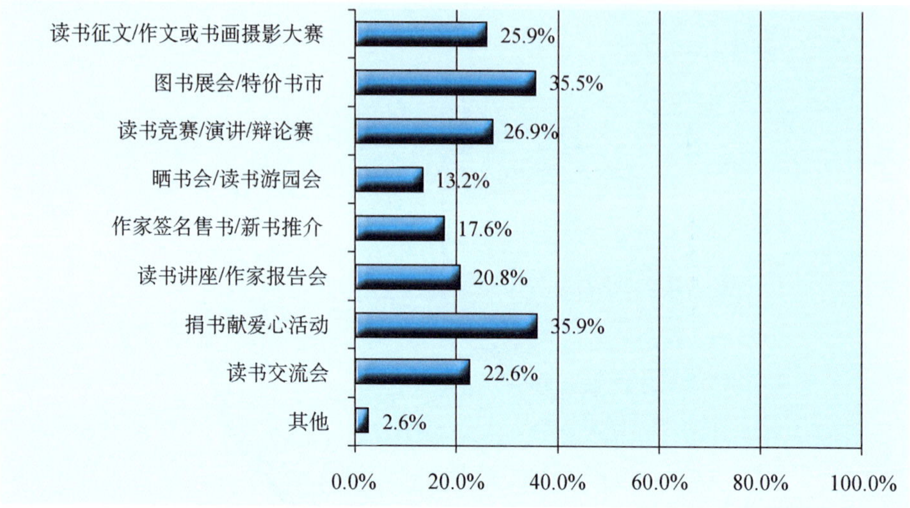

图 9—2—3　各类读书活动/读书节参与度情况

加读书活动是为了“方便得到图书信息”，有 22.5%的人参加读书活动是为了“看书、买书优惠”，21.3%的人参加读书活动是因想“结识朋友”，还有 16.5%的人参加读书活动是因为“有意思，好玩”。由此可以看出，大部分人参与读书活动的目的是“促进自己的读书学习”。具体情况如图 9—2—4 所示。

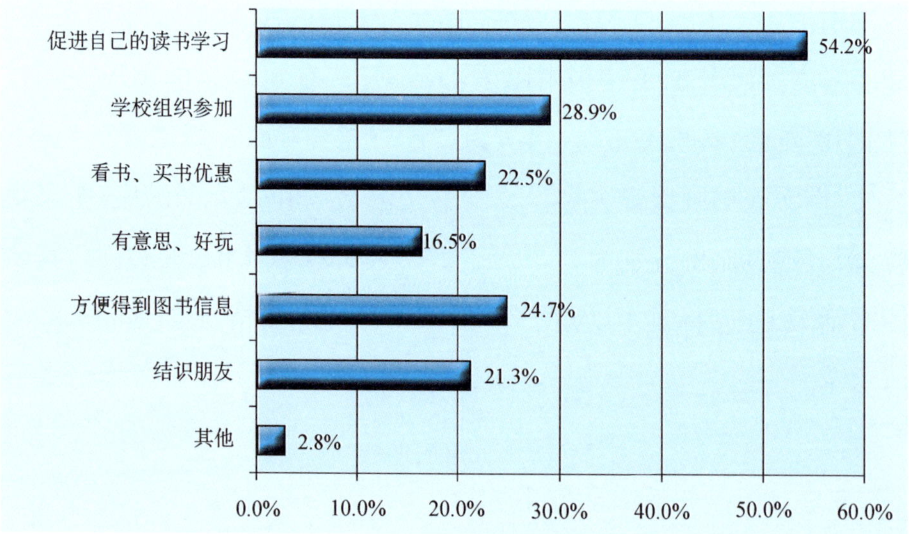

图 9—2—4　参与各类阅读活动的原因

在未参加过任何读书活动的我国 18—70 周岁成年国民中，表示

“没见到相关活动”的比例最高，为54.3%。表示对读书活动“不感兴趣”的比例为30.7%，表示“没时间参加”读书活动的比例为27.9%，仅有7.0%的人认为“相关活动缺乏吸引力”。具体情况如图9—2—5所示。

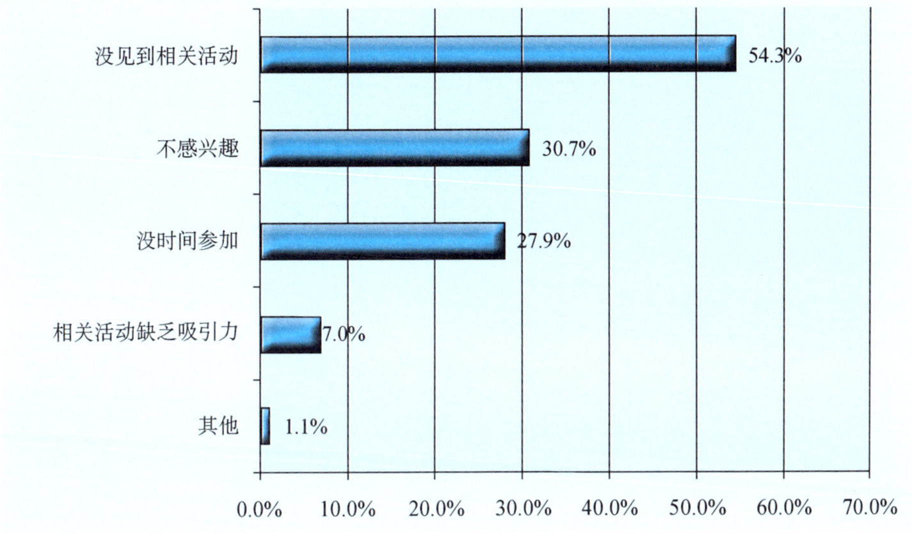

图9—2—5 没有参与各类读书活动的原因

第二部分

14—17周岁青少年阅读与购买倾向调查报告

2011年，对于14—17周岁青少年实施的国民阅读调查，共回收有效样本1234个。其中，男生青少年样本量633个，女性青少年样本量601个，性别比为1∶0.95；另外，农村青少年样本量占到24.2%。各年龄段样本量及比例如表1所示。

表1　14—17周岁各年龄段样本量及比例

年　龄	样本量	样本比例
14周岁	281	22.8%
15周岁	297	24.1%
16周岁	303	24.6%
17周岁	352	28.5%
总计	1233	100.0%

样本加权后可推及全国14—17周岁青少年7979.08万人。其中，男女青少年性别比为1∶0.92，农村青少年样本占到63.5%。加权后，不同人口特征下的14—17周岁青少年样本比例如表2所示。

表2　14—17周岁青少年各年龄段样本加权后不同人口特征下的样本比例

人口特征	类别	样本比例
城乡	城镇	36.5%
	农村	63.5%
性别	男	52.1%
	女	47.9%
年龄	14周岁	27.5%
	15周岁	23.6%
	16周岁	22.3%
	17周岁	26.6%
教育程度/年级	小学	0.6%
	初一	6.6%
	初二	17.9%
	初三	32.9%
	高一	18.6%
	高二	15.4%
	高三	5.6%
	其他	2.4%

第一章
青少年媒介接触率与媒介接触时长

1.1 青少年媒介接触率与媒介接触时长

1.1.1 媒介接触率

调查显示，2011 年，我国 14—17 周岁青少年对各媒介的接触率中，电视的接触率位居首位，为 93.4%；其次是互联网，青少年的互联网接触率为 76.9%，比 2010 年的 73.4%高出了 3.5 个百分点，近年来，青少年的互联网接触率呈增长态势。位列第三的是图书，青少年的图书接触率为 71.6%，低于互联网。这一定程度上反映出，虽然电视、互联网的普及对青少年阅读图书产生了干扰，但图书依旧是其获取知识的重要媒介。

在 2011 年，青少年的报纸和期刊接触率均低于五成，分别为 43.4%和 48.9%；音像出版物的接触率为 27.6%；广播的接触率仅为 18.7%。

与 2010 年相比，手机阅读的接触率仍然呈增长态势，达到 39.7%，电子阅读器的接触率也有一定程度的提升。这些现象表明，随着科技的发展，内容传播方式的革新，以及手机、电子阅读器等电子产品的功能不断加强，便携化的使用体验不断提高，无纸化阅读市场拥有着巨大的发展空间。14—17 周岁青少年各媒介的具体接触情况如图 1—1—1 所示。

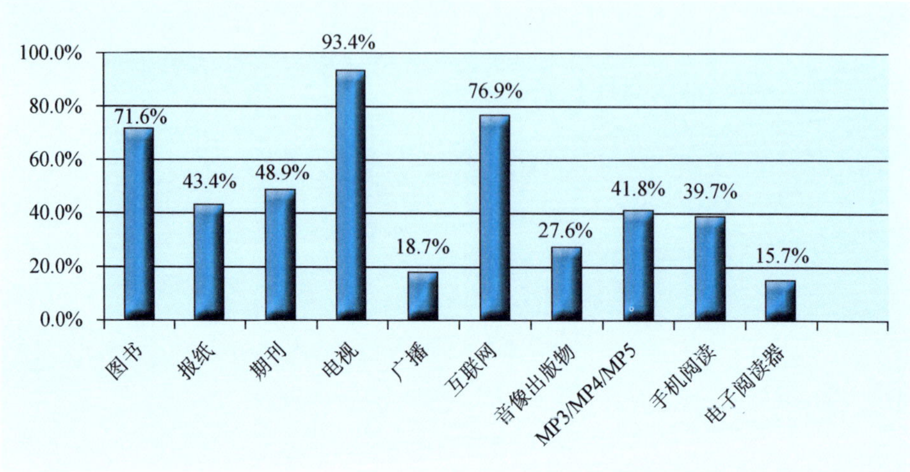

图 1—1—1　14—17 周岁青少年各媒介接触率

1.1.2　媒介接触时长

本次调查显示，无论是工作日还是休息日，14—17 周岁青少年接触电视的日均时长高于其他媒介。其中，青少年在工作日接触电视的日均时长为 68.66 分钟，在休息日内接触电视的日均时长则增加至 88.75 分钟。

其次，青少年在工作日的互联网日均接触时长已连续三年超过图书，达到 50.90 分钟。在休息日，青少年互联网接触日均时长达到 68.64 分钟，比 2010 年增加了 6.84 分钟。具体情况如图 1—1—2 所示。

1.2　青少年媒介使用目的

本次调查显示，14—17 周岁青少年在使用媒介的主要目的上存在差异。如表 1—2—1 所示，电视仍然是青少年了解各类信息时主

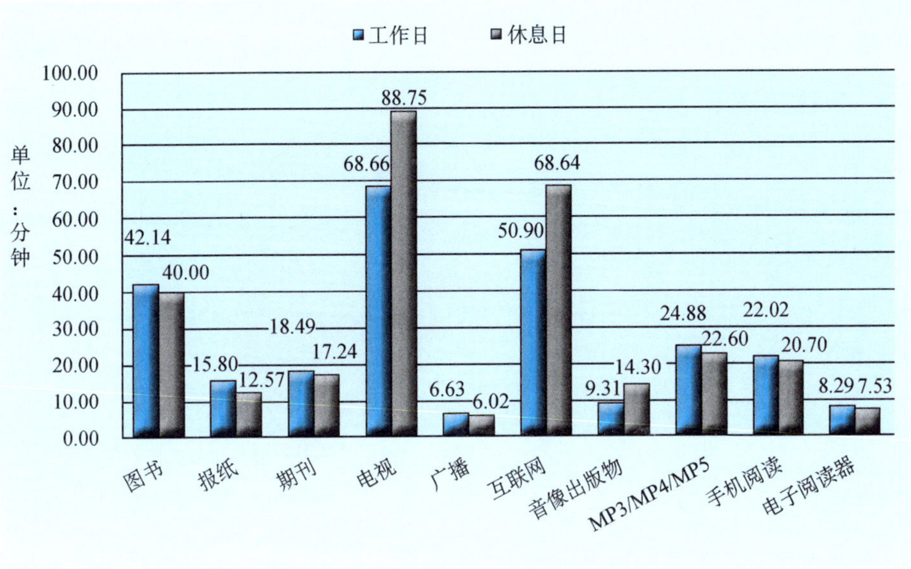

图 1—1—2　14—17 周岁青少年各媒介日均接触时长

要依靠的媒介，但是选择电视作为获取各类信息主要渠道的青少年，相较于 2010 年有所减少。其次，互联网也是青少年了解各类信息的常用媒介。从整体上来看，借助互联网来了解各类信息的比例比 2010 年有所增加，具体地说，在“了解与学习相关的信息”“时尚流行趋势”以及“娱乐信息”时，利用互联网的青少年的比例超过了电视。

就其他媒介的使用情况来看，青少年在了解“国内外新闻时事”时，更多地借助于报纸；在了解“与学习有关的信息”时，更多地借助于图书；在了解“生活/消费资讯”和“时尚流行趋势”时，更多地借助于报纸和期刊；而在了解“休闲娱乐”信息时，则更多地选择借助于手机这一媒介。但青少年很少借助广播、音像出版物、电子出版物、境外媒体、MP3/MP4/MP5 以及电子阅读器这些媒介来获取各类信息。这一现象反映出，广播、音像出版物等媒介已无法满足青少年对于信息的需求。虽然电子阅读器的使用频率较少，但其作为新型的阅读方式，具有便于携带、阅读体验佳等优势，有着巨大的发展潜力。

在对各媒介使用目的进行统计后发现，青少年使用各媒介主要用于“了解国内外新闻时事”“了解与工作学习有关的信息”等方面。具体情况如表 1—2—1 所示。

表 1—2—1　14—17 周岁青少年各媒介使用目的

	了解国内外新闻时事	了解国内外观点和思潮	了解与工作学习有关的信息	了解生活/消费资讯	了解时尚流行趋势	休闲娱乐
电视	77.3%	65.5%	42.4%	52.5%	50.1%	50.9%
互联网	50.7%	50.0%	50.8%	49.3%	53.6%	54.3%
报纸	20.9%	14.5%	13.8%	12.2%	10.1%	8.4%
手机	11.9%	7.6%	9.5%	10.6%	9.7%	12.4%
杂志	5.5%	6.7%	7.7%	10.0%	11.0%	8.5%
广播	5.4%	4.3%	3.7%	3.0%	3.7%	4.5%
图书	5.1%	3.7%	22.9%	3.9%	2.4%	5.2%
境外媒体	0.5%	0.6%	1.3%	0.4%	1.1%	0.5%
电子出版物（如游戏/软件等）	0.2%	0.1%	1.2%	0.4%	1.6%	2.0%
电子阅读器	0.2%	0.2%	0.4%	0.3%	0.3%	1.4%
MP3/MP4/MP5	0.2%	0.1%	1.2%	0.6%	0.9%	4.5%
音像出版物（CD/VCD/DVD/录音带等）	0.1%	2.1%	0.7%	0.9%	1.5%	3.0%
其他	1.0%	0.2%	0.5%	0.1%	0.2%	1.2%
无	2.1%	7.0%	3.5%	9.4%	10.5%	6.4%

1.3　青少年自费消费出版物情况

加权推及总体后，2011 年，我国 14—17 周岁青少年自费订阅或购买的各类出版物中，图书的自费购买总量达到 42600.97 万本，

VCD/DVD 的自费购买总数量为 16957.49 万张，CD-ROM 的自费购买量为 460.65 万张，手机报的自费购买总数量为 1315.71 万份。

2011 年，我国 14—17 周岁青少年自费购买的各类出版物中，图书的自费购买总金额最多，为 62.71 亿元，高于 2010 年的 58.00 亿元；报纸和期刊的自费消费总金额则位列第二位、第三位，分别为 25.92 亿元和 20.66 亿元，与 2010 年的 12.69 亿元和 17.30 亿元相比，均有较大幅度上升；VCD/DVD 的自费消费总金额为 10.60 亿元，手机报的自费消费金额为 1.37 亿元。另外，电子书/E-book 的自费消费金额为 1.57 亿元，CD-ROM 的自费消费总金额最少，为 0.23 亿元。具体数据如表 1—3—1 所示。

表 1—3—1　14—17 周岁青少年自费消费出版物总数量和总金额

出版物种类	消费总数量①	消费总金额（亿元）
报纸	——	25.92
期刊	——	20.66
图书	42600.97 万本	62.71
VCD/DVD	16597.49 万份	10.60
盒式录音带	757.50 万盒	1.06
CD-ROM	460.65 万张	0.58
CD	2641.27 万张	0.23
手机报	1315.71 万份	1.37
电子书/E-book	5521.44 万本	1.57

调查数据显示，2011 年，图书仍是我国 14—17 周岁青少年自费购买量和自费消费金额最多的出版物，分别为 5.34 本和 79.26 元。在购买出版物的青少年群体中，图书的人均自费购买量更是达到了 7.94 本，人均自费消费金额也超过了 100 元（118.36 元）。此外，2011 年，我国 14—17 周岁青少年对报纸、期刊和 VCD/DVD

① 报纸和期刊的消费总数量无法具体统计。

的自费购买数量和消费金额显著多于其他类型的出版物。具体情况如表1—3—2所示。

表1—3—2　14—17周岁青少年人均自费消费出版物数量和金额

	人均消费数量		人均消费金额（元）	
	购买者	14—17周岁人群总体	购买者	14—17周岁人群总体
报纸	2.18种	0.72种	99.55	32.58
期刊	2.79种	0.87种	83.22	25.92
图书	7.94本	5.34本	118.36	79.26
VCD/DVD	12.05张	2.08张	80.13	13.38
盒式录音带	2.04盒	0.09盒	29.07	1.33
CD-ROM	2.17张	0.06张	28.40	0.72
CD	3.90张	0.33张	37.22	2.90
手机报	1.94份	0.16份	20.47	1.72
电子书/E-book	7.22本	0.69本	22.40	1.98

1.4　青少年阅读载体的使用场合

从调查数据来看，14—17周岁青少年使用各种阅读载体进行阅读时，最为经常阅读的地点是在“家中”；学校或单位也是他们重要的阅读地点。此外，青少年在图书馆阅读图书、期刊和报纸的比例，均高于在书店阅读的比例。

对于上网阅读这一新兴阅读方式，“家中”仍为青少年主要的阅读场所，选择在“家中”进行上网阅读的青少年比例，较2010年提高了近三成，达到85.3%。然而，对于手机阅读和MP3/MP4/MP5阅读，青少年除了主要在“家中”和学校、单位阅读外，更多地在乘坐交通工具时阅读。具体情况如表1—4—1所示。

表 1—4—1　14—17 周岁青少年各类阅读载体的使用场合

	家中	书店	学校或单位	网吧	图书馆	乘交通工具时	其他地点
图书	69.5%	15.5%	59.2%	1.5%	19.2%	1.0%	0.0%
期刊	70.7%	7.9%	41.1%	0.3%	10.2%	3.3%	0.2%
报纸	72.3%	1.6%	40.7%	0.4%	2.5%	1.6%	0.2%
上网	85.3%	0.9%	16.0%	14.0%	0.3%	1.1%	0.3%
手机阅读	79.8%	1.0%	41.8%	1.5%	1.1%	18.5%	0.0%
MP3/MP4/MP5	70.5%	1.8%	37.5%	1.5%	1.4%	35.8%	0.1%
电子阅读器	75.6%	0.9%	31.5%	4.1%	1.0%	7.8%	0.0%

第二章 青少年图书阅读与购买倾向

2.1 青少年图书阅读状况及变化

2.1.1 阅读重要性认知

调查数据显示，2011年，绝大多数14—17周岁的青少年认为，在当今社会，阅读对于个人的生存和发展来说是重要的（“比较重要”或“非常重要”）的比例为81.5%，相较于2010年的81.2%略有提高。其中，认为阅读“非常重要”的青少年占37.9%，比2010年的37.4%仅增长了0.5个百分点；认为阅读“比较重要”的比例为43.6%。认为阅读“比较不重要”或“非常不重要”的青少年，只占1.6%。具体情况如图2—1—1所示。

调查数据显示，居住在城镇和农村的14—17周岁青少年均认识到阅读对于个人发展的重要性。认为阅读对于个人的生存和发展来说是“比较重要”或“非常重要”的比例均在80%左右。其中，居住在城镇的青少年认识到阅读“比较重要”或“非常重要”的比例较农村青少年高出10.8个百分点。具体情况如表2—1—1

---

① 本章所指图书均为除教科书和期刊外的纸质图书。

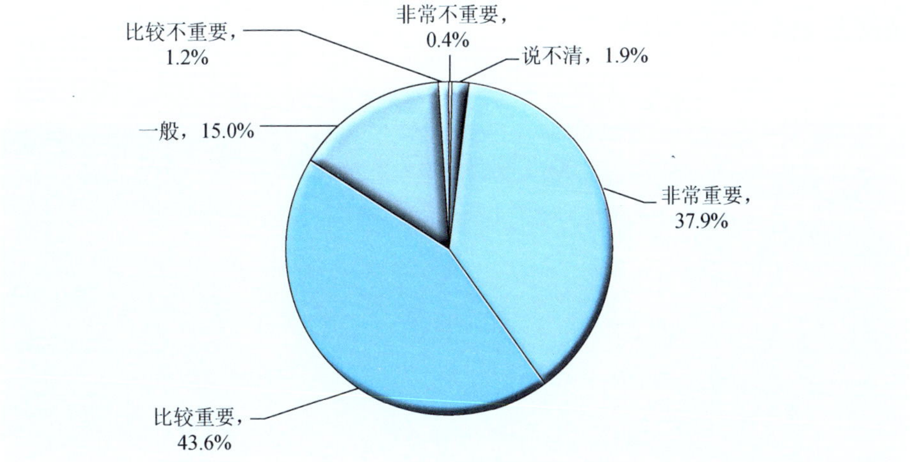

图 2—1—1　14—17 周岁青少年对读书重要性的认知

所示。

表 2—1—1　14—17 周岁青少年对读书重要性认知的城乡差异

	非常重要	比较重要	一般	比较不重要	非常不重要	说不清
城镇	42.2%	46.1%	8.6%	1.1%	0.2%	1.7%
农村	35.3%	42.2%	18.7%	1.2%	0.5%	2.1%

2.1.2　图书阅读率和阅读量

2011 年，我国 14—17 周岁青少年的图书阅读率为 81.0%，人均阅读图书 10.68 本。其中，读书群体人均图书阅读量为 13.07 本。

从性别来看，女孩的人均图书阅读量为 12.80 本，比男孩多出 4.40 本。2010 年女孩较男孩的人均图书阅读量多 1.03 本，由此可见，男女生之间阅读量的差距在不断被拉大。

从城乡对比来看，城镇青少年的人均图书阅读量为 10.16 本，较 2010 年的 12.86 本有所减少；农村青少年的人均图书阅读量为 10.89 本，较 2010 年的 8.75 本有所增加。

从年龄分布来看，15 周岁的青少年人均图书阅读量最低，仅为

9.12 本，17 周岁的青少年人均图书阅读量最高，为 11.84 本。具体情况如表 2—1—2 所示。

表 2—1—2　不同群体的人均图书阅读量

人口特征	类别	读书群体	14—17 周岁青少年总体
性别	男	10.43	8.40
	女	15.90	12.80
教育程度/年级	小学	11.85	9.54
	初一	13.70	11.03
	初二	11.02	8.87
	初三	16.09	12.95
	高一	8.86	7.14
	高二	14.77	11.89
	高三	9.54	7.68
	其他	21.83	17.57
年龄	14 周岁	12.74	10.26
	15 周岁	11.33	9.12
	16 周岁	14.44	11.62
	17 周岁	14.71	11.84
城乡	城镇	12.62	10.16
	农村	13.53	10.89

2.1.3　阅读课外书的主要来源

此次调查显示，我国 14—17 周岁青少年阅读的课外图书的主要来源为购买（“自己购买”和“家人购买”）。其中，选择“自己购买”的青少年占到该群体的 69.0%，“家人购买”所占比例为 19.7%。除此之外，青少年阅读课外图书的来源还包括“向他人借阅”“到图书馆借阅”“在书店或书吧里看”等，其比例分别为 52.9%、40.7%、11.2%。通过“租书”“他人赠送”“读家里的藏书”和“农家书屋或社区书屋”获取图书来阅读的比例均不足10%。具体情况如图 2—1—2 所示。

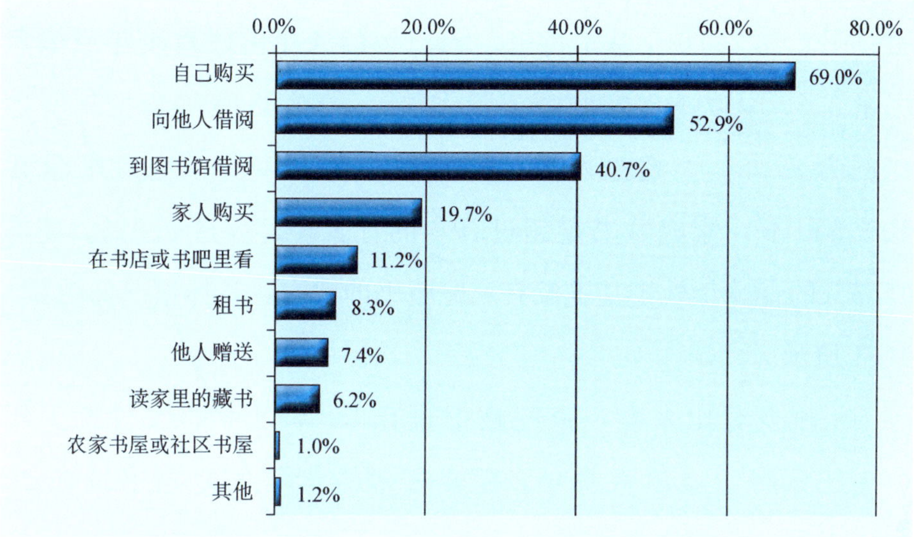

图 2—1—2　14—17 周岁青少年课外图书阅读来源

将“自己购买”“向他人借阅”“家人购买”“在书店或书吧里看”“他人赠送”及“读家里的藏书”作为阅读课外书主要来源的城镇青少年的比例明显多于农村青少年；将“到图书馆借阅”和“租书”作为阅读课外书主要来源的农村青少年明显多于城镇青少年。具体情况如图 2—1—3 所示。

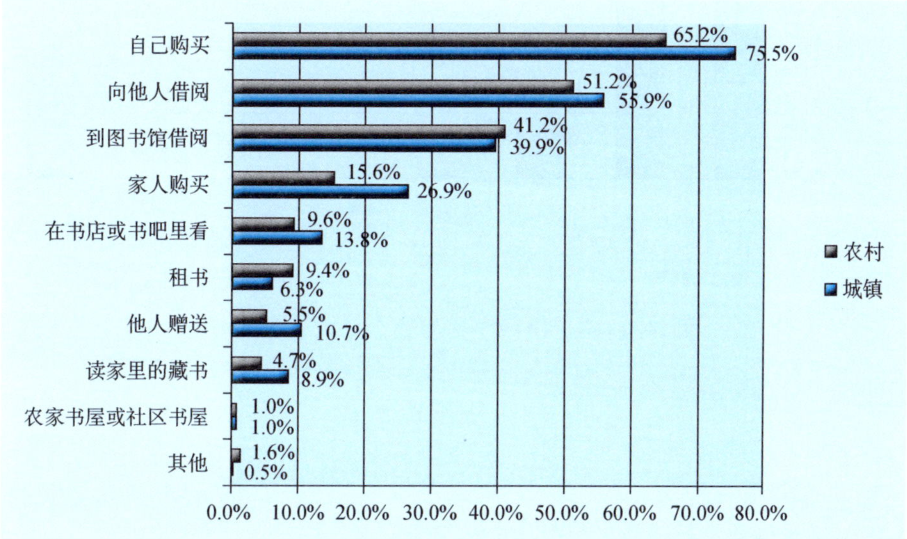

图 2—1—3　14—17 周岁青少年课外图书阅读来源城乡对比

2.1.4 家庭藏书量

2011年，14—17周岁青少年的家庭藏书量（不包括杂志和教科书）与2010年基本持平。44.1%的该年龄段青少年家庭藏书量在20本以下，家庭藏书量在21—50本之间的青少年所占比例为27.5%。超过八成（80.8%）青少年的家庭藏书量在100本以下，家庭藏书量超过百本的青少年，仅占3.9%；还有15.3%的青少年处于基本没有家庭藏书的状态。具体情况如图2—1—4所示。

从城乡对比来看，家庭藏书量在20本以下的农村青少年所占比例高于城镇青少年，但是城镇青少年家庭藏书量在20本以上的比例显著高于农村青少年。从整体来看，城镇青少年的家庭藏书量情况略好于农村青少年。具体情况如图2—1—5所示。

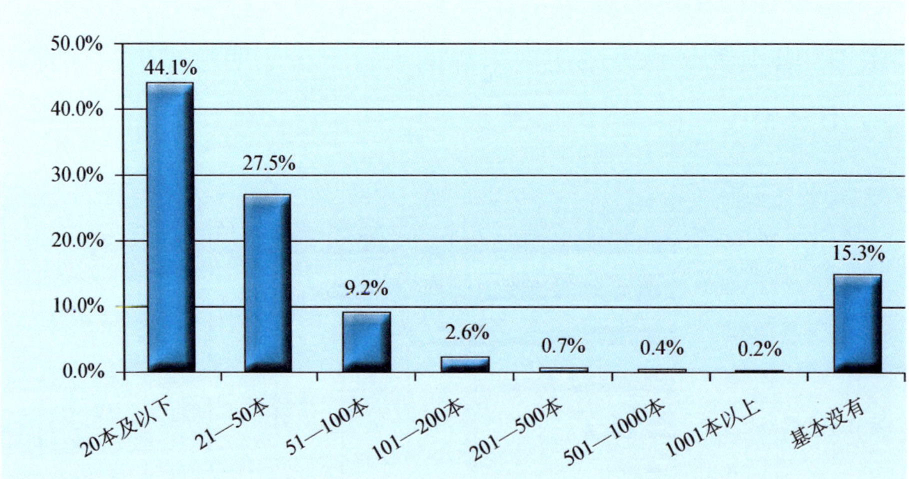

图2—1—4　14—17周岁青少年家庭藏书量

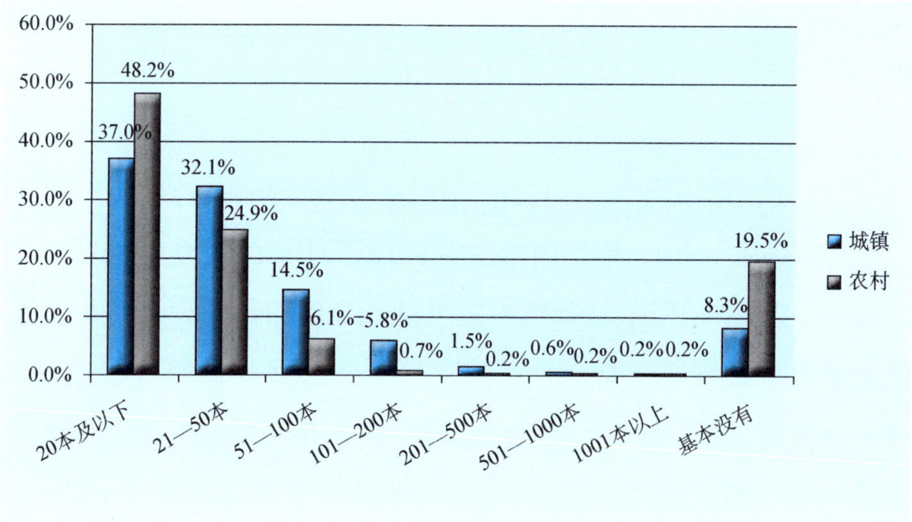

图 2—1—5　14—17 周岁青少年家庭藏书量城乡对比

2.1.5　青少年读书遇到困难时的求助对象

有 57.4%的青少年表示，自己读书遇到困难时会求助于“同学/朋友”；有 56.9%的青少年表示，自己读书遇到困难时会求助于“老师/专家”；还有 29.5%的青少年表示，会求助于“父母/家人”。而表示在阅读遇到困难时会求助其他方面的比例均很低，都没有超过 2%。可见，同学/朋友、老师/专家和父母/家人是帮助青少年阅读的最重要力量。具体情况如图 2—1—6 所示。

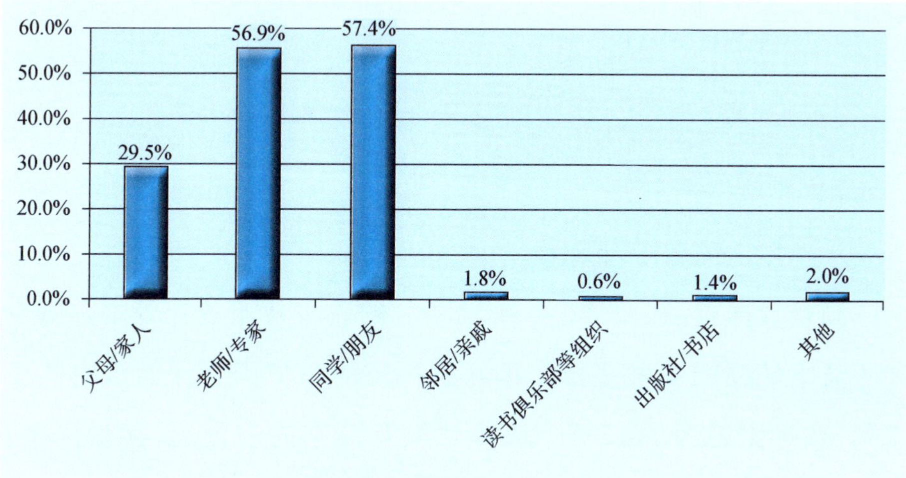

图 2—1—6　14—17 周岁青少年读书遇到困难时的求助对象

2.2 青少年读书目的及不读书原因

2.2.1 阅读目的

调查显示，2011 年我国青少年阅读课外书的主要目的是“增加知识，开阔眼界”，选择这一选项的青少年的比例为 71.6%；另外，还有接近五成（49.4%）的青少年阅读课外书的目的是“功课学习需要”。选择“满足兴趣爱好”作为其阅读课外书目的的青少年，所占比例为 39.4%。选择其他课外书阅读目的的青少年，选择比例均不足三成。具体情况如图 2—2—1 所示。

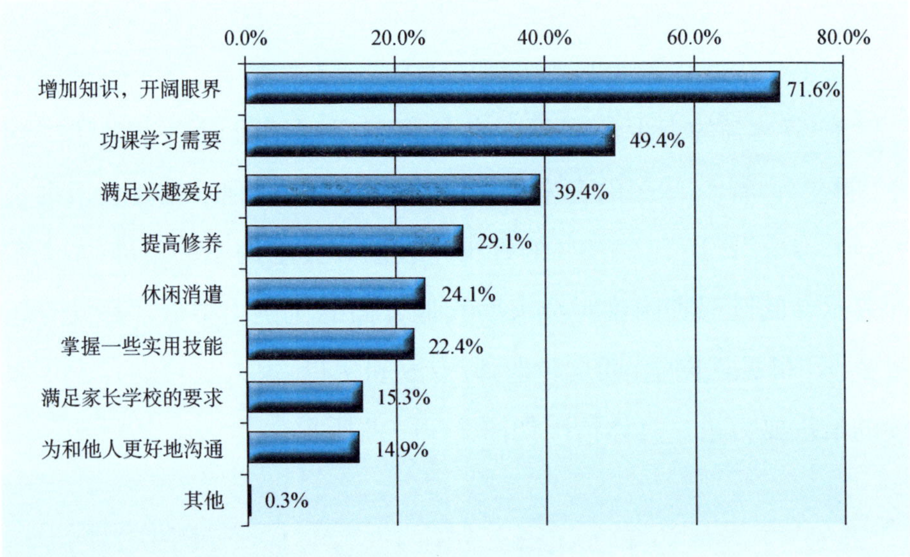

图 2—2—1　14—17 周岁青少年阅读课外书的目的

2.2.2 不读书的原因

调查数据显示，2011 年有 19.0%的青少年不读课外书。青少年不读书的原因多种多样，排在第一位的是“因功课而没时间读书”，选择比例为 43.2%。选择“没有读书的习惯/不喜欢读书”这一选项的青少年有 22.9%，较 2010 年的 28.3%有所下降。同时，选择“因上网/玩游戏等而没时间读书”“因看电视而没有时间读书” “读书没用”和“书价过高买不起”的比例分别为18.9%、4.8%、3.7%和2.5%。

选择“父母不允许读课本以外的书”“找不到感兴趣的书”“不知道该读什么”“缺少读书氛围”和“没有看书的地方”的比例，较上一年度均有所上升。具体情况如表2—2—1所示。

表2—2—1　14—17周岁青少年不读书的原因

不读书的原因	选择比例
因功课而没时间读书	43.2%
没有读书的习惯/不喜欢读书	22.9%
因上网/玩游戏等而没时间读书	18.9%
父母不允许读课本以外的书	16.7%
找不到感兴趣的书	15.8%
不知道该读什么	12.0%
缺少读书氛围	9.8%
没有看书的地方	5.2%
因看电视而没有时间读书	4.8%
读书没用	3.7%
书价过高买不起	2.5%
其他	4.4%

2.3　青少年购书状况及变化

2.3.1　获取图书信息的主要渠道

调查数据显示，2011年，我国14—17周岁青少年主要通过人际传播（“朋友或他人推荐”和“老师或学校推荐”）获取图书信息。其中，通过“朋友或他人推荐”和“老师或学校推荐”获取图书信息的比例分别为50.2%和39.2%。通过各种媒介（互联网、电视、报纸、期刊）获取图书信息的青少年也较多，选择比例均在20.0%左右。通过“售书人员推荐”获取图书信息的青少年有10.5%，利用其余渠道来获取图书信息的青少年，选择比例均在10.0%以下。具体情况如图2—3—1所示。

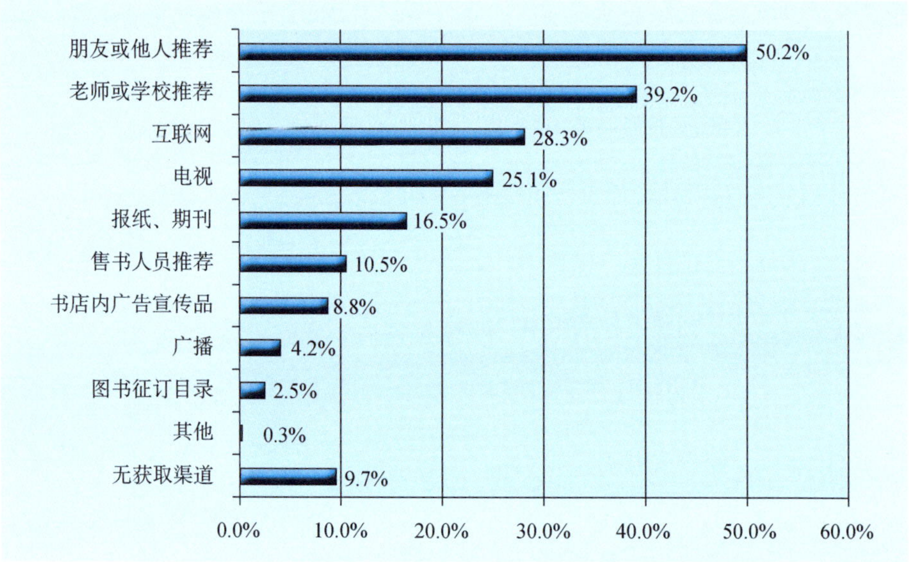

图2—3—1　14—17周岁青少年获取图书信息的主要渠道

2010年选择“互联网”（23.9%）作为获取图书信息的青少年，少于“电视”（25.0%）。然而，在2011年，选择“电视”作为获取图书信息主要渠道的青少年，所占比例为25.1%，低于选择“互联网”作为获取图书信息主要渠道的比例（28.3%）。数据对比后发现，在2011年，“互联网”对青少年获取图书信息的影响已大于“电视”，这说明随着互联网的普及，越来越多的青少年选择通过网络获取图书信息。

2.3.2 购书频次

此次调查显示，我国 14—17 周岁青少年的购书频次主要集中在每半年购买一次图书，所占比例为 22.1%；其次是 15.9%的青少年每月购买一次图书。“半个月”和“一星期”购买一次图书的青少年所占比例，分别为 7.7%和 2.7%。还有 15.8%的青少年表示从不购买图书。从整体上看，七成以上（70.6%）的 14—17 周岁青少年至少每半年购买一次图书。具体情况如图 2—3—2 所示。

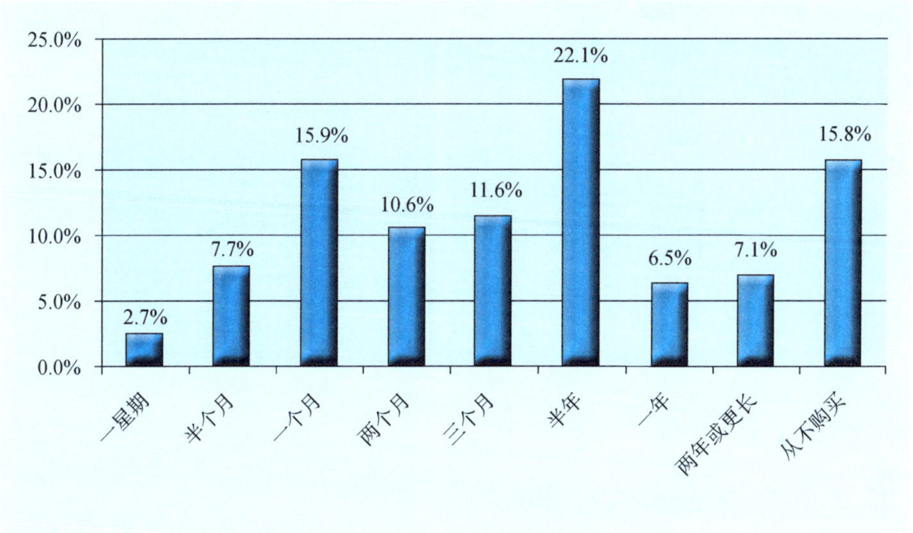

图 2—3—2 14—17 周岁青少年购书频次

2.3.3 图书购买渠道

如图 2—3—3 所示，2011 年我国 14—17 周岁青少年主要通过实体书店购买图书，只有少部分青少年通过“网上书店”购书。首先，选择在“新华书店”购书的青少年所占比例最多，为 84.3%；选择在“私营书店”购书的青少年次之，所占比例为 31.6%。此外，仅有 8.3%的青少年选择在“网上书店”购书。

随着互联网的普及，网上书店给人们提供了更为便捷的购书渠道，据中国互联网络信息中心（CNNIC）发布的《第29次中国互联网络发展状况统计报告》显示，截至2011年底中国网民规模达到5.13亿。网上书店正不断融入人们的生活，与传统实体书店形成竞争的局面。

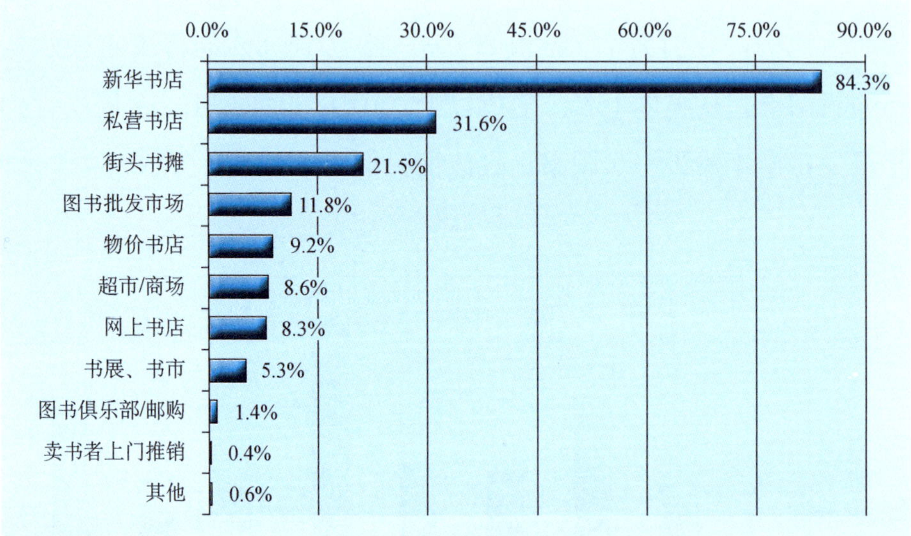

图2—3—3　14—17周岁青少年图书购买渠道

2.3.4　影响购书的因素

此次调查显示，2011年影响我国14—17周岁青少年购书的最主要因素是“老师或学校的推荐”，选择该项的青少年超过五成(53.2%)。将此项作为购书时最先考虑因素的比例，较2010年(51.3%)有增无减。

“图书内容简介”是青少年在购书时考虑的第二大因素，其选择比例达到48.2%；还有24.4%的青少年将“价格”作为其购书的主要考虑因素。媒介的各种推介活动（网上或邮件图书信息推介、媒体的书讯和书评等）对青少年的购书影响，远远低于“老师或学校推荐”。

“出版社的名气”“封面设计及外观”对青少年购书的影响，不及“图书内容简介”。可见书的内容质量较外在设计对青少年购书的影响更大。具体情况如图 2—3—4 所示。

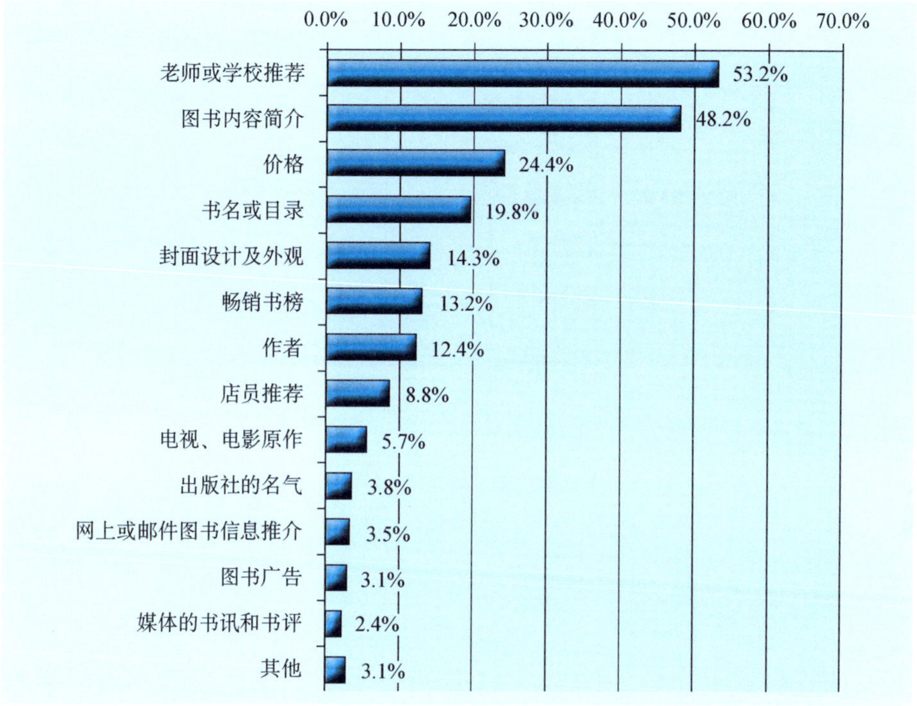

图 2—3—4 影响 14—17 周岁青少年购书的主要因素

2.3.5 购买图书的制约因素

调查数据显示，2011 年我国 14—17 周岁青少年购买图书的制约因素主要集中在“家离卖书的地方很远”和“书价过高”这两点上，选择以上两个选项作为购书不便之处的青少年所占比例分别为 25.6%和 19.6%。“想买的书总是没有”“对书的信息知道得少”及“书店陈列混乱，很难找书”的选择比例，均在 10%以上。此外，超过四成（42.7%）的青少年认为，购书没有什么不便之处。具体情况如图 2—3—5 所示。

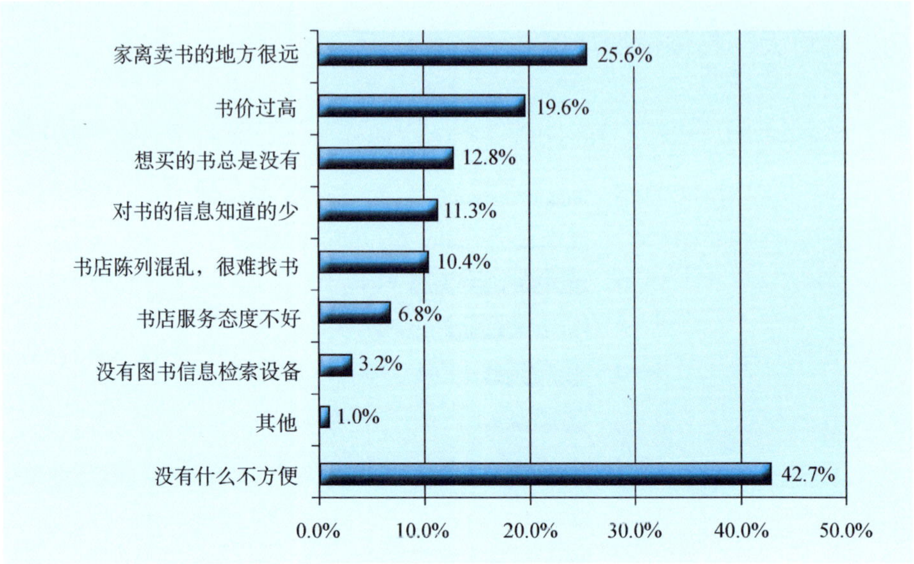

图 2—3—5　14—17 周岁青少年购买图书的制约因素

2.3.6　购书距离

调查数据显示，我国 14—17 周岁青少年离家最近购书点的平均距离为 3.16 公里。具体来看，有 26.5%的我国 14—17 周岁青少年表示离家最近购书点的距离不超过 1 公里，有 57.1%的青少年表示离家最近购书点的距离不超过 3 公里。值得注意的是，还有 8.0%的青少年表示离家最近购书点的距离超过 10 公里。另外，有 15.1%的青少年对这一距离表示“不清楚/不知道”。具体情况如图 2—3—6 所示。

从城乡对比来看，城镇青少年距离家最近购书点的平均距离为 2.20 公里，农村青少年距离家最近购书点的平均距离为 3.81 公里，比城镇青少年多出 1.61 公里。表示离家最近购书点的距离不超过 3 公里的城镇青少年的比例（67.4%）较农村（51.0%）高出 16.4 个百分点。具体情况如图 2—3—7 所示。

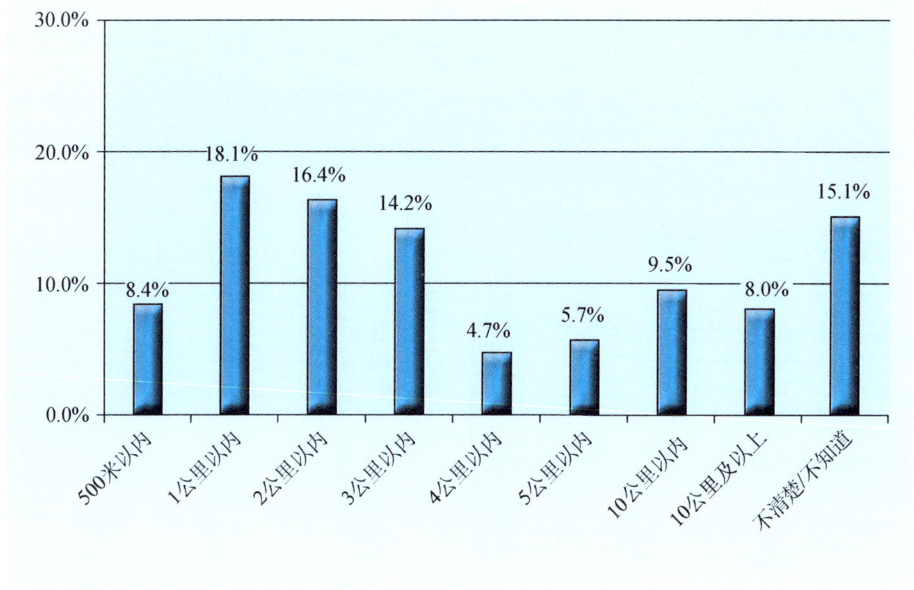

图 2—3—6 14—17 周岁青少年离家最近购书点距离

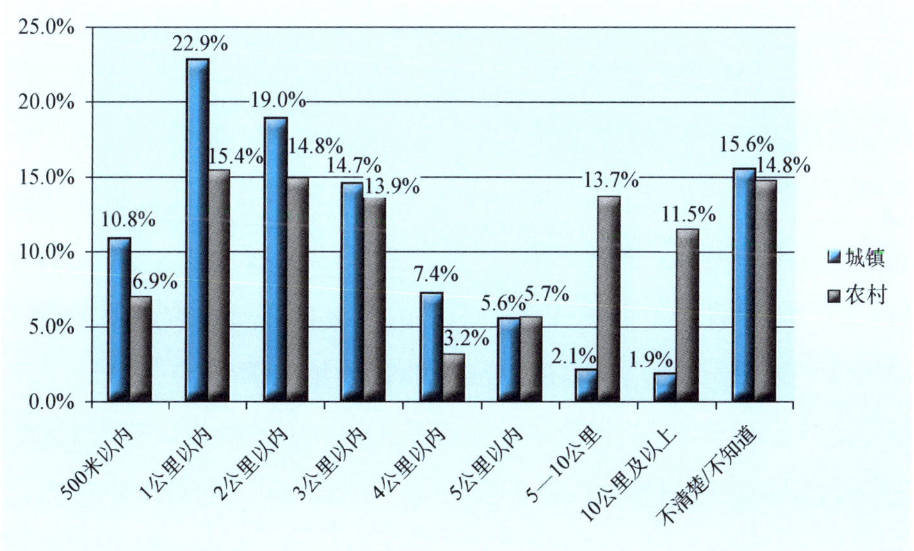

图 2—3—7 2011 年城乡图书销售点的分布密度对比

2.3.7 对图书价格评价

调查数据显示，近半数（48.3%）的我国 14—17 周岁青少年认为，图书价格偏贵（“比较贵”或“非常贵”）；其中，有 41.4%的青少年认为“比较贵”，6.9%的青少年认为“非常贵”。另外，认为图书价格便宜（“比较便宜”或“非常便宜”）的青少年不足一成（7.2%）。还有36.2%的青少年认为当前图书价格“合适”。具体情况如图2—3—8所示。

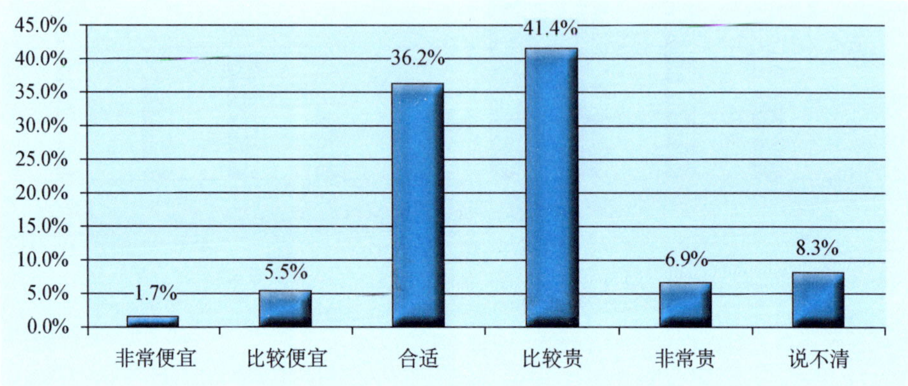

图 2—3—8　14—17 周岁青少年图书价格评价

2.3.8　图书价格承受力

在我国14—17周岁青少年中，对于购买一本200页左右的文学类简装书而言，超过八成（85.5%）青少年能够接受的价格区间主要集中在4—30元，具体来看，14.3%的青少年能承受4—8元的价格，18.4%的青少年能承受8—12元的价格，31.2%的青少年能承受的价格为12—20元。还有21.6%的青少年能承受20—30元的价格。此外，有3.8%的青少年只能接受4元以下的价格，有1.1%的青少年能够承受的价格在30元及以上。还有9.4%的青少年认为对于图书“只要喜欢，多贵都买”。具体情况如图2—3—9所示。

对图书价格承受能力进行分析发现，对于一本200页左右文学类简装书而言，我国14—17周岁青少年人均能够接受的图书定价为14.93元。其中，城镇青少年表示可以接受的图书定价为15.38元，高于农村青少年的14.66元。

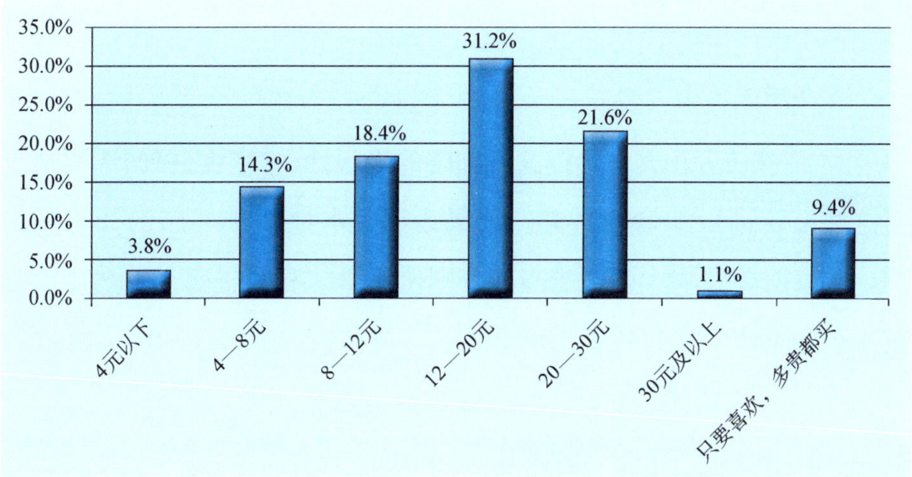

图 2—3—9　14—17 周岁青少年图书价格承受力

2.3.9　读者最喜爱的书店

在无提示的情况下，我们请被访者列举其最经常购买出版物的书店，其后按被访者选取的比例，对这些书店进行排名。结果显示，本地新华书店被提及的频率最高。除了新华书店外，当当网和卓越网等购书网站的排名也较为靠前。具体情况如表 2—3—1 所示。

表 2—3—1　青少年读者最喜爱的书店

书店名称	排名
本地新华书店	1
当当网	2
新华文轩书店	3
卓越网	4
凌云书店	5
新知书店/图书城	6
商场或超市	7
开元书店	8
易居书屋	9
爱书人	10

2.3.10 书店知名度和市场渗透率

在此次调查中，我们列举了22家国内较为知名的书店（包括网上书店），请被访者在其中选择其所知晓的出版社，然后再根据选取情况对这些书店进行知名度排名。结果表明，本地新华书店的知名度最高，北京西单图书大厦和当当网分别位居第二和第三名。知名度位列前十名的书店中，有六家为网上书店。具体情况如表2—3—2所示。

表2—3—2 书店的知名度排名

书店名称	排 名
本地新华书店	1
北京西单图书大厦	2
当当网	3
新华文轩书店	4
中国图书网	5
孔夫子旧书网	6
800图书网	7
卓越网	8
九九网上书城	9
上海书城	10
大众书局	11
新知书城	12
新书城网上书店	13
博库书城	14
一城网	15
西西弗书店	16
时代网上书店	17
季风书园	18
光合作用书房	19
蔚蓝图书网	20
弘道书局	21
风入松书店	22

对于所列举出的22家书店（包括网上书店），进一步询问青少

年被访者曾在其中哪些书店购买过出版物。如表 2—3—3 所示，本地新华书店的市场渗透率居前位。此外，北京西单图书大厦、新华文轩书店、孔夫子旧书网和当当网的市场渗透率排名也较为靠前，分列二至五位。

表 2—3—3　书店的市场渗透率排名

书店名称	所占比例	排　名
本地新华书店	67.9%	1
北京西单图书大厦	17.0%	2
新华文轩书店	11.4%	3
孔夫子旧书网	6.0%	4
当当网	4.8%	5
800 图书网	2.7%	6
新书城网上书店	2.5%	7
新知书城	2.4%	8
西西弗书店	1.7%	9
九九网上书城	1.7%	10
卓越网	1.6%	11
中国图书网	1.5%	12
弘道书局	1.5%	13
博库书城	1.4%	14
上海书城	1.4%	15
季风书园	1.1%	16
风入松书店	0.6%	17
光合作用书房	0.4%	18
一城网	0.3%	19
时代网上书店	0.3%	20
大众书局	0.2%	21
蔚蓝图书网	0.0%	22

从 2011 年国内书店知名度和市场渗透率的实际排名看，虽然我国网络书店因为受到互联网普及程度、邮局和银行网上支付业务处理速度及个人信用制度不完善等因素的限制，以及网上结算程序相对繁琐、耗费时间较长等因素制约，网络书店发展水平较国外相对

落后，但其发展速度和影响范围不容小觑，已经被越来越多的青少年读者所接受和使用。

2.4　我国分类图书市场状况

2.4.1　各分类图书市场消费状况及市场预期

2.4.1.1　青少年最喜欢阅读的图书类型

调查数据显示，我国 14—17 周岁青少年最喜欢阅读的图书类型是“文学”类，其选择比例达 51.5%。其次，“科普”“历史”和“数学物理化学”类图书也受到较多青少年读者的喜爱，对“农业”和“工业技术”等种类的图书的偏好度较低。具体情况如图 2—4—1 所示。

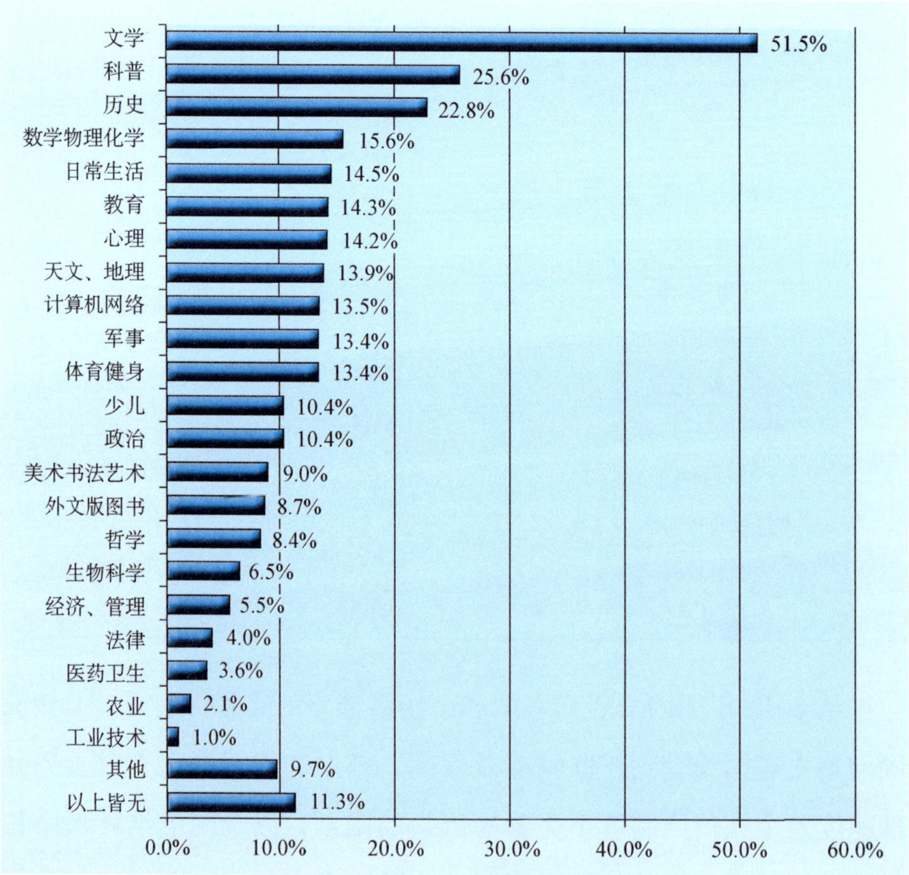

图 2—4—1　14—17 周岁青少年最喜欢阅读的图书类型

2.4.1.2 最经常购买的图书类型

2011 年，我国 14—17 周岁青少年读者最经常购买的图书类型与他们的阅读喜好较为一致。调查显示，青少年读者最常购买的图书类型是“文学”类，其选择比例为 35.2%。其次，有 14.7%的青少年经常购买“科普类”图书，这与青少年读者对科普知识具有较强的兴趣有关。

此外，青少年对“数学物理化学”“历史”“外文版图书”等类型的图书购买率也较高。这一方面与青少年的阅读兴趣相吻合，另一方面也可能是青少年读者出于学习需要而购买。具体情况如图 2—4—2 所示。

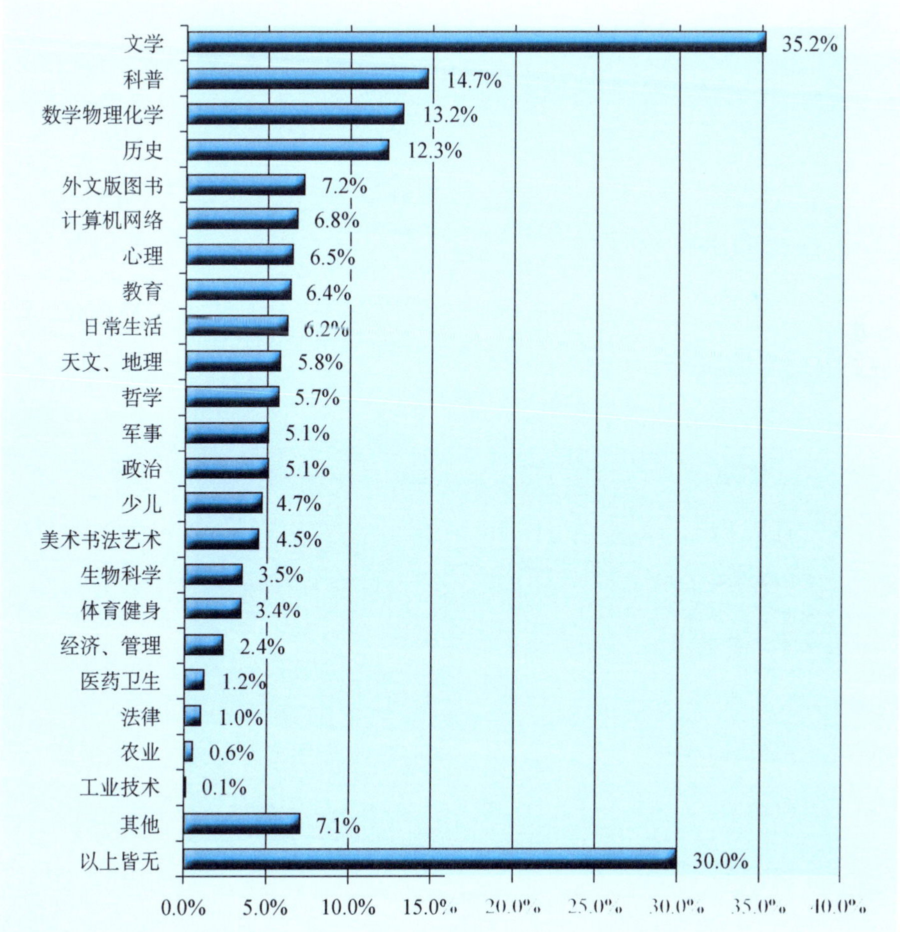

图 2—4—2　14—17 周岁青少年常购买的图书类型

通过对各类图书的年人均购买量的分析发现，2011 年“文学”和“科普”类图书在青少年读者中的销售状况良好。具体来说，2011 年我国 14—17 周岁青少年人均购买了 1.18 本“文学类”图书；其次，该年龄段群体对“科普类”图书的购买量也较大，人均购买量为 0.41 本。

从各类图书购买者的购买量来看，“少儿”“文学”和“数学物理化学”类图书购买者的消费投入更高。其中，“少儿”类图书的人均购买量最高，为 3.71 本；其次，“文学”和“数学物理化学”类图书的人均购买量也相对较多，分别为 3.37 本和 3.06 本。此外，“心理”和“农业”类图书的人均购买量相对较少。具体情况如表 2—4—1 所示。

表 2—4—1　各类图书青少年人均购买量

图书类型	14—17 周岁青少年总体（本）	图书购买者（本）
文学	1.18	3.37
科普	0.41	2.96
数学物理化学	0.39	3.06
历史	0.26	2.1
少儿	0.17	3.71
外文版图书	0.16	2.25
教育	0.15	2.34
日常生活	0.15	2.39
哲学	0.14	2.44
美术书法艺术	0.13	2.94
军事	0.12	2.45
计算机网络	0.11	1.59
政治	0.10	1.91
心理	0.10	1.51

续前表

图书类型	14—17周岁青少年总体（本）	图书购买者（本）
天文、地理	0.09	1.62
生物科学	0.08	2.26
体育健身	0.06	1.83
经济、管理	0.05	1.93
法律	0.02	2.38
医药卫生	0.02	1.65
农业	0.01	1.58
工业技术	0.00	1.97
其他	0.24	3.47

2.4.1.3 市场上最缺的图书类型

调查数据显示，2011年，有62.8%的我国14—17周岁青少年认为，市场上的图书种类并不缺乏，这说明青少年图书市场的供给是较为充足的。有5.7%青少年表示“心理”类图书较为缺乏；有4.9%的青少年表示“文学”类图书是目前较为缺乏的，还有4.1%的青少年选择“法律”类图书。其余种类图书的选择比例均不足4.0%。具体情况如图2—4—3所示。

2.4.1.4 图书预购率

调查数据显示，2011年，我国14—17周岁青少年图书市场中，预购率排在第一位的依然为“文学”类图书，其预购率为26.5%，远高于其他各类图书。“数学物理化学”类图书的预购率为13.4%，居于第二位。此外，“历史”和“科普”类图书的预购率也相对较高，分别为12.1%和11.5%。相比之下，“医药卫生”和“工业技术”类图书的预购率最低，均不足2.0%。具体情况如图2—4—4所示。

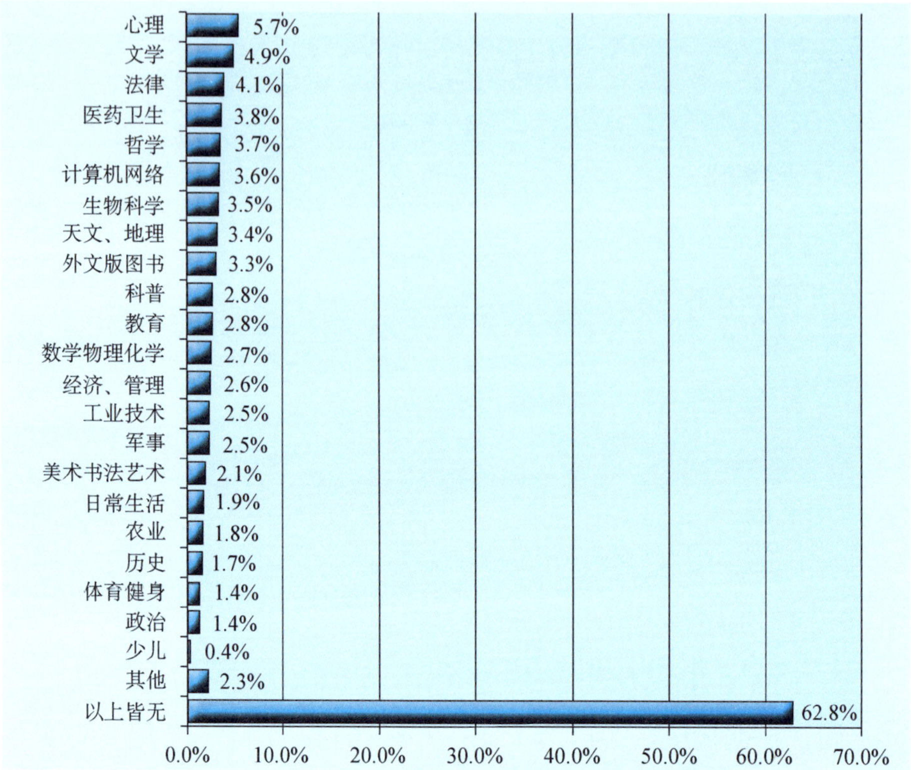

图 2—4—3　14—17 周岁青少年图书类型空缺情况

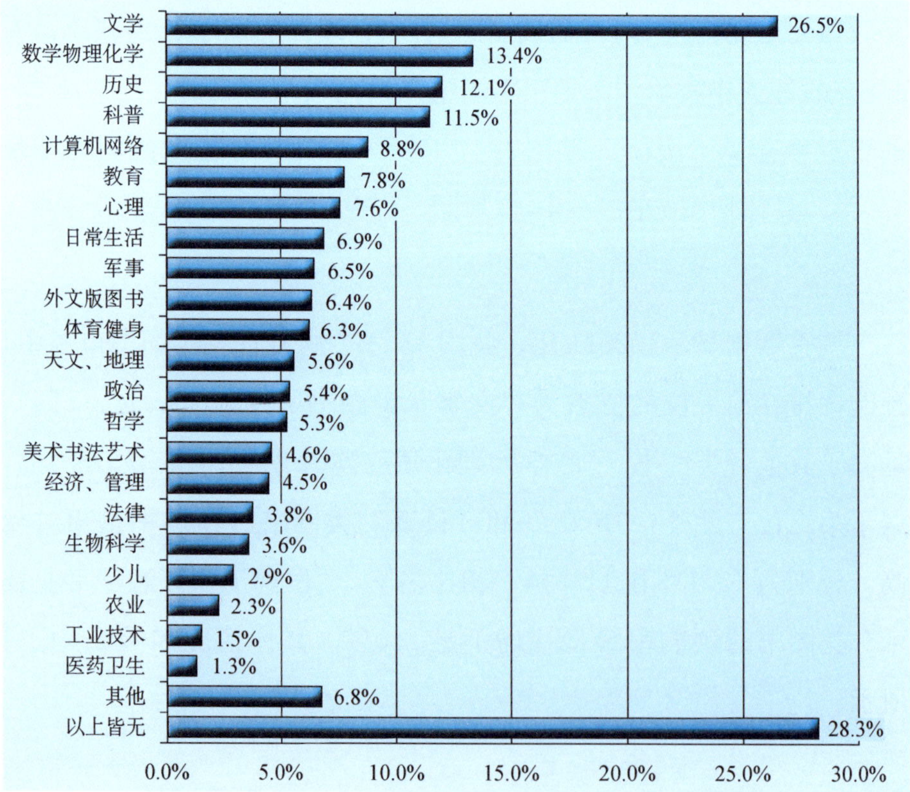

图 2—4—4　14—17 周岁青少年各类型图书预购情况

2.4.2 文学类图书市场消费状况及市场预期

2.4.2.1 最喜欢阅读的文学类图书类型

文学类图书是14—17周岁青少年最喜欢的图书类型。在文学类图书中，该年龄段青少年最喜欢阅读的是“科幻小说”，选择比例达到36.1%。其次，“当代小说”“青春/玄幻小说”和“历史小说”类图书分列第二、三、四位，有33.8%的青少年喜欢“当代小说”，有28.9%的人喜欢“青春/玄幻小说”，有27.3%的人喜欢“历史小说”。而喜欢“纪实报告”“诗歌/戏剧”和“文学评论”等类图书的青少年相对较少，选择比例分别为5.4%、4.9%和3.3%，均低于10.0%。具体情况如图2—4—5所示。

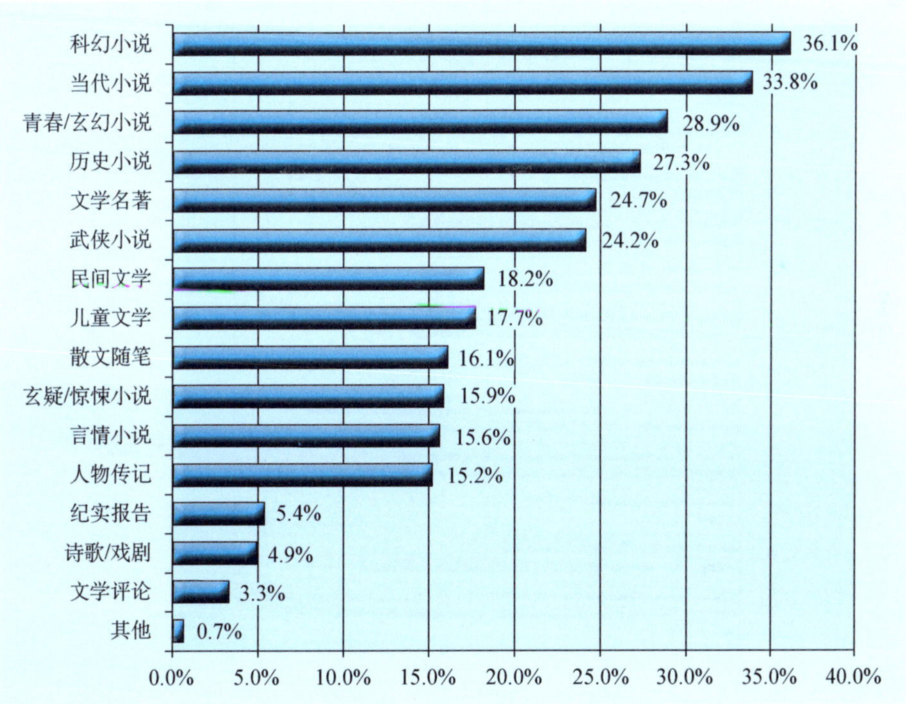

图2—4—5 14—17周岁青少年最喜欢阅读的文学类图书类型

2.4.2.2 各类文学类图书的购买和预购情况

调查数据显示，2011年，在文学类图书中，购买率最高的是

“当代小说”，有 23.6%的 14—17 周岁青少年购买过该类图书。其次，有 23.5%的青少年表示购买过“文学名著”类图书。“科幻小说”“历史小说”和“儿童文学”类图书的购买率也相对较高，分别为 16.0%、15.9%和 15.1%，均超过 15.0%。此外，购买率较高的“科幻小说”“当代小说”“文学名著”和“历史小说”类图书的预购率也相对较高，有 22.3%的 14—17 周岁青少年今后打算购买“科幻小说”，有 21.5%的 14—17 周岁青少年今后打算购买“当代小说”，有 17.8%的 14—17 周岁青少年今后打算购买“文学名著”，17.2%的 14—17 周岁青少年今后打算购买“历史小说”。具体情况如图 2—4—6 所示。

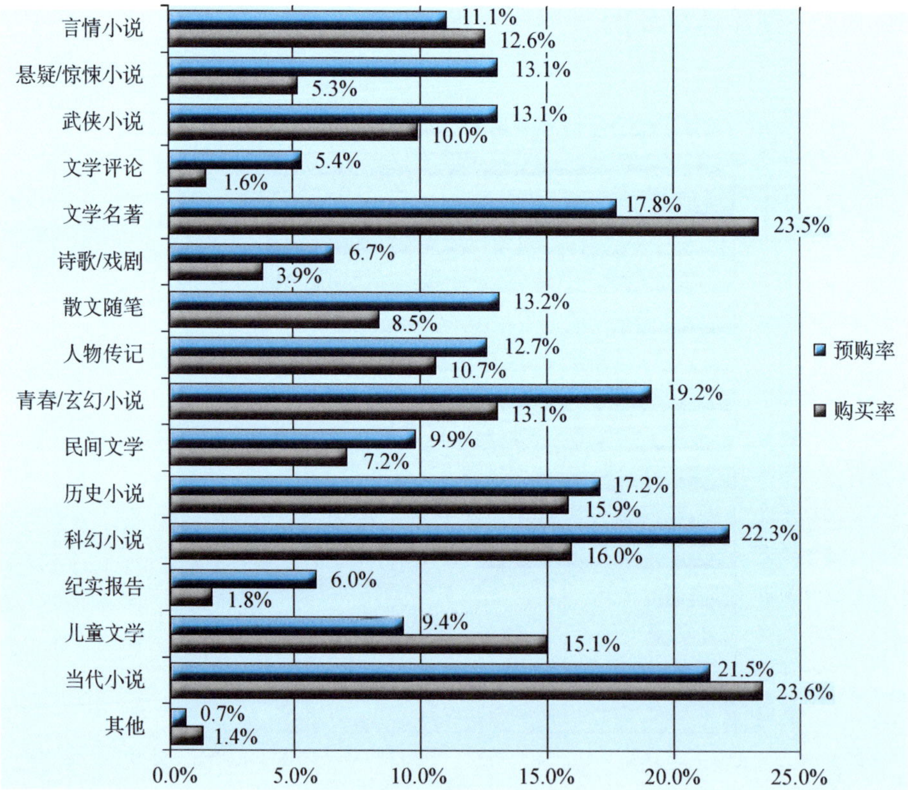

图 2—4—6　文学类图书的青少年市场购买率和预购率

2.4.2.3　文学类图书的市场空缺情况

调查数据显示，我国 14—17 周岁青少年认为文学类图书市场中最为缺乏的图书类型有“文学评论”“民间文学”“纪实报告”等。其中，有18.5%的青少年表示“文学评论”类图书最为缺乏，有17.5%的青少年选择“民间文学”，有16.5%的青少年选择“纪实报告”。而“言情小说”和“武侠小说”的市场空缺率相对较低，均不足5.0%。具体情况如图2—4—7所示。

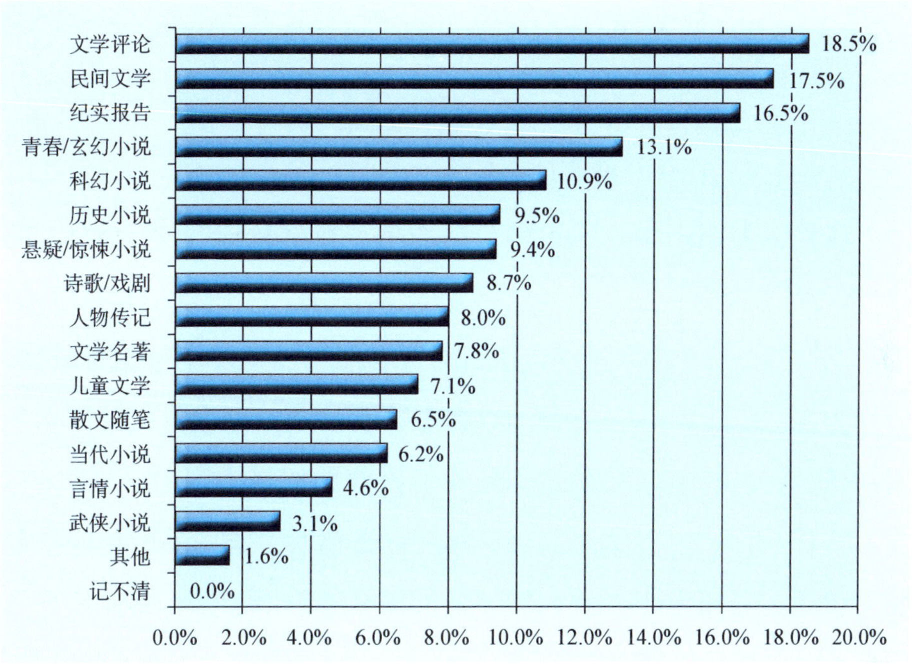

图2—4—7　文学类图书市场空缺情况

2.4.3　外语类图书市场消费状况及市场预期

2.4.3.1　最喜欢阅读的外语类图书类型

本次调查显示，我国14—17周岁青少年最喜欢的外语类图书是“阅读写作”类，选择比例为45.8%。其次，“教材教辅”和“口语听力”，也是青少年读者较为喜爱的外语类图书。具体情况如表2—4—2所示。

表 2—4—2　14—17 周岁青少年最喜欢阅读的外语类图书类型

外语类图书	选择比例
阅读写作	45.8%
教材教辅	38.6%
口语听力	34.0%
词汇语法	29.2%
外语工具书	27.3%
文艺读物	25.7%
商贸外语	6.1%
其他	0.5%

2.4.3.2　各类外语类图书的购买和预购情况

在外语类图书中，购买率最高的是“教材教辅”，有 48.4%的 14—17 周岁青少年在 2011 年购买过该类图书。“阅读写作”“外语工具书”“词汇语法”和“口语听力”类图书的购买率也相对较高，分别为 30.3%、23.9%、23.6%和 23.5%。而预购率最高的依然是“教材教辅”，有 40.2%的青少年今后打算购买该类图书。“阅读写作”“口语听力”“外语工具书”和“词汇语法”类图书的预购率也相对较高，分别为 36.0%、30.5%、27.4%和 27.3%。具体情况如图 2—4—8 所示。

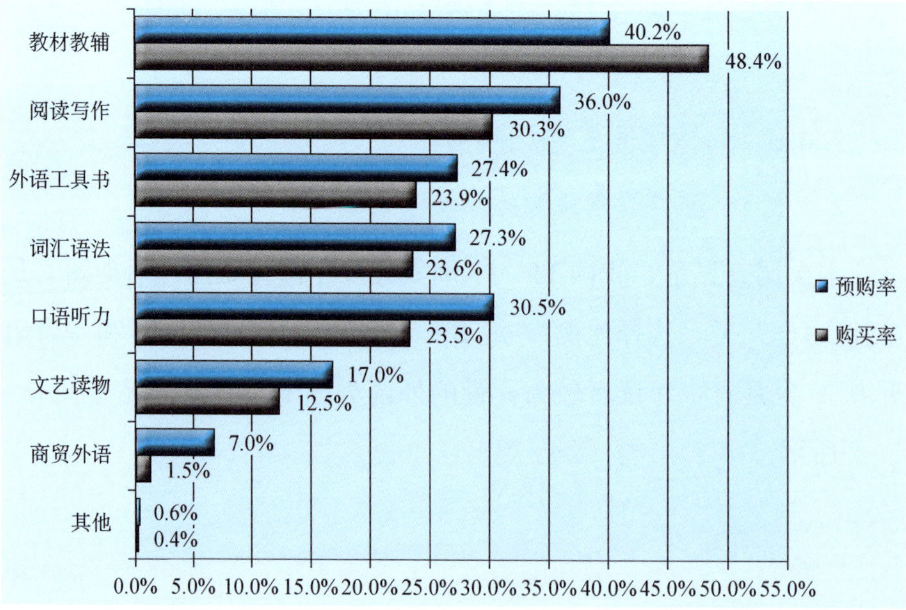

图 2—4—8　各种外语类图书的青少年购买率和预购率

2.4.3.3 外语类图书的市场空缺情况

调查显示，14—17 周岁青少年认为当前市场中最缺乏的外语类图书为“商贸外语”，有 30.8%的青少年选择“商贸外语”。其次为“文艺读物”，选择比例为 24.9%。而“外语工具书”“口语听力”和“教材教辅”类图书的市场空缺率也相对较高，均高于 15.0%。其中，“外语工具书”的市场空缺率为 17.8%，“口语听力”和“教材教辅”的市场空缺率均为 17.7%。具体情况如表 2—4—3 所示。

表 2—4—3　14—17 周岁青少年外语类图书市场空缺情况

外语类图书	选择比例
商贸外语	30.8%
文艺读物	24.9%
外语工具书	17.8%
口语听力	17.7%
教材教辅	17.7%
阅读写作	13.4%
词汇语法	8.4%
其他	0.6%

2.5　读者最喜爱的图书

在无提示的情况下，调查者向青少年被访者询问他们最喜欢的三本图书是什么，然后根据被访者提及的频次进行排名。结果显示，2011 年，我国 14—17 周岁青少年最喜欢的图书中，中国古代四大名著包揽了前三名。《朝花夕拾》《钢铁是怎样炼成的》《骆驼祥子》等中外文学名著排名靠前。

另外，网络小说《斗破苍穹》首次进入榜单，成为 2011 年最受青少年喜爱的图书之一。具体情况如表 2—5—1 所示。

表 2—5—1　14—17 周岁青少年最喜欢的图书

排　名	书　名
1	三国演义
2	红楼梦
3	西游记
4	朝花夕拾
5	钢铁是怎样炼成的
6	最小说
7	斗破苍穹
8	骆驼祥子
9	安徒生童话
10	水浒传

2.6　读者最喜爱的图书作者

在无提示的情况下，调查者向青少年被访者询问他们最喜欢的三位图书作者的姓名，然后根据作者被访者提及的频次进行排名。结果显示，在青少年读者最喜爱的作者中，四大名著的作者只有曹雪芹一人入围，而 2010 年位列第九的《三国演义》作者罗贯中本年度并未上榜。本年度位列前十的图书作者中，只有一位外国作者。2011 年我国 14—17 周岁青少年最喜爱的图书作者排名前三位的分别是鲁迅、郭敬明、韩寒。具体情况如表 2—6—1 所示。

表 2—6—1　14—17 周岁青少年最喜爱的图书作者

排　名	2011 年	2010 年
1	鲁迅	鲁迅
2	郭敬明	郭敬明
3	韩寒	韩寒
4	老舍	冰心

续前表

排名	2011年最喜爱的作者	2010年最喜爱的作者
5	冰心	老舍
6	巴金	金庸
7	曹雪芹	巴金
8	安东尼（马亮）	朱自清
9	金庸	罗贯中
10	朱自清	曹雪芹

2.7 读者最喜爱的出版社

2.7.1 读者最喜爱的出版社排名

在无提示的情况下，我们请被访者举出他们最喜欢的三家出版社，然后根据出版社被提及的频次进行排名。调查结果显示，2011年14—17周岁青少年最喜爱的出版社排在前三位的分别是人民教育出版社、新华出版社和人民出版社。与2010年相比，人民教育出版社仍排在榜首。具体情况如表2—7—1所示。

表2—7—1 14—17周岁青少年最喜欢的出版社排名

排名	2011年	2010年
1	人民教育出版社	人民教育出版社
2	新华出版社	北京出版社
3	人民出版社	人民文学出版社
4	中国青年出版社	中国青年出版社
5	北京出版社	北京师范大学出版社
6	人民文学出版社	中国少年儿童出版社
7	北京师范大学出版社	上海少年儿童出版社
8	江苏人民教育出版	教育科学出版社
9	中国少年儿童出版社	希望出版社
10	明天出版社	江苏教育出版社

2.7.2 国内出版社知名度和市场渗透率排名

为了解国内出版社的知名度情况，我们列举了21家国内较为知名的出版社，请青少年被访者选择其所知晓的出版社，然后根据选择情况对这些出版社进行知名度排名。结果如表2—7—2所示，人民教育出版社、北京出版社、中国青年出版社和人民文学出版社的知名度排名位居前列。

表2—7—2 出版社知名度排名

出版社名称	排名
人民教育出版社	1
北京出版社	2
中国青年出版社	3
人民文学出版社	4
北京师范大学出版社	5
中国少年儿童出版社	6
江苏教育出版社	7
明天出版社	8
重庆出版社	9
希望出版社	10
二十一世纪出版社	11
浙江教育出版社	12
教育科学出版社	13
上海少年儿童出版社	14
大象出版社	15
外语教学与研究出版社	16
商务印书馆	17
接力出版社	18
新蕾出版社	19
河北教育出版社	20
龙门书局	21

为进一步了解以上出版社的市场表现，我们询问青少年被访者在2011年曾购买过哪些出版社的出版物。调查结果显示，出版社市

场渗透率排名前三位与知名度一致，分别为人民教育出版社、北京出版社、中国青年出版社。此外，北京师范大学出版社、人民文学出版社和中国少年儿童出版社市场渗透率排名也较为靠前，分列四至六位。具体情况如表 2—7—3 所示。

表 2—7—3　出版社市场渗透率排名

出版社名称	排　名
人民教育出版社	1
北京出版社	2
中国青年出版社	3
北京师范大学出版社	4
人民文学出版社	5
中国少年儿童出版社	6
重庆出版社	7
江苏教育出版社	8
明天出版社	9
龙门书局	10
商务印书馆	11
二十一世纪出版社	12
浙江教育出版社	13
希望出版社	14
大象出版社	15
新蕾出版社	16
龙门书局	17
教育科学出版社	18
河北教育出版社	19
上海少年儿童出版社	20
外语教学与研究出版社	21

第三章
青少年报刊阅读与购买状况

3.1　青少年报纸阅读状况

3.1.1　报纸阅读率

调查数据显示，2011 年我国 14—17 周岁青少年的报纸阅读率为 54.1%，较 2010 年的 59.6%下降了 5.5 个百分点。

从性别差异看，该年龄段男生的报纸阅读率为 51.0%，较女生的 57.4%低 6.4 个百分点。从城乡对比看，该年龄段城镇青少年的报纸阅读率为 56.0%，较农村青少年的 52.9%高出 3.1 个百分点。具体情况如图 3—1—1 和图 3—1—2 所示。

3.1.2　报纸阅读量

进一步分析数据可知，2011 年我国 14—17 周岁青少年的人均报纸阅读量为 35.83 期/份，较 2010 年的 40.97 期/份减少了 5.14 期/份。

从性别差异看，该年龄段男生的报纸阅读量为 39.22 期/份，较女生的报纸阅读量（32.15 期/份）多 7.07 期/份。从城乡对比看，该年龄段城镇青少年的报纸阅读量为 35.34 期/份，远高于农村青少年的报纸阅读量（25.24 期/份）。具体情况如表 3—1—1 所示。

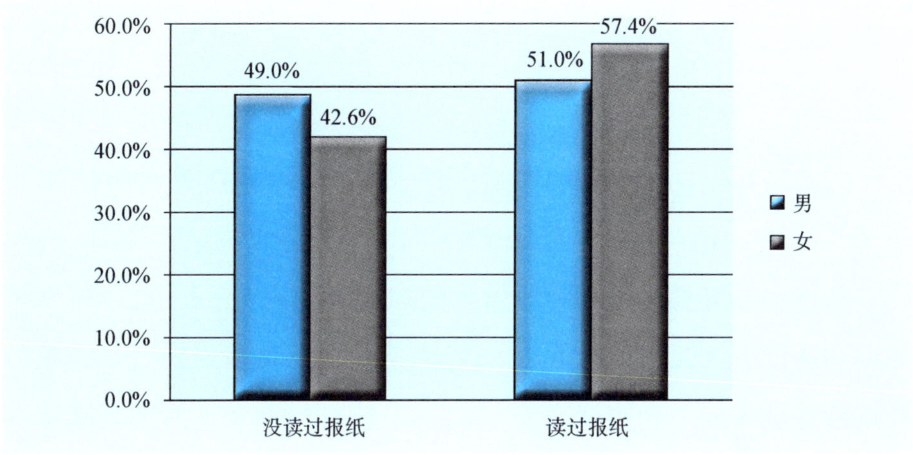

图 3—1—1　14—17 周岁青少年报纸阅读率的性别差异

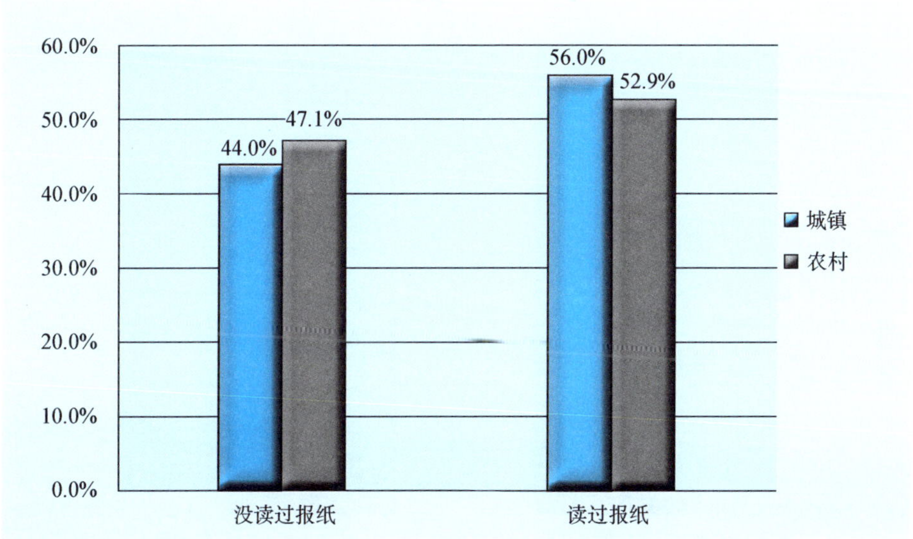

图 3—1—2　14—17 周岁青少年报纸阅读率的城乡差异

表 3—1—1　不同人口特征群体 14—17 周岁青少年报纸阅读量

人口特征	类　别	报纸阅读量（期/份）
性别	男生	39.22
	女生	32.15
城乡	城镇	35.34
	农村	25.24

3.2 青少年期刊阅读状况

3.2.1 期刊阅读率

调查显示，2011 年我国 14—17 周岁青少年的期刊阅读率为 55.0%，较 2010 年的 60.7%下降了 5.7 个百分点。

从性别差异看，该年龄段男生的期刊阅读率为 46.0%，较女生的期刊阅读率（64.0%）低 18.0 个百分点。从城乡对比看，该年龄段城镇青少年的期刊阅读率为 66.1%，较农村青少年的期刊阅读率（48.0%）高 18.1 个百分点。具体情况如图 3—2—1 和图 3—2—2 所示。

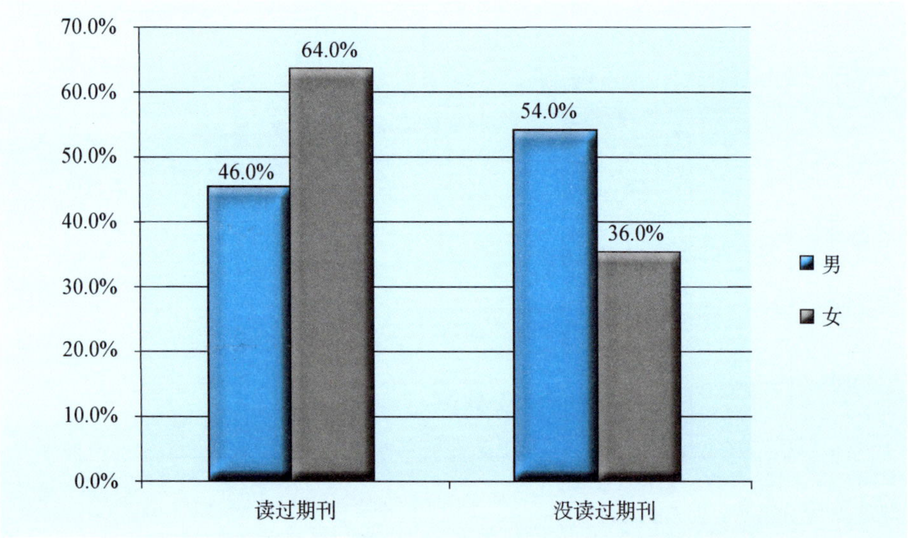

图 3—2—1　14—17 周岁青少年期刊阅读率的性别差异

3.2.2 期刊阅读量

2011 年我国 14—17 周岁青少年人均阅读期刊 9.71 期/份，较 2010 年的 7.08 期/份增加了 2.63 期/份。

从性别差异看，该年龄段男生的期刊阅读量为 11.94 期/份，较

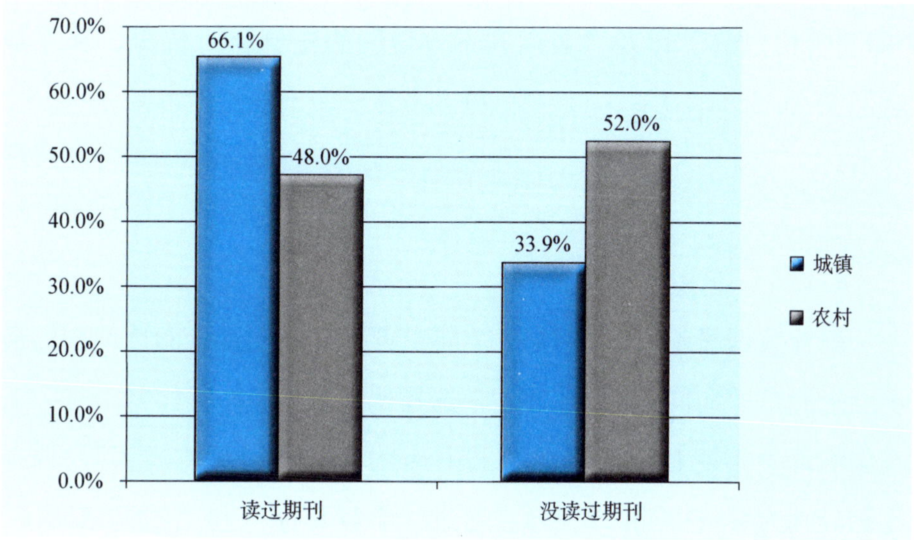

图 3—2—2　14—17 周岁青少年期刊阅读率的城乡差异

女生的期刊阅读量（7.28 期/份）多 4.66 期/份。从城乡对比看，该年龄段城农村少年的人均期刊阅读量为 10.29 期/份，多于城镇青少年的期刊阅读量（8.69 期/份）。具体情况如表 3—2—1 所示。

表 3—2—1　14—17 周岁青少年不同群体的人均期刊阅读量

人口特征	类　别	期刊阅读量（期/份）
性别	男生	11.94
	女生	7.28
城乡	城镇	8.09
	农村	10.29

3.2.3　制约青少年阅读期刊的原因

在过去一年没有阅读过纸质期刊的 14—17 周岁青少年中，有 49.6%的青少年表示“功课忙，没时间读期刊”是其不读期刊的主要原因。

排在第二、三位的不读期刊的原因是“没有阅读期刊的习惯”和“对现在期刊上的内容没兴趣”，选择比例分别为 29.9%和

26.1%。而选择“看电视、听广播就够了，没有必要再读期刊”“期刊价格过高”以及“买期刊不方便”的比例相对较少，其选择比例分别为 13.9%、11.4%和 8.0%。具体情况如图 3—2—3 所示。

3.2.4 期刊阅读来源

调查数据显示，我国 14—17 周岁青少年期刊读者阅读期刊的最主要来源是“向同学朋友借阅”，选择比例高达 61.3%。分列第二、三位的青少年期刊阅读来源是“书店购买”和“报摊购买”，选择比例分别为 44.9%和 42.2%。通过“学校订阅”和“图书馆阅读”来获取期刊的比例也较高，分别为 20.6%和 19.2%。而通过“个人/家庭订阅”来获取期刊的比例为 9.9%，通过“便利店购买”来获取期刊的比例为 6.9%。而选择“网上购买”和“邮局购买”等渠道获得期刊的青少年则相对较少，选择比例分别为 2.2%和 1.2%。具体情况如图 3—2—4 所示。

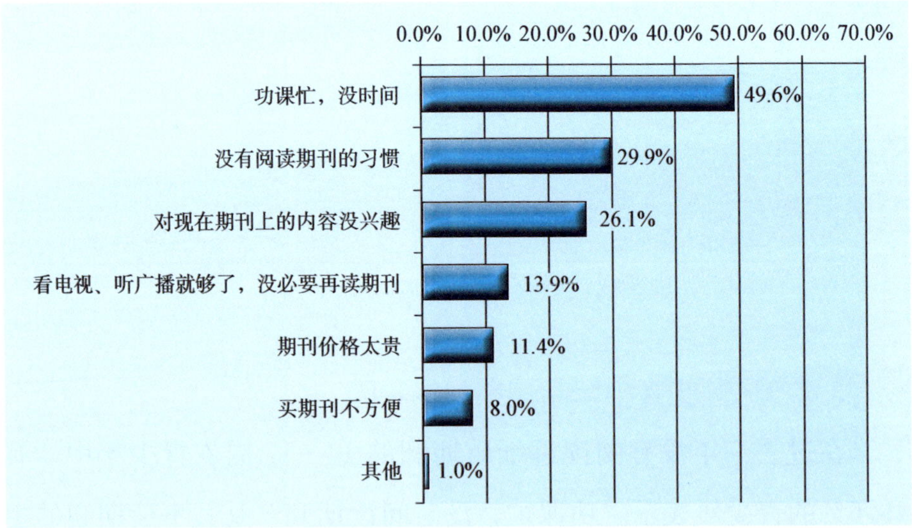

图 3—2—3 制约 14—17 周岁青少年阅读期刊的原因

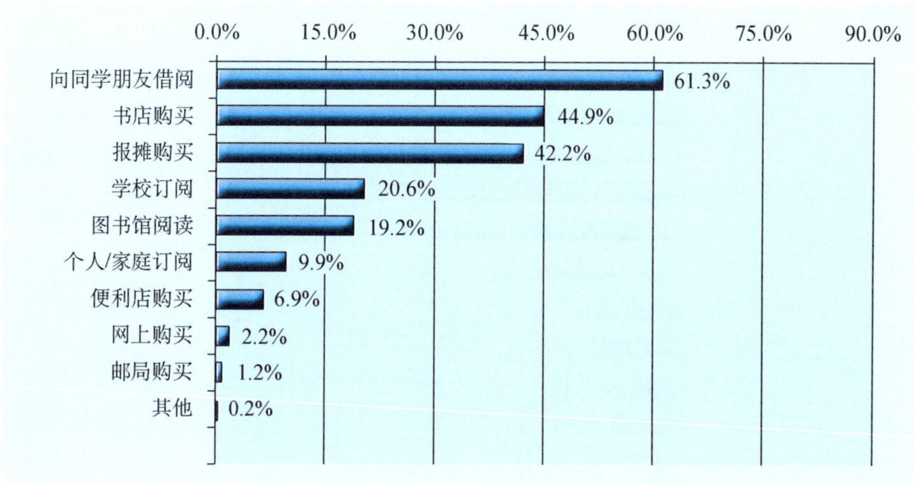

图 3—2—4　14—17 周岁青少年期刊读者阅读期刊的来源

3.2.5　期刊阅读偏好

通过对我国 14—17 周岁青少年期刊读者调查得知，“文学艺术/青春文学”“流行时尚/明星八卦”“作文类”和“学习辅导”类期刊的喜爱者较多。具体来看，有 48.4%的青少年期刊读者经常阅读“文学艺术/青春文学”类期刊，有 39.1%的青少年期刊读者经常阅读“流行时尚/明星八卦”类期刊，有 35.2%的青少年期刊读者经常阅读“作文类”期刊，有 31.4%的青少年期刊读者经常阅读“学习辅导”类期刊。“卡通漫画”“科普类”期刊的喜爱者也相对较多，分别有 21.4%、17.7%的青少年期刊读者经常阅读。而“学术科技”类期刊的喜爱者相对较少，选择比例仅为 2.7%。具体情况如图 3—2—5 所示。

3.2.6　期刊价格承受力

调查数据显示，2011 年有超过七成（72.3%）的我国 14—17 周岁青少年能够接受的期刊价格集中在 3—9 元。具体来看，46.3%的青少年能够接受的期刊价格区间在 3—6 元，26.0%的青少年能够

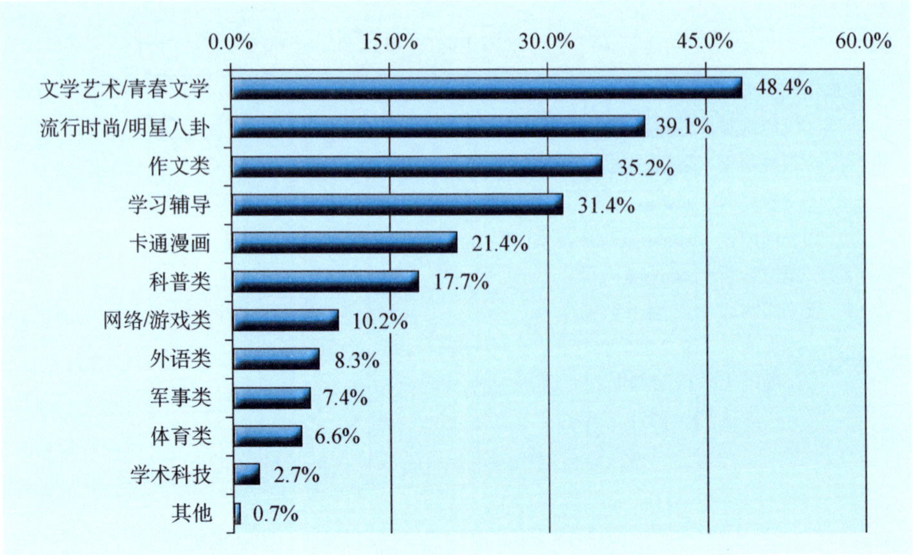

图 3—2—5　14—17 周岁青少年最常阅读的期刊类型

接受的期刊价格区间在 6—9 元。此外，有 11.0%的青少年只能接受 3 元以下的期刊价格，有 13.5%的青少年能接受 9—19 元的期刊价格，而能接受每本期刊价格在 19 元及以上的青少年比例仅为 3.2%。具体情况如图 3—2—6 所示。

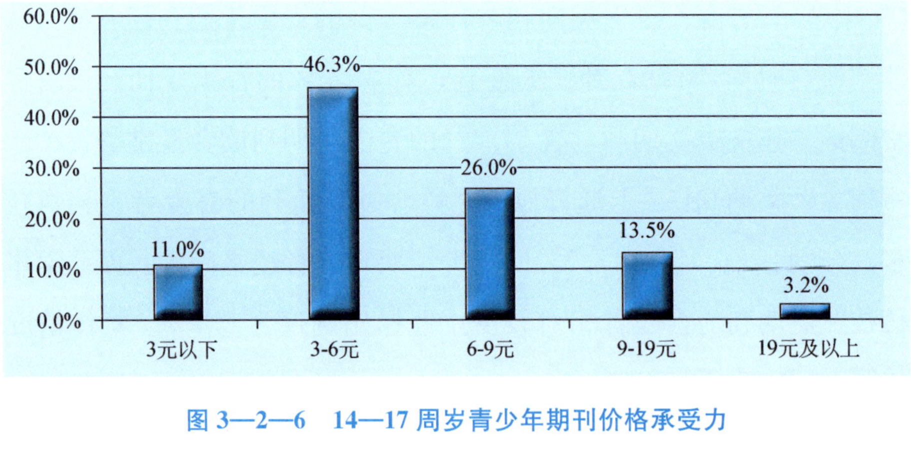

图 3—2—6　14—17 周岁青少年期刊价格承受力

数据显示，2011 年有 49.2%的 14—17 周岁青少年表示，目前的期刊价格“合适”。此外，有 35.8%的青少年认为目前的期刊价格“比较贵”，有 4.6%的青少年认为目前期刊价格“非常贵”；仅有 10.4%的青少年认为目前期刊价格便宜（“非常便宜”或“比较便宜”）。具体情况如图 3—2—7 所示。

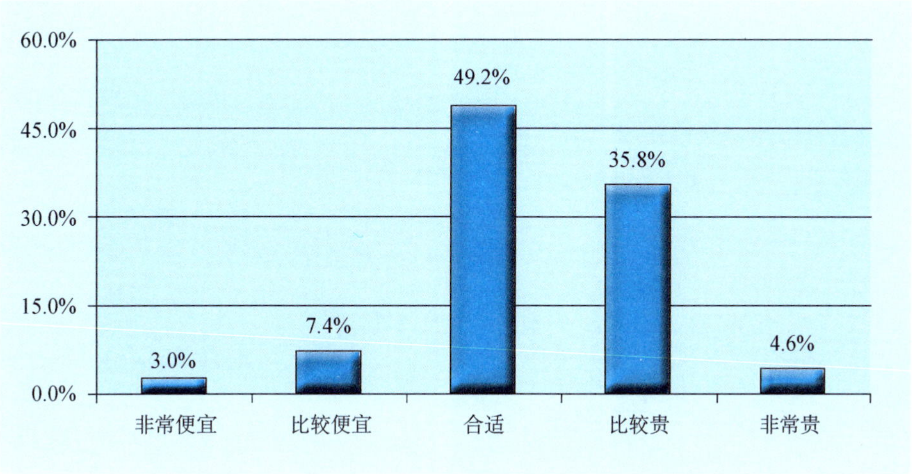

图 3—2—7　14—17 周岁青少年的期刊价格评价

3.3　青少年报刊市场状况

3.3.1　报刊知名度排名

2011 年，为了解报刊的知名度情况，我们选取了目前在国内受欢迎程度比较高的 28 种青少年报刊，请青少年被访者选择其所知晓的报刊，然后根据选择情况对这些报刊进行知名度排名。调查结果显示，《读者》的知名度最高，该期刊连续两年一直居于知名度榜首位置。《故事会》《青年文摘》《格言》与《意林》的知名度分别排在第二、第三、第四与第五位。具体情况如表 3—3—1 所示。

表 3—3—1　14—17 周岁青少年报刊知名度排名

期刊名称	排　名
读者	1
故事会	2
青年文摘	3
格言	4

续前表

期刊名称	排　名
意林	5
知音	6
新作文	7
男生女生	8
作文大王	9
女友	10
中学生阅读	11
家庭	12
语文报	13
电脑爱好者	14
海外文摘	15
演讲与口才	16
中学生数理化	17
少年文艺	18
英语周报	19
青年博览	20
课堂内外	21
英语沙龙	22
少女	23
中学生博览	24
足球周刊	25
作文通讯	26
英语广场	27
求学	28

3.3.2　报刊市场渗透率排名

本次调查中，我们请青少年被访者在列举出的国内受欢迎程度比较高的28种青少年报刊中，选择他们曾在2011年购买过的报刊，以了解这些报刊的市场渗透情况。调查结果显示，《读者》的知名度与市场渗透率排名均居首位。此外，《故事会》《意林》《青年文摘》和《格言》被提及的频次也较高，市场渗透率排名分列第二、第三、第四和第五位。具体情况如表3—3—2所示。

表3—3—2　14—17周岁青少年报刊市场渗透率排名

报刊名称	排　名
读者	1
故事会	2
意林	3
青年文摘	4
格言	5
新作文	6
男生女生	7
作文大王	8
知音	9
中学生数理化	10
英语周报	11
课堂内外	12
语文报	13
电脑爱好者	14
中学生阅读	15
少年文艺	16
女友	17
足球周刊	18
英语沙龙	19
作文通讯	20
青年博览	21
演讲与口才	22
海外文摘	23
少女	24

续前表

报刊名称	排　名
英语广场	25
中学生博览	26
家庭	27
求学	28

第四章
数字出版产品阅读与购买状况

4.1 数字化阅读现状

4.1.1 数字化阅读方式接触率

调查显示，2011 年，我国 14—17 周岁青少年的数字化阅读方式接触率为 54.7%。2011 年，有 42.0%的青少年表示接触过网络在线阅读，有 38.3%的青少年表示接触过手机阅读，有 12.3%的青少年表示接触过电子阅读器阅读，有 10.4%的青少年数字阅读方式接触者选择“PDA、MP4、MP5 等阅读方式”。表示接触过光盘（CD-ROM）阅读的青少年比例最少，仅为 3.7%。具体情况如图 4—1—1 所示。

在我国 14—17 周岁青少年中，有 42.0%的青少年更倾向于“拿一本纸质图书阅读”，有 14.0%的青少年更倾向于“网络在线阅读”，有 11.0%的青少年倾向于“在手机上阅读”，有 5.5%的青少年倾向于“在电子阅读器上阅读”，有 1.6%的青少年“习惯从网上下载并打印下来阅读”。这说明大多数 14—17 周岁青少年的阅读习惯还是倾向于传统的纸质图书阅读，而数字阅读习惯也正在青少年中逐渐形成。具体情况如图 4—1—2 所示。

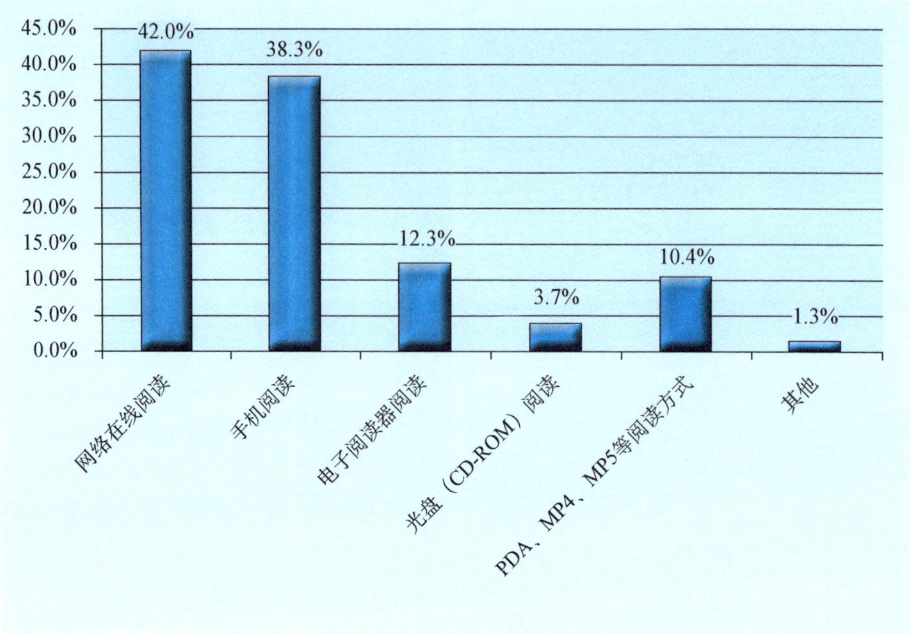

图 4—1—1　14—17 周岁青少年数字化阅读方式

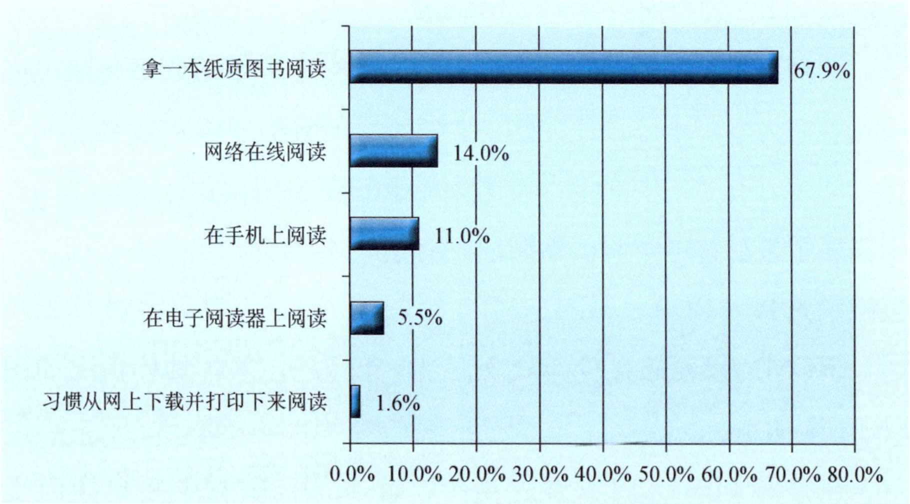

图 4—1—2　14—17 周岁青少年倾向的阅读方式

4.1.2　选择数字阅读方式的原因与制约因素

通过对我国 14—17 周岁青少年选择数字阅读的原因进行调查，我们发现便利性、低成本和海量性是其选择数字化阅读方式的主要因素。调查数据显示，就便利性而言，有 52.7%的青少年数字化阅读接触者因为“获取便利”而选择数字阅读，34.7%的青少年接触者因为“方便随时随地阅读”而选择数字阅读，有 26.7%的青少年接触者因为“方便信息检索”而选择数字阅读。

其次，就低成本和海量性而言。有 24.3%的青少年数字化阅读接触者因为“收费少甚至不付费”而选择数字阅读，有 20.9%的青少年数字化阅读接触者因为“信息量大”而选择数字阅读。具体情况如图 4—1—3 所示。

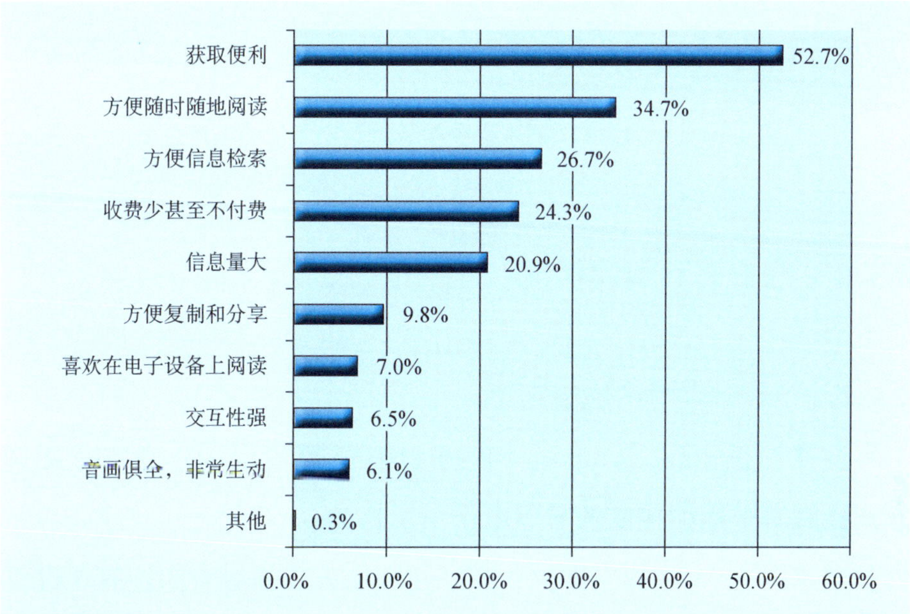

图 4—1—3　14—17 周岁青少年数字化阅读方式接触者选择数字阅读的主要原因

然而，数字阅读也存在一些缺点，伤眼睛和辐射问题是 14—17 周岁青少年普遍担心的问题。调查显示，超过六成（65.3%）的青少年认为数字化阅读“伤眼睛，容易视觉疲劳”，超过半数（52.6%）的青少年认为数字化阅读“辐射大”。还有 20.6%和 17.3%的青少年分别表示“不习惯通过屏幕阅读”或者数字化阅读“有一定操作限制”。以上这些不足是今后进一步改善数字化阅读方式时需要优先考虑的问题。具体情况如图 4—1—4 所示。

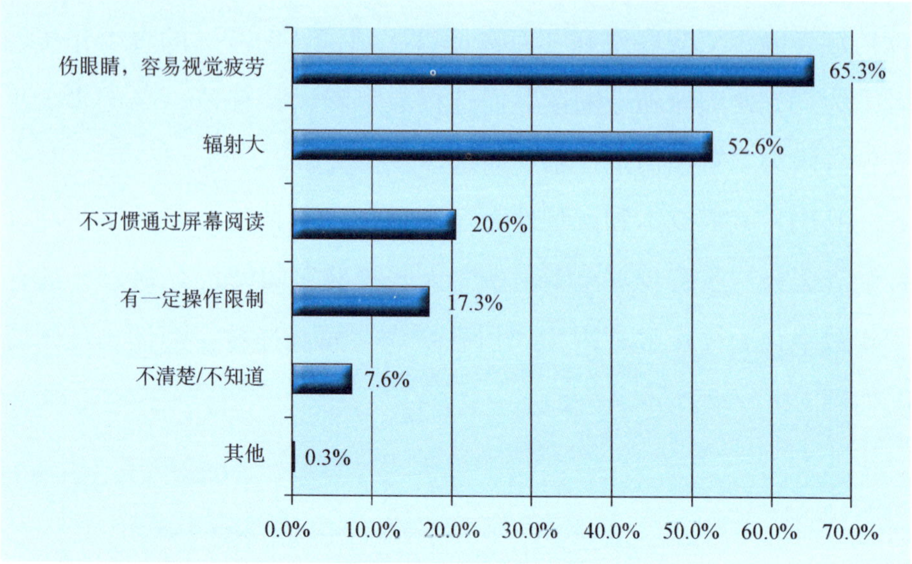

图 4—1—4　14—17 周岁青少年认为数字阅读的不足之处

4.2　电子书刊阅读状况

4.2.1　电子书价格承受力

调查数据显示，2011 年，我国 14—17 周岁青少年数字化阅读方式接触者平均能接受的单本电子书价格为 3.57 元。

在我国 14—17 周岁青少年数字化阅读方式接触者中，有超过五成（50.3%）的青少年不能接受付费阅读/下载，较 2010 年的 38.6%高 11.7 个百分点。表示只能接受 1 元及以下单本电子书价格的青少年数字化阅读方式接触者比例为 10.1%，表示能够接受单本电子书价格在 2—5 元之间的青少年接触者比例为 30.3%，表示能够接受 6—9 元价格区间的青少年接触者比例为 6.1%，有 3.3%的青少年数字化阅读方式接触者能够接受 10 元及以上的单本电子书价格。

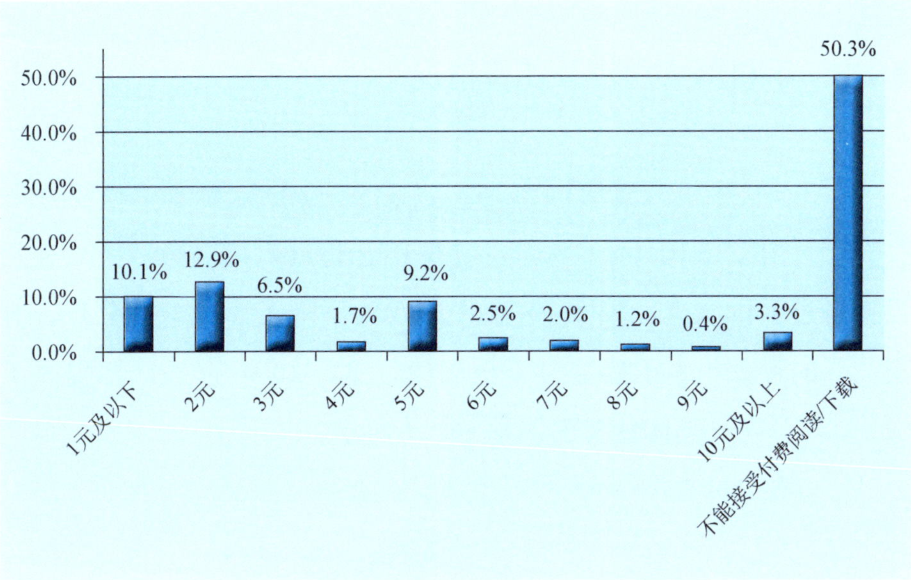

图 4—2—1　14—17 周岁青少年数字化阅读方式接触者电子书价格承受力

4.2.2　电子书对纸质图书销售的影响

在我国 14—17 周岁青少年电子书读者中，有 85.7%的青少年电子书读者表示阅读电子书后，就没有购买过该书的纸质版，这一比例较 2010 年的 84.7%有所上升。仅有 14.3%的青少年电子书读者表示在阅读电子书后，还购买过该书的纸质版。具体情况如图 4—2—2 所示。

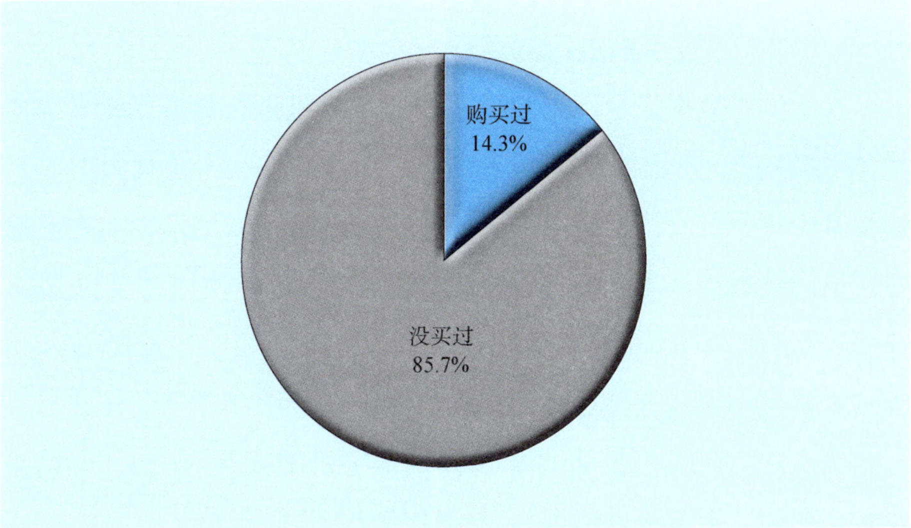

图 4—2—2　电子书对纸质图书销售的影响

4.3 手机阅读内容及花费情况

4.3.1 手机阅读接触率

2011 年，我国 14—17 周岁青少年有超过六成（61.7%）表示没接触过手机阅读，较 2010 年的 67.0%下降了 5.3 个百分点，有 38.3%的青少年表示接触过手机阅读，比 2010 年的 33.0%提高了 5.3 个百分点。具体情况如图 4—3—1 所示。

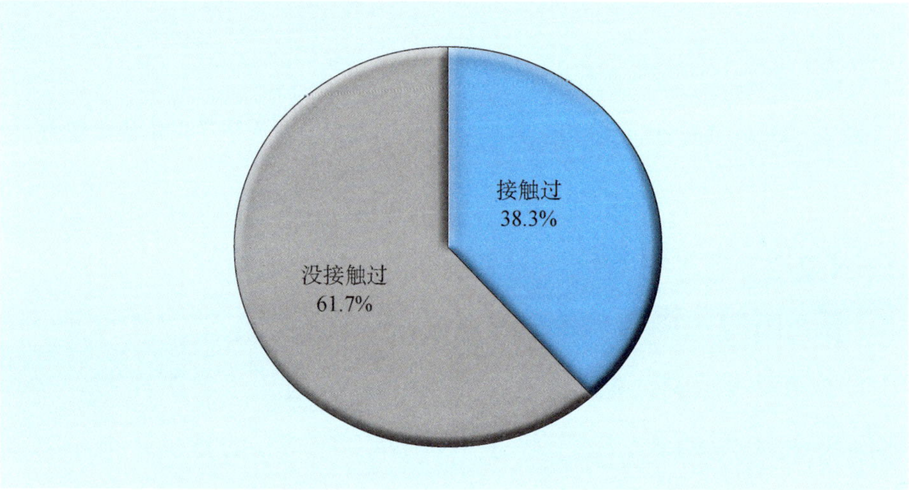

图 4—3—1　14—17 周岁青少年手机阅读接触人群比例

4.3.2 通过手机进行的活动

本次调查数据显示，当问及“你通过手机进行哪些活动?”时，用“手机 QQ、飞信等”“听音乐”和“看手机小说”是我国 14—17 周岁青少年手机阅读接触者使用手机进行的最主要的活动。在接触过手机阅读的青少年中，有 74.3%的青少年选择使用“手机 QQ、飞信等”，有 72.0%的青少年选择“听音乐”，有 52.0%的青少年选择“看手机小说”，选择比例均超过 50.0%。

其次，有 36.9%的青少年选择玩“手机游戏”，有 34.6%的青少年选择用“浏览手机网页”，选择比例均超过 30.0%。

值得注意的是，2011 年仅有 29.3%的青少年选择用手机“阅读手机报”。此外，用手机查询“与工作/学习有关的信息”“看视频”、查看“博客或微博”、用“手机查收电子邮件”的选择比例也相对较低，分别为 15.1%、14.9%、12.7%和 5.1%。

通过调查数据可以看出，青少年利用手机的娱乐功能要大于阅读功能，这一状态在短时间内无法改变。随着手机日益智能化、功能越来越丰富，这一趋势也将会更加明显。具体情况如图 4—3—2 所示。

从性别差异看，在我国 14—17 周岁青少年手机阅读接触群体中，女生对手机大部分功能的使用比例高于男生。具体来看，当问及“你通过手机进行哪些活动?”时，男生选择玩“手机游戏”“阅读手机报”和“手机查收电子邮件”等选项的比例要高于女生；而女生选择使用“手机 QQ、飞信等”“听音乐”“看手机小说”“浏览手机网页”“看视频”、查询“与工作/学习有关的信息”、查看“博客或微博”等选项的比例均高于男生。具体情况如图 4—3—3 所示。

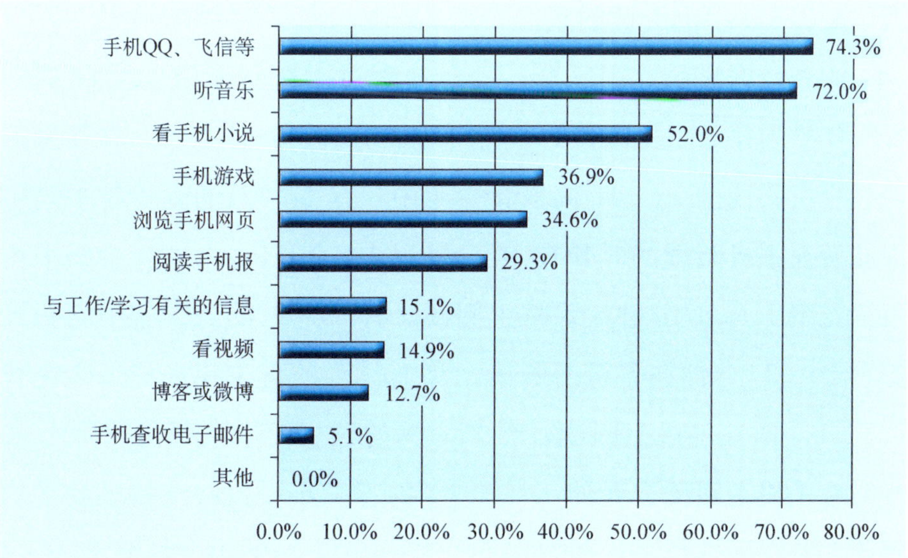

图 4—3—2　14—17 周岁青少年手机阅读接触者通过手机进行的活动

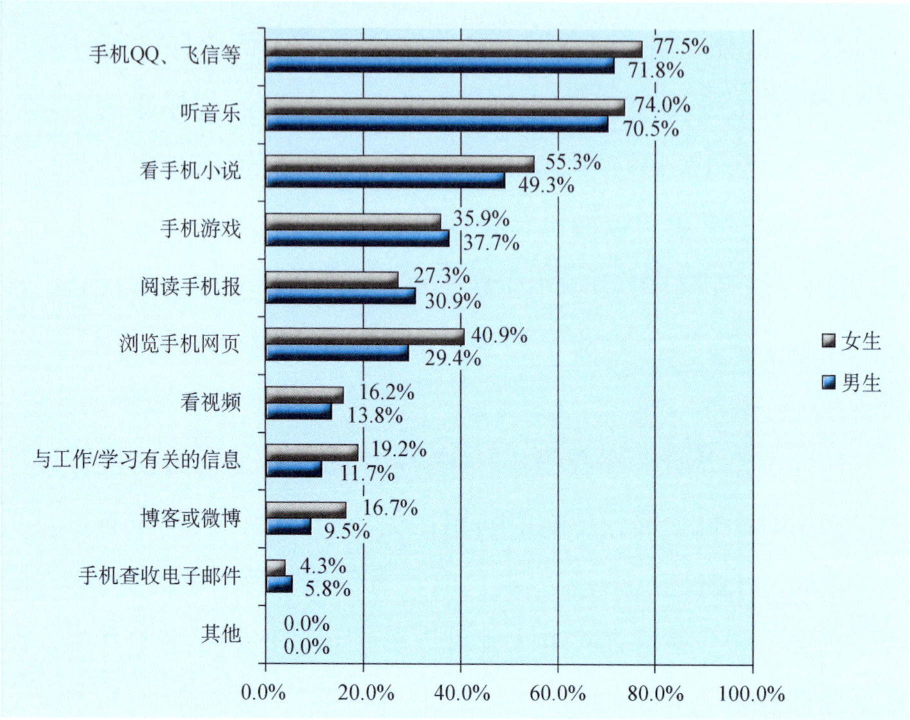

图 4—3—3 14—17 周岁青少年手机阅读接触者通过手机进行活动的性别差异

4.3.3 手机阅读时长

调查数据显示，2011 年，我国接触过手机阅读的 14—17 周岁青少年平均每天手机阅读时长为 39.34 分钟。具体来看，在我国接触过手机阅读的 14—17 周岁青少年中，有 17.0%的青少年平均每天花费在手机阅读的时长在 10 分钟以内，有 19.9%的青少年平均每天花费 10—20 分钟在手机上阅读，有 25.6%的青少年平均每天花费 20—30 分钟在手机上阅读，有 16.3%的青少年平均每天花费 0.5—1 小时在手机上阅读，有 12.3%的青少年平均每天花费 1—2 小时在手机上阅读。此外，有 8.9%的青少年手机阅读接触者平均每天花费在手机阅读上的时间超过 2 个小时。具体情况如图 4—3—4 所示。

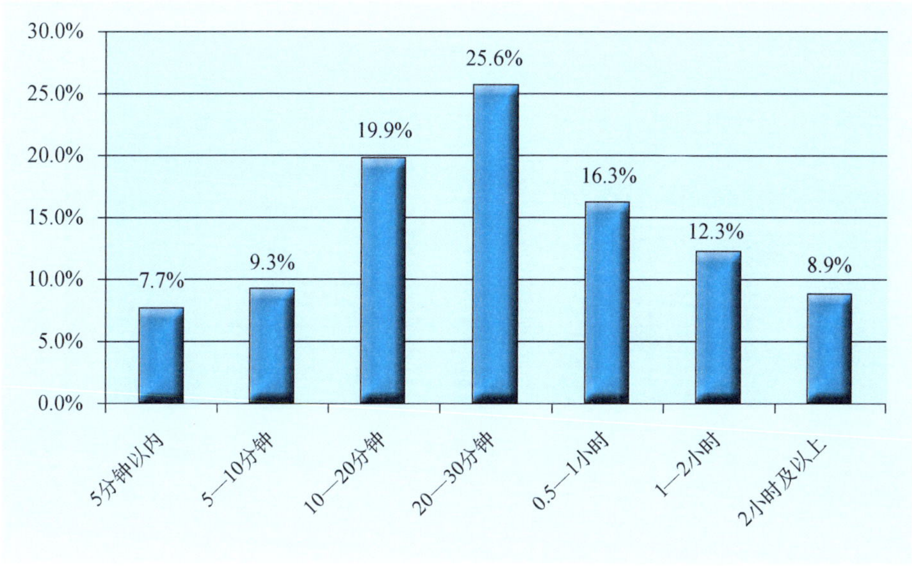

图 4—3—4　14—17 周岁青少年手机阅读接触者手机阅读时长

4.3.4　手机阅读花费

本次调查数据显示，2011 年，我国 14—17 周岁青少年手机阅读接触者人均手机阅读花费为 18.54 元。

在我国 14—17 周岁青少年手机阅读接触者中，有超过六成（60.4%）的青少年进行过付费手机阅读，有 39.6%的青少年表示从未对手机阅读进行付费。具体来看，在我国 14—17 周岁青少年手机阅读接触者中，有 35.9%的青少年手机阅读花费在 20 元以下，有 21.6%的青少年手机阅读花费在 20—100 元之间，有 2.9%的青少年在手机阅读方面的花费在 100 元及以上。具体情况如图 4—3—5 所示。

4.3.5　手机读物价格承受力

本次调查显示，面对和纸质读物内容完全相同的手机读物，有近六成（57.8%）我国 14—17 周岁青少年手机阅读接触者表示“只看免费的”。此外，我国 14—17 周岁青少年手机阅读接触者可以接

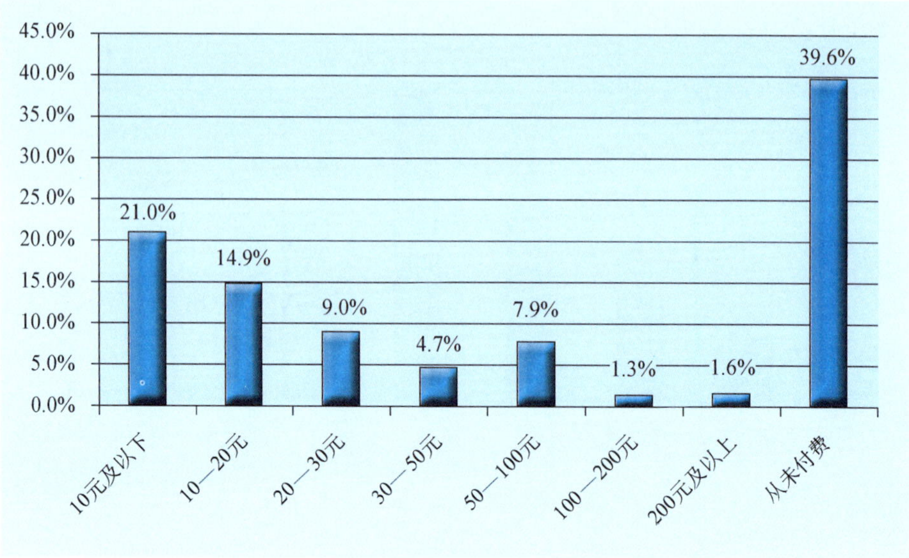

图 4—3—5　14—17 周岁青少年手机阅读接触者手机阅读花费

受“价格要低于纸质读物的50%以上”的手机读物的比例为16.7%，可以接受“价格要低于纸质读物的80%以上”的手机读物的青少年手机阅读接触者比例为16.0%，可以接受“价格要低于纸质读物的30%以上”的手机读物的青少年手机阅读接触者比例为4.9%。只有4.6%的我国青少年手机阅读接触者认为“可以花费和购买纸质读物一样多的钱”来购买手机读物。具体情况如图4—3—6所示。

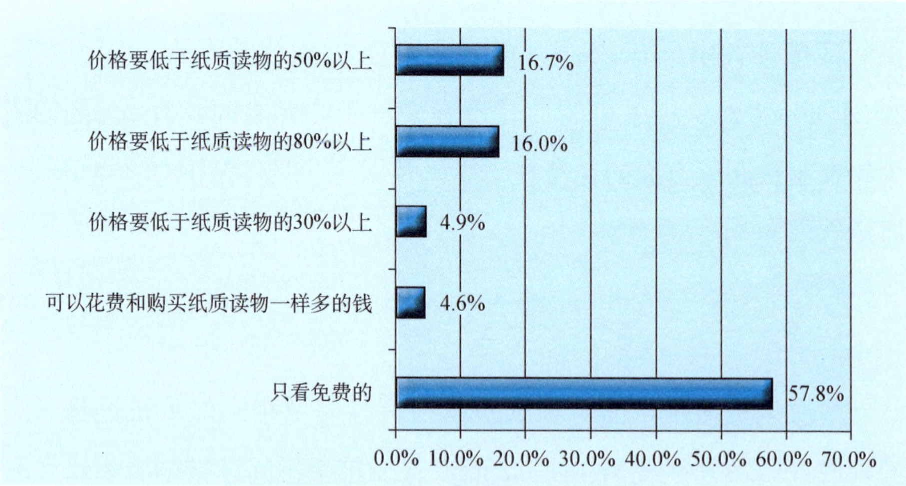

图 4—3—6　14—17 周岁青少年手机阅读接触者手机读物价格承受程度

4.3.6 手机阅读优缺点

如图 4—3—7 所示，接触过手机阅读的我国 14—17 周岁青少年表示，便利性是手机阅读最大的优点。数据显示，92.7%的青少年认为“可以随时随地阅读”是手机阅读的优点，28.3%的青少年认为“不用携带图书或其他阅读设备就能阅读”是手机阅读的优点。此外，有 36.0%的青少年认为“阅读内容费用较低或免费”是手机阅读的优点。还有不少青少年将时效性强作为手机阅读的优点，选择“信息时效性强”的比例为 30.1%。

与之相对，我国 14—17 周岁青少年手机阅读接触者表示，“伤眼睛，容易视觉疲劳”是手机阅读的最大缺点，选择比例高达 59.9%。此外，分别有 49.8%和 44.6%的青少年表示“手机屏幕太小”和“辐射大”也是手机阅读的主要缺点。也有部分青少年手机阅读接触者认为，“有一定操作限制”（25.5%）是手机阅读目前需要完善之处。具体情况如图 4—3—8 所示。

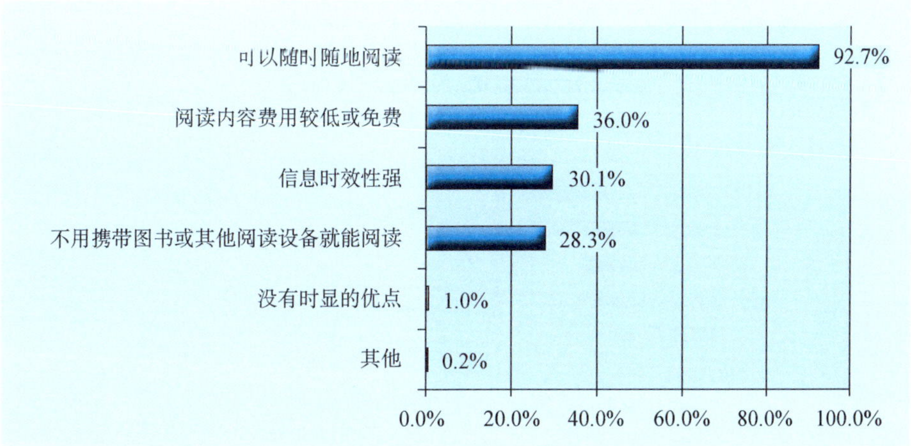

图 4—3—7　14—17 周岁青少年手机阅读接触者认为的手机阅读优点

4.3.7 手机阅读软件使用状况

对我国 14—17 周岁青少年手机阅读接触者手机阅读软件使用状

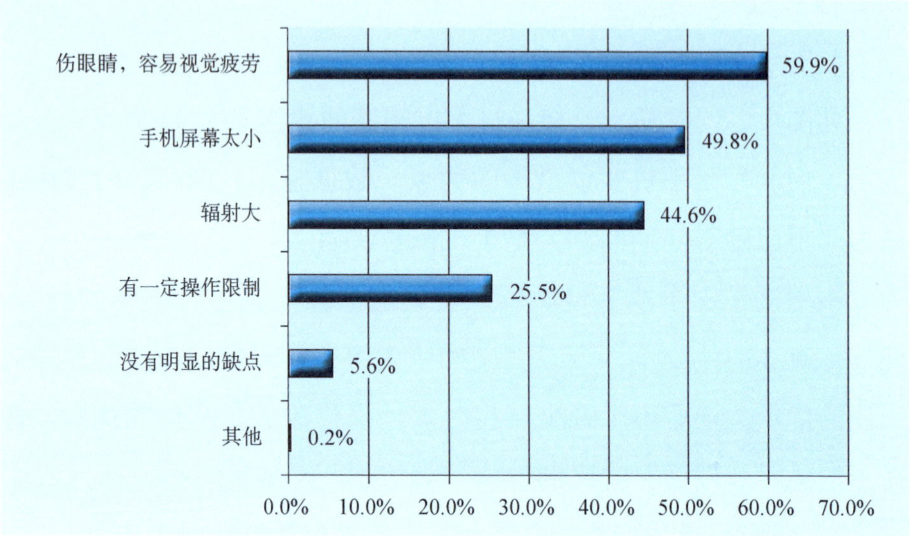

图 4—3—8　14—17 周岁青少年手机阅读接触者认为的手机阅读缺点

况调查结果显示，2011 年，有 12.6%的青少年表示使用过“掌上书院”，有 10.0%的青少年表示使用过“百阅”。此外，“熊猫看书”的选择比例为 5.6%，“GGbook”的选择比例为 5.1%，“移动阅读基地”的选择比例为 3.1%，其他手机阅读软件选择比例均不足 3.0%。具体情况如图 4—3—9 所示。

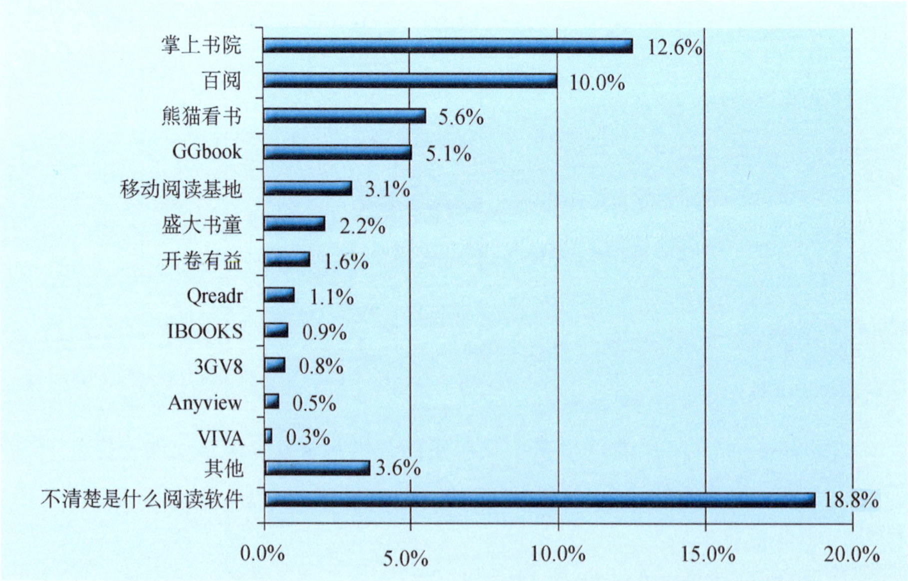

图 4—3—9　14—17 周岁青少年手机阅读接触者手机阅读软件使用情况

4.3.8 选择手机阅读软件的影响因素

调查结果显示，2011 年，资源丰富、简单容易操作和节省流量是我国 14—17 周岁青少年选择手机阅读软件的三大主要影响因素。其中，有 36.3%的青少年表示，“软件的电子书资源丰富”是其选择该手机阅读软件的主要原因；有 28.9%的青少年表示，“软件操作的简单易学”是其选择该阅读软件的主要原因；选择“更节省流量”的青少年比例为 25.1%。另外，“支持电子书的格式更多”“功能更多”“不需要联网”“更省电”等，也是影响青少年选择手机阅读软件的重要因素。具体情况如图 4—3—10 所示。

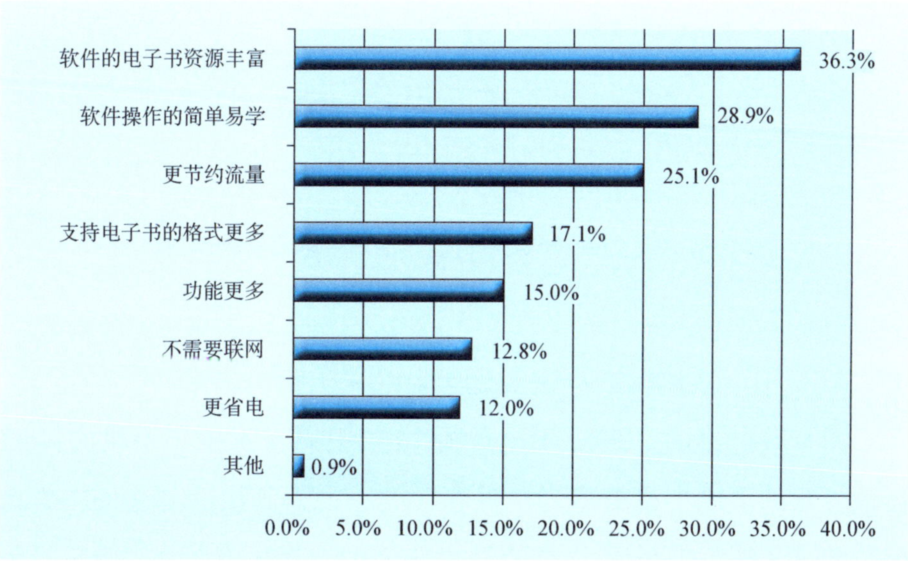

图 4—3—10　14—17 周岁青少年选择手机阅读软件的影响因素

4.3.9 手机阅读软件的来源

调查结果显示，2011 年，使用过手机阅读软件的我国 14—17 周岁青少年中，超过四成（42.5%）青少年的阅读软件是“自己通过电脑下载然后传到手机上”的；有 26.0%的青少年的阅读软件是“自己通过手机端在 WAP 站上下载”。选择“手机自带软件”的比例为 22.2%；选择“朋友帮我安装的（自己不会安装）”的青少年比例为 11.8%。另外，选择“手机售后服务部安装”的青少年比例为 8.7%，“手机购买店铺帮忙安装”的选择比例为 3.6%。具体情况如图 4—3—11 所示。

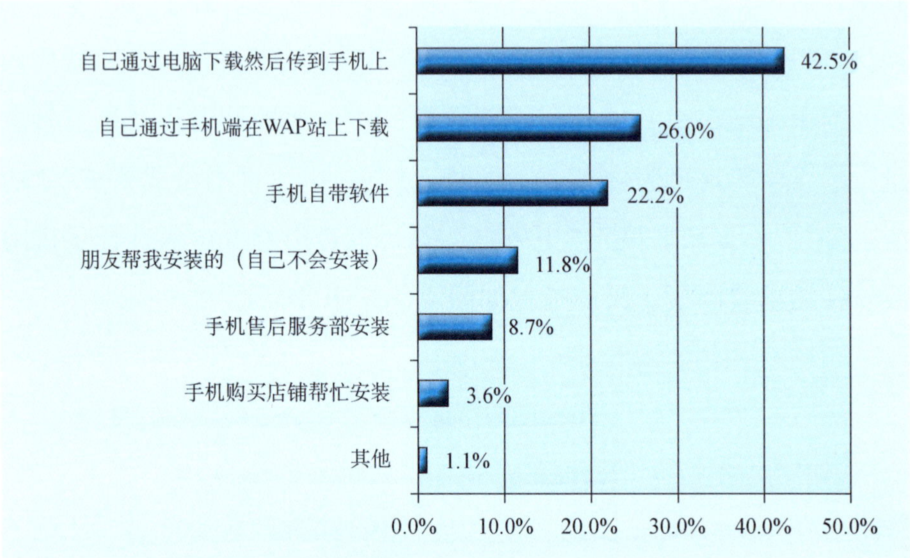

图 4—3—11　14—17 周岁青少年使用手机阅读软件来源

4.3.10　手机阅读小说类型

调查数据显示，2011 年，我国 14—17 周岁青少年手机阅读群体最喜欢的手机小说类型为“青春”类小说，其次为“玄幻”“武侠”和“言情”类小说。“青春”类小说的选择比例为 40.4%，“玄幻”类小说的选择比例为 31.9%，“武侠”类小说的选择比例为 31.1%，“言情”类小说的选择比例为 30.2%。具体情况如图 4—3—12 所示。

进一步分析数据可知，男生和女生对手机阅读小说类型各有不同的偏好。女孩更喜欢“青春”“穿越”“言情”类的小说，男孩则更倾向于“武侠”“玄幻”类的小说。具体情况如图 4—3—13 所示。

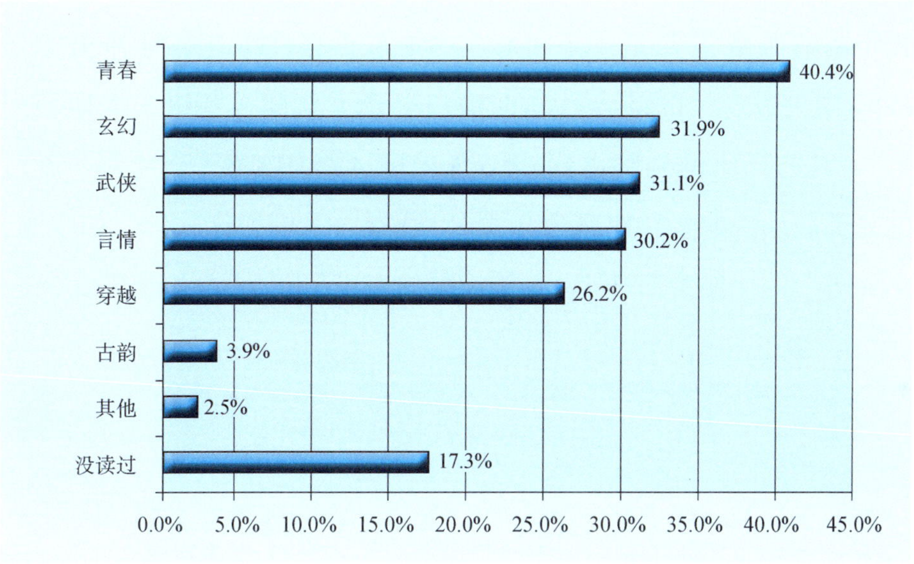

图 4—3—12　14—17 周岁青少年的手机阅读小说类型

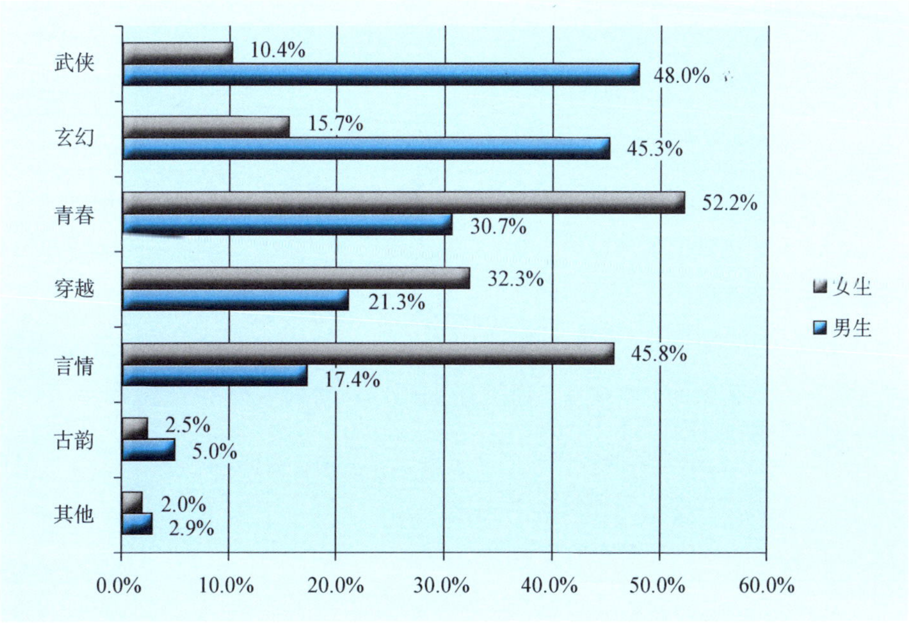

图 4—3—13　14—17 周岁青少年手机阅读小说类型的性别对比

4.3.11　手机定制服务

调查结果显示，2011 年，我国 14—17 周岁青少年手机阅读接触者中，有53.7%的青少年曾通过手机定制过服务或内容。通过手机定制的服务主要是“手机报”，以及“在手机上定时弹出类似‘QQ中央弹窗’的综合性新闻窗口”及“新闻、资讯、本地新闻等”，其选择比例分别占到22.7%、17.4%、13.3%。选择“流行的完整版小说购买”比例为9.9%；选择“手机美化软件，如主题、桌面等”的比例为8.9%，具体情况如表4—3—1所示。

表4—3—1 14—17周岁青少年手机定制服务类型及选择比例

定制手机内容服务	选择比例
手机报	22.7%
在手机上定时弹出类似“QQ中央弹窗”的综合性新闻窗口	17.4%
新闻、资讯、本地新闻等	13.3%
流行的完整版小说购买	9.9%
手机美化软件，如主题、桌面等	8.9%
电子版的文学杂志，如《读者》《青年文摘》等	7.3%
流行的连载小说购买	5.9%
同城的聚会发起、活动发起、邀请信等	2.1%
电子版的尚图文杂志，如《瑞丽》《时尚》等	1.6%
同城的优惠短信、电子打折券等	1.3%
从国内外，各大财经、商务当期杂志、报纸、网站上，根据你的定制需求摘选的文章	1.2%
同城的购物信息，如团购信息等	1.0%
在手机上可以定制需要的资讯，同时也可以要求发送到你的邮箱或网盘	0.6%
都没有定制过	46.3%

4.4 电子阅读器阅读消费行为分析

4.4.1 电子阅读器阅读接触率及电子阅读器拥有率

如图4—4—1所示，2011年，我国14—17周岁青少年中，有

12.3%的青少年表示接触过电子阅读器阅读；有 87.7%的青少年表示没有接触过电子阅读器阅读。具体情况如图 4—4—1 所示。

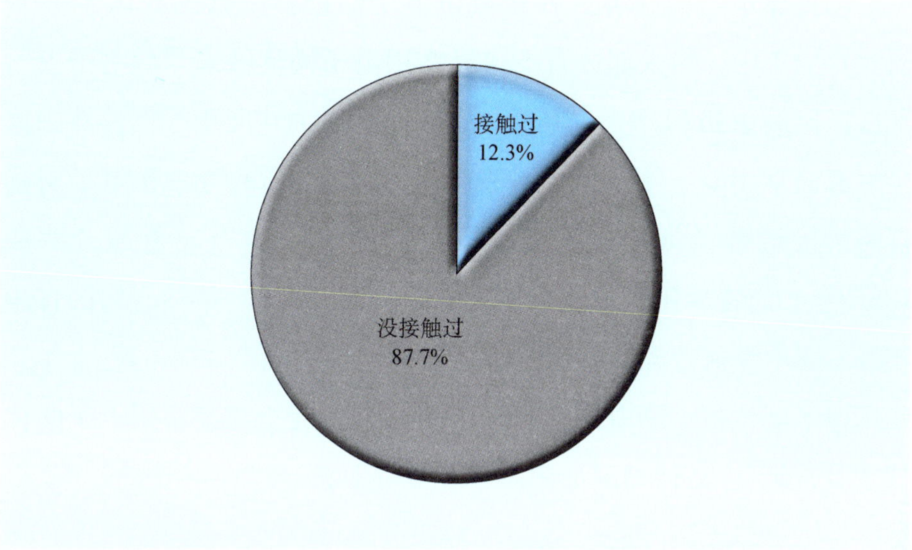

图 4—4—1　14—17 周岁青少年电子阅读器阅读接触率

本次调查显示，2011 年，在接触过电子阅读器阅读的我国 14—17 周岁青少年中，有 40.9%的青少年表示拥有自己的电子阅读器，有 59.1%的青少年表示没有自己的阅读器。具体情况如图 4—4—2 所示。

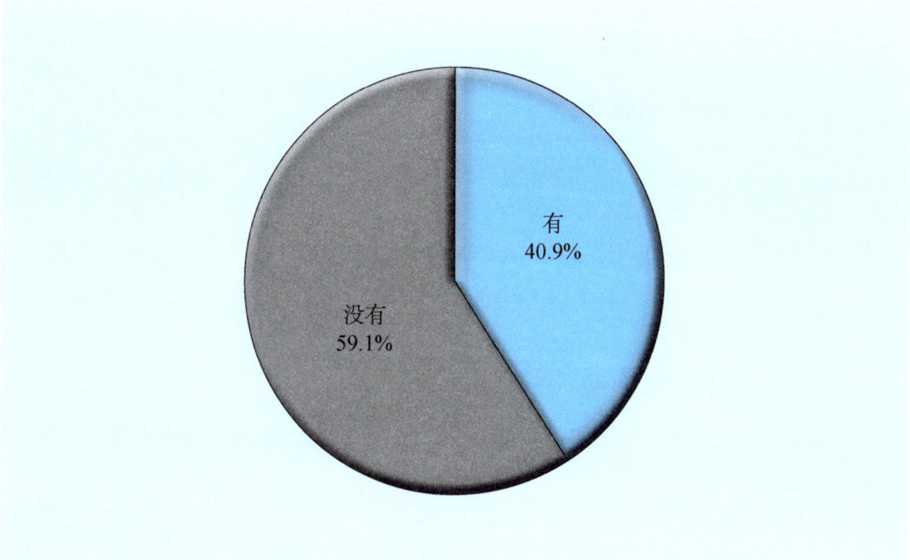

图 4—4—2　14—17 周岁青少年电子阅读器拥有率

4.4.2 利用电子阅读器阅读的内容

调查显示，2011 年，在接触过电子阅读器阅读的我国 14—17 周岁青少年中，绝大部分青少年经常用电子阅读器来“看电子书”，其选择比例达到 81.6%。其次，有 48.0%的青少年电子阅读器阅读接触者经常用电子阅读器“看视频”，有 44.9%的青少年电子阅读器阅读接触者经常用电子阅读器“听音乐”。此外，有超过两成（23.3%）的青少年经常用电子阅读器“看漫画”，有 19.0%的青少年经常用电子阅读器“阅读自行下载的文件”，有 9.0%的青少年经常用电子阅读器“看电子期刊”。有 6.4%的青少年经常用电子阅读器“看报纸”。具体情况如图 4—4—3 所示。

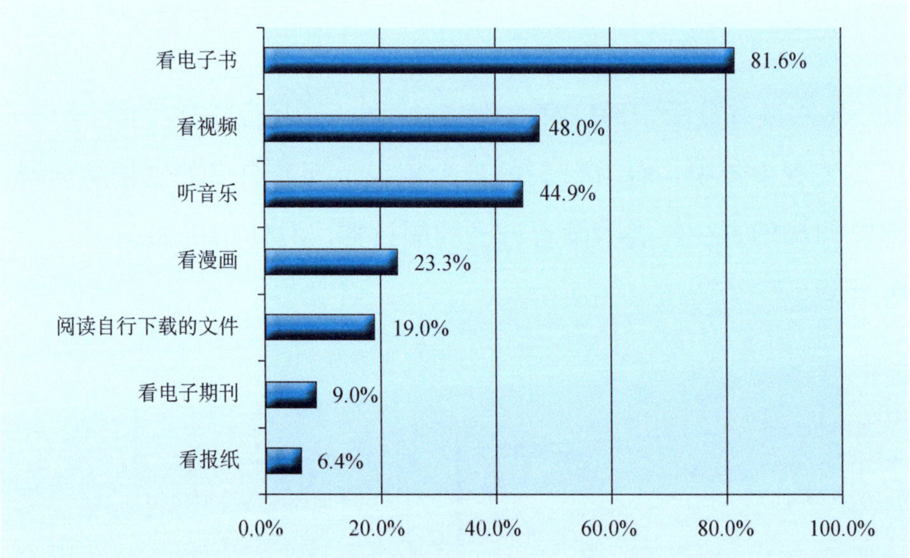

图 4—4—3　14—17 周岁青少年电子阅读器接触者的电子阅读器功能选择

4.4.3 电子阅读器阅读花费

2011 年，我国 14—17 周岁青少年电子阅读器接触者在阅读上的人均花费为 15.18 元，有超过五成（54.8%）的青少年电子阅读器接触者对电子阅读器进行了付费。其中，有 20.3%的接触者表示付费在10元以下，有7.1%的接触者表示付费在10—20元之间，有2.5%的接触者表示付费在20—30元，有21.1%的接触者表示付费在30—50元之间。此外，有3.8%的青少年表示付费在50元以上。具体情况如图4—4—4所示。

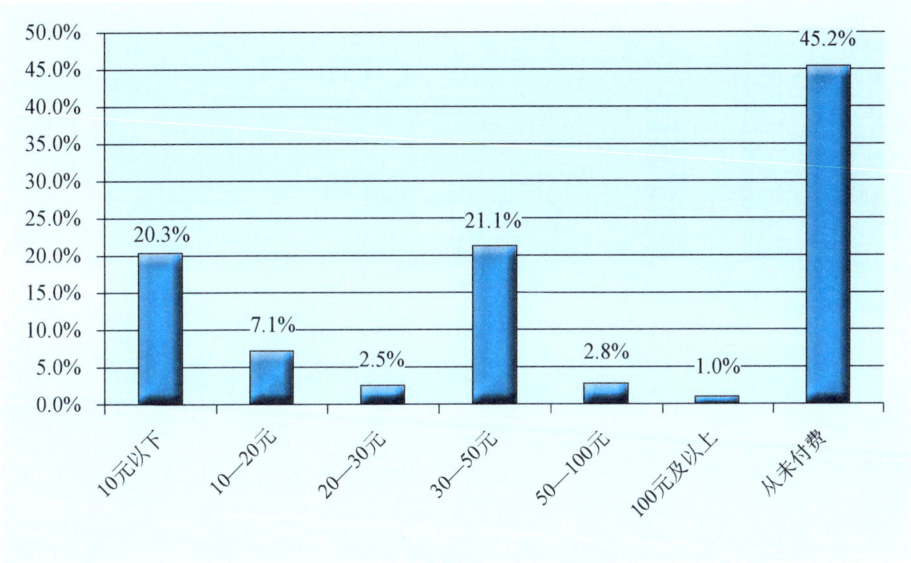

图4—4—4　电子阅读器阅读花费

4.4.4　电子阅读器价格承受力

调查结果显示，2011年，我国14—17周岁青少年电子阅读器阅读接触者对电子阅读器的平均价格承受能力为590.04元。

具体来看，我国14—17周岁青少年电子阅读器阅读接触者对电子阅读器价格的承受能力主要集中在800元以下，其中，有50.9%的青少年接触者表示只能接受价格在500元以下的电子阅读器，有27.6%的青少年接触者表示能接受的价格范围在500—800元之间。此外，有10.3%的青少年接触者表示能接受的价格范围在800—1000元之间，有7.5%的青少年接触者表示能接受的价格范围在

1000—1500 元之间，仅有 3.8%的青少年接触者表示能接受 1500 元以上的价格。具体情况如图 4—4—5 所示。

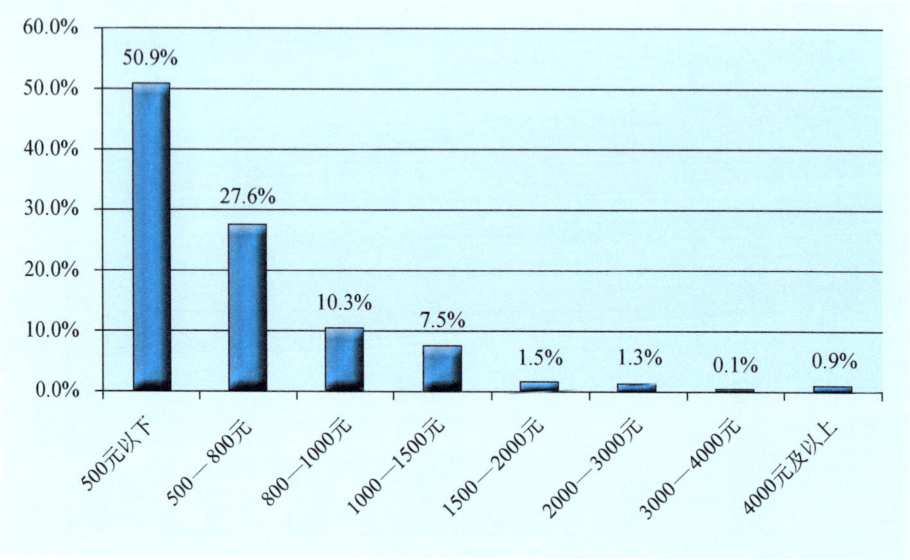

图 4—4—5　14—17 周岁青少年对电子阅读器价格的承受力

调查结果显示，2011 年，我国 14—17 周岁青少年电子阅读器阅读接触者购置目前使用的电子阅读器的平均花费为 1117.89 元。

具体来看，我国 14—17 周岁青少年电子阅读器阅读接触者目前使用电子阅读器的价格范围主要集中在 2000 元以下，其中，有 20.4%的青少年接触者表示自己使用的电子阅读器价格在 1000 元以下，有 21.2%的青少年接触者表示自己使用的电子阅读器价格在 1000—1500 元之间。此外，有 4.3%的青少年接触者表示自己使用的电子阅读器价格在 1500—2000 元之间，仅有 2.7%的青少年接触者表示自己使用的电子阅读器价格在 2000 元以上。具体情况如图 4—4—6 所示。

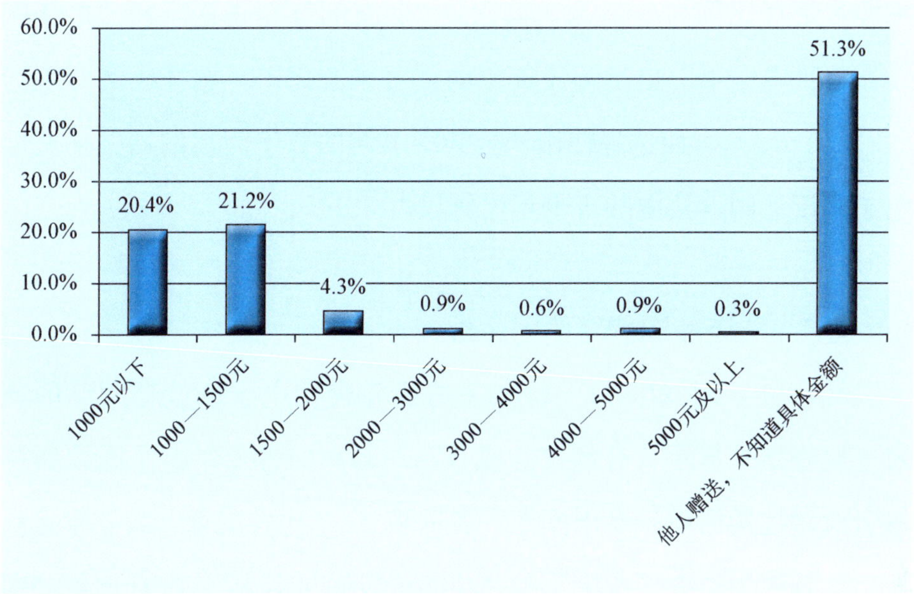

图 4—4—6　14—17 周岁青少年购置所使用电子阅读器的花费

4.4.5　电子阅读器阅读资源来源

如图 4—4—7 所示，2011 年，在接触电子阅读器阅读的我国

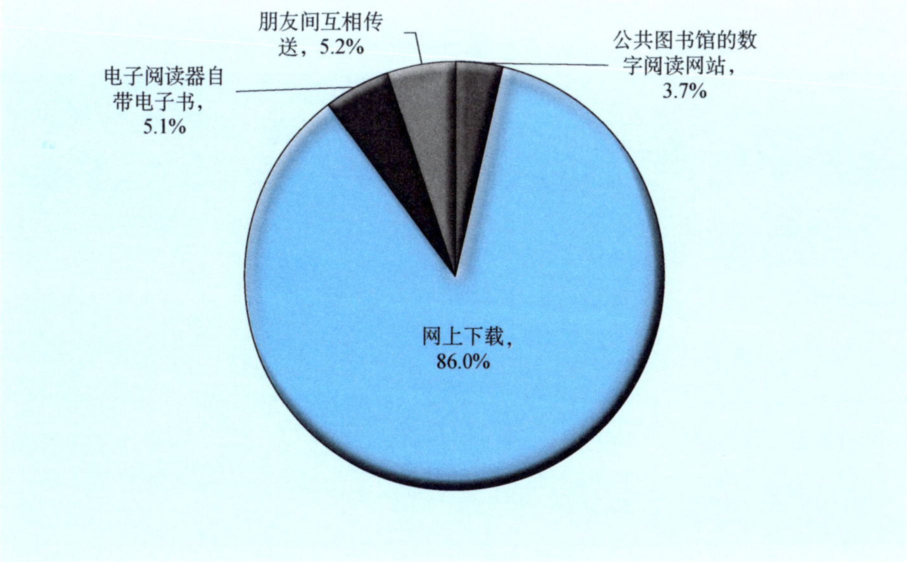

图 4—4—7　电子阅读器阅读资源来源

14—17周岁青少年中，“网上下载”是其所阅读电子资源的最主要来源，选择比例为86.0%。其次，“朋友间互相传送”和“电子阅读器自带电子书”也是阅读资源的重要来源之一，选择比例分别为5.2%和5.1%。而选择使用“公共图书馆的数字阅读网站”来获取电子阅读器阅读资源的青少年比例仅占3.7%。

4.4.6 电子阅读器使用评价

2011年，对我国14—17周岁青少年使用电子阅读器阅读的满意度调查结果显示，有超过七成（70.9%）的青少年电子阅读器接触者对“使用简单、易于操作”表示满意（“比较满意”或“非常满意”）；其次为“方便携带”和“功能可以满足需求”，选择比例分别为66.4%和64.7%。此外，接触过电子阅读器阅读的青少年对电子阅读器表示不满意（“比较不满意”或“非常不满意”）的原因主要集中在“自带海量电子书”“外形美观”和“视觉舒适”等三个方面，选择比例分别为23.3%、14.4%和11.0%。具体情况如表4—4—1所示。

表4—4—1　14—17周岁青少年对电子阅读器的使用评价

评价	方便携带	功能可以满足需要	使用简单易于操作	外形美观	自带海量电子书	价格便宜	视觉舒适
非常不满意	3.2%	2.5%	2.5%	2.5%	2.9%	3.3%	2.5%
比较不满意	7.4%	6.1%	1.5%	11.9%	20.4%	5.9%	8.5%
一般	23.0%	26.6%	25.1%	35.0%	17.0%	34.8%	37.5%
比较满意	44.4%	28.7%	44.0%	30.9%	56.0%	48.5%	42.3%
非常满意	22.0%	36.0%	26.9%	19.7%	3.7%	7.6%	9.2%

4.4.7 电子阅读器知名度与市场渗透率

为了解电子阅读器的知名度情况，我们列举了27种目前市面上常见的电子阅读器品牌，请青少年被访者在其中选择其所知晓的电子阅读器品牌。结果显示，在接触过电子阅读器阅读的我国14—17周岁青少年中，汉王的知名度最高，选择比例为40.1%。其次，iPad、iPod和翰林的选择比例分别为31.0%、29.0%和28.4%。具体情况如图4—4—8所示。

为进一步了解以上电子阅读器的市场表现，我们询问青少年被访者正在使用的电子阅读器品牌。调查结果如图4—4—9所示，汉王的市场渗透率近三成（28.2%），位居第一。此外，读者阅读器、纽曼和方正的选择比例分别为19.0%、10.0%和9.1%，分列第二、第三、第四位。

4.4.8 电子阅读器的市场预期

为了解我国14—17周岁青少年电子阅读器的未来市场情况，我们向青少年被访者询问未来一年电子阅读器的购买计划。结果显示，2011年，在接触过电子阅读器阅读的我国14—17周岁青少年中，有25.8%的青少年接触者表示有计划购买（“正在准备购买”和“可能会购买”）电子阅读器，有70.6%的青少年接触者表示不会购买（“绝对不会”和“不太可能”）电子阅读器，仅有3.7%的青少年接触者表示“我已经买了，会坚持使用”。具体情况如图4—4—10所示。

进一步向有计划购买电子阅读器的青少年接触者询问，将要购买哪种品牌的电子阅读器。结果显示，有30.5%的青少年接触者表

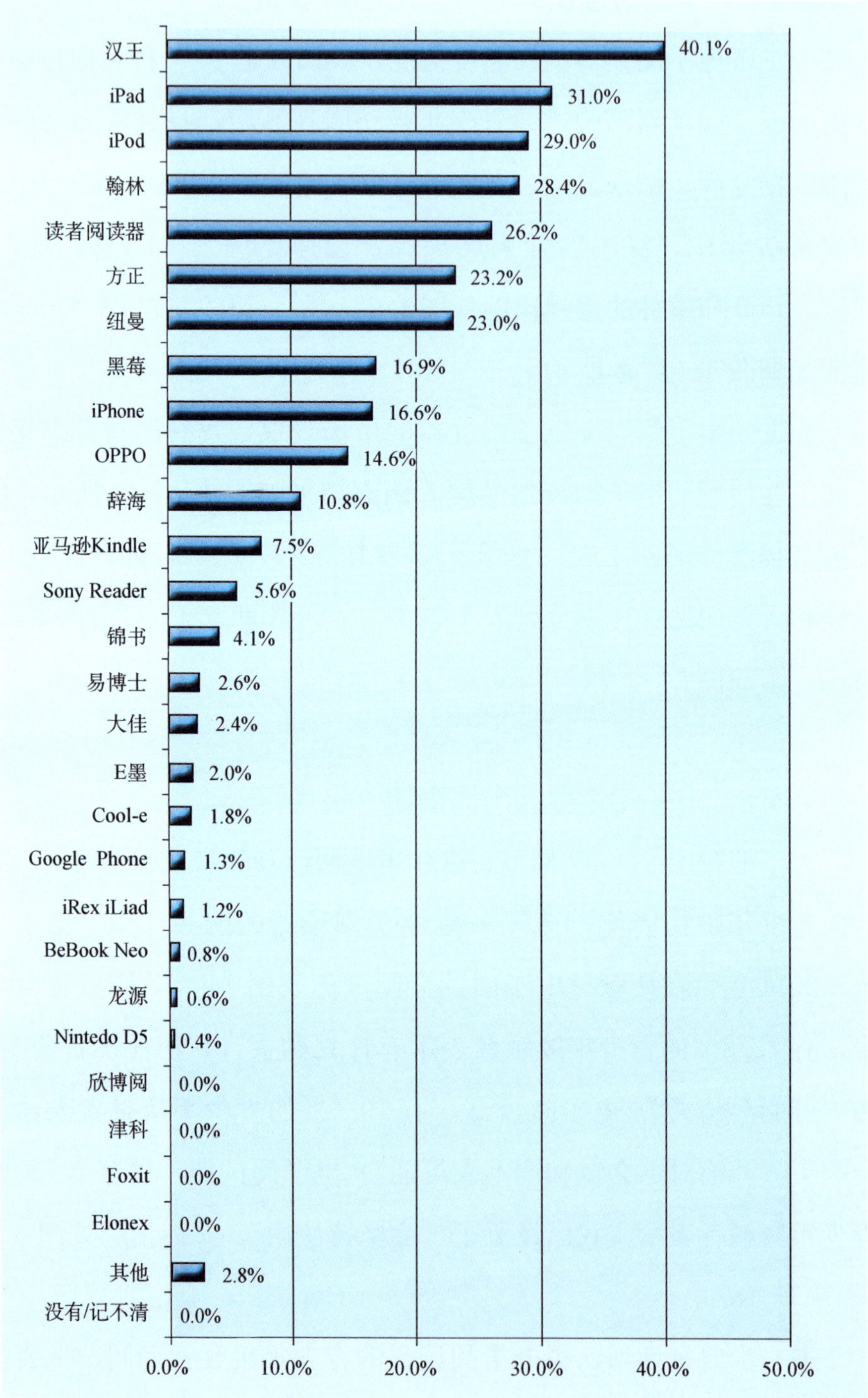

图 4—4—8 电子阅读器在 14—17 周岁青少年中的品牌知名度

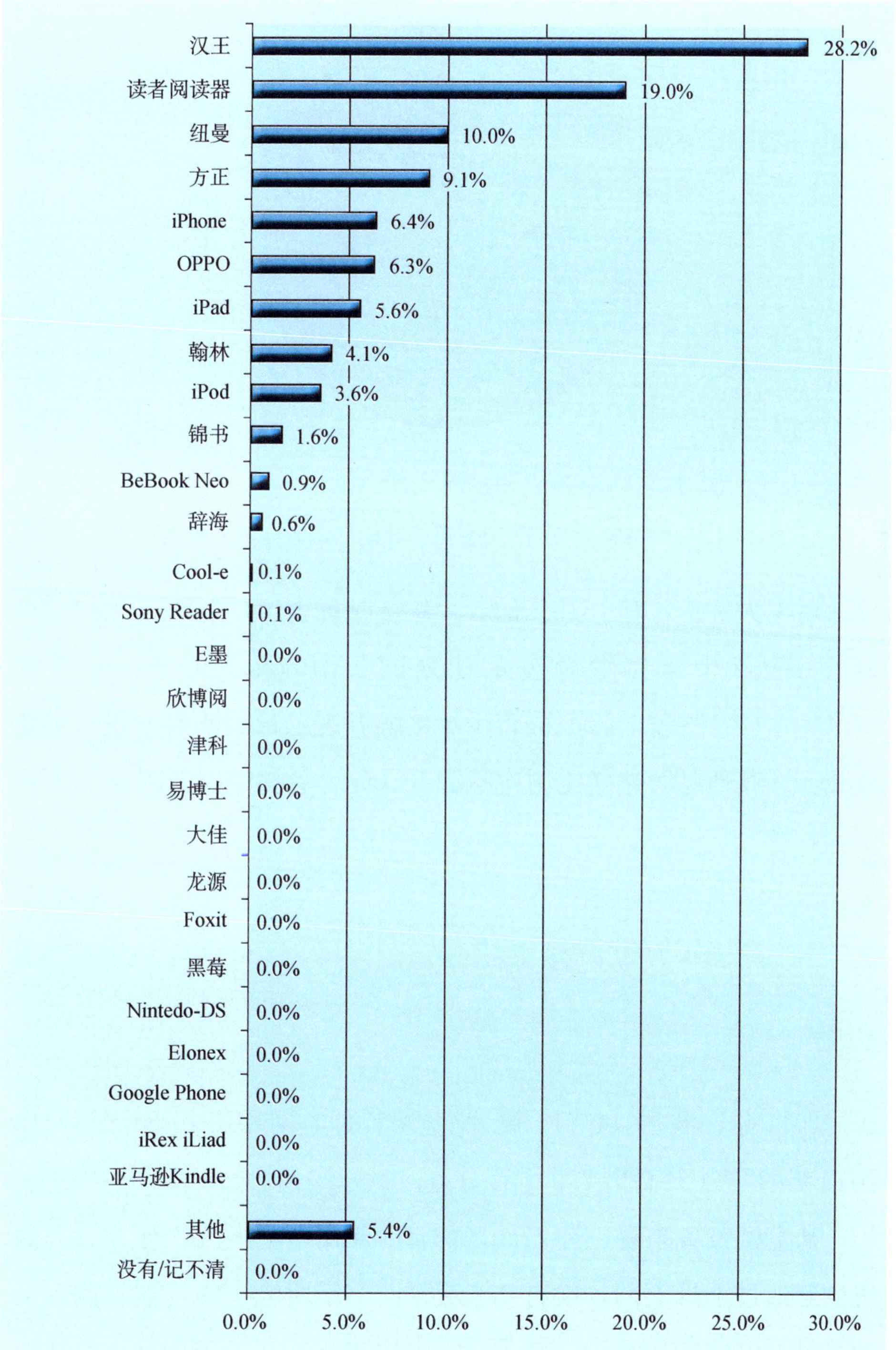

图 4—4—9　电子阅读器在 14—17 周岁青少年中的市场渗透率

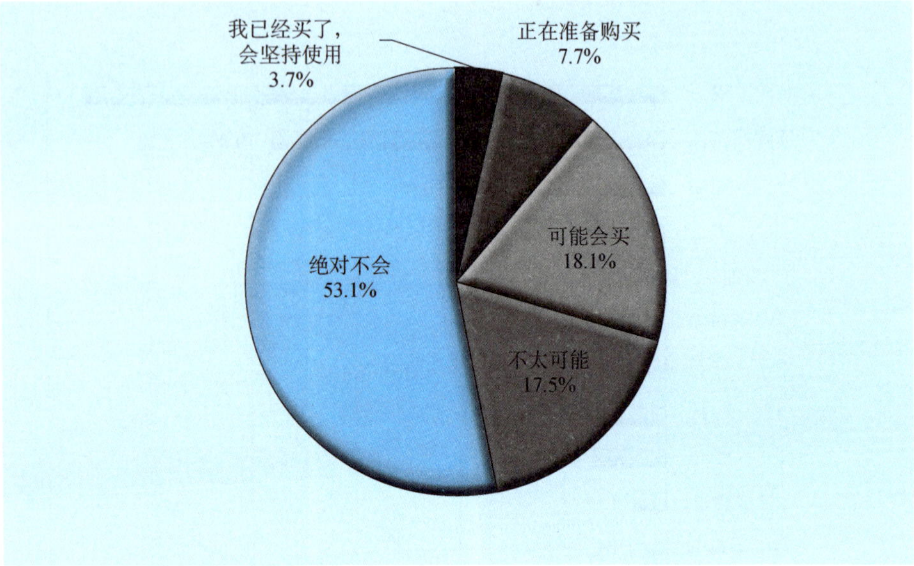

图 4—4—10　14—17 周岁青少年电子阅读器购买意愿

示计划购买汉王，有 15.6%的青少年接触者表示计划购买 iPod，有 14.0%的青少年接触者表示计划购买 iPhone。此外，分别有 11.4%、11.1%和 11.0%的青少年接触者表示计划购买方正、纽曼或 iPad。其他品牌选择比例均不足 10.0%。具体情况如图 4—4—11 所示。

4.5　青少年互联网接触状况

4.5.1　上网率与上网设备

2011 年，我国 14—17 周岁青少年的上网率高达 84.9%，比 2010 年的 77.0%高出 7.9 个百分点。

从上网设备来看，有 77.0%的青少年用电脑上网，有 38.9%的青少年通过手机上网，仅有 0.9%的青少年用电子阅读器上网。由此可见，电脑是我国 14—17 周岁青少年最重要的上网设备。具体情况如图 4—5—1 所示。

从城乡对比来看，我国 14—17 周岁青少年中，有 89.5%的城

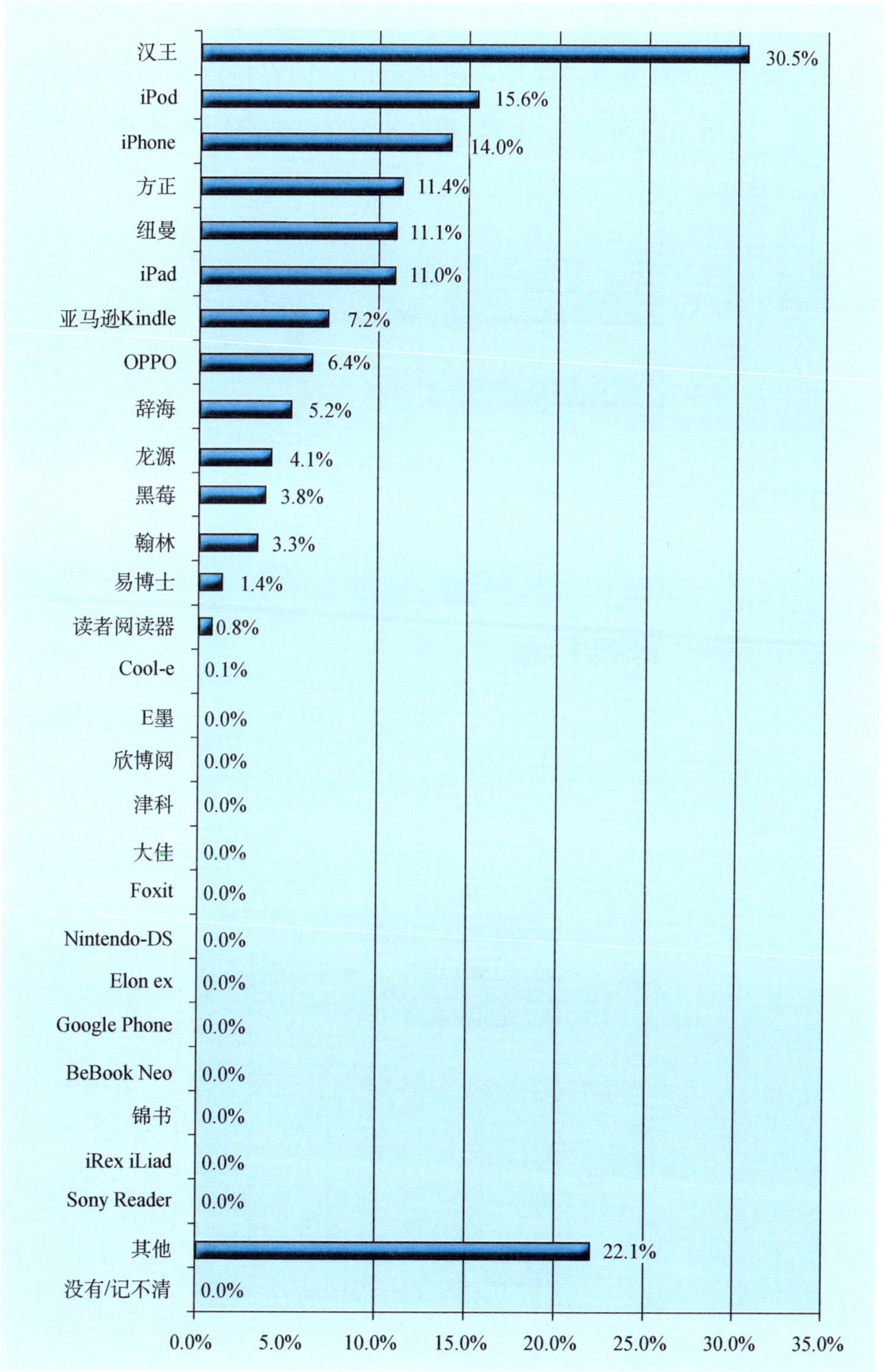

图 4—4—11　14—17 周岁青少年电子阅读器品牌购买意向

镇青少年选择用电脑上网，比农村青少年的 69.8%高出 19.7 个百分点；有 36.3%的城镇青少年通过手机上网，较农村青少年的 40.3%低 4.0 个百分点。此外，还有 18.7%的农村青少年表示自己不上网，比城镇青少年的 8.7%高 10.0 个百分点。具体情况如图 4—5—2 所示。

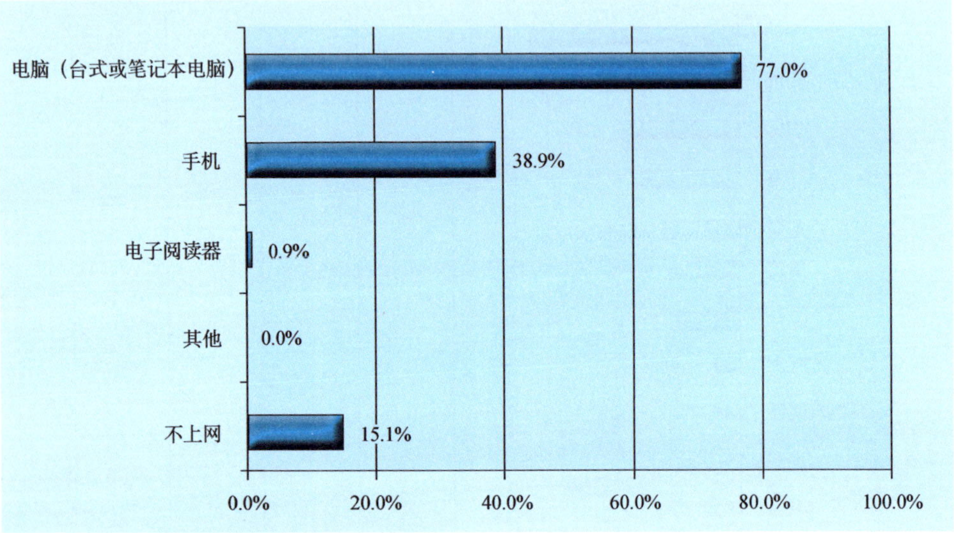

图 4—5—1　14—17 周岁青少年的上网方式

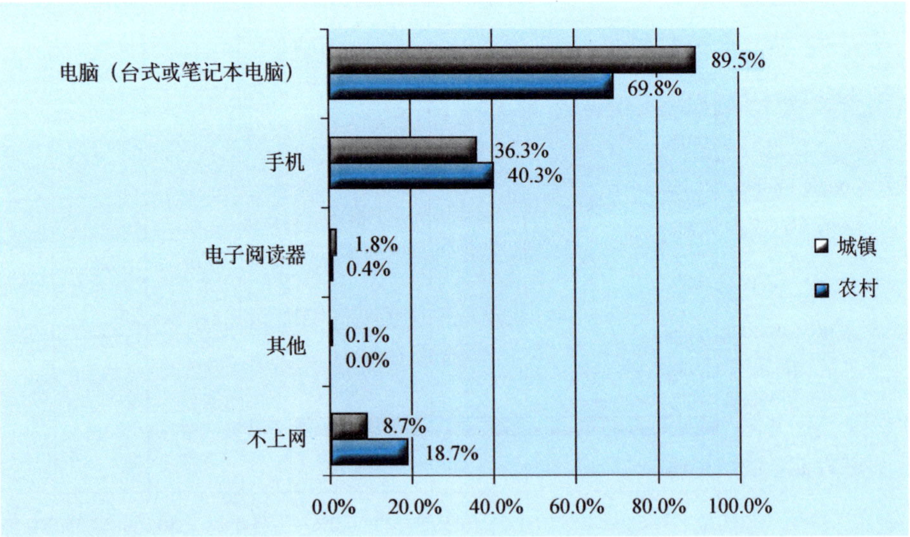

图 4—5—2　14—17 周岁青少年上网方式的城乡对比

4.5.2 上网频率

2011 年，我国 14—17 周岁青少年网民的人均上网频率为每月 15.54 次。在青少年网民中，超过三成的青少年网民（30.2%）平均每周上网 2—3 次，有 26.4%的青少年网民表示每天上网 1 次或者以上，有 19.2%的青少年网民表示“每周上网 4—6 次”，有 15.2%的青少年网民表示每周上网 1 次。总体来看，有 95.7%的我国 14—17 周岁青少年网民每周至少上网一次，较 2010 年的 92.9%上升了 2.8 个百分点。具体情况如图 4—5—3 所示。

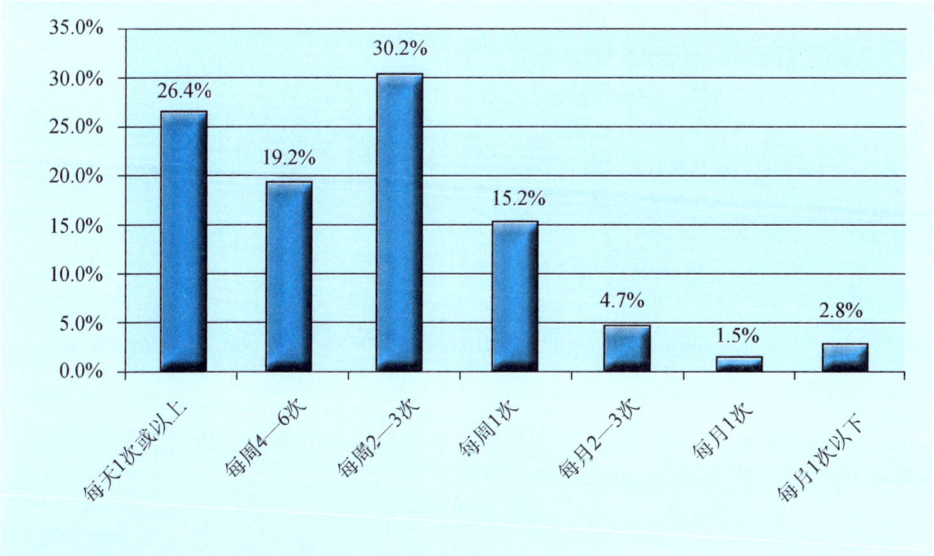

图 4—5—3　14—17 周岁青少年的上网频率

4.5.3 上网从事的活动

调查显示，“网上聊天/交友”是 2011 年我国 14—17 周岁青少年网民上网时最经常进行的活动，其选择比例高达 75.0%。其次，选择“网络游戏”和“在线听歌/下载歌曲和电影”的 14—17 周岁青少年网民也比较多，选择比例分别为 51.1%和 49.0%。此外，有 33.7%的青少年网民选择上网“查询各类信息”，有 28.6%的青少年网民选择上网“阅读新闻”，有 27.7%的青少年网民选择上网

"看视频"。也有部分该年龄段青少年网民在网上"阅读网络书籍、报刊""软件上传或下载"和"制作/维护个人主页/博客"，选择比例分别为 18.4%、15.4%和 14.8%。其余选项的选择比例均不足 10.0%。具体情况如图 4—5—4 所示。

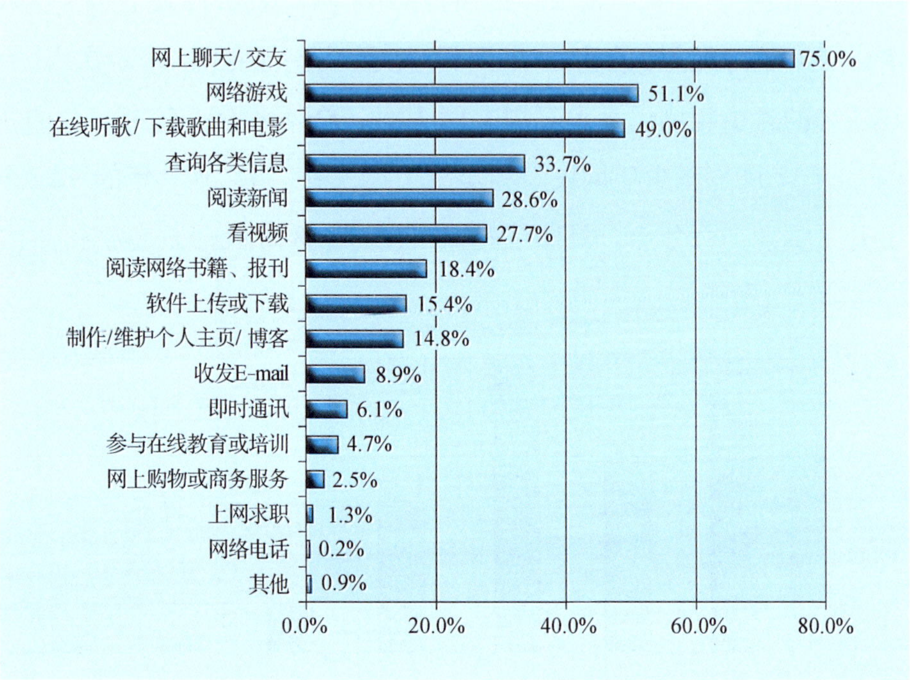

图 4—5—4　14—17 周岁青少年网民上网从事的主要活动

4.5.4　网上阅读行为

本次调查显示，我国 14—17 周岁青少年网络在线阅读接触者在网上从事的与阅读相关的活动首选"网上阅读新闻"，选择比例为 59.6%。排在第二、第三、第四位的网上从事的与阅读相关活动是"搜索图书信息""检索图书内容"和"网上阅读电子书（或下载后阅读)"、，选择比例分别为 47.7%、34.0%和 31.8%。而"网上阅读电子期刊"和"网上阅读电子报"的选择比例相对不高，分别为 15.7%和 14.0%。具体情况如图 4—5—5 所示。

如表 4—5—1 所示。2011 年，在选择会通过互联网"搜索图书

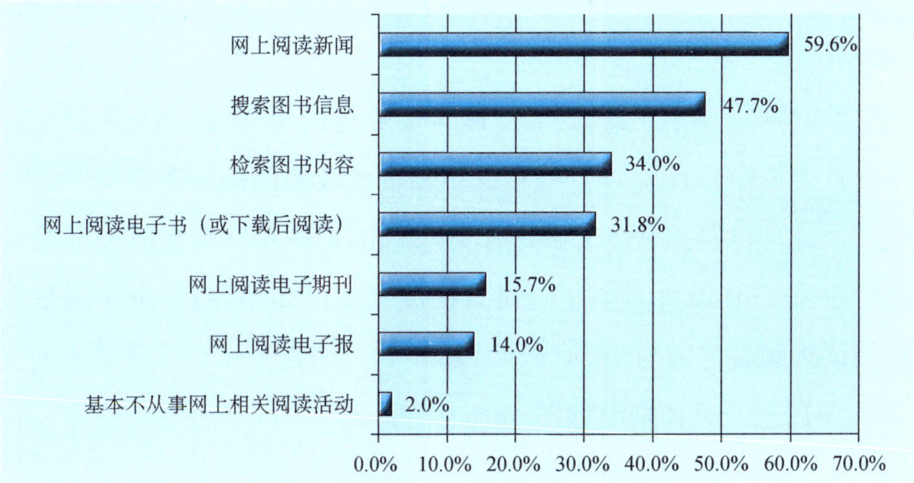

图 4—5—5　14—17 周岁青少年网络在线阅读接触者从事的与阅读相关的网络活动

信息”的青少年网络在线阅读接触者中，有 88.6％的人表示每月至少进行一次该项活动。在选择会通过互联网“检索图书内容”的青少年网络在线阅读接触者中，有 85.4％的人表示每月至少进行一次活动。选择会在“网上阅读新闻”的青少年网络在线阅读接触者中，有 94.9％的人表示每月至少进行一次该项活动。

选择通过互联网阅读“电子期刊”“电子报”及“电子书”的青少年网络在线阅读接触者中，每周至少进行一次上述活动的比例分别是 59.2％、42.9％及 69.6％，每月至少进行一次上述活动的比例分别则为 72.3％、80.0％和 87.7％。

表 4—5—1　14—17 周岁青少年网民从事与阅读相关的网络活动频次

频次	搜索图书信息	检索图书内容	网上阅读新闻	网上阅读电子期刊	网上阅读电子报	网上阅读电子书
几乎每天	14.3％	9.1％	8.3％	6.0％	5.3％	23.9％
每周 3—4 次	14.6％	17.0％	22.2％	10.6％	16.0％	15.2％
每周 1—2 次	35.6％	40.1％	49.2％	42.6％	21.6％	30.5％
每月 1—2 次	24.1％	19.2％	15.2％	13.1％	37.1％	18.1％
2—3 个月 1 次	6.9％	9.4％	3.2％	10.1％	5.3％	6.0％
每年 2—3 次	1.3％	1.6％	1.9％	6.5％	1.9％	2.6％
每年 1 次	3.1％	3.6％	0.0％	11.1％	12.8％	3.6％

4.5.5 网络在线阅读花费

本次调查显示，2011 年，我国接触过网络在线阅读的 14—17 周岁青少年中，有 36.5%的青少年网络在线阅读接触者曾对网络在线阅读进行付费。具体来看，有 10.9%的青少年网络在线阅读接触者付费额度在 10 元及以下，付费额度在 10—50 元的青少年网络在线阅读接触者比例为 18.4%，另有 7.10%的青少年表示付费额度在 50 元及以上。具体情况如图 4—5—6 所示。

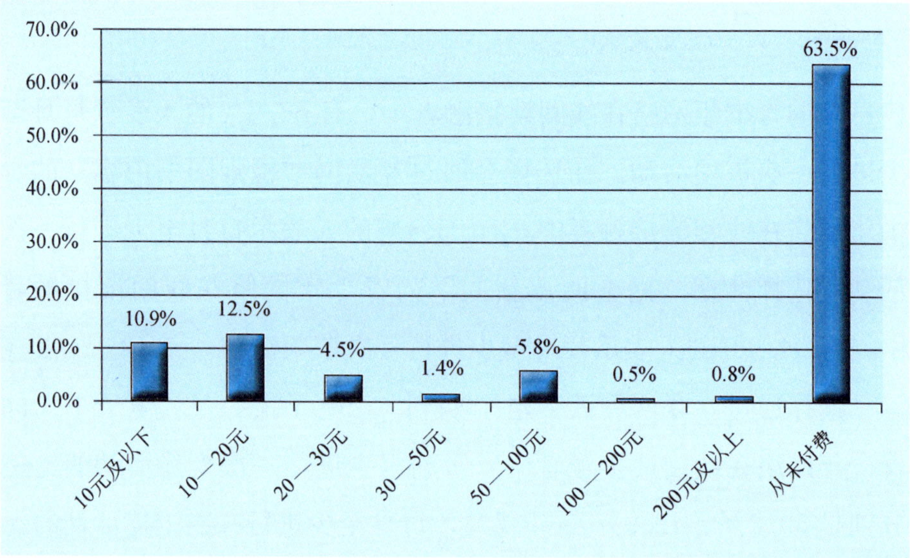

图 4—5—6　14—17 周岁青少年网络在线阅读接触者网络在线阅读花费

4.5.6 网上购买出版物情况

本次调查显示，2011 年，我国通过网络购买过出版物的 14—17 周岁青少年中，绝大部分青少年都曾经购买过“图书”，其选择比例为 87.1%；其次，表示通过网络购买过“软件/游戏光盘”的青少年比例为 24.9%，通过网络购买过“期刊”的青少年比例为 19.4%；而通过互联网购买过“CD”和“VCD/DVD”的青少年比例则相对较低，选择比例分别为 4.5%和 2.8%。具体情况如图 4—5—7 所示。

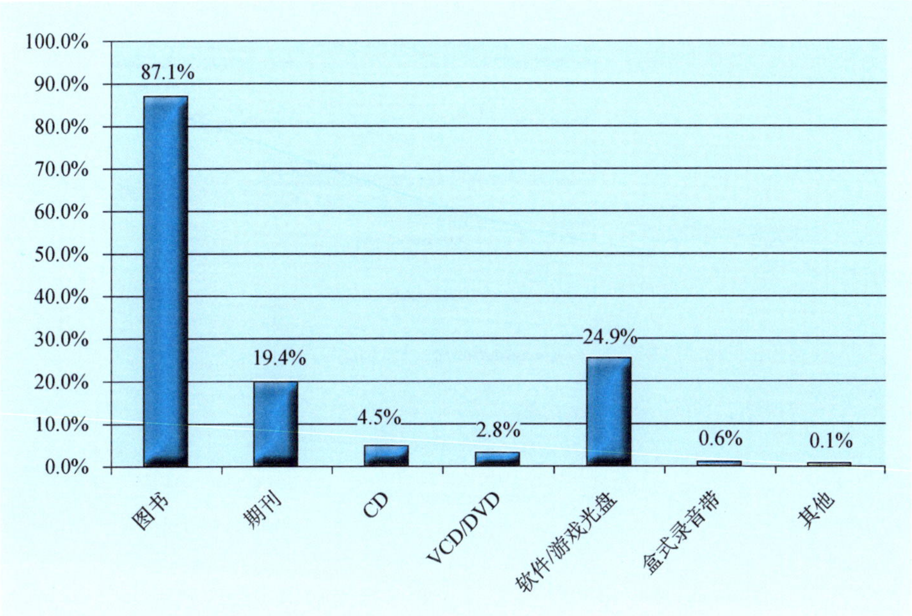

图 4—5—7　14—17 周岁青少年网购出版物的种类

在表示曾通过互联网购买过出版物的我国 14—17 周岁青少年网民中，有近五成（45.2%）的青少年选择“图书种类多”作为其在网上购买出版物的主要原因。可见，种类丰富对于青少年来说是网络购买出版物的最大吸引力所在。其次，有 42.2%的青少年表示通过网络购买出版物的原因之一是“价格优惠”。此外，便利性也是青少年选择网络购买出版物的重要原因。有 31.6%的青少年表示通过网络购买出版物可以“节省去书店的时间和费用”，有 22.8%的青少年表示通过网络购买出版物时“很容易找到需要的书”，有 19.6%的青少年表示网络购买出版物可以“送货上门”。具体情况如图 4—5—8 所示。

2011 年，通过对未在网上购买出版物的 14—17 周岁青少年网民展开调查，结果显示，购物习惯、安全因素以及便捷程度是制约青少年网民网上购买出版物的三大主要因素。首先，就购物习惯来说，在没有通过互联网购买过任何出版物的青少年网民中，有 49.8%的青少年网民把“不习惯网上购物”作为不通过网上购买出版物的主要原因，是诸项原因中选择比例最高的一项。其次，就安

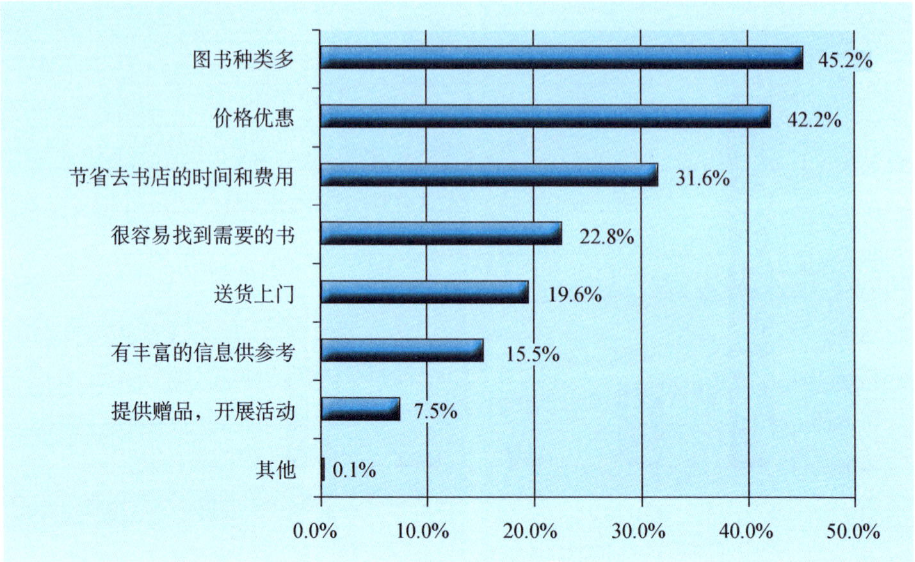

图 4—5—8　14—17 周岁青少年选择网购出版物的原因

全因素而言，有 29.6%的青少年网民因为“网上购物不安全”而不通过互联网购买出版物，有 17.0%的青少年网民因为担心“无法检验出版物质量”而不通过互联网购买出版物。此外，就便捷程度而言，有 19.8%的青少年网民因为“太麻烦/流程过于复杂”而不通过互联网购买出版物，有 18.1%的青少年网民因为“付费不方便”而不通过互联网购买出版物。而“运费太高”和“交货周期太长”的选择比例相对较低，分别为 7.2%和 5.5%。具体情况如图 4—5—9 所示。

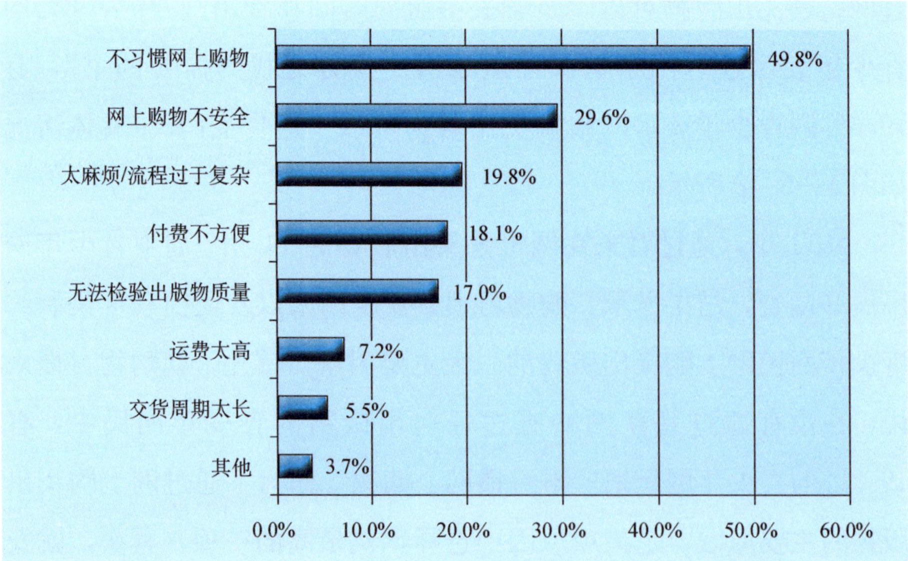

图 4—5—9　14—17 周岁青少年网络购买出版物的制约因素

4.6 读者最喜爱的阅读网站及市场表现

4.6.1 读者最喜爱的阅读网站

在无提示情况下，我们请被访者列举其最喜欢的三个阅读网站。结果显示，2011 年，我国 14—17 周岁青少年最喜爱的阅读网站排在前三位的分别是“新浪”“腾讯”和“百度”。具体情况如表 4—6—1 所示。

表 4—6—1 14—17 周岁青少年读者最喜爱的阅读网站排名

排名	网站
1	新浪
2	腾讯
3	百度
4	起点中文网
5	搜狐
6	小说阅读网
7	580 帮网
8	豆瓣网
9	红袖添香
10	当当网
11	天涯论坛
12	晋江原创网
13	六九中文网
14	3G 书城
15	谷歌
16	无忧 E 书网
17	榕树下
18	搜狗
19	中国知网
20	书香门第

4.6.2 阅读网站知名度和市场渗透率

在本次调查过程中，我们列举了28家较为知名的阅读网站或读书频道，请14—17周岁青少年被访网民选择其所知道的阅读网站或读书频道，然后再根据青少年被访网民的选择情况，对这些阅读网站或读书频道进行知名度排名。同时，我们询问青少年被访网民在2011年曾在列举出的哪些阅读网站或读书频道进行过阅读，以了解其市场表现。

统计结果显示，2011年，“E书网”的知名度和市场渗透率，分别达到65.9%和44.8%，均位居第一；“Xplus”的知名度和市场渗透率均位列第二，分别为54.8%和32.8%；“非凡TXT”的知名度和市场渗透率则均排在第三位，分别为32.7%和22.5%。具体情况如表4—6—2所示。

表4—6—2 阅读网站的知名度和市场渗透率

网站名称	知名度	市场渗透率
E书网	65.9%	44.8%
Xplus	54.8%	32.8%
非凡TXT	32.7%	22.5%
起点中文网	24.9%	11.7%
佐罗网ZCOM	17.6%	14.1%
晋江原创网	17.3%	10.5%
幻剑书盟	16.2%	20.6%
搜狐读书	8.9%	1.0%
小说阅读网	8.6%	4.0%
爱读爱看网	8.3%	3.5%
榕树下	8.3%	4.9%
猫扑网	7.9%	2.6%
逐浪玄幻小说	5.6%	3.7%
泡泡网	5.4%	4.0%

续前表

网站名称	知名度	市场渗透率
超星网	5.1%	1.5%
一起看 17K	5.0%	3.3%
书香门第	4.9%	1.8%
书生读吧	3.7%	1.0%
新浪读书	3.2%	2.4%
飞库网	3.0%	2.6%
萌芽	3.0%	2.6%
豆瓣网	3.0%	1.7%
潇湘书院	1.9%	2.3%
白鹿书院	1.7%	0.0%
爱搜书	1.4%	0.2%
世纪文学网	0.8%	0.0%
红袖添香	0.8%	0.5%
腾讯读书频道	0.3%	0.0%

第五章 音像电子出版物购买状况

5.1 音像电子出版物购买渠道

2011年，14—17周岁青少年对音像电子出版物的购买率为41.8%，比2010年的46.7%有所下降。其中，“书店”和“音像店”是青少年最常购买音像电子出版物的场所，选择这两个购买渠道的青少年比例，分别为23.7%和20.9%，与2010年的调查数据相比有所浮动，且变化较为明显（2010年选择去“书店”和“音像店”购买音像电子出版物的青少年比例，分别为18.5%和27.9%）。同时，通过“商场超市”“街头地摊”“网上”和“软件专卖店”等方式购买音像电子出版物的青少年比例，比2010年均有所下降。

总体来看，2011年除了在“书店”购买音像电子出版物的比例，较2010年略有上升外，通过其他渠道购买音像电子出版物的比例，均有不同程度的下降。通过“互联网渠道”购买音像电子出版物的比例为2.2%，首次超过“软件专卖店”购买渠道的比例（2.1%）。具体情况如图5—1—1所示。

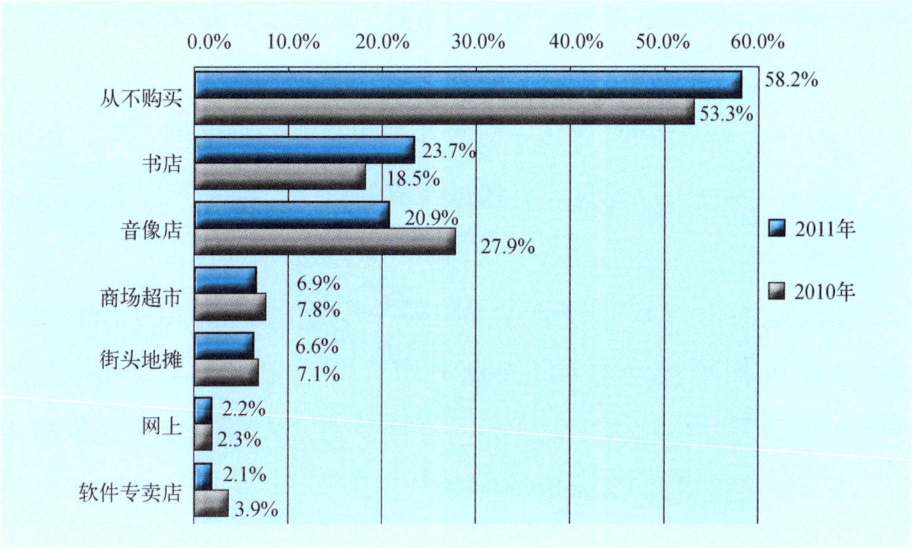

图 5—1—1　14—17 周岁青少年音像电子出版物的购买渠道

5.2　音像电子出版物价格承受力

调查显示，除对盒式录音带以及 CD-ROM 的价格认知比较模糊外，超过五成的 14—17 周岁青少年可接受的音像电子出版物价格均在 20 元或以下。具体情况如图 5—2—1 所示。

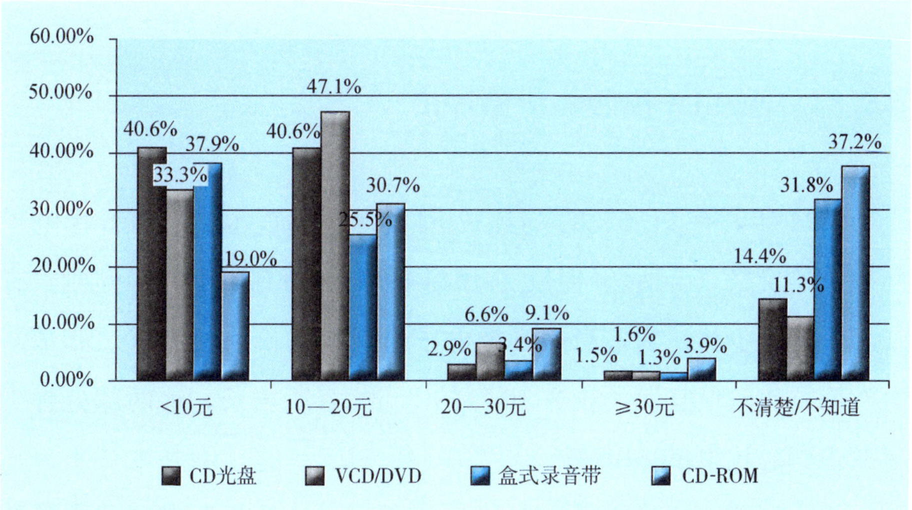

图 5—2—1　14—17 周岁青少年对音像电子出版物的价格承受力

2011 年，对 CD 光盘、VCD/DVD、盒式录音带来说，能够承受其价格在 10 元或 10 元以下的青少年比例，均超过三成；而对于 VCD/DVD、CD-ROM 来说，青少年最可接受价格区间，集中在 10 元—20 元。对于 CD 光盘，有超过八成的青少年接受其价格在 20 元以下。

综合所有 14—17 周岁青少年购买者可接受的音像电子出版物价格可知，他们可接受的 CD 光盘平均价格为 10.86 元，可接受的 VCD/DVD 平均价格为 12.26 元，可接受的盒式录音带平均价格为 10.21 元，可接受的 CD-ROM 平均价格则为 14.35 元。具体情况如表 5—2—1 所示。

表 5—2—1　14—17 周岁青少年对音像电子出版物的价格承受力

可接受价格	CD 光盘	VCD/DVD	盒式录音带	CD-ROM
≤10 元	40.6%	33.3%	37.9%	19.0%
10—20 元	40.6%	47.1%	25.5%	30.7%
20—30 元	2.9%	6.6%	3.4%	9.1%
≥30 元	1.5%	1.6%	1.3%	3.9%
不清楚/不知道	14.4%	11.3%	31.8%	37.2%
平均可接受价格（元）	10.86	12.26	10.21	14.35

5.3　音像电子出版物价格评价

2011 年，有 51.6%的 14—17 周岁青少年表示，当前音像电子出版物的价格“合适”，但较 2010 年的 55.4%有所下降。同时，有 10.1%的青少年认为，当前音像电子出版物的价格便宜（“非常便宜”或“比较便宜”），较 2010 年的 6.6%有所增长。这两部分青少年共占到总比例的 61.7%，与 2010 年 62.0%的比例基本持平。另外，认为当前的音像电子出版物价格贵（“比较贵”或“非常贵”）的青少年有 38.3%，这与 2010 年的 38.0%也基本持平。具体情况如图 5—3—1 所示。

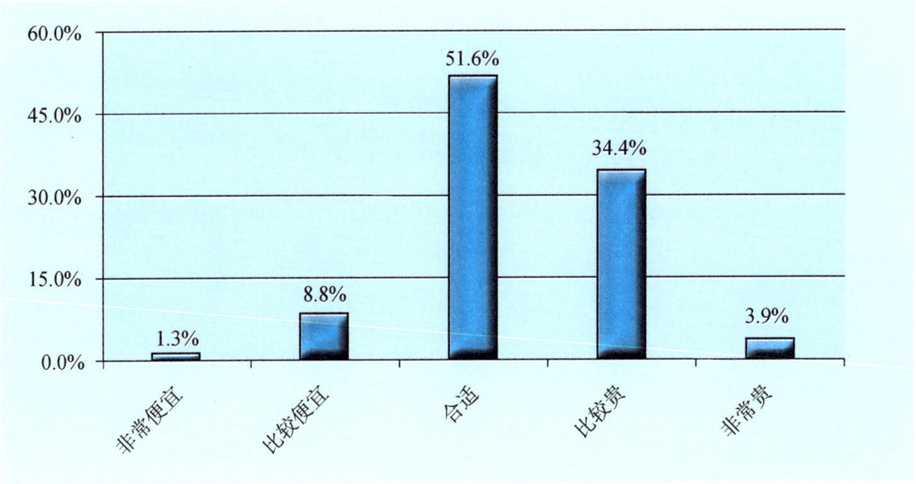

图 5—3—1　14—17 周岁青少年对音像电子出版物的价格评价

第六章
动漫游戏接触状况

6.1 动漫接触情况

6.1.1 青少年喜爱的动漫形式

2011 年，“漫画书”成为 14—17 周岁青少年最喜爱的动漫形式，其选择比例为 43.3%，较 2010 年的 38.1%上升 5.2 个百分点；“动画片/动漫影视”由 2010 年的 55.7%，下降为 40.9%，跌至第二位。同时，“网络游戏”和“单机游戏”的青少年喜爱者比例，分别达到 34.9%和 20.7%。由此可见，“动画片/动漫影视”这种传统动漫形式的青少年喜爱者正在减少，而漫画书、动漫游戏在青少年中越来越受到喜爱。具体情况如图 6—1—1 所示。

6.1.2 青少年喜爱的动漫题材

2011 年，“搞笑”类动漫依然是 14—17 周岁青少年最喜爱的题材，约有 61.2%的青少年表示喜爱此类题材。位列第二、三位的受欢迎动漫题材，由 2010 年的“科幻”“神话”，变成了“科幻”和“侦探”；“恐怖”“励志”和“体育”类题材的排名较为靠后。与

2010 年相比，喜欢各类动漫题材的 14—17 周岁青少年，整体上比例关系变化不大。具体情况如图 6—1—2 所示。

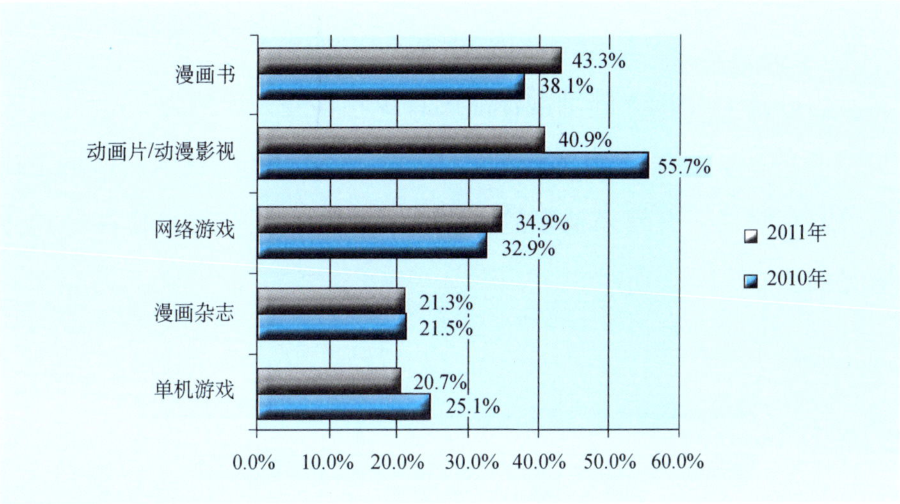

图 6—1—1　14—17 周岁青少年最喜爱的动漫形式

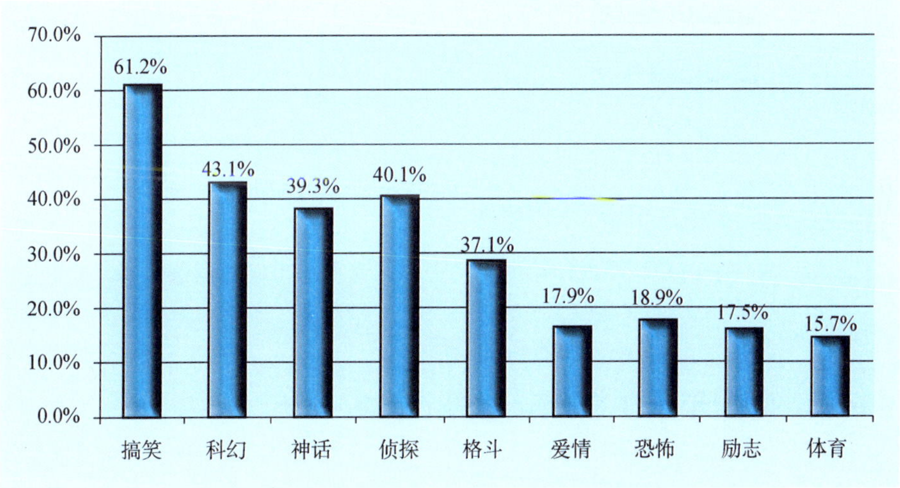

图 6—1—2　14—17 周岁青少年最喜爱的动漫题材

6.1.3　动漫产品竞争格局

14—17 周岁青少年喜欢的动漫作品来源地情况的数据显示，日本动漫作品在中国市场仍然占据优势，喜爱日本动漫的青少年比例为 62.5%，较 2010 年有所增加。除韩国外的其他国外动漫作品的喜爱者比例，均有所下降。港台地区动漫作品的喜爱者比例，比 2010 年有所提高，这说明港台地区动漫作品在大陆的受喜爱程度有所提升。

2011 年，中国大陆动漫作品的青少年喜爱者比例为 56.5%，较 2010 年的 49.7%有一定的提高，说明大陆动漫作品在国内市场正在打破旧有格局，有越来越多的青少年开始喜欢国产动漫作品。具体情况如图 6—1—3 所示。

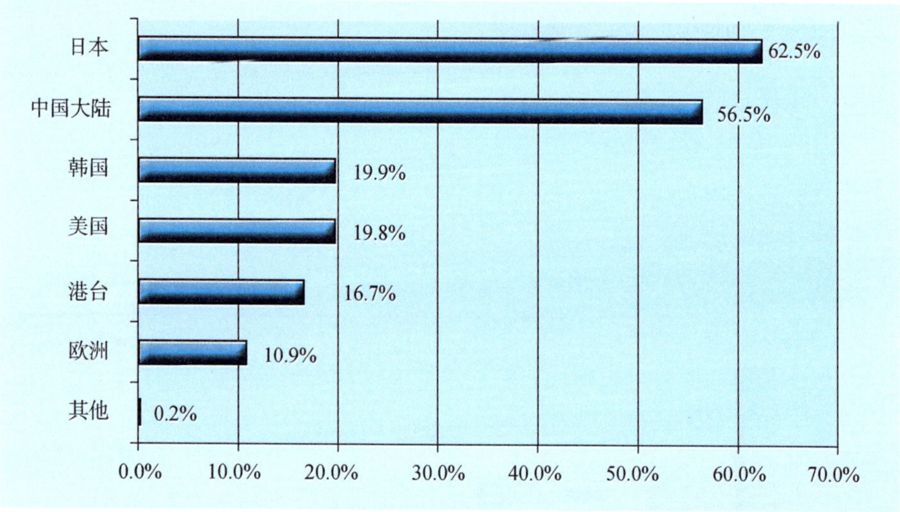

图 6—1—3　国内外动漫产品在中国青少年市场的竞争格局

6.2　青少年电子游戏接触情况

6.2.1　喜爱的电子游戏题材

2011 年，14—17 周岁青少年最喜爱的单机游戏题材，仍然是“赛车类”和“动作类”，其所占比例分别为 27.4%和 25.4%。而网络游戏则是“科幻奇幻类”和“赛车类”最受青少年喜爱，所占比例为 20.7%和 20.6%。具体情况如图 6—2—1 所示。

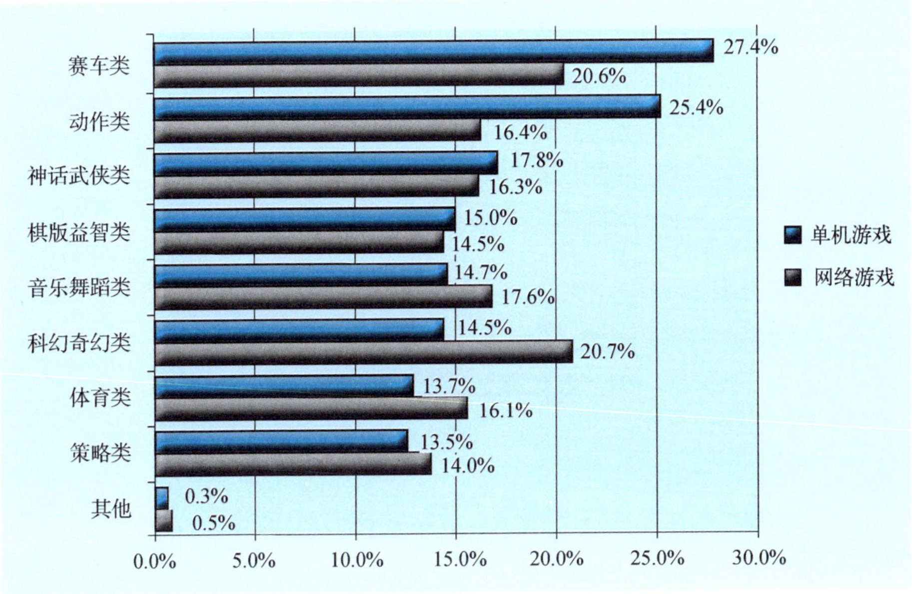

图 6—2—1　14—17 周岁青少年喜爱的电子游戏题材

6.2.2　电子游戏日均接触时长

当被问及过去一周平均每天玩单机游戏和网络游戏的时间花费时，有 46.9%的 14—17 周岁青少年表示，对单机游戏“没有接触”，有 36.0%的青少年表示，对网络游戏“没有接触”。也就是说，有多数青少年玩单机游戏或网络游戏，但相比之下网络游戏玩家更多，其所占比例达到了 64.0%。

从时间花费上来看，有 26.2%的青少年，平均每天玩单机游戏在 1 小时以下；每天平均花费 1—3 小时在单机游戏上的青少年比例，占到 25.4%；有 6.4%的青少年，平均每天玩单机游戏的时间超过 3 小时，较 2010 年的 2.7%有明显增加。再来看青少年在网络游戏上的时间花费，有 37.1%的青少年，平均每天花费在网络游戏上的时间在 2 小时以内，有 8.4%的青少年，每天花费 2 个小时以上的时间在网络游戏上，这较 2010 年的 7.2%有所增加。具体情况如图 6—2—2 所示。

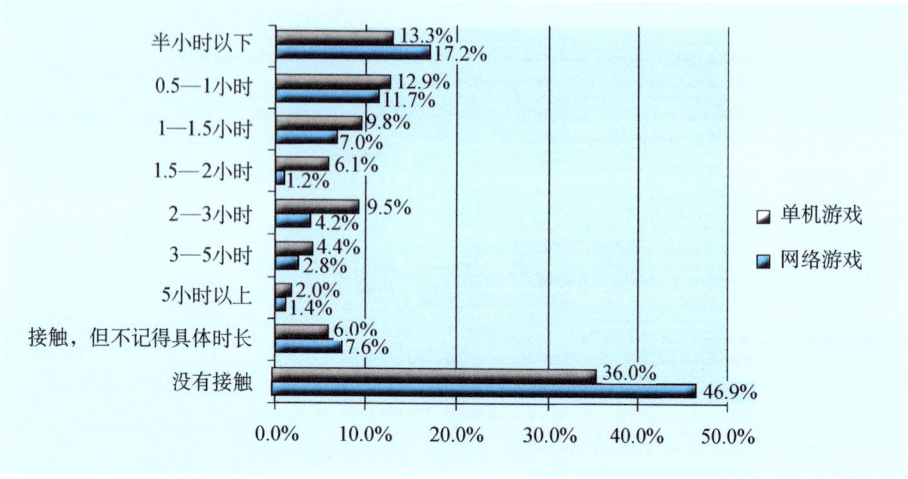

图 6—2—2　14—17 周岁青少年电子游戏日均接触时长

6.2.3　在电子游戏上的花费

调查显示，2011 年超过七成（75.5%）的青少年表示，他们在单机游戏上“没有花费”，六成以上的（63.3%）青少年表示，在网络游戏上“没有花费”。由此可以看出，单机游戏和网络游戏在 14—17 周岁青少年中的付费率，分别达到了 24.5%、36.7%。相比之下，青少年更容易为网络游戏付费，但是两项的付费率均较 2010 年有所下降。

进一步来看付费金额情况，2011 年分别有 8.5%和 8.8%的青少年为单机游戏、网络游戏付费在“20 元以下”；付费在 20 元到 200 元之间的青少年比例较小，其中单机游戏为 6.0%，网络游戏为 15.0%。此外，有 3.0%的青少年表示，为网络游戏付费超过 200 元，甚至有 1.1%的青少年，为网络游戏花费“1000 元以上”。具体情况如图 6—2—3 所示。

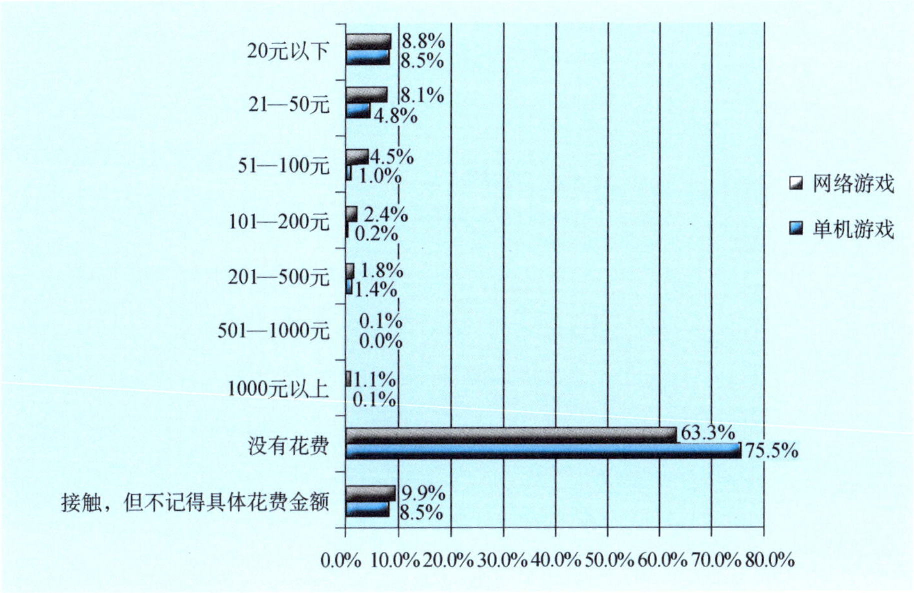

图 6—2—3　14—17 周岁青少年玩电子游戏的花费

第七章
版权认知状况

7.1 青少年版权认知度

2011年，14—17周岁青少年的版权认知度较高，约77.0%的青少年表示，其“听说过”版权问题，较2010年的73.4%有所上升。

从城乡对比情况来看，城乡青少年的版权认知度差距有所扩大。2010年城乡青少年的版权认知度分别是85.6%和66.3%，而2011年城乡青少年的版权认知度分别是87.9%和66.0%。城镇青少年版权认知度增长了2.3个百分点，而农村青少年的版权认知度基本保持不变，这也说明在农村地区加强青少年版权知识的普及与宣传，是目前亟需解决的问题之一。具体情况如图7—1—1所示。

7.2 盗版出版物购买状况

7.2.1 盗版出版物购买率

2011年，购买过盗版出版物（“全部盗版”或“正版盗版都买过”）的14—17周岁青少年有26.0%，比2010年的22.8%有所增加。但同时应注意的是，全部购买正版的青少年，仅占该群体的13.5%，相较于2010年的18.0%有一定的减少，“分不清正版盗版”的青少年占到41.4%，比2010年的40.7%有所增长。

根据上述数据可以看出，2011年我国青少年的版权意识并没有较大幅度的提升，问题依然存在。不难发现，在支持正版出版物的青少年比例增加的同时，购买盗版出版物的青少年比例也在小幅度增加，因此，提高青少年对盗版出版物的辨识力，仍是使用正版打击盗版工作的重点之一。具体情况如图7—2—1所示。

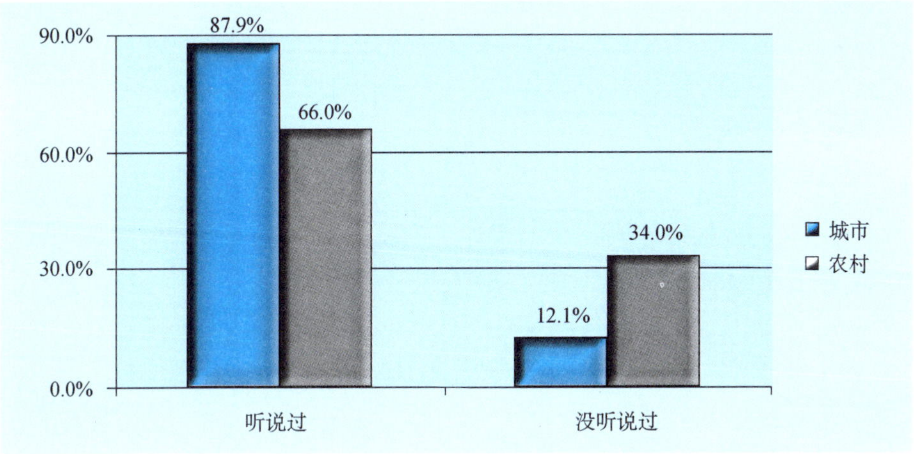

图7—1—1　14—17周岁青少年版权认知现状的城乡差异

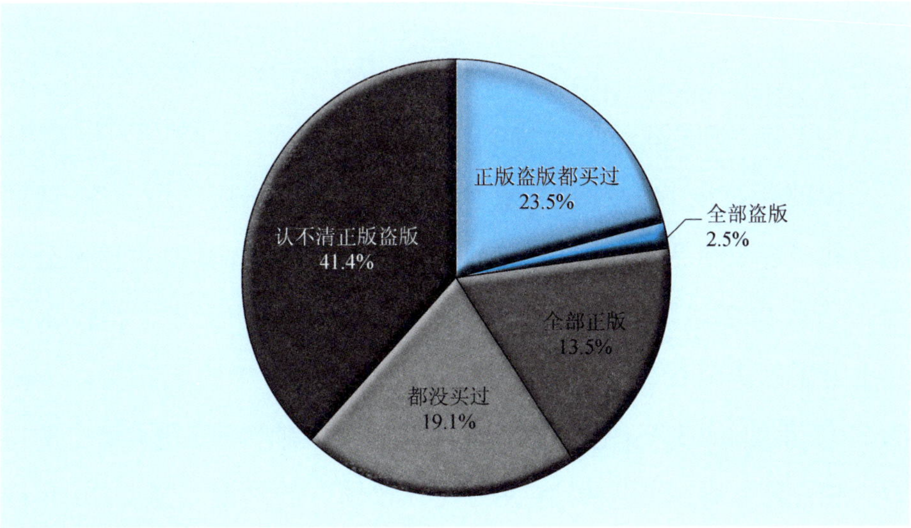

图7—2—1　14—17周岁青少年出版物盗版市场占有情况

从城乡对比上看，城镇中的青少年购买“全部正版”的比例，明显高于农村青少年，其所占比例分别为20.2%，而农村中全部购买正版的青少年为9.7%。同时，农村中有39.8%的青少年，在购买出版物时“分不清正版盗版”，这一比例与城镇青少年的44.4%相比，差距为4.6个百分点，以上可见，盗版情况在农村仍然比较严重，农村青少年对正版盗版的区分能力更需要加强。具体情况如图7—2—2所示。

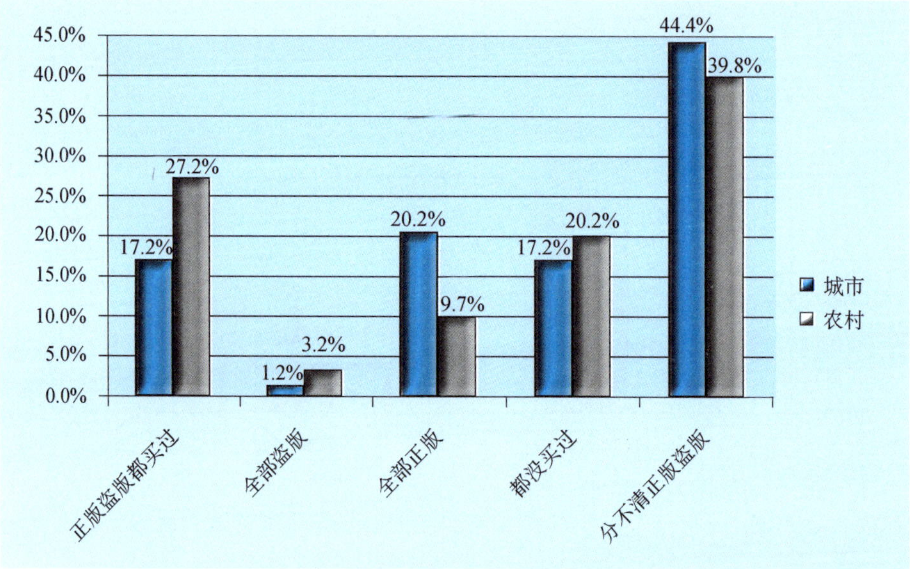

图7—2—2 青少年出版物盗版市场占有情况的城乡差异

7.2.2 购买盗版出版物的类型

2011年，在14—17周岁青少年购买的盗版出版物中，“一般图书”和“音像制品”是被购买最多的盗版出版物，其所占比例分别为45.7%和32.1%。其中，“一般图书”的盗版购买率，相较2010年上升了0.7个百分点，而音像制品则从2010年的37.4%，下降为2011年的32.1%，但是超越盗版“教材教辅”，占到了第二的位置。相应地，青少年购买盗版“教材教辅”的情况，从2010年的30.7%下降为30.6%，下降0.1个百分点。此外，青少年购买盗版

“游戏软件”的比例为16.6%，与2010年的8.3%，上升了近一倍；青少年购买盗版“计算机软件”比例占到7.3%，相比2010年的3.7%，上升3.6个百分点。具体情况如图7—2—3所示。

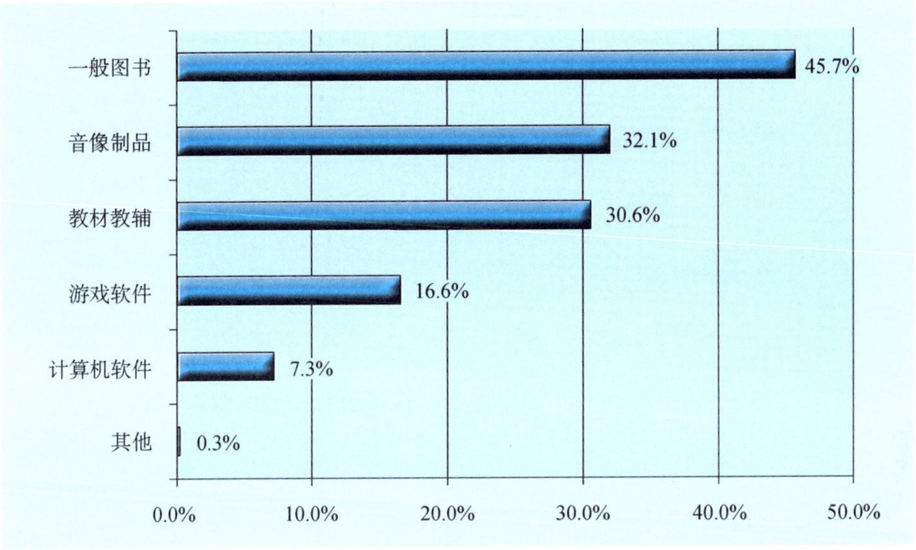

图7—2—3 14—17周岁青少年购买盗版出版物类型

7.2.3 购买盗版出版物的驱动因素

2011年的调查显示，“价格便宜”仍是绝大多数14—17周岁青少年购买盗版出版物的重要驱动因素，其比例为65.6%，相比2010年的75.9%，下降了10.3个百分点。其次，“购买方便”，成为较多青少年购买盗版出版物的第二因素，比例为28.1%。其比例由2010年的18.8%，上升为2011年的28.1%，涨幅比较明显。选择“买时不知道是盗版”而购买盗版出版物这一驱动因素的青少年，其选择比例为23.5%值得注意的是，“没有正版可买”的选择比例略有下降，由2010年的10.3%，下降为2011年的6.1%。具体情况如图7—2—4所示。

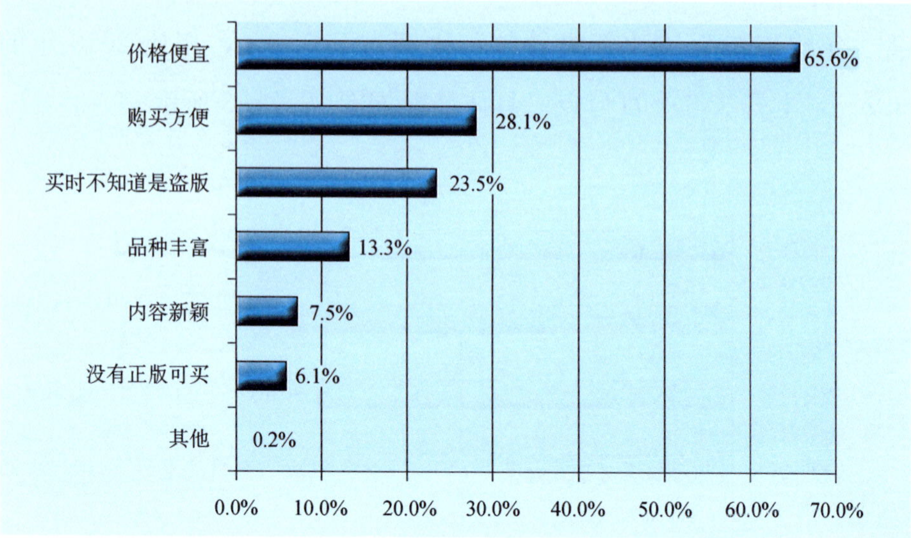

图 7—2—4　14—17 周岁青少年购买盗版出版物驱动因素

第八章
阅读活动参与度评价

8.1 对个人阅读状况的评价

8.1.1 对个人阅读量的评价

2011 年，超过五成的 14—17 周岁青少年（55.3%）认为，自己的阅读量“一般”，这成为选择比例最多的选项，而且比 2010 年的 49.7%略有增加。有 16.9%的青少年认为，自己的阅读量“比较少”，这一比例较 2010 年的 35.0%，减少了 19.1 个百分点。而认为自己阅读量多（“很多”或“比较多”）的青少年为 18.2%，比 2010 年的 15.3%也有所增加。具体情况如图 8—1—1 所示。

城镇和农村青少年中，认为自己阅读量多（“很多”或“比较多”）的青少年都比较少，均不超过 20%；认为个人阅读量“一般”或“比较少”的青少年则占大多数，城镇和农村青少年比例分别为 72.9%、71.7%。此外，有 27.0%的城镇青少年认为，自己的阅读量少（“很少”或“比较少”），而农村中的青少年则有 26.2%的人认为自己的阅读量少（“很少”或“比较少”）。城镇中有 2.5%的青少年认为自己读书“很多”，而农村却有 8.1%的青少年认为自己读书“很多”。具体情况如图 8—1—2 所示。

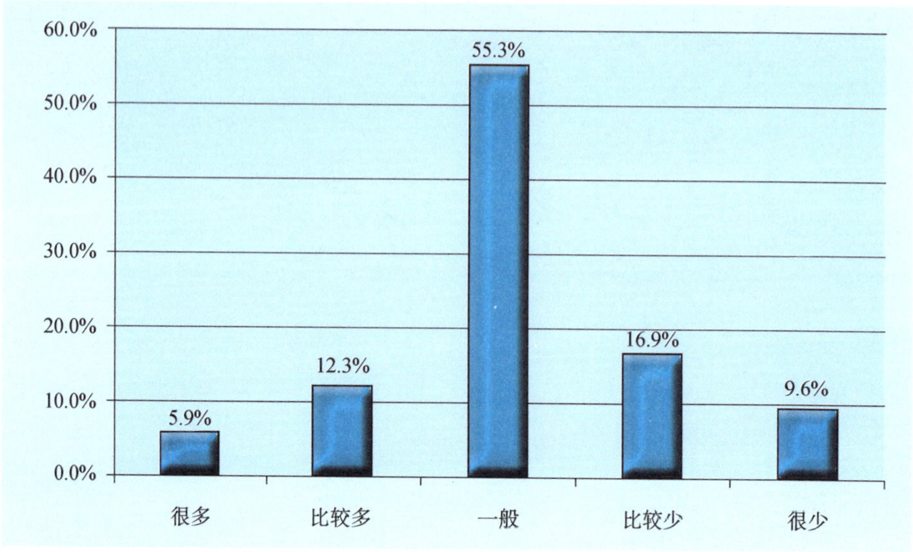

图 8—1—1　14—17 周岁青少年对自己阅读量的评价

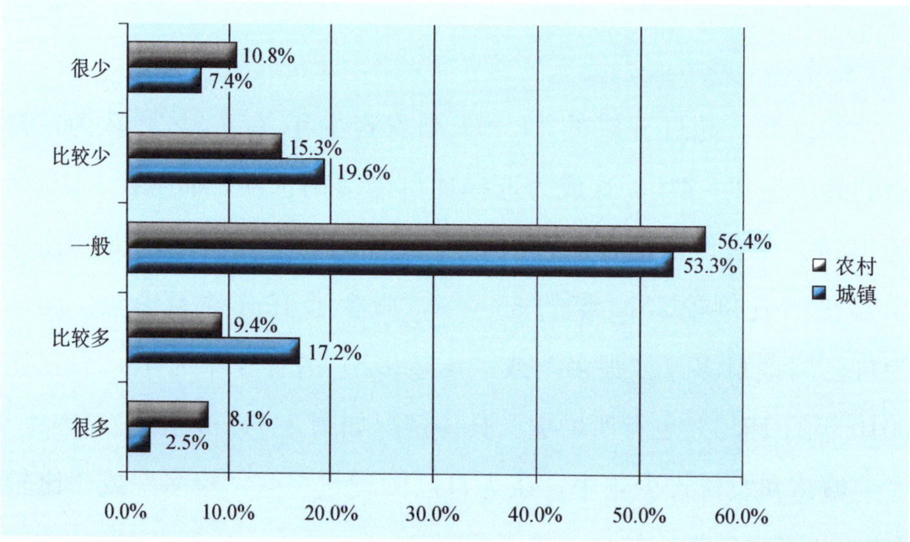

图 8—1—2　14—17 周岁青少年对自身阅读量的城乡差异评价

在 14—17 周岁青少年中，认为自己阅读量多（“很多”或“比较多”）的人都比较少，均不超过 20%，而认为个人阅读量“一般”或“比较少”的青少年，则占到大多数。从总体上来看，青少年普遍认为自己阅读的出版物较少，说明在阅读数量上，青少年仍然有提高的必要。

8.1.2 对个人阅读满意度评价

2011 年，有 48.1%的青少年，对个人阅读情况的满意度评价为“一般”；有 31.7%的青少年，对个人阅读情况表示满意（“比较满意”或“非常满意”）。还有 20.2%的青少年，对个人阅读情况表示不够满意（“不大满意”或“非常不满意”）。具体情况如图 8—1—3 所示。

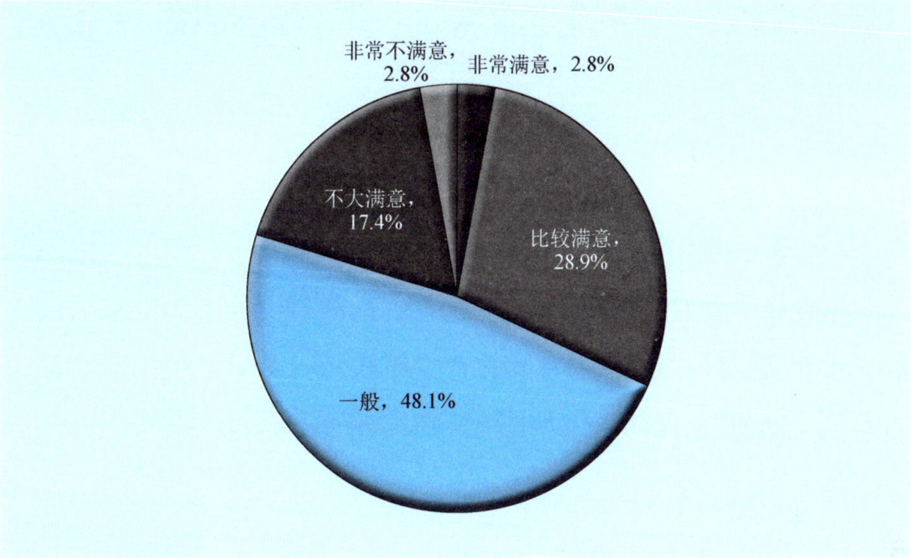

图 8—1—3　14—17 周岁青少年对个人阅读情况的满意度

在城镇和农村青少年中，都约有半数的青少年对个人阅读情况的满意度表示为“一般”。同时，城镇和农村青少年对个人阅读情况表示满意（“非常满意”或“比较满意”）的比例相差不多，分别为 29.8%和 32.9%；城镇和农村青少年对个人阅读情况表示不满意（“非常不满意”或“不大满意”）的比例相差也不大，城镇青少年的此项比例为 21.0%，农村青少年的此项比例为 19.4%。具体情况如图 8—1—4 所示。

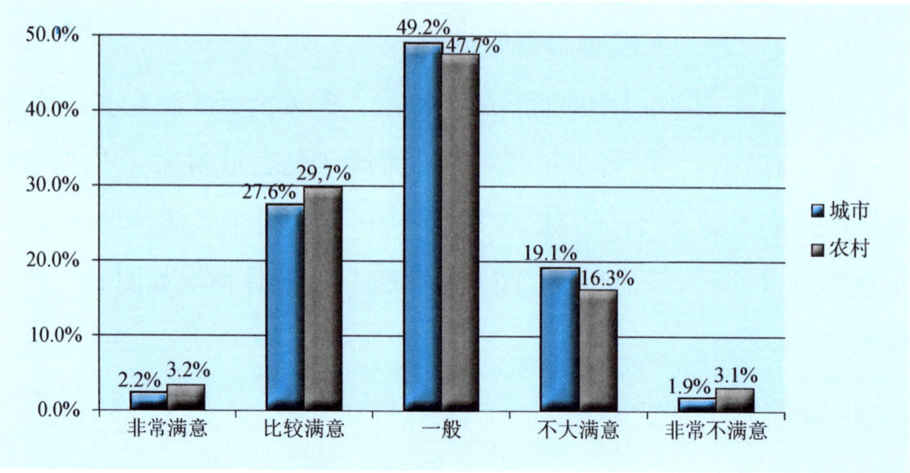

图 8—1—4 14—17 周岁青少年对个人阅读情况满意度的城乡差异

8.1.3 对自己读书影响最大的人

调查显示，有38.6%的青少年表示，对自己读书影响最大的人是“同学/朋友”；还有42.1%的青少年表示，对自己读书影响最大的人是“老师”。具体情况如图8—1—6所示。

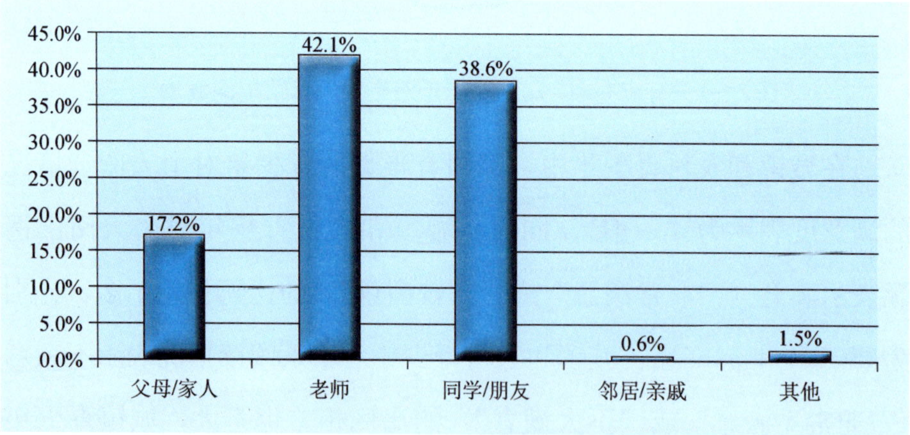

图 8—1—6 对 14—17 周岁青少年读书影响最大的人

8.2 青少年对读书活动/读书节知晓情况

8.2.1 读书活动/读书节知晓率

2011 年，有 23.0%的青少年表示，周围“举办过读书活动/读书节”，有 16.8%的青少年表示，“不知道周围是否举办过”读书活动/读书节。而有 60.2%的青少年明确表示，周围“没有举办过读书活动/读书节”，这一现象应该引起相关部门的注意。具体情况如图 8—2—1 所示。

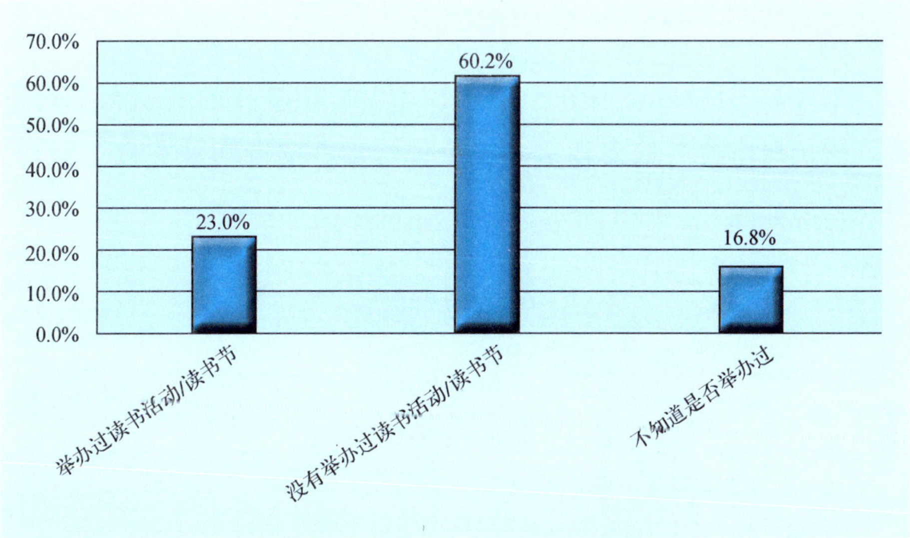

图 8—2—1 阅读活动知晓率

从城乡之间的差异进行考察，城镇中的青少年有更多的人表示，周围举办过读书活动/读书节，其知晓率为 30.7%；而农村中的青少年对读书活动/读书节的知晓率为 18.6%，具体情况如图 8—2—2 所示。

8.2.2 读书活动/读书节的认知

2011 年，有 76.5%的青少年认为，学校或当地有关部门“应

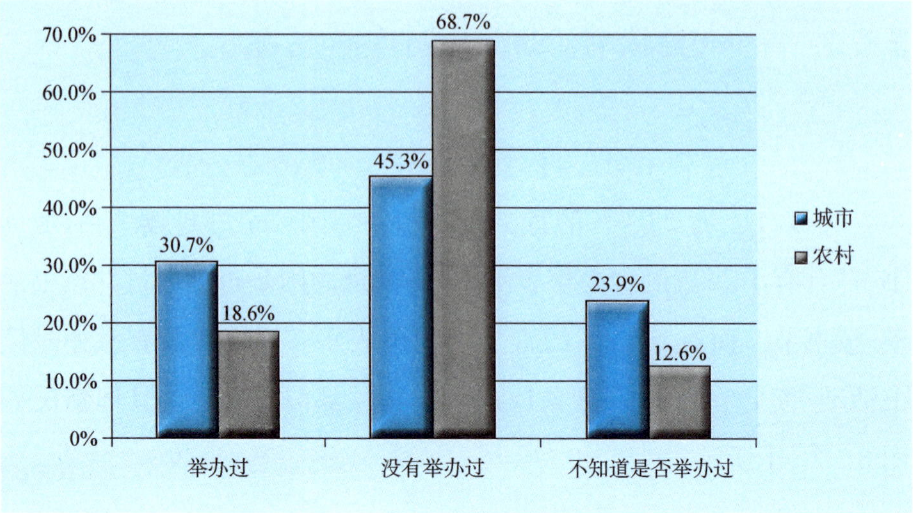

图 8—2—2　读书活动知晓率的城乡差异

当”举办读书活动/读书节，这一比例虽比 2010 年的 83.2%稍有下降，但仍然反映出越来越多的青少年对举办阅读活动充满了期待。具体情况如图 8—2—3 所示。

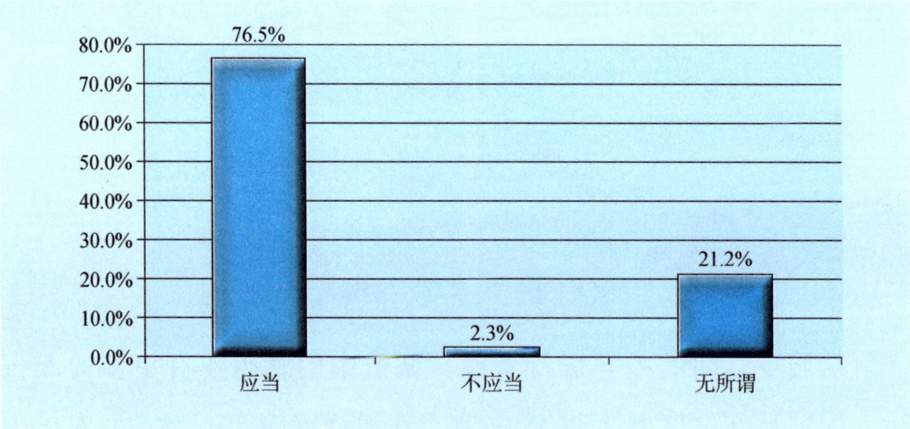

图 8—2—3　14—17 周岁青少年对读书活动/读书节的认知

温家宝总理在 2009 年 2 月 28 日与网友在线交流时说：“我非常希望提倡全民读书。我愿意看到人们在坐地铁的时候能够手里拿上一本书，因为我一直认为，知识不仅给人力量，还给人安全，给人幸福。”

目前青少年对于读书活动的认知程度有所提升，说明读书活动的举办给他们带来了良好的读书氛围。但是，青少年的阅读量仍然有很大的提升空间，需要相关部门加大阅读活动的推广力度，以促进青少年的全民阅读活动。

8.2.3 读书活动参与类型

2011 年，有 35.7%的青少年表示，曾参加过某种或某些读书活动。其中，“读书征文/作文或书画摄影大赛”“读书竞赛/演讲/辩论赛”类的参与者相对较多，在青少年总体中所占的比例均超过 13.3%。除“捐书献爱心活动”所占比例为 10.9%外，其它类型的阅读活动青少年参与率均低于 10%。总体来看，青少年的阅读活动参与度不高，且参与的阅读活动形式较为单一，主要集中在“读书征文/作文或书画摄影大赛”“读书竞赛/演讲/辩论赛”这两类活动上。具体情况如图 8—2—4 所示。

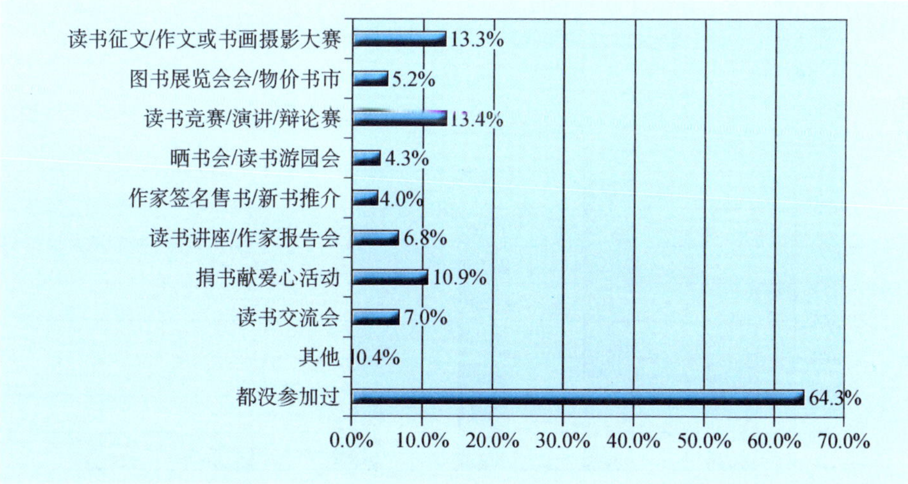

图 8—2—4　14—17 周岁青少年读书活动的参与类型

8.2.4 对阅读活动的满意度评价

有 53.1%的青少年，对“读书征文/作文”表示满意；超过四成青少年认为，此类阅读活动一般，还有1.8%的青少年表示不满意“比较不满意”或“非常不满意”。具体情况如图8—2—5所示。

与之相比，青少年对于“图书展览会/特价书市”的满意度较高，选择比例占到了59.5%，但相比2010年76.0%的比例，有一定下降。还有近三成的青少年（29.7%）认为，此类阅读活动“一般”；有9.4%的青少年表示，“比较不满意”或“非常不满意”。具体情况如图8—2—6所示。

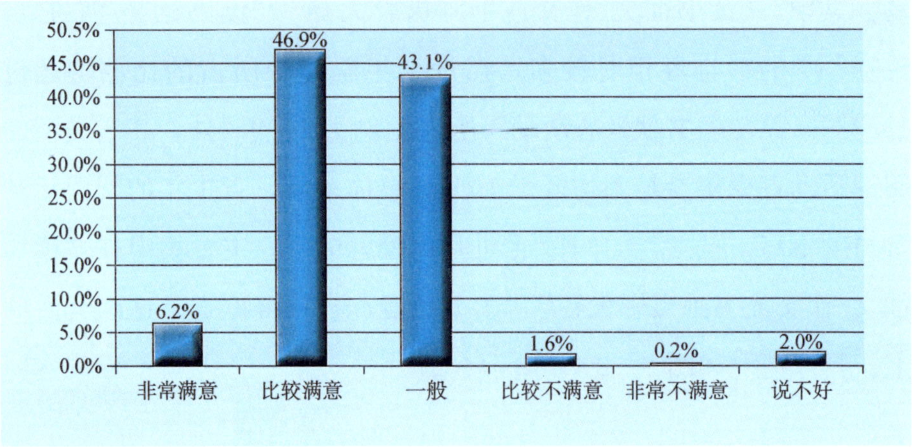

图8—2—5　青少年对读书征文/作文或书画摄影大赛的满意度评价

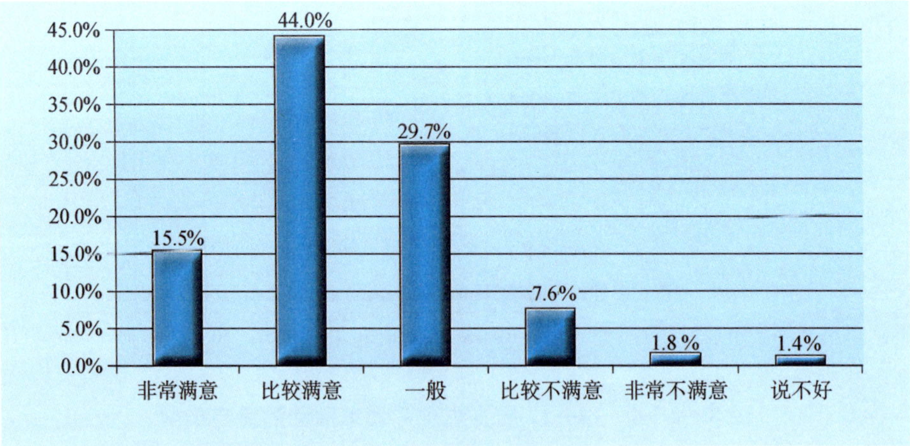

图8—2—6　青少年对图书展览会/特价书市的满意度评价

相比之下，青少年对于“图书展览会/特价书市”的满意度评价更高，而”读书征文/书画摄影大赛“的满意度评价还未占到半数，这类活动的举办需要进一步贴近青少年，提高举办此类读书活动的质量和水准。

8.2.5 参与读书活动的原因

2011年，大多数青少年表示，自己参与读书活动的原因是“促进自己的读书学习”和因“学校组织参加”，其比例高达63.5%和51.3%。由此可见，参与的功利性（促进自己的读书学习），超过了参与的被动性（学校组织），但这两个因素仍是大多数青少年参与阅读活动的主要原因。具体情况图8—2—7所示。

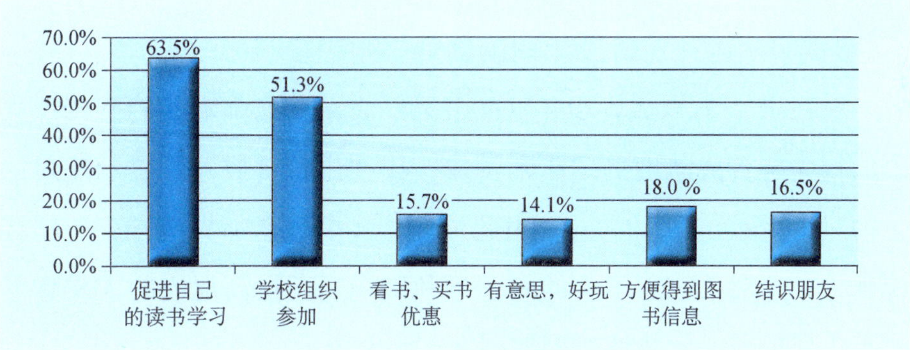

图8—2—7 14—17周岁青少年参与读书活动的原因

8.2.6 制约青少年参与读书活动的因素

2011年，大多数青少年表示，自己未参加读书活动的主要原因之一是“没见过相关活动”，其比例高达63.6%。农村中的这一比例达到56.7%，高于城镇中的53.7%。此外，有27.4%的城镇青少年，选择对读书活动“不感兴趣”，这一比例稍稍低于农村的28.5%。在其他没有参与阅读活动的原因上，城镇青少年选择的比例更高。这说明，农村地区“没见过相关活动”和对读书活动“不感兴趣”，直接影响到农村地区青少年参与阅读活动，而因其他原因不参与阅读活动的农村地区的青少年相对较少。具体情况如图8—2—8所示。

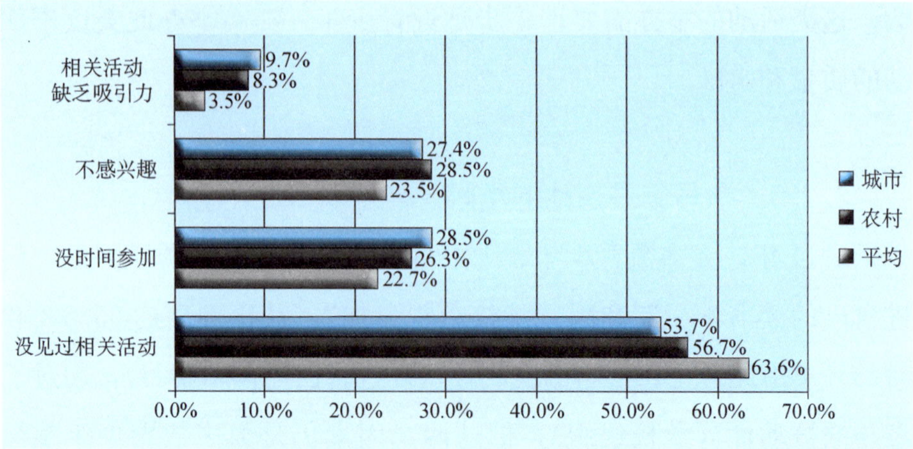

图 8—2—8 制约 14—17 周岁青少年参与读书活动的因素

8.2.7 老师对青少年阅读课外书的态度

2011 年，有六成青少年（60.7%）表示，老师对他们阅读课外书的行为持赞成态度（“非常赞成”或“比较赞成”），表示反对的老师只占少数，为 13.9%。由此可知，大多数老师支持青少年阅读课外书，这对于扩大学生的阅读量和知识面，提高他们的人文素养具有重要的意义。具体情况如图 8—2—9 所示。

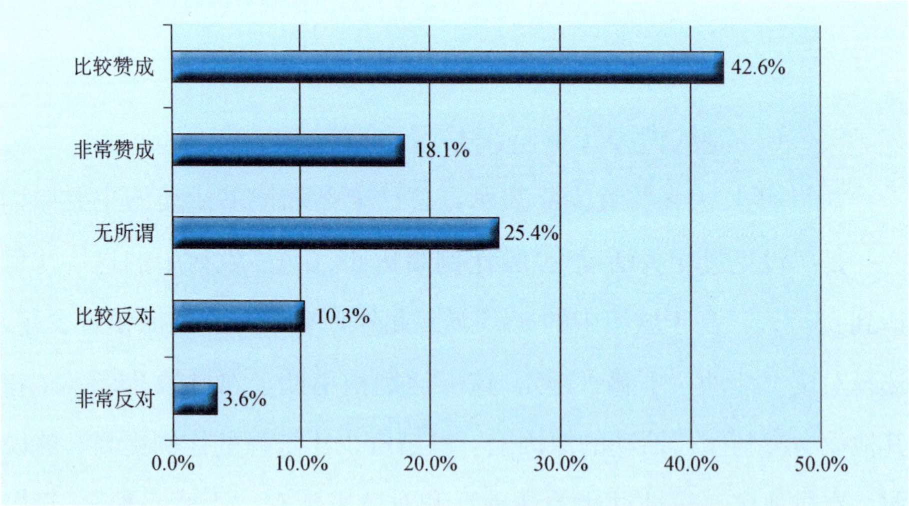

图 8—2—9 老师对 14—17 周岁青少年阅读课外书的态度

8.3 校园图书馆使用情况

8.3.1 校园图书馆普及情况

2011年，我国14—17周岁青少年所在学校的图书馆普及率较高，77.7%的青少年表示，所在学校设有图书馆。其中，城镇中青少年所在学校的图书馆普及率相对更高，其比例达到82.3%，而农村中的学校图书馆普及率则相对较低，为73.1%，但差距已经缩小到10个百分点以内。具体情况如图8—3—1所示。

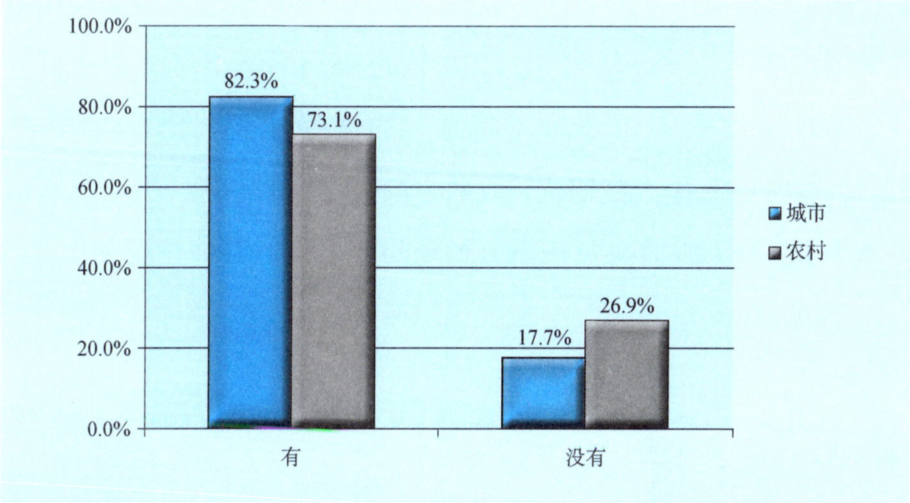

图8—3—1　14—17周岁青少年学校图书馆普及情况的城乡差异

8.3.2 校园图书馆使用率与满意度

在表示学校有图书馆的青少年中，有71.7%的青少年选择一年内去过学校图书馆。其中，选择去图书馆“每周1—3次”的青少年最多，占到25.9%；选择去图书馆“每月1—3次”的青少年占到18.9%。总体上看，有超过五成的青少年（55.8%）每月至少去一次学校图书馆，其比例较2010年有明显上升。具体情况如图8—3—2所示。

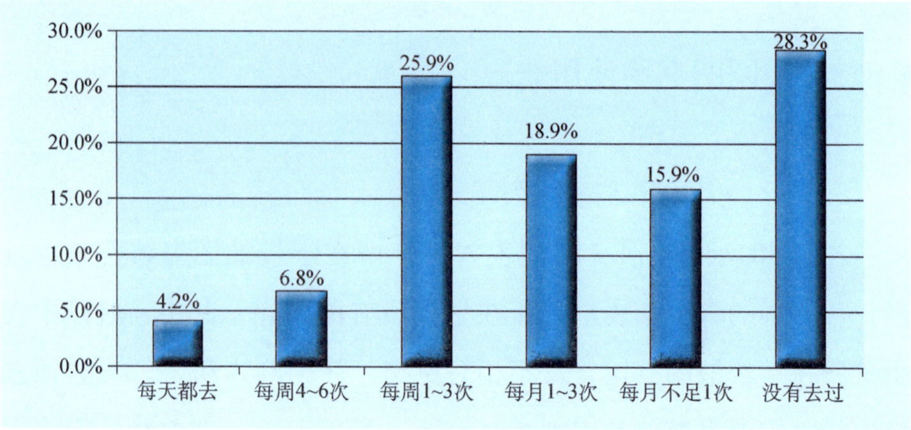

图 8—3—2　14—17 周岁青少年使用学校图书馆的频次

表示学校有图书馆的青少年中，有 34.2%的青少年对学校图书馆的满意度评为“一般”，比 2010 年的 38.4%下降了 4.2 个百分点。而对学校图书馆表示“满意”的选择比例，比 2010 年的 30.1%有明显上升，为 38.7%。两个数据指标的一降一升，反映出学校图书馆在支撑青少年阅读方面还不够理想，具体情况如图 8—3—3 所示。

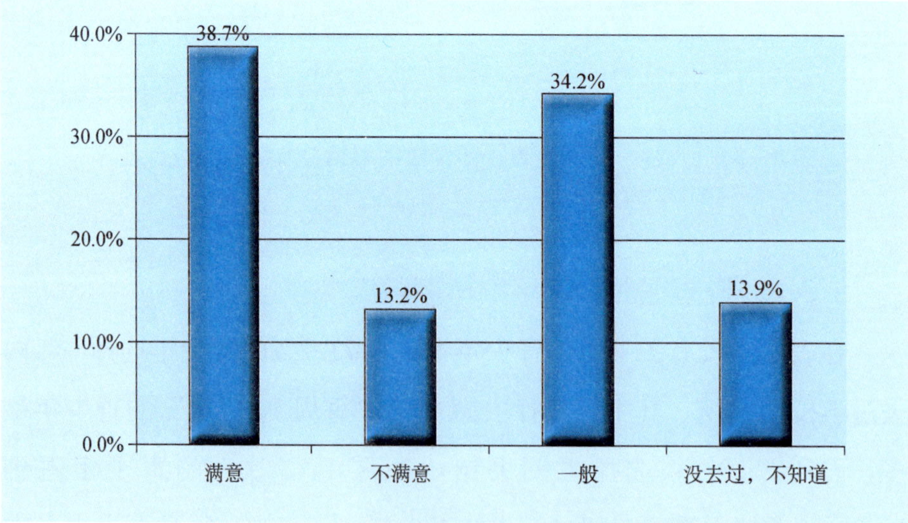

图 8—3—3　14—17 周岁青少年对学校图书馆满意度

调查数据还显示，中小学校图书馆对于青少年成长的作用毋庸置疑，加强学校图书馆对在校青少年的阅读服务工作，提高青少年对学校图书馆的利用率和认可度，是今后学校图书馆工作的一大重心。吸引更多的青少年利用学校图书馆，从而逐渐培养他们的阅读习惯，使图书馆在培养青少年阅读兴趣方面发挥越来越大的作用，是我们未来乐见的情况。

第三部分

9—13周岁少年儿童阅读与购买倾向调查报告

2011年，针对9—13周岁的少年儿童阅读与购买倾向调查，共成功回收有效样本1182个。其中，男性少年儿童样本633个，女性少年儿童样本549个，男女少年儿童性别比例为1.15∶1；农村少年儿童样本占总样本量的29.1%。9—13周岁各年龄段样本量及比例如表1所示。

表1　9—13周岁少年儿童各年龄段样本结构

地域	年龄分布					合计（人）
	9周岁	10周岁	11周岁	12周岁	13周岁	
城镇	133	214	140	175	176	838
农村	69	84	54	63	74	344
合计（人）	202	298	194	238	250	1182

样本加权后可推及全国1.18亿的9—13周岁少年儿童。其中，可推及男性少年儿童6152.54万人，女性少年儿童5679.99万人，男女少年儿童性别比为1.08∶1；农村少年儿童样本占71.4%。加权后各年龄段不同人口特征的样本比例如表2所示。

表2　9—13周岁少年儿童各年龄段样本加权后不同人口特征下的样本比例

人口特征		比例
城乡	城镇	28.6%
	农村	71.4%
性别	男	52.0%
	女	48.0%
年龄	9周岁	17.8%
	10周岁	27.2%
	11周岁	16.5%
	12周岁	19.4%
	13周岁	19.2%
年级	小学一年级	0.1%
	小学二年级	2.6%
	小学三年级	12.8%
	小学四年级	22.1%
	小学五年级	19.5%
	小学六年级	20.2%
	初一	14.9%
	初二	7.0%
	初三	0.6%
	其他	0.2%

第一章 少年儿童图书阅读与购买状况[②]

1.1 少年儿童阅读现状分析

1.1.1 图书阅读率与图书阅读量

2011 年，9—13 周岁少年儿童图书阅读率达到 93.5%，与 2010 年的 92.1%相比，增长了 1.4 个百分点。

从阅读量来看，2011 年 9—13 周岁少年儿童的图书阅读量为 7.24 本。其中，城镇少年儿童的图书阅读量为 8.81 本，比农村少年儿童的 6.94 本多 1.87 本。

对比不同性别少年儿童的阅读量可以看出，9—13 周岁男孩的阅读量高于女孩。在 9—13 周岁各年龄段的少年儿童中，9—12 周岁少年儿童的阅读数量随年龄的增长而逐渐增多，12 周岁群体的图书阅读量最高，为 10.61 本。13 周岁少年儿童的图书阅读量，低于 11 周岁和 12 周岁群体。具体情况如表 1—1—1 所示。

表 1—1—1 9—13 周岁少年儿童图书阅读量

人口特征	阅读量（本）	年龄	阅读量（本）
城镇	8.81	9 周岁	5.48
农村	6.94	10 周岁	5.96

② 本章所指图书为除教科书和期刊外的课外图书。

续前表

人口特征	阅读量（本）	年龄	阅读量（本）
男	8.42	11 周岁	7.26
女	6.03	12 周岁	10.61
—		13 周岁	6.91

1.1.2 对阅读的喜爱程度

数据显示，2011 年有 90.0%的 9—13 周岁少年儿童表示喜欢阅读。其中，选择“喜欢，经常看”的少年儿童占到 45.1%；选择“喜欢，但不经常看”的少年儿童占到 44.9%。另外，还有 8.8%和 1.2%的少年儿童分别表示“不喜欢，基本上不看”和“说不清”。具体情况如图 1—1—1 所示。

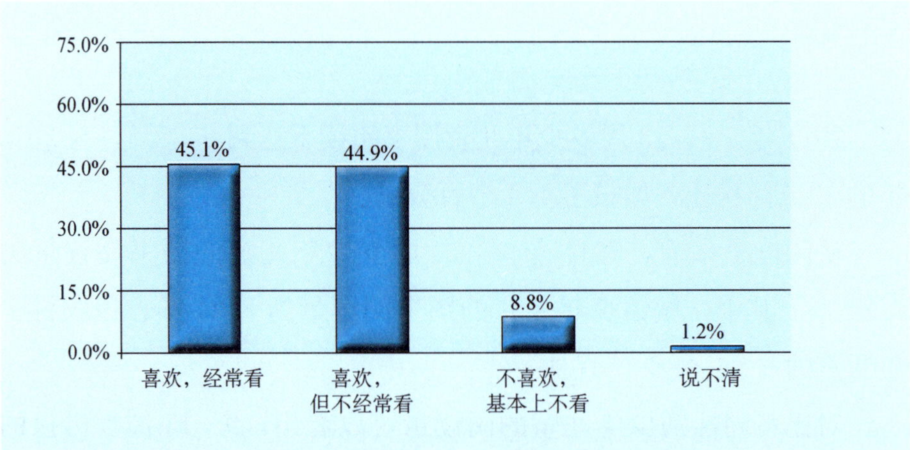

图 1—1—1　9—13 周岁少年儿童对阅读的喜爱程度

调查数据显示，我国 9—13 周岁城镇少年儿童喜爱阅读的程度比较高，选择“喜欢，经常看”的比例为 51.0%，高于农村该年龄段少年儿童的 42.8%。此外，有 47.2%的 9—13 周岁农村少年儿童选择了“喜欢，但不经常看”，这一比例高出城镇少年儿童 7.9 个百分点；选择“不喜欢，基本上不看”的该年龄段农村少年儿童的比例也多于城镇。具体情况如图 1—1—2 所示。

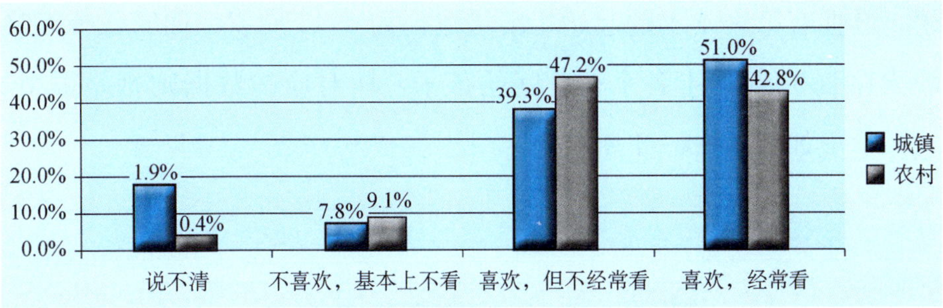

图 1—1—2　9—13 周岁少年儿童对阅读喜爱程度的城乡差异

1.1.3　拥有第一本书的年龄

调查数据显示，9—13 周岁少年儿童拥有第一本书的起始年龄平均为 3.17 周岁。60.3%的该年龄段少年儿童，是在 3 周岁以前开始拥有自己的第一本书。值得注意的是，6 岁及以上才开始拥有自己第一本书的少年儿童比例为 18.1%。具体情况如图 1—1—3 所示。

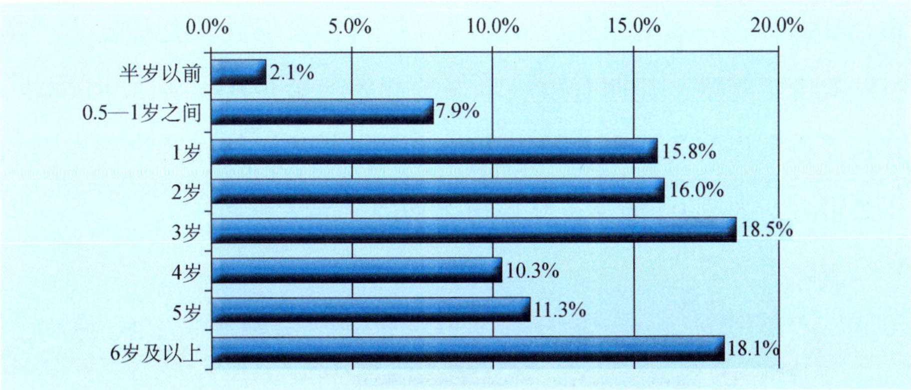

图 1—1—3　9—13 周岁少年儿童拥有第一本书的起始年龄

从城乡对比来看，居住在城镇的该年龄段少年儿童拥有第一本书的年龄相对较低，为 2.47 周岁；该年龄段农村少年儿童的起始阅读年龄在 3.44 周岁。

调查数据显示，月收入较高的家长，其孩子拥有自己图书的起始年龄则相对较低。2011 年，家长个人月收入在 500 元以下的孩子，其拥有第一本书的起始年龄最迟，为 4.46 周岁。而家长个人月收入在 2000 元以上各个梯度间的孩子，所对应的数据则相差很小。具体情况如图 1—1—4 所示。

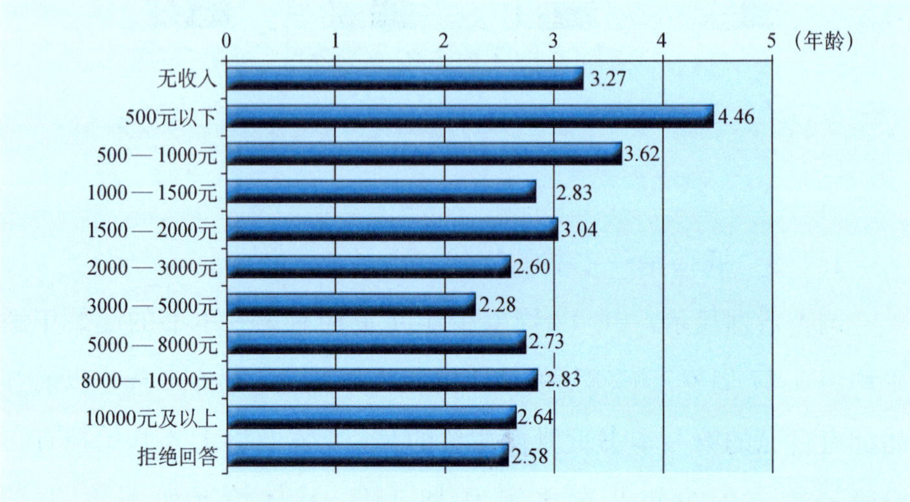

图 1—1—4　9—13 周岁少年儿童拥有第一本书的起始年龄与家长月收入的关系

调查数据显示，家长受教育程度为“博士研究生”的少年儿童，其拥有第一本书的起始年龄为 3 周岁；家长受教育程度为“本科”的少年儿童，其拥有第一本书的起始年龄最小，为 2.15 周岁。家长受教育程度为“小学及以下”的少年儿童，其拥有第一本书的年龄最迟，为 4.05 周岁。具体情况如图 1—1—5 所示。

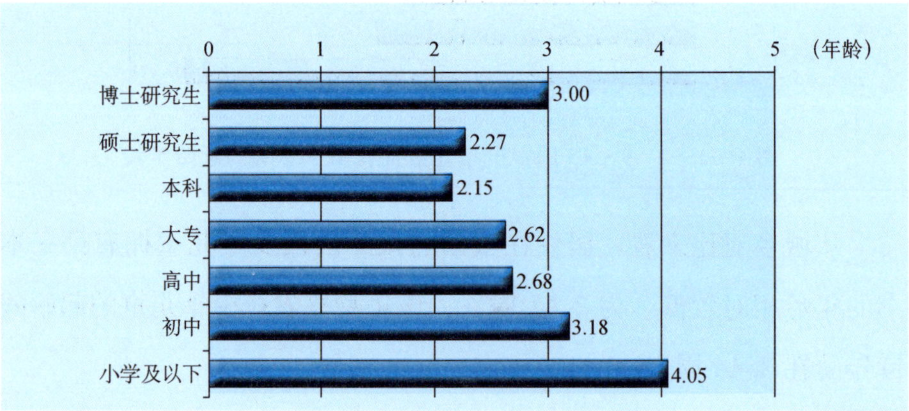

图 1—1—5　9—13 周岁少年儿童拥有第一本书的年龄与家长教育程度的关系

1.1.4 少年儿童喜爱的图书类型

2011年，超过两成的9—13周岁少年儿童喜欢阅读“作文精选”类图书，其选择比例达到24.7%，位居该年龄段少年儿童最喜欢阅读的课外书类型榜首。这在一定程度上表明，该年龄段的少年儿童由于学业压力等因素，在课外书阅读上带有功利性。分别有15.4%和14.0%的少年儿童喜爱“童话寓言”类和“卡通漫画”类图书，喜爱“幽默故事”类图书的比例为10.3%，均在10.0%以上。喜爱“科普百科”“科幻神话”“校园小说”“历险故事”和“经典名著”类图书的比例，均在5.0%以上。

在本次调查中，“童话寓言”类图书的受欢迎比例较2010年有所增加，达到15.4%，超越“卡通动漫”类图书。“卡通动漫”类图书的选择比例比2010年下降了4.4个百分点，为14.0%。此外，与上一年度相比，喜爱“科普百科”和“科幻神话”类图书的少年儿童的比例有较明显的增加，分别增长了2.5和2.9个百分点。

总体看来，该年龄段少年儿童好奇心大、求知欲强，又具备了基础的阅读能力，喜爱的图书类型较为丰富，能够有意识地涉猎不同领域的文化知识，以促进他们自身素质的提高。但仍有0.6%的少年儿童选择了“不喜欢任何课外读物”，这也提醒我们，培养和引导该年龄段孩子的阅读习惯，依然是不可松懈的任务。具体情况如图1—1—6所示。

调查显示，不同性别的少年儿童所喜爱的课外书类型差异较为明显。女孩比男孩更倾向于阅读“作文精选”“童话寓言”“校园小说”和“经典名著”类图书，男孩则比女孩更倾向于阅读“科幻神话”“科普百科”“历险故事”“卡通漫画”和“幽默故事”等类图书。由此看来，我们要在尊重不同年龄段、不同性别少年儿童阅读特点的基础上，引导他们进行阅读。具体情况如图1—1—7所示。

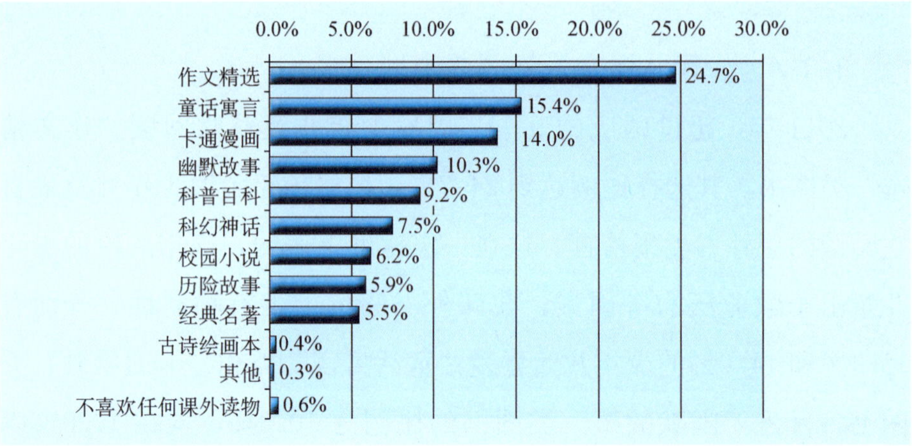

图 1—1—6　9—13 周岁少年儿童喜爱的图书类型

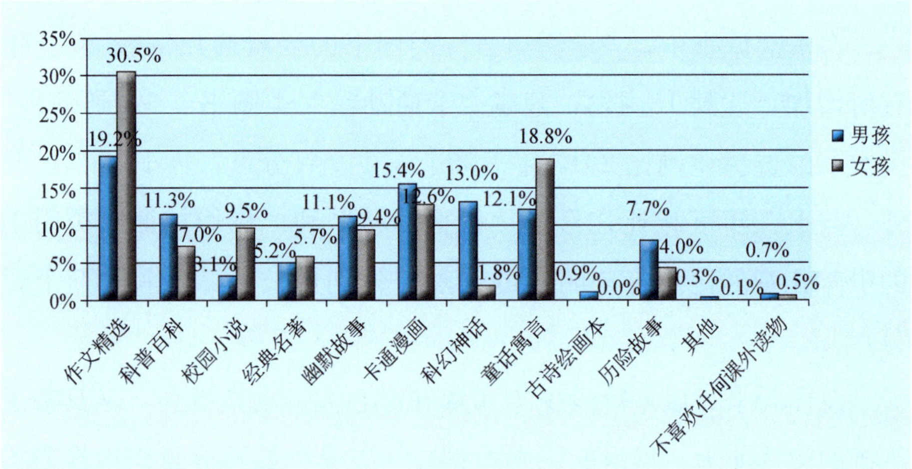

图 1—1—7　9—13 周岁少年儿童喜爱的图书类型性别差异

1.1.5　阅读来源

本次调查显示，购买是 9—13 周岁少年儿童获得图书的主要方式。超过半数的少年儿童经常阅读的图书，是由“爸妈买的”，选择该比例的孩子达到了 54.8%；而 10.9%的少年儿童自己购买经常阅读的书。

2011 年，有 1.7%的少年儿童选择“从网上看书”，而上一年度接受调查的该年龄段少年儿童中，还无人进行网上阅读。这一现象从侧面反映出，获取方式便捷、价格低廉的数字化阅读方式发展速度十分迅猛，并开始被我国 9—13 周岁少年儿童所接受。此外，该年龄段的少年儿童也偏爱彼此之间相互借阅图书来阅读，通过“找同学朋友借的”途径获取图书的比例持续增加，从 2010 年的 13.9%上升到 16.5%。具体情况如图 1—1—8 所示。

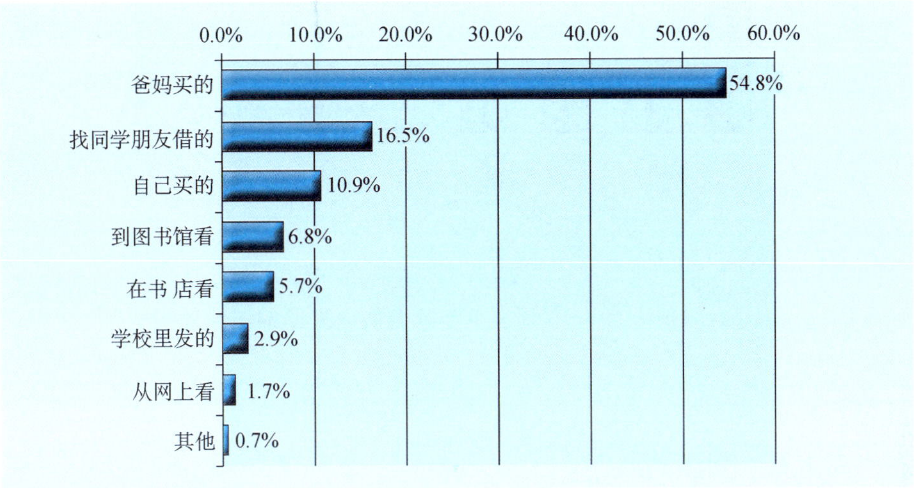

图 1—1—8　9—13 周岁少年儿童的阅读来源

对比城镇和农村 9—13 周岁少年儿童的阅读来源，整体趋势大致相同，均以“爸妈买的”选择比例最高，选择“在网上看”的选择比例最低。此外，城镇少年儿童阅读来源为“爸妈买的”的选择比例显著高于农村儿童。

相较于城镇少年儿童，农村少年儿童更善于利用免费或更廉价的方式获得图书。在城镇中，选择“爸妈买的”及“自己买的”少年儿童分别为 63.5%和 14.6%，农村少年儿童分别为 51.3%和 9.4%，较城镇少年儿童分别低 12.2 个百分点和 5.2 个百分点。而通过观察我们发现，选择“找同学朋友借阅”和“学校里发的”方式获取阅读资源的农村少年儿童，均不同程度地多于城镇少年儿童，其中，“找同学朋友借的”农村少年儿童的选择比例（19.1%）比城镇少年儿童（10.0%）高出了 9.1 个百分点。值得注意的是，城镇少年儿童选择“在图书馆看”的比例高于农村，这可能是由于农村地区图书馆的整体建设还不够完善，数量偏少所致。具体情况如图 1—1—9 所示。

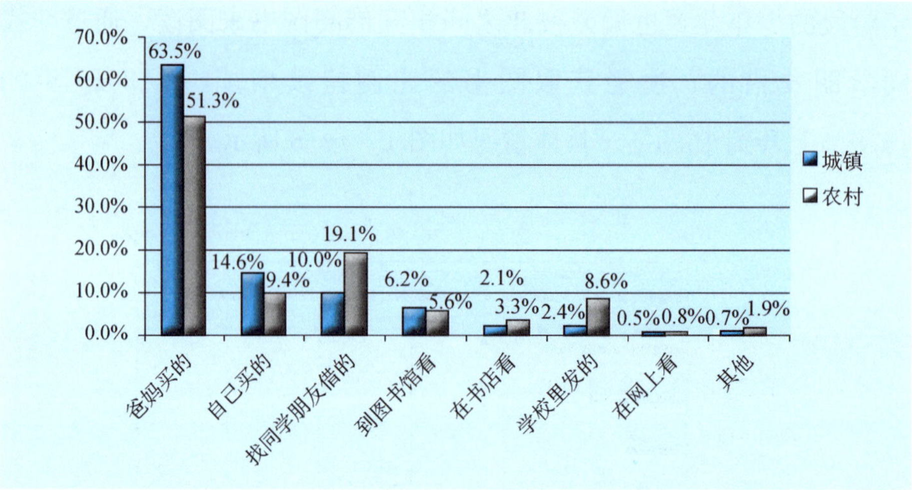

图 1—1—9　9—13 周岁少年儿童阅读来源的城乡差异

1.1.6　阅读时长

2011 年，9—13 周岁少年儿童平均每天的课外书阅读时长为 22.59 分钟，比 2010 年的 38.88 分钟减少了 16.29 分钟。

由数据可知，少年儿童的课外书日均阅读时长主要集中在 10—30 分钟，该比例在被调查者中共占到 50.7%。其中，阅读时长为 20—30 分钟的少年儿童人数最多，占到了 27.5%。需要注意的是，同上一年度相比，选择这两项的人数有少许增加，分别增加了 0.7 个百分点和 0.8 个百分点。而选择"1 小时及以上"的少年儿童人数比例，则由 2010 年的 6.1%下降到了 5.4%。具体情况如图 1—1—10 所示。

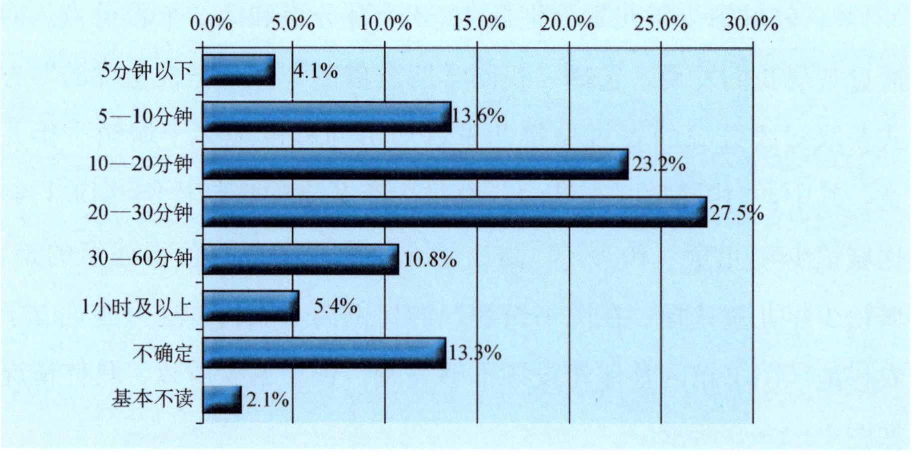

图 1—1—10　9—13 周岁少年儿童的日均阅读时长

上述现象表明，大多数我国 9—13 周岁少年儿童每天的课外阅读时间都能得到保证，但日均阅读时长仍有较大的减少趋势。目前，该年龄段少年儿童的课业负担加重，并有向低龄儿童蔓延的趋势，加之家长们望子成龙、望女成凤心切，周末休息时间带孩子去参加各种各样的兴趣班、辅导班，严重侵占了少年儿童的课外阅读时间，孩子们的日均阅读时长减少，应该从社会和家长等方面来重点寻求解决之路。

2011 年，9—13 周岁城镇少年儿童用在阅读上的日均时长为 25.67 分钟，农村少年儿童为 21.40 分钟，城镇和农村少年儿童的日均阅读时长从总体分布趋势上看无明显差异。但对比具体数据可以发现，日均阅读时长在 5—30 分钟的农村少年儿童多于城镇少年儿童。而日均阅读时长在 30 分钟以上的城镇少年儿童，则多于农村少年儿童。另外，日均阅读时长在 1 小时及以上的城镇少年儿童比例为 8.0%，比选择此项的农村少年儿童比例多出将近一半。具体情况如图 1—1—11 所示。

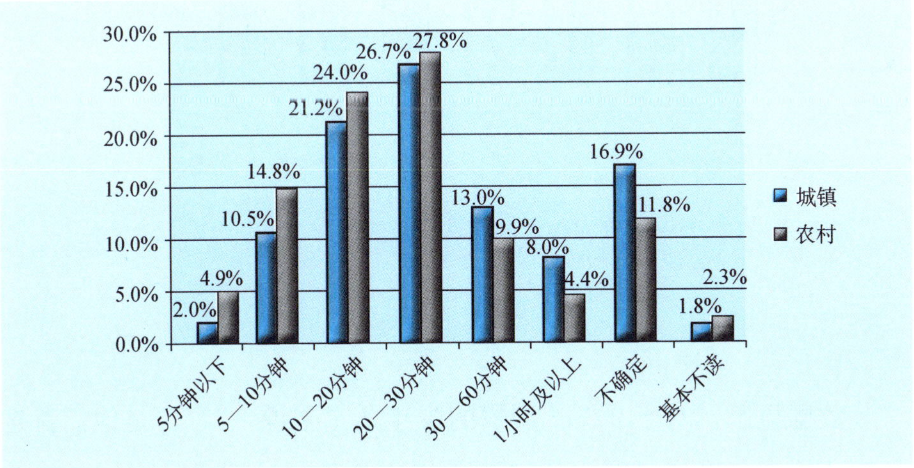

图 1—1—11　9—13 周岁少年儿童日均阅读时长的城乡差异

少年儿童阅读课外书的日均时长，与家长的受教育程度间基本呈正相关。受教育程度为“博士研究生”的家长，其子女的日均阅读时间最长，为 60.00 分钟；受教育程度为“硕士研究生”的家长，其孩子日均阅读时长为 42.02 分钟，排名第二；家长受教育程度为“本科”的孩子，日均阅读时长为 30.58 分钟，排名第三。

需要注意的是，排名垫底的并不是学历最低家长的子女，而是教育程度为初中的家长的子女，其日均阅读时间为 20.26 分钟。教育程度为“小学及以下”的家长，其子女的日均阅读时间为 20.37 分钟，比前者略高。

与 2010 年相比，教育程度为高中及以上学历的家长，其子女的日均阅读时间均有所增加。其中，增长最多的是教育程度为博士的家长之子女，他们的孩子阅读时间增长了 12.59 分钟；教育程度为初中及以下的家长，其子女的日均阅读时间较 2010 年则稍有减少。具体情况如图 1—1—12 所示。

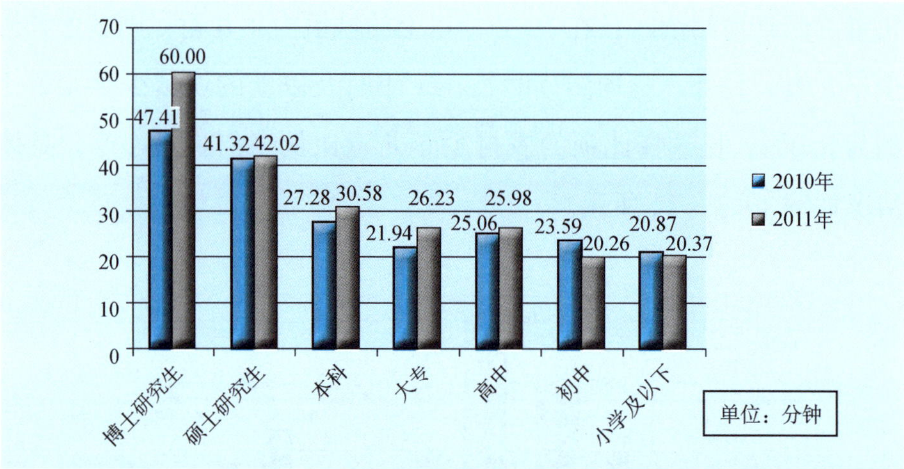

图 1—1—12　9—11 周岁少年儿童日均阅读时长与家长教育程度的关系

1.1.7　阅读地点

数据显示，对于 9—13 周岁的少年儿童来说，“家”是他们首选的阅读地点。有超过七成的城镇少年儿童和超过五成的农村少年儿童，平时在“家里”阅读的机会更多，“学校”则次之。24.8%的城镇少年儿童时常在学校读书，而在农村，44.8%的少年儿童也会选择在学校读书。经比较可知，城镇中的孩子显然更愿意在家中阅读，而农村孩子更偏爱在学校阅读。具体情况如图 1—1—13 所示。

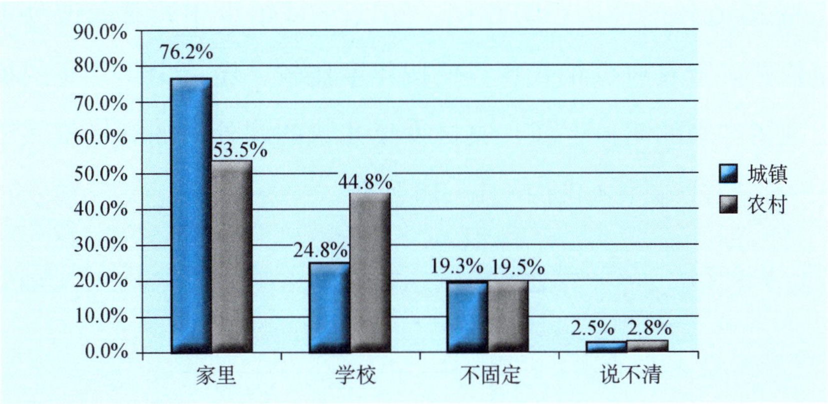

图 1—1—13　9—13 周岁少年儿童的阅读地点

1.1.8　课外书拥有量

2011 年，9—13 周岁少年儿童课外书的人均拥有量为 15.70 本。有 96.5%的该年龄段少年儿童拥有自己的课外书（不包括期刊和教科书），这一比例虽然依然保持在较高水平，但与 2010 年相比出现了小幅下降，降幅为 2.9 个百分点，需要我们给予充分的重视。

拥有 20 本以内课外书的少年儿童，占到七成左右（71.0%），其中又以家中课外书拥有量在 5 本以内的人最多，约占该群体的 26.2%。此外，少年儿童家中拥有 50 本以上课外书的比例为 4.1%，与上一年度相比有所下降，降幅为 1.5 个百分点。具体情况如图 1—1—14 所示。

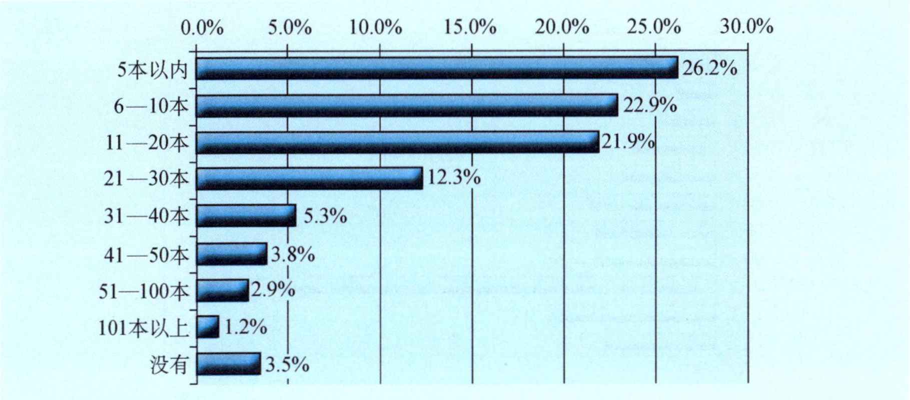

图 1—1—14　9—13 周岁少年儿童家中课外书拥有量

与2010年的整体趋势相同，2011年城镇少年儿童的课外书拥有量依然多于农村少年儿童。但按年度比较，城镇少年儿童的拥有量出现了3本的明显下降，农村少年儿童的课外书拥有量依然维持在12本左右，具体如图1—1—15所示。

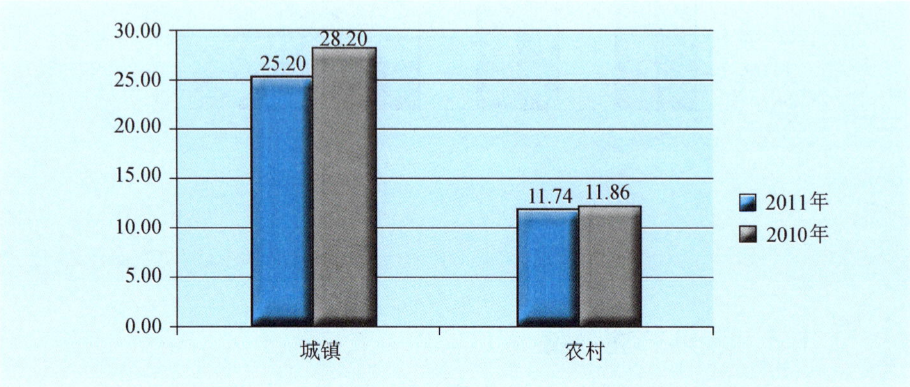

图1—1—15　9—13周岁少年儿童家中课外书拥有量的城乡差异

调查显示，9—13周岁少年儿童家中课外书的拥有量，与家长的个人收入存在一定的关联。其中，家长月收入在8000—10000元的少年儿童课外书拥有量最多，为79.34本，比家长月收入在10000元以上的少年儿童拥有量高出两倍以上。家长月收入500元以下的少年儿童，其课外书拥有量最少，为7.50本。除此之外，家长无收入的家庭，少年儿童的课外书拥有量为12.09本，并不比低收入家庭的孩子少。具体情况如图1—1—16所示。

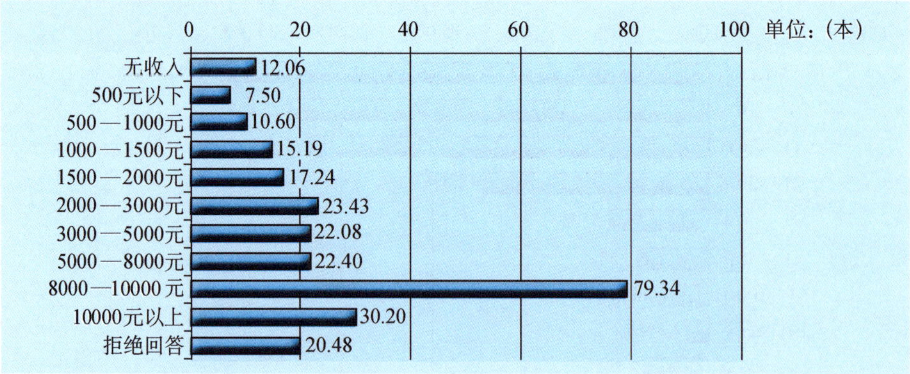

图1—1—16　9—13周岁少年儿童课外书拥有量与家长月收入的关系

调查还显示，随着家长教育程度的提升，家中属于孩子的图书数量也相应增多，二者构成了明显的正比例关系。家长教育程度为硕士研究生的孩子，其课外书拥有量最多，为 47.76 本；其次是家长教育程度为本科的孩子，其课外书拥有量为 38.95 本；而家长教育程度为“小学及以下”的孩子，课外书拥有量最少，为 10.14 本，不过与 2010 年相比，这一数值增加了 1.79 本。另外，少年儿童课外书拥有量最多和最少之间，相差了 37.62 本。具体情况如图 1—1—17 所示。

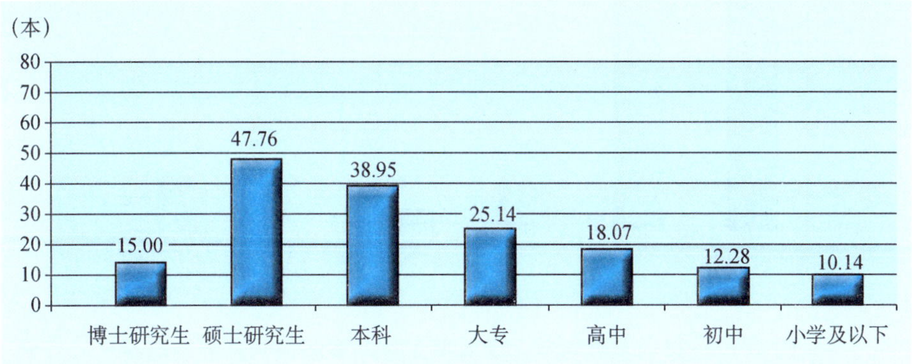

图 1—1—17　9—13 周岁少年儿童课外书拥有量与家长教育程度的关系

1.1.9　老师/家长对少年儿童阅读课外书的态度

本次调查显示，绝大多数 9—13 周岁少年儿童认为，学校老师对于少年儿童阅读课外书持赞成态度（“非常赞成”或“比较赞成”），其比例占到 78.9%。与 2010 年相比这一比例提高了 1.4 个百分点。而认为阅读课外书老师持反对态度（“比较反对”或“非常反对”）的仅占 3.4%。具体情况如图 1—1—18 所示。

与 2010 年比，城镇和农村的老师赞成 9—13 周岁少年儿童阅读课外书的比例均有所提高。其中，城镇中有超过八成的少年儿童表示，老师赞成他们读课外书，其比例较 2010 年增长了 1.8 个百分点，增幅略微超过农村地区。值得注意的是，2011 年共有 4.2%的城镇少年儿童表示，老师反对他们进行课外书的阅读，反对率较2010年下降了0.5个百分点。而在农村，这一比例则较2010年有所上升，上升幅度为0.3个百分点。另外，在城镇和农村各有一成左右的老师表示，对少年儿童看课外书“无所谓”，既不反对也不支持，选择该项的农村少年儿童略多，占到14.1%。具体情况如图1—1—19所示。

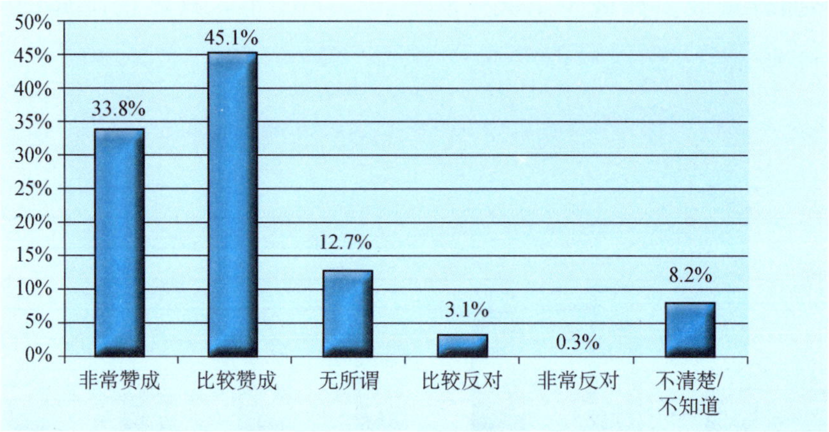

图1—1—18　老师对9—13周岁少年儿童阅读课外书的态度

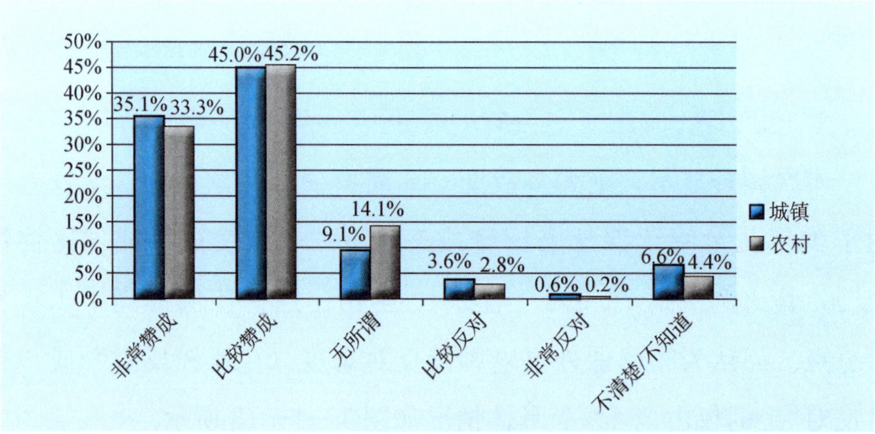

图1—1—19　老师对9—13周岁少年儿童阅读课外书的态度及城乡比较

专家研究表明，只有课外书的阅读量达到课本的4—5倍时，少年儿童才能形成较好的语文能力。老师是少年儿童学习生活的主要指导者，老师对课外阅读的态度，在一定程度上决定了阅读在孩子们眼中的重要性。若老师赞成孩子们的课外书阅读活动，该年龄段少年儿童便会形成“阅读十分重要”的认识，阅读量也会随之有很大程度的增加。

至于家长对于少年儿童的阅读态度，调查数据显示，2011 年有八成的家长对少年儿童阅读课外书持赞成态度，但仍有 4.9%的家长对孩子阅读课外书持反对态度（“比较反对”或“非常反对”）。具体情况如图 1—1—20 所示。

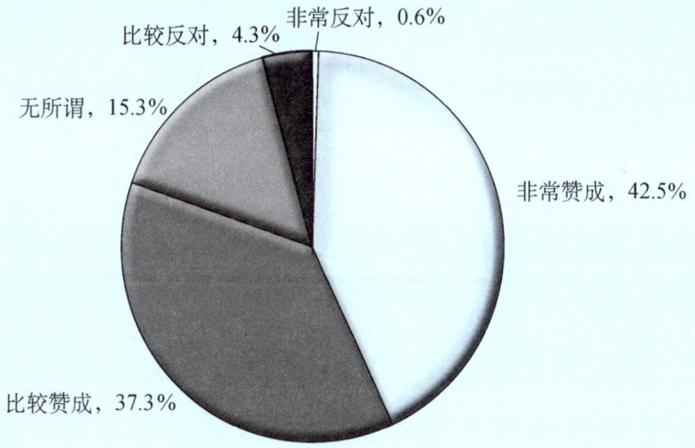

图 1—1—20　家长对 9—13 周岁少年儿童阅读课外书的态度

将家长对少年儿童阅读课外书的态度进行城乡对比后不难发现，在城镇和农村中各有接近八成的家长持赞成态度（“非常赞成”或“比较赞成”），具体比例分别是 81.4%和 79.2%，说明农村中赞成少年儿童阅读课外书的家长比例低于城镇。此外，农村中仍有 4.0%的家长反对（“比较反对”或“非常反对”）少年儿童阅读课外书，而此选项比例在城镇中还要高些，为 7.1%。相比之下，城镇家长持“比较反对”态度的占多数，农村家长持“非常反对”态度的占绝大多数。具体情况如图 1—1—21 所示。

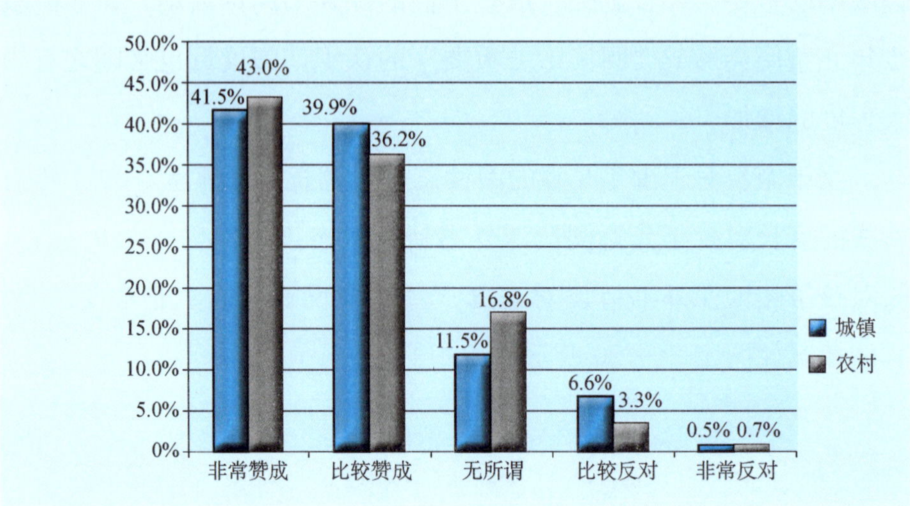

图 1—1—21　家长对 9—13 周岁少年儿童阅读课外书态度的城乡差异

1.1.10　制约儿童阅读的因素

2011 年，制约 9—13 周岁少年儿童读书因素最多的是“孩子不喜欢读书”，其选择比例占到 27.8%。而因担心阅读课外书影响孩子学习，也是导致少年儿童不喜爱读书的重要因素。此外，还有 23.9%的家长表示，“没人教孩子看书”。具体情况如图 1—1—22 所示。

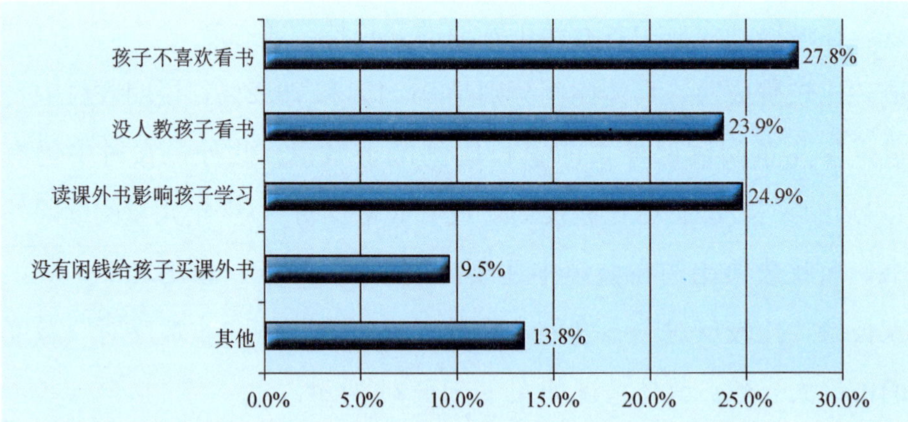

图 1—1—22　制约 9—13 周岁少年儿童阅读的因素

1.1.11 少年儿童最喜欢的十大作者

调查显示，2011 年 9—13 周岁少年儿童最喜欢的十大图书作者中，排名第一的是今何在，其后是安徒生、苏霍姆林斯基、杨红樱、冰心、鲁迅、熊召政和蒋方舟等作者。具体情况如表 1—1—3 所示。

表 1—1—3 9—13 周岁少年儿童最喜欢的十大作者

作　者	排　名
今何在	1
安徒生	2
苏霍姆林斯基	3
杨红樱	4
冰心	5
鲁迅	6
熊召政	7
蒋方舟	8
吴承恩	9
布鲁恩特	10

1.2 少年儿童购书状况

1.2.1 图书购买量

2011 年，9—13 周岁少年儿童家长没有给孩子买过儿童读物的，占到了 24.8%。购买数量在 10 本及以下的家长群体所占比例最大，为 63.3%，超过了六成；而一年内给孩子购买图书数量超过 30 本的家长则很少，仅有 2.8%。比较城乡的地域差异可知，城镇中少年儿童每年图书购买量相对较多，为 7.99 本，比农村少年儿童的图书购买量多出 2.82 本。具体情况如图 1—2—1 所示。

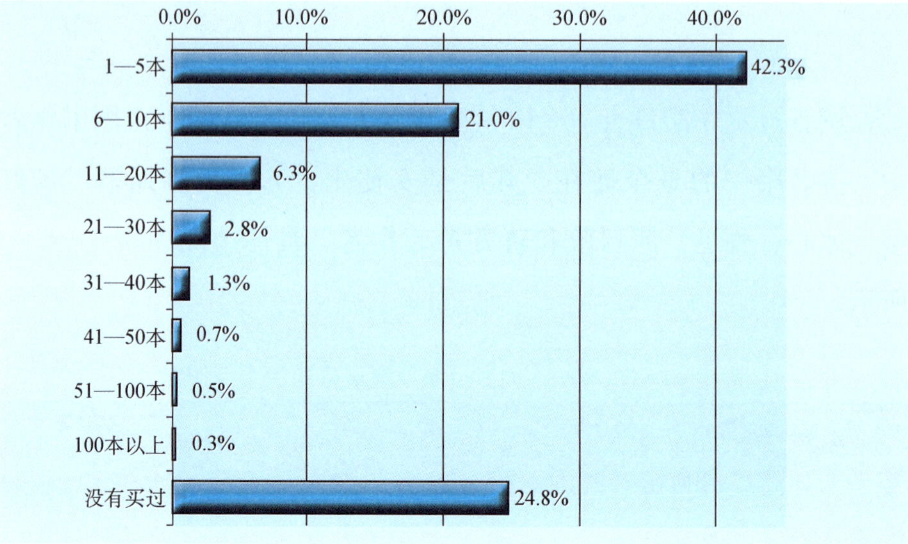

图 1—2—1　9—13 周岁少年儿童的图书购买量

1.2.1.1　图书购买量与家长月收入的关系

数据显示，基本上家长收入越多，花在孩子上的购书费用就越高，相反亦然。其中，家长月收入在“8000—10000 元”的家庭，孩子的图书购买量最多，为每年 23.33 本。其次是家长月收入为“10000 元”及以上的家庭，图书购买量为每年 8.98 本。具体情况如图 1—2—2 所示。

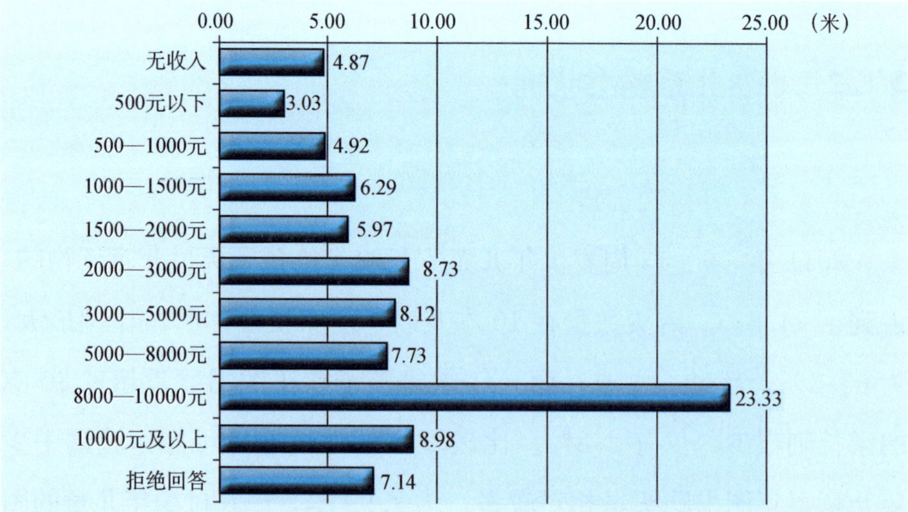

图 1—2—2　家长不同月收入下的少年儿童图书购买量

1.2.1.2 图书购买量与家长教育程度的关系

本次调查得知，少年儿童的图书购买量与家长的教育程度紧密相关，但并不是学历越高的家长购书量就越大。其中，家长教育程度为“本科”的孩子，年均购买图书数量最多，为14.97本；其次才是“硕士研究生”家长的孩子，为11.04本；而家长教育程度在“小学及以下”的孩子，其年均购买图书数量仅为2.85本。由此可见，家长的教育程度对孩子的购书数量影响较大，也会相应地影响孩子的阅读和学习。具体情况如图1—2—3所示。

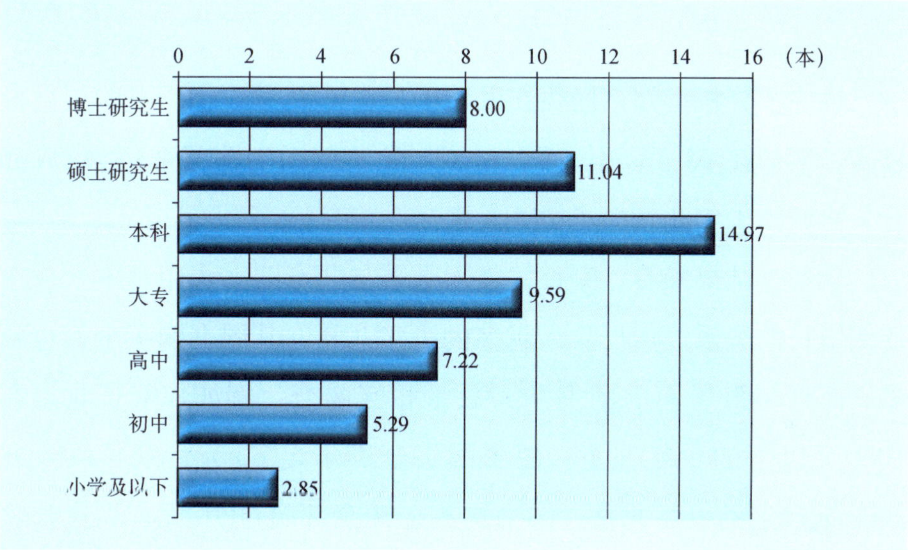

图1—2—3　家长教育程度差异下的9—13周岁少年儿童图书购买量

1.2.2 图书购买金额

2011年，图书购买金额在50元以上的9—13周岁少年儿童，依然占到一半以上（57.6%），这在2010年强劲增长的良好势头下又有所提升。其中，一年内购买图书在“51—100元”的选择比例最高，其比例为30.6%，其次是选择“100元以上”的比例，占到27.0%。具体情况如图1—2—4所示。

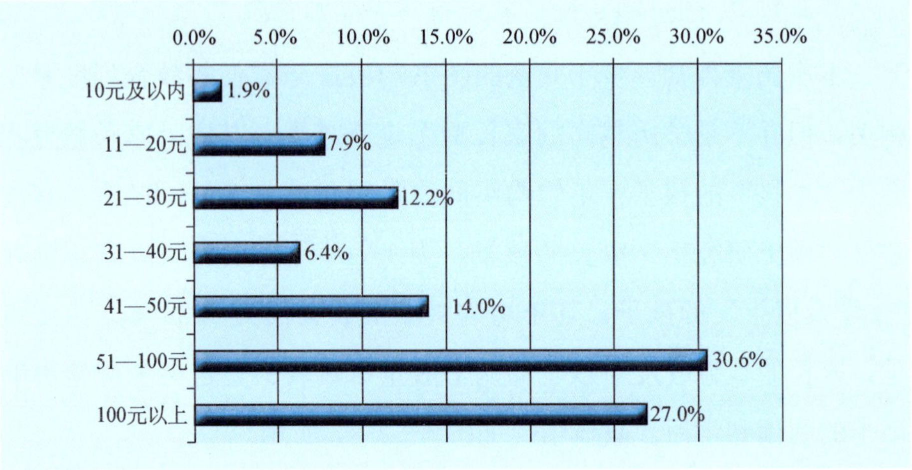

图 1—2—4　9—13 周岁少年儿童图书购买金额

进一步分析可知，居住在城镇中的少年儿童，年图书购买金额较高，平均在 73.73 元，而农村少年儿童的图书购买金额为 57.60 元，比城镇少年儿童少了 16.13 元。

从调查结果来看，家长的收入水平与儿童购书费用基本上成正比例增长的关系。家长收入越多的少年儿童，其图书购买金额也较多，而且与孩子们的图书购买数量相互吻合。例如，家长收入在 1000 元以下的少年儿童，图书购买金额不足 60 元；家长收入在 2000 元以上的少年儿童，图书购买金额全部超过 70 元；而家长收入超过 5000 元的少年儿童，对应的图书购买金额为 80 元以上；家长收入在 8000 元以上的少年儿童，图书购买金额则达到最高，为 90 元以上。具体情况如表 1—2—1 所示。

表 1—2—1　家长收入与 9—13 周岁少年儿童图书购买金额的差异

家长个人收入	图书购买金额（元）
无收入	58.22
500 元以下	45.03
500—1000 元	52.08
1000—1500 元	61.52

续前表

家长个人收入	图书购买金额（元）
1500—2000 元	62.84
2000—3000 元	72.05
3000—5000 元	78.89
5000—8000 元	83.20
8000—10000 元	95.83
10000 元以上	93.77
拒绝回答	68.67

9—13 周岁少年儿童的图书购买金额，也与家长的教育程度基本上呈正比关系。但是同上面所述“购书量与家长教育程度关系”的调查情况相同，并不是学历越高家长的孩子，其购书金额就越高。数据显示，家长教育程度为“本科”的孩子，其花在图书上的购买金额最多，接近 90 元，这与家长教育程度在“小学及以下”孩子获得的图书购买金额（51.21 元）比较，高出了 35.01 元。尽管如此，这一比例较上一年度达到一倍以上的差距已有所缩小。具体情况如图 1—2—5 所示。

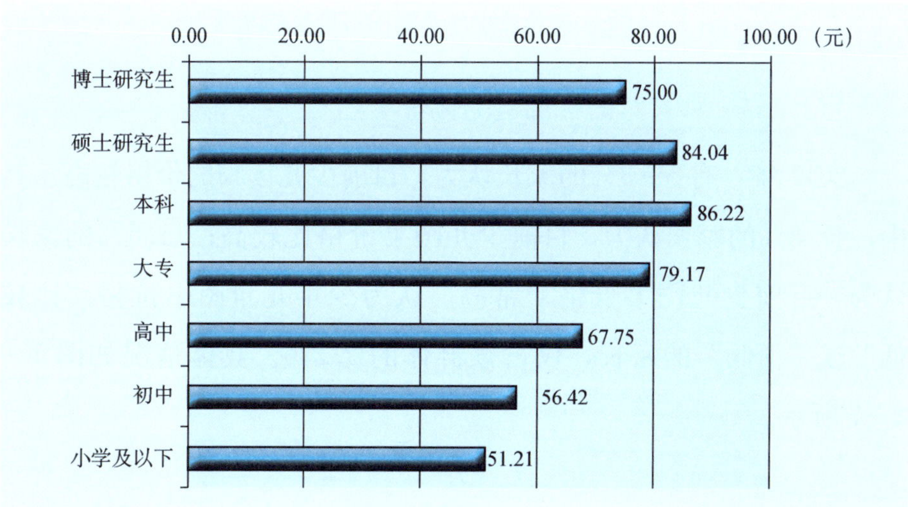

图 1—2—5　9—13 周岁少年儿童图书购买金额与家长教育程度的关系

1.2.3 家长对图书的购买力

1.2.3.1 家长对图书的价格承受力

调查显示，如果要给孩子购买一本 200 页左右的少年儿童读物简装书，大多数家长表示，9—20 元是其价格的承受范围。其中，表示“13—20 元”为其价格承受力的家长，多于选择“9—12 元”的家长，分别占该人群的 31.5%和 27.6%。此外，也有约 8.2%的家长表示，孩子“只要喜欢，多贵都买”。具体情况如图 1—2—6 所示。

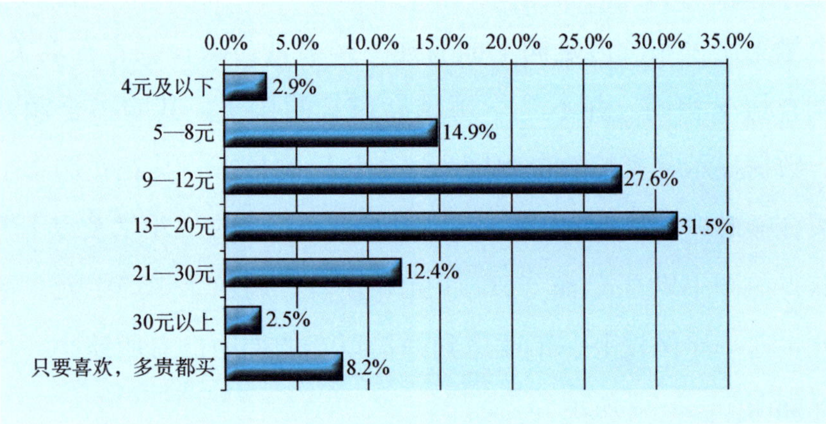

图 1—2—6 家长对少年儿童图书价格的承受力

1.2.3.2 家长对图书价格的评价

2011 年，有 59.3%的家长认为，目前少儿读物的价格较高。其中，47.8%的家长认为，目前少儿图书价格比较高；11.5%的家长认为，目前少儿图书价格非常高。认为少年儿童图书价格“比较低”或“很低”的家长，仅占该群体的 2.2%。具体情况如图 1—2—7 所示。

1.2.4 家长对图书种类和质量的评价

2011 年，9—13 周岁少年儿童的家长普遍认为，目前市场上图

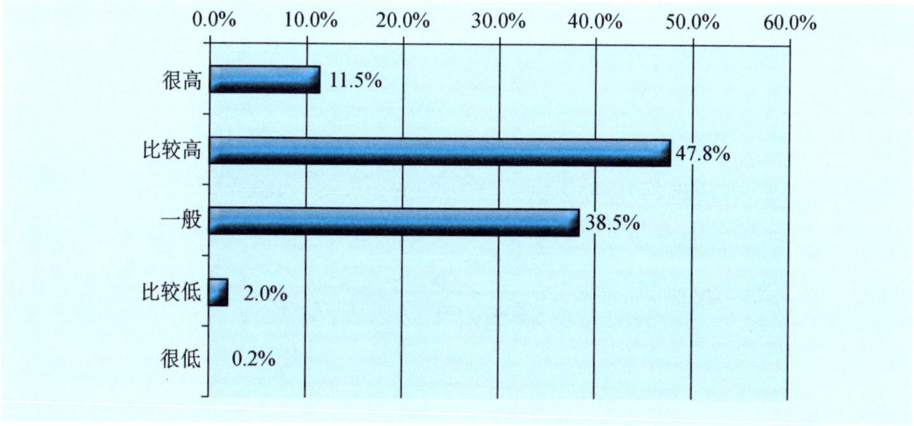

图 1—2—7　家长对少年儿童图书价格的评价

书种类比较丰富。其中，超过两成（21.6%）家长认为，市场上少年儿童图书种类“很丰富”；36.7%的家长认为，少年儿童图书种类“比较丰富”。另外，有 32.4%的家长认为，少儿图书种类“一般”；还有 9.3%的家长认为，目前市面上少儿图书种类少（“比较少”或“很少”）。具体情况如表 1—2—2 所示。

表 1—2—2　家长对少儿图书种类的评价

评　价	选择比例
很丰富	21.6%
比较丰富	36.7%
一般	32.4%
比较少	6.2%
很少	3.1%

调查显示，超过五成（50.7%）的少年儿童家长认为，目前市场上少年儿童图书质量“一般”，另有 4.8%的家长认为，市场上少年儿童图书质量“比较低”或“很低”。而选择目前市场上少儿图书质量高（“很高”或“比较高”）的家长比例，占到了总数的 44.5%。由此看来，我国目前的少年儿童出版物质量还有进一步提高的必要。具体情况如表 1—2—3 所示。

表 1—2—3　家长对少儿图书质量的评价

评　价	选择比例
很高	8.1%
比较高	36.4%
一般	50.7%
比较低	3.7%
很低	1.1%

1.2.5　图书购买渠道

2011 年，大多数的 9—13 周岁少年儿童在“本地新华书店”购买图书，比例达到 73.4%。其次，“私营书店”和“街头书摊”也是部分少年儿童购书的主要渠道，分别占到该年龄段人群的 43.7% 和 14.7%。以上三种购书渠道也成为 9—13 周岁少年儿童购书的绝对主渠道，而选择“网上书店”购书的少年儿童，仅占到 3.9%的比例。具体情况如图 1—2—8 所示。

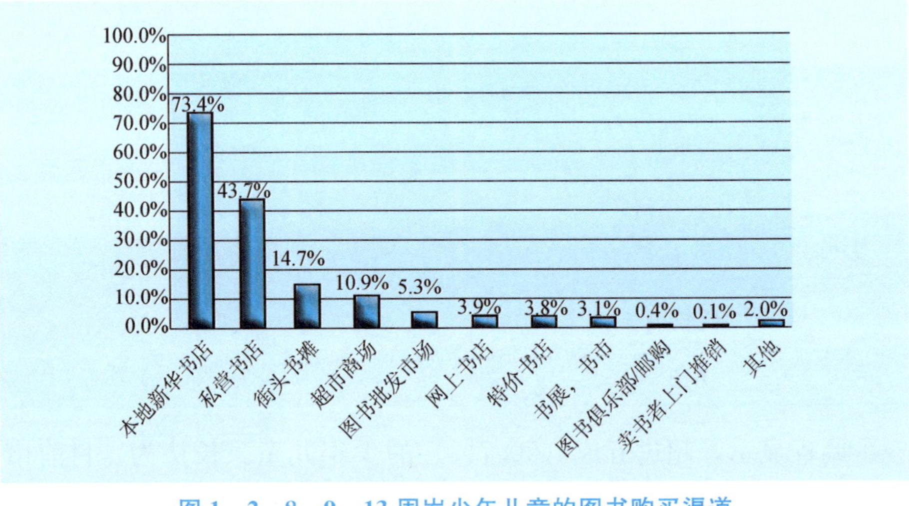

图 1—2—8　9—13 周岁少年儿童的图书购买渠道

1.2.6　影响购书的因素

9—13 周岁少年儿童在选择某种购书渠道时，“图书种类多”是其最重要的考虑，因为有 59.2%的少年儿童选择了这一因素。其次，“离得较近”“很容易找到需要的书”“图书信息丰富”等因素，也会影响该年龄段少年儿童的购买图书意向。

由此可知，图书本身的丰富性，是否能有效、快速地满足少年儿童的需求，是影响 9—13 周岁少年儿童购书的主要因素，而书店服务等外在附加因素，对他们的影响则相对较小。具体情况如图 1—2—9 所示。

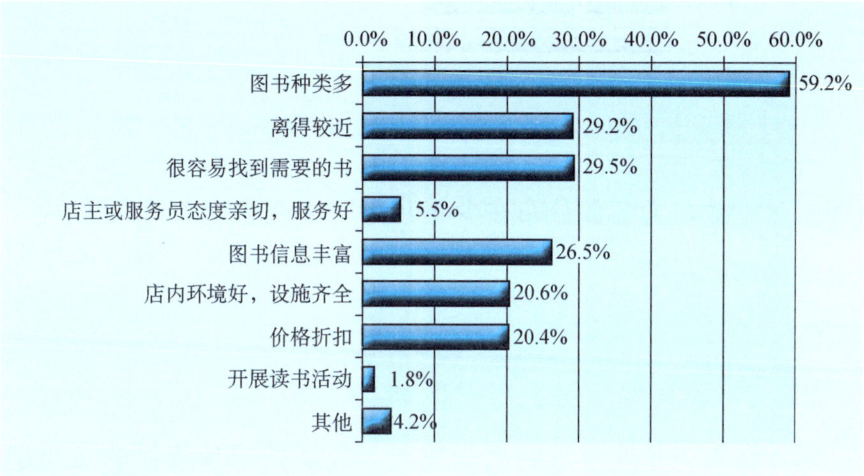

图 1—2—9　9—13 周岁少年儿童选择购书渠道的考虑因素

1.2.7　图书购买点的分布密度

本次调查显示，9—13 周岁少年儿童图书购买点的分布较为紧密。近一半的少年儿童的图书购买点分布在被访者居住地 3 公里以内。其中，分布在 2 公里以内的最多，比例为 16.2%，这相较于 2010 年有所提高，但仍低于 2009 年的 17.6%。无论如何，这说明我国目前的图书文化建设成效较为明显，尤其是在图书购买点等硬件设施的建设上已取得一定成效。具体情况如图 1—2—10 所示。

经过进一步的量化分析得知，目前城乡之间的图书购买点分布密度差异较为显著。城镇中各类图书购买点较多，且分布紧密，平均分布在少年儿童居住地的 2.20 公里以内。而农村的图书购买点分

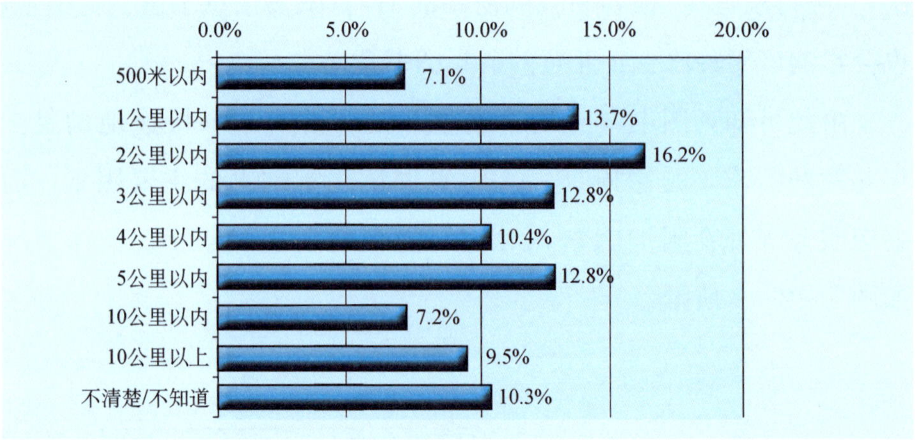

图 1—2—10　9—13 周岁少年儿童图书购买点分布密度

布则相对零散，大多数分布在少年儿童居住地的 3.98 公里以内，距离明显偏远。

1.2.8　家长为儿童选择出版物的倾向

家长在为少年儿童选购出版物时，大多数家长选择的是原创图书，这占到家长总数的四成（40.8%）。选择购买引进版图书的家长仅占 5.6%，当然也有一半以上（53.6%）的家长表示，在为孩子购书时并未注意过所购出版物是原创图书还是引进版。具体情况如图 1—2—11 所示。

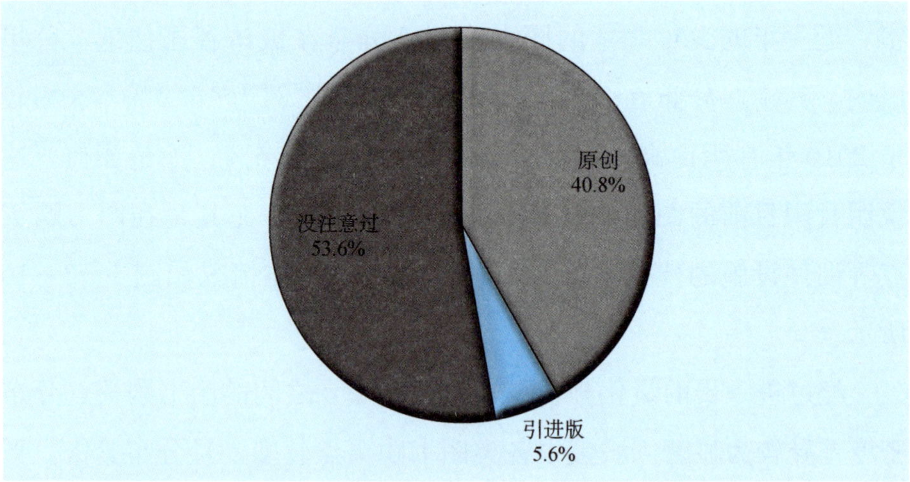

图 1—2—11　家长为少年儿童选择引进版与原创出版物的比较

1.2.9 出版社知名度和市场渗透率

在调查过程中，我们列举了国内25家较为知名的出版社，请家长从中挑选出听说过的出版社和曾为孩子购买过出版物的出版社，以发现这些出版社的知名度和市场表现。结果显示，人民教育出版社、中国少年儿童出版社、北京少年儿童出版社，以及人民文学出版社的知名度和市场渗透率均名列前茅；而北京师范大学出版社、上海少年儿童出版社和江苏教育出版社等知名度较高的出版社，其市场渗透能力相对表现一般。具体情况如表1—2—4所示。

表1—2—4　出版社市场知名度和市场渗透率

出版社	知名度	市场渗透率
人民教育出版社	51.2%	42.3%
中国少年儿童出版社	45.1%	28.7%
北京少年儿童出版社	40.4%	16.0%
人民文学出版社	31.1%	8.2%
北京师范大学出版社	18.7%	5.2%
上海少年儿童出版社	14.2%	4.5%
二十一世纪出版社	13.7%	7.8%
希望出版社	12.7%	3.0%
江苏教育出版社	12.3%	5.7%
浙江少年儿童出版社	11.8%	5.7%
明天出版社	11.6%	8.0%
新蕾出版社	8.6%	6.0%
浙江教育出版社	8.4%	3.5%
江苏少年儿童出版社	7.5%	1.9%
湖北少年儿童出版社	6.7%	1.9%
春风文艺出版社	6.6%	1.7%
湖南少年儿童出版社	6.2%	2.4%
接力出版社	6.2%	2.0%
海燕出版社	5.8%	1.4%
河北教育出版社	5.1%	3.3%

续前表

出版社	知名度	市场渗透率
大象出版社	5.1%	2.1%
龙门书局	4.2%	2.3%
外语教学与研究出版社	2.7%	2.6%
教育科学出版社	2.4%	7.5%
童趣出版社	2.4%	0.9%

1.3 少年儿童与家长互动阅读情况

1.3.1 家长陪孩子读书情况

9—13 周岁少年儿童已经具备了相当的理解和阅读能力，且独立意识开始凸显。在连续两年的调查中，有超过六成的少年儿童表示通常是自己看书，没人陪读，2011 年这一比例占到 62.8%，较 2010 年又提高了 1.2 个百分点。在陪孩子读书的家长中，最常陪伴的人是"妈妈"，比例为 26.1%，比"爸爸"陪读的比例高出了 15.4 个百分点。不过与 2010 年相比，"爸爸"陪读的比例上升了 0.7 个百分点，而"妈妈"陪读的比例则下降了 0.9 个百分点。具体情况如图 1—3—1 所示。

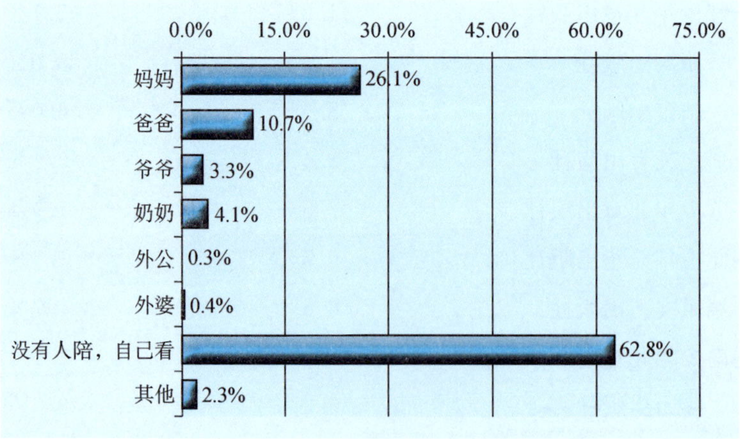

图 1—3—1 家长陪孩子读书情况

观察家长陪儿童读书的城乡差异我们发现，二者的整体情况大致相近。但是，可能由于外出务工务农等原因，农村孩子的父母陪孩子读书的机会更少一些。只有33.9%的农村孩子表示，父母会陪同他们读书；而在城镇中，父母陪读的比例达到44.1%，比农村高出10.2个百分点。在农村受访者中，选择“没有人陪，自己看书”的比例为63.6%，也略高于城镇受访者。此外，在农村“奶奶”更乐于陪自己的孙子孙女读书，这一比例占到4.5%，由此“奶奶”也是除父母外最常陪孩子读书的人，而在城镇这个人则换成了“爷爷”。具体情况如图1—3—2所示。

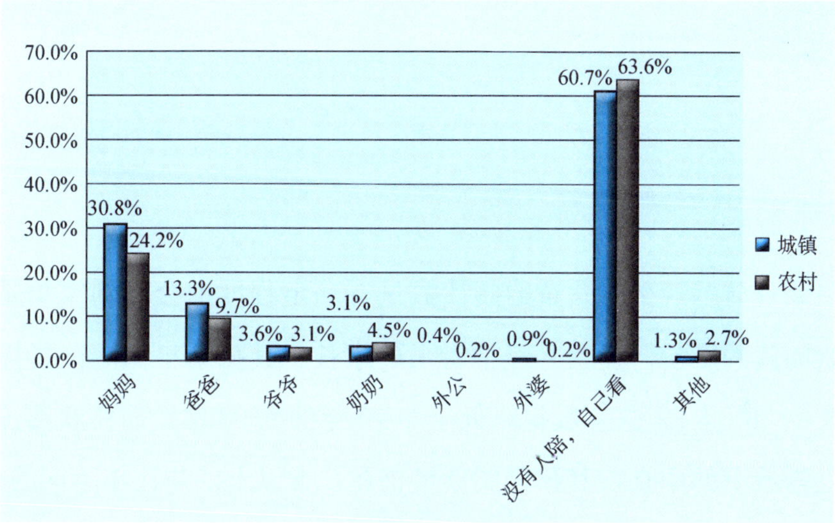

图1—3—2　家长陪读情况的城乡差异

1.3.2　儿童阅读行为与家长阅读习惯的关系

本次调查显示，家长是否喜欢阅读，对孩子的读书偏好产生着较为明显的影响。通过少年儿童的家长之于阅读的喜爱程度与儿童对于阅读的喜爱程度进行对比不难发现，“家长喜欢读书，并且经常读书”，则孩子“喜欢，经常看”书的比例为73.9%，这一比例明显高于其他选项。另外，“家长喜欢读书，并且经常读书”的少年儿童，“喜欢，但不经常看”书的比例只有22.2%，明显低于家长“喜欢，但不经常看”和家长“不喜欢，基本上不看”的少年儿童。具体情况如图 1—3—3 所示。

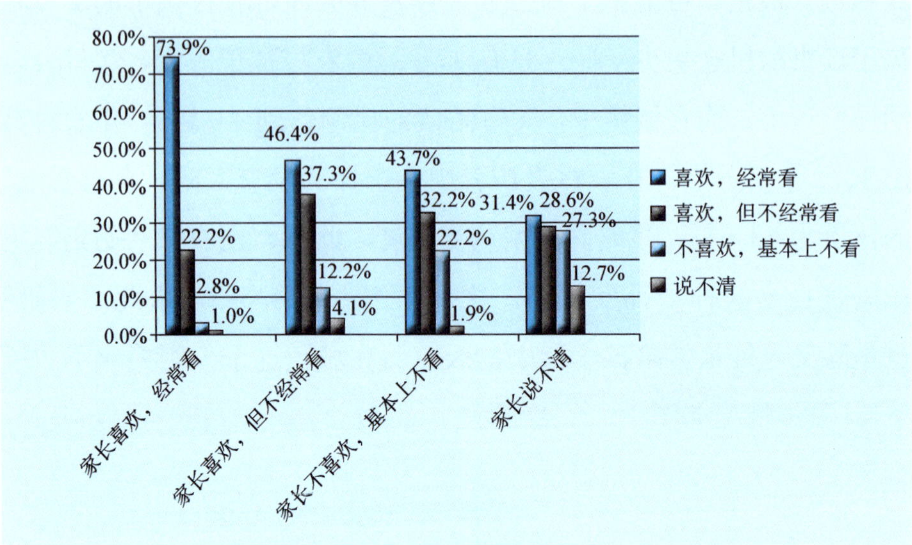

图 1—3—3 家长对阅读的喜爱程度之于少年儿童阅读的影响

1.3.2.1 儿童读书量与家长是否喜欢阅读的关系

调查显示，少年儿童的阅读数量在一定程度上会受到家长是否喜欢阅读的影响。喜欢并经常看书的家长，其孩子年均阅读量接近9本（8.69本），这一数据略低于2010年的9.98本；而喜欢阅读但不经常看书的家长，其孩子阅读量仍在6本以上。与往年不同的是，不喜欢阅读的家长，其孩子阅读量却有大幅度提升，达到了7.42本。可见，家长对阅读的喜爱程度不是决定孩子阅读量的唯一因素，老师、同学等其他社会角色，也间接地影响着他们的阅读量。具体情况如表 1—3—1 所示。

表 1—3—1 家长阅读喜爱程度对孩子阅读量的影响

家长喜爱程度	孩子阅读量（本）
家长喜欢，经常看	8.69
家长喜欢，但不经常看	6.58
家长不喜欢，基本上不看	7.42
家长说不清	4.78

1.3.2.2 儿童日均读书时长与家长是否喜欢阅读的关系

家长对阅读的喜爱程度在一定程度上也会影响到9—13周岁少年儿童的日均阅读时长。调查数据显示，家长喜欢看书的孩子，其日均阅读时长也相应最长，达到了24.16分钟，这比家长不喜欢读书的孩子日均阅读时长多出了约4.14分钟。从整体上看，无论家长是否喜欢阅读，孩子的日均阅读时长均少于2010年，并且家长喜欢阅读的孩子与家长不喜欢阅读的孩子，其日均阅读时长在进一步拉大。具体情况如图1—3—4所示。

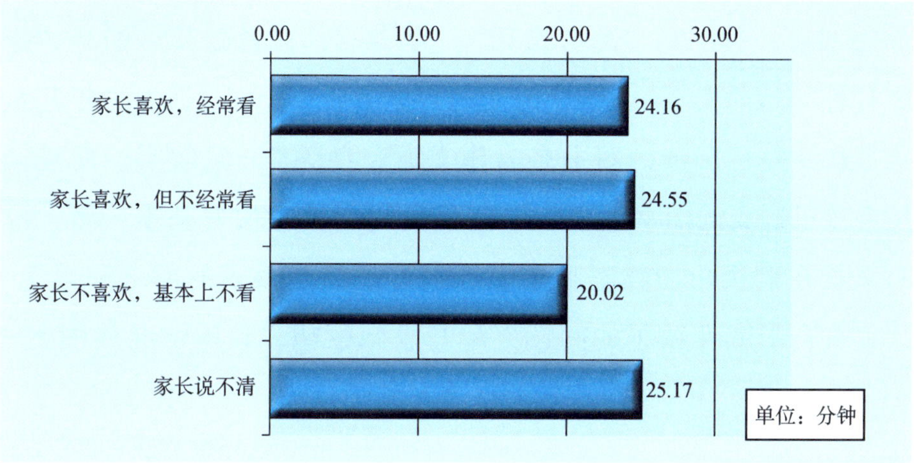

图1—3—4 家长是否喜欢读书对少年儿童日均阅读时长的影响

1.3.2.3 少年儿童图书拥有量与家长是否喜欢阅读的关系

本次调查显示，家长越喜欢阅读，其家中属于孩子的图书就较多。如图1—3—5所示，家长喜欢并经常看书，其家中属于孩子的图书也最多，为21.25本；而说不清的家长，其家中属于孩子的图书则相对最少，为9.34本，二者之间的图书数量相差了11.91本，具体情况如图1—3—5所示。

1.3.3 家长为儿童购书的类型

2011年内，家长最常为孩子购买的图书类型是“作文精选”，

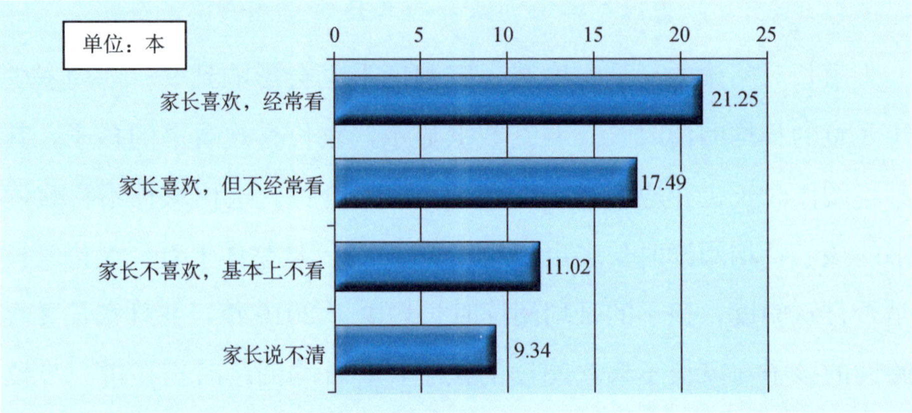

图 1—3—5　家长是否喜欢阅读对孩子拥有图书数量的影响

占 52.1%；其次是“寓言童话”，为 28.4%；紧随其后的是“经典名著”，为 22.3%。结合前文的数据分析，9—13 周岁少年儿童最喜欢并经常阅读的图书多为作文类、童话类、名著类，而且家长为孩子购买的图书类型，与孩子的阅读类型偏好基本一致，说明家长在购买出版物类型上能够较好地满足孩子的需求和兴趣，这也有利于激发孩子的阅读兴趣与求知欲望。具体情况如图 1—3—6 所示。

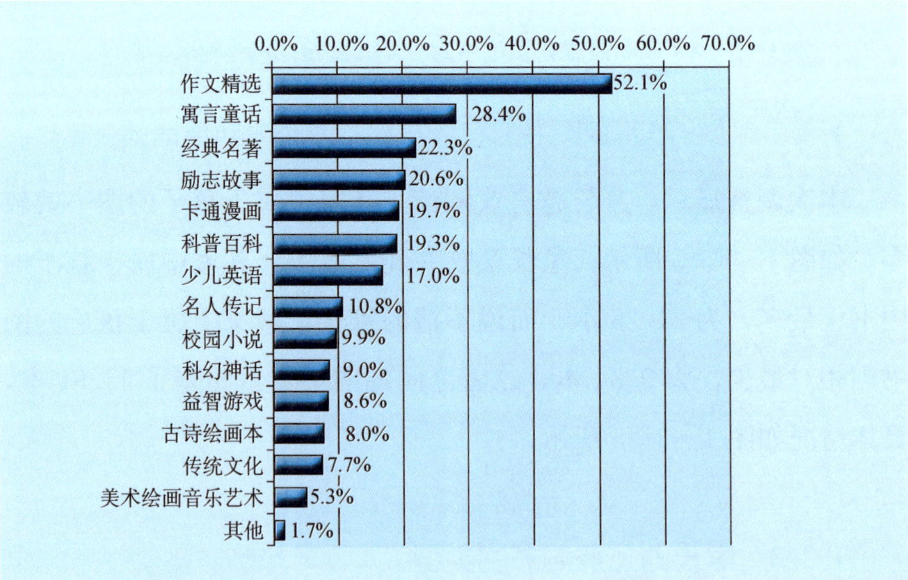

图 1—3—6　家长为孩子购买的图书类型

1.3.4 家长带孩子逛书店的频次

本次调查显示，目前9—13周岁少年儿童的家长带他们逛书店的频次相对较低，且较多的家长表示带孩子逛书店的频次并不固定。有三分之一多（31.8%）的家长，“从来不带”孩子逛书店；还有33.0%的家长，仅仅是每学期带孩子逛一次书店，两个数据相加，达到了64.8%。具体情况如图1—3—7所示。

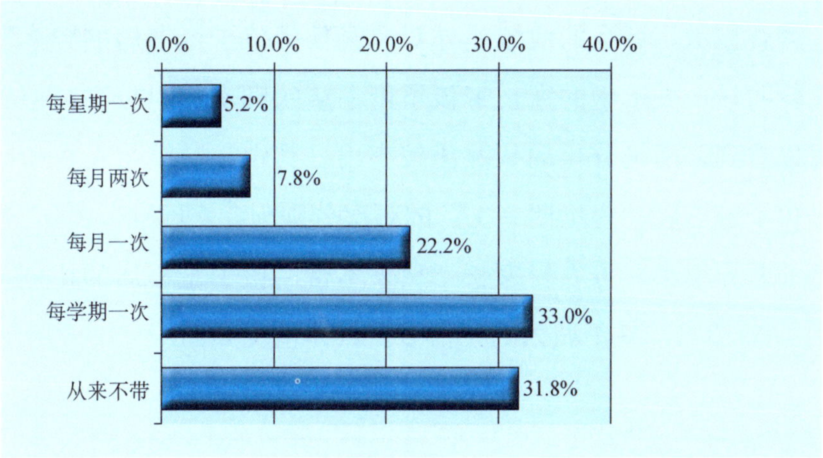

图1—3—7　家长带孩子逛书店的频次

1.3.4.1 家长带孩子逛书店频次与家长教育程度的关系

调查显示，家长教育程度的高低，直接影响其带孩子逛书店的频次，但并不是家长的教育程度越高，其带孩子逛书店的频次也就越高。“硕士研究生”学历的家长中，有37.2%的比例“从来不带”孩子逛书店。“本科”和“大专”学历家长带孩子逛书店的频次分布比较均匀，带孩子逛书店的频次也最高。大多数“小学及以下”教育程度的家长，选择“从来不带”孩子逛书店的比例达到60.3%。具体情况如表1—3—2所示。

表 1—3—2　家长带孩子逛书店频次与家长教育程度的关系

	硕士研究生	本科	大专	高中	初中	小学及以下
每星期一次	0.0%	3.0%	13.8%	5.0%	5.8%	0.8%
每月两次	8.8%	16.4%	15.3%	9.4%	5.2%	5.7%
每月一次	27.4%	33.2%	27.9%	34.3%	21.7%	6.1%
每学期一次	26.7%	40.1%	36.3%	36.8%	32.5%	27.1%
从来不带	37.2%	7.2%	6.6%	14.5%	34.8%	60.3%

1.3.4.2　家长带孩子逛书店频次的城乡差异

调查显示，城乡的地域差异对“家长带孩子逛书店的频次”影响比较明显，城镇中的家长带孩子逛书店的频次相对较高。但我们也可以看到，两极分化的状况比较突出。其中，城镇与农村中的家长带孩子逛书店“每星期一次”的频次分别为5.7%和5.0%，这一比例的差异很小。可农村家长“从来不带”孩子逛书店的比例，却达到了39.3%，高于城镇的三倍多。具体情况如图1—3—8所示。

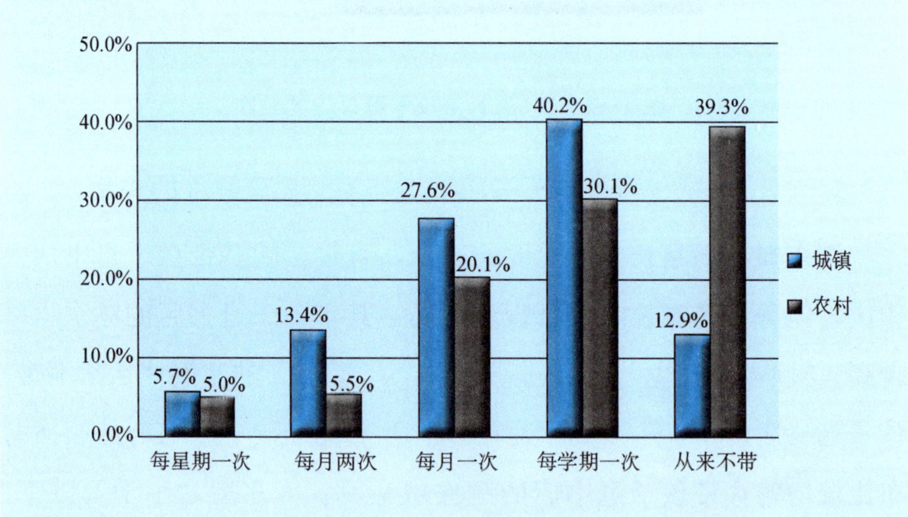

图 1—3—8　家长带孩子逛书店频次的城乡差异

1.3.5　影响家长购买图书的主要因素

2011年，影响家长为9—13周岁少年儿童购书的最主要因素为

"孩子喜欢"，其选择比例为59.7%；其次是"老师或学校推荐"及"图书内容简介"，二者所占比例分别为56.9%和29.7%。结合前文的分析，与"家长最经常为孩子购买的图书类型"与"少年儿童最喜欢的图书类型"选择相类似，家长购书类型是影响孩子阅读兴趣的重要因素。此外，老师、学校、朋友的推荐，对家长购买图书也起到了重要的影响作用。而"网上或邮件图书信息介绍""媒体的书讯和书评""电视电影原作"因素的影响力则相对较弱，选择的家长均不足2%。具体情况如图1—3—9所示。

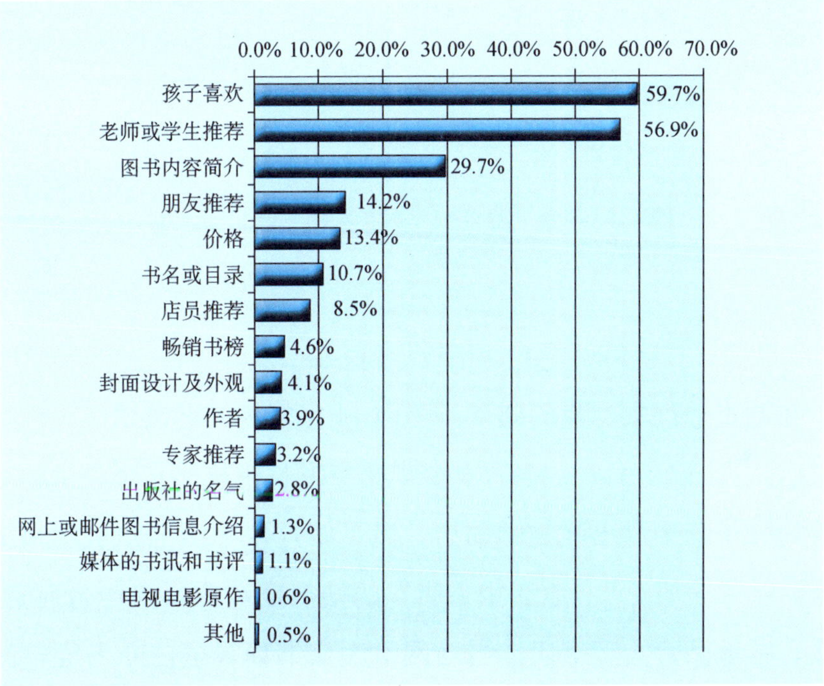

图1—3—9 影响家长为少年儿童购书的主要因素

1.3.6 家长购买图书的制约因素

通过调查显示，超过一半的9—13周岁少年儿童家长表示，自己在为孩子购书时没有不方便的地方，其所占比例为50.3%。而存在的不便之处中，"家离卖书的地方很远"和"书价过高"两项，是选择较多的问题，选择比例分别为26.7%和17.0%。具体情况如

图 1—3—10 所示。

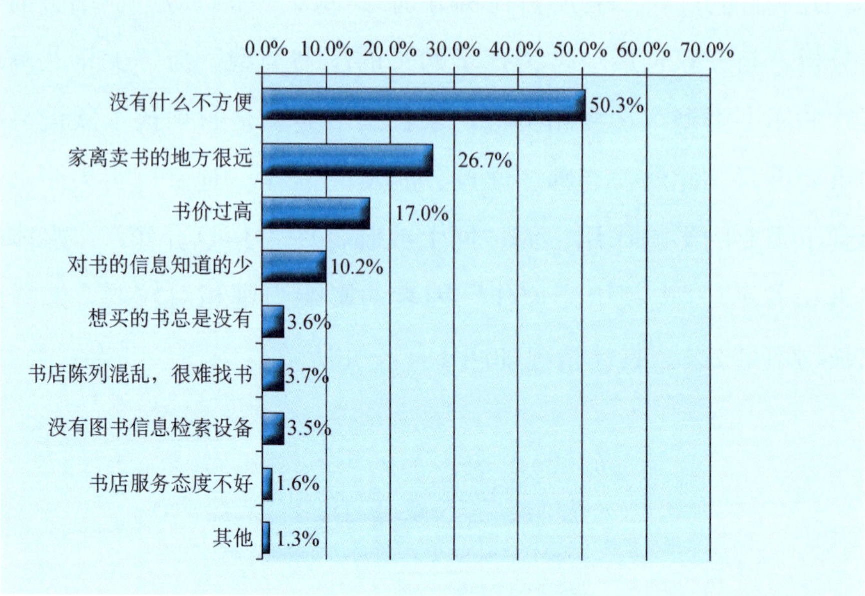

图 1—3—10　家长为少年儿童购书的不便之处

1.3.7　书店的知名度和市场渗透率

在调查过程中，我们列举了国内 14 家较为知名的书店（包括网上书店），让被访的 9—13 周岁少年儿童家长挑选出其听说过的书店和曾为孩子购买过出版物的书店，以了解这些书店的知名度和市场表现。结果表明，“本地新华书店”的知名度和购买率均名列第一。其次，本地国营大型书店、当当网、大众书局等国内知名度较高的书店，其市场渗透度（购买率）也相对较好。具体情况如表 1—3—3 所示。

表 1—3—3　书店的知名度和市场渗透率

书店名称	知名度	市场渗透率
本地新华书店	75.6%	77.8%
本地国营大型书店	27.3%	18.8%
当当网	20.7%	7.0%
大众书局	12.8%	6.9%

续前表

书店名称	知名度	市场渗透率
新华文轩连锁书店	11.3%	9.4%
卓越网	8.1%	1.9%
中国图书网	3.4%	1.2%
九九网上书城	3.1%	0.8%
红泥巴图书网	1.7%	0.6%
博库书城	1.6%	0.3%
一城网	1.4%	0.2%
蒲蒲兰绘本馆	1.3%	0.6%
时代网上书店	1.0%	0.4%
蔚蓝图书网	0.4%	0.2%

第二章
少年儿童报刊阅读与购买状况

2.1 期刊阅读率与阅读量

2011年，9—13周岁少年儿童的期刊阅读率为59.4%，比2010年的55.6%提高了3.8个百分点。

不同人口特征的9—13周岁少年儿童的期刊阅读率呈现出不同的特点。首先，城乡少年儿童的期刊阅读率分别是63.4%和45.4%，而2010年农村地区的少年儿童期刊阅读率为51.2%，本次调查中却跌至半数以下。

在农村，仅有16.2%的少年儿童表示读过5本或5本以上期刊，读过10本以上期刊的少年儿童只有5.6%，虽然与2010年相比这两个数值均有提高，但与城镇地区的少年儿童差距依然较大。在城镇中，表示读过10本以上期刊的孩子达到了14.8%，表示读过5本或5本以上期刊的孩子超过三成，占到30.6%。这一现象的出现，主要是农村地理位置偏僻，少年儿童能够接触到的期刊品种数量有限，加之期刊所传递的时效性知识难以满足农村少年儿童的阅读需求，使期刊在农村的渗透率偏低。

根据调查数据，9—13周岁少年儿童中超过半数的女孩在2011

年阅读过期刊，阅读率达到了 52.4%，而男孩的整体阅读率稍稍偏低，占到 48.8%，女孩比男孩高出 3.6 个百分点。在阅读过期刊的少年儿童中，21.6%的男孩阅读量在 5 本或 5 本以上，阅读量超过 5 本的女孩占比为 19.1%，同时阅读量在 10 本以上的男孩占比为 10.8%，明显高于女孩的 5.4%。

从年龄特征上看，9—13 周岁少年儿童的期刊阅读率整体上会随着年龄的增长而逐渐升高。其中，12 周岁孩子的期刊阅读率最高，为 63.3%，到 13 周岁时出现回落，降为 51.2%。从 11 周岁开始，少年儿童的期刊阅读率维持在半数以上。具体情况如表 2—1—1 所示。

表 2—1—1　不同人口特征的 9—13 周岁少年儿童期刊阅读量

人口特征		没读过	1 本	2 本	3 本	4 本	5 本	6 本	7 本	8 本	9 本	10 本以上	不清楚
城乡	城镇	36.6%	3.6%	8.0%	7.7%	4.5%	8.5%	2.6%	1.9%	1.9%	0.9%	14.8%	8.8%
	农村	54.6%	4.8%	4.4%	4.0%	5.2%	4.0%	3.5%	1.7%	1.4%	0.0%	5.6%	10.8%
性别	男	51.2%	4.7%	3.8%	4.2%	4.2%	4.4%	2.4%	2.0%	1.6%	0.4%	10.8%	10.4%
	女	47.6%	4.2%	7.2%	6.0%	5.9%	6.3%	4.2%	1.6%	1.5%	0.1%	5.4%	10.1%
年龄	9 周岁	56.5%	4.1%	4.8%	9.8%	2.8%	3.9%	4.3%	0.4%	0.3%	0.9%	4.8%	7.3%
	10 周岁	54.1%	5.7%	4.5%	3.5%	3.2%	4.8%	3.0%	1.7%	3.1%	0.1%	4.8%	11.3%
	11 周岁	49.9%	4.6%	8.3%	3.0%	3.9%	5.7%	4.6%	1.8%	1.0%	0.0%	6.9%	10.3%
	12 周岁	36.7%	3.9%	7.4%	4.5%	6.9%	5.7%	2.6%	1.0%	2.0%	0.1%	19.6%	10.6%
	13 周岁	48.8%	3.5%	2.9%	5.1%	8.7%	6.6%	2.1%	4.8%	0.6%	0.3%	5.7%	11.1%

再从期刊阅读量上考察，2011 年 9—13 周岁少年儿童的期刊阅读量总平均值为 2.81 本，较 2010 年的 2.63 本略有提高。其中，城镇中少年儿童的期刊阅读量为 4.76 本，远高于农村 9—13 周岁少年儿童的 2.03 本，差距达到一倍以上。与 2010 年不同，2011 年该年龄段男孩的期刊阅读量，从 2.43 本上升到 3.08 本，超过了女孩的阅读量。具体情况见表 2—1—2 所示。

表 2—1—2　9—13 周岁少年儿童期刊阅读量

人口特征	阅读量（本）	年龄	阅读量（本）
城镇居民	4.76	9 周岁	1.91
农村居民	2.03	10 周岁	2.32

续前表

人口特征	阅读量（本）	年龄	阅读量（本）
男	3.08	11周岁	2.92
女	2.53	12周岁	4.36
——		13周岁	2.69

2.2 家长对儿童期刊的购买状况

2.2.1 家长对儿童期刊的价格承受力

本次调查显示，9—13周岁少年儿童中，有近三分之一的家长能够接受的少儿期刊价格为4—6元，该比例为28.9%；其次是2—4元的期刊，有22.1%的家长认为这个价位可以承受；仅有2.6%的家长表示，15元及以上的期刊价格也在他们的价格承受范围之内。其他情况见图2—2—1所示。

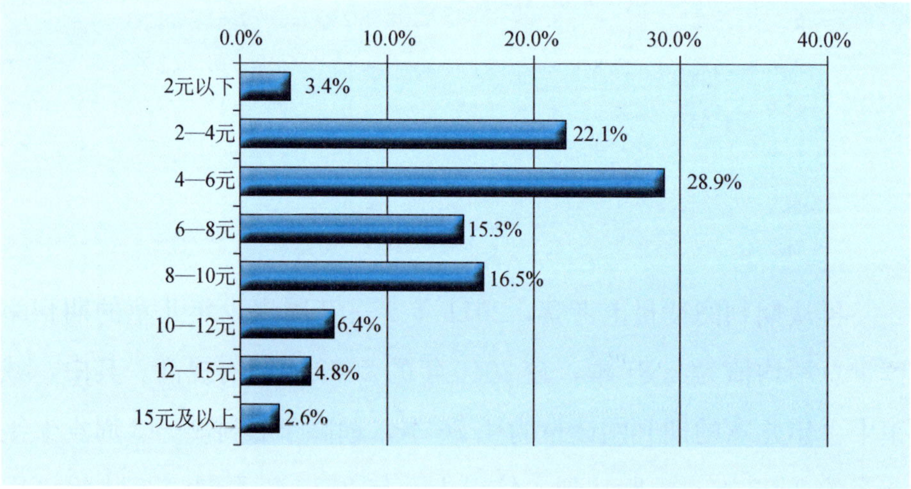

图2—2—1 家长对少儿期刊的价格承受力

量化分析后可以发现，城乡家长对少年儿童期刊的价格承受力也存在差异。其中，城镇家长对少儿期刊的价格承受力相对较高，平均为7.12元；虽然农村家长的期刊价格承受力略低于城镇，为6.13元，但这一差异并不大。

月收入在“8000—10000 元”的 9—13 周岁少年儿童家长，其价格承受力最高，达到 9.00 元。而月收入在“500—1000 元”的家长，其对少儿期刊的价格承受力相对最低，仅为 5.72 元。具体情况如图 2—2—2 所示。

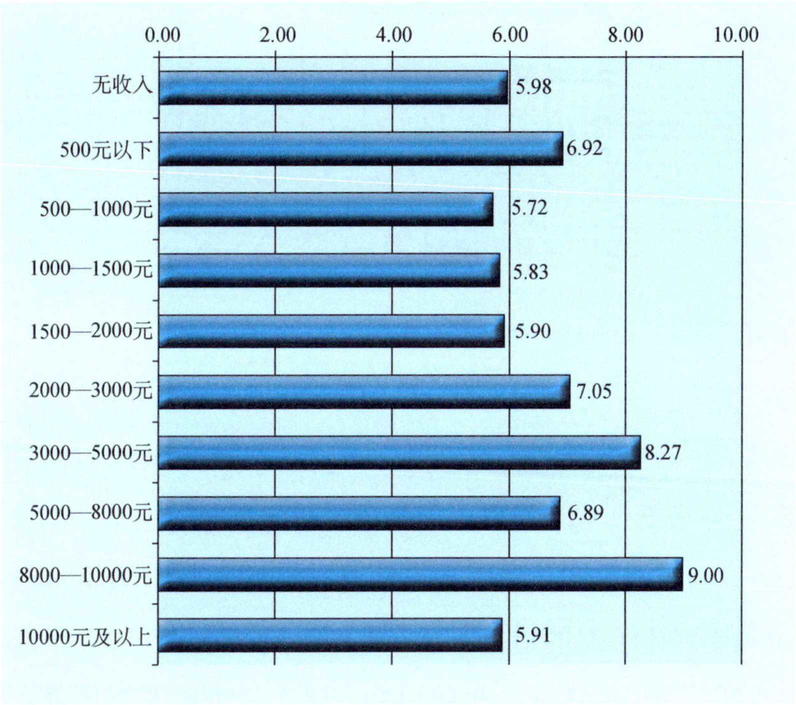

图 2—2—2　家长对少儿期刊价格承受力

2.2.2　家长对期刊的价格评价

调查显示，将近一半（45.8%）的 9—13 周岁少年儿童家长认为，当前少儿期刊的价格偏贵。其中，认为“比较贵”的家长占 43.4%，认为“非常贵”的家长占 2.4%。也有一些家长表示，目前的少儿期刊价格适中，这部分家长占到 47.0%的比例；而表示少儿期刊价格便宜的（“非常便宜”或“比较便宜”）家长，仅占该群体的 7.2%。具体情况如图 2—2—3 所示。

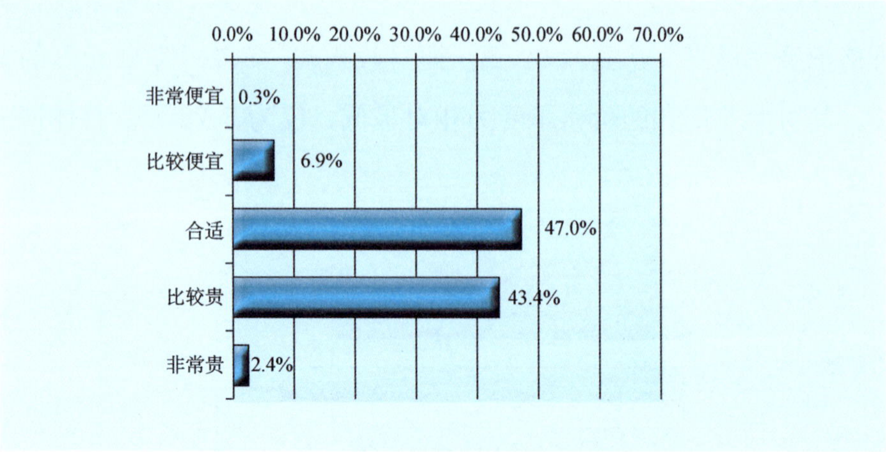

图 2—2—3　家长对少儿期刊价格的评价

2.3　儿童最喜欢的十大报刊

2011 年最受 9—13 周岁少年儿童欢迎的报刊前三位分别为《故事大王》《故事会》和《漫画大王》。和前些年相比，有大批教辅类报刊更加受到孩子们的追捧，如《小学生作文报》《中国语文报》《作文通讯》等辅助语文写作的报刊，进入了少年儿童最喜欢的十大报刊之列。这也在一定程度上显示出，少年儿童的功利化阅读趋势在不断加深。具体情况见表 2—3—1 所示。

表 2—3—1　9—13 周岁少年儿童最喜欢的十大报刊

名　次	报　刊
1	故事大王
2	故事会
3	漫画大王
4	儿童文学
5	少年报
6	小学生作文报
7	中国语文报
8	童话大王
9	作文通讯
10	学习报

2.4 儿童报刊市场状况

2.4.1 报刊知名度

2011 年，9—13 周岁少年儿童报刊知名度的排名和上一年相比变化不大。《故事大王》《故事会》《童话大王》依然稳稳地占据榜单的前三名，这是在少年儿童家长中知名度最高的三份报刊。

9—13 周岁少年儿童家长听说过最多的报刊以故事类、作文类最多，其次是童话类、漫画类报刊。具体情况如表 2—4—1 所示。

表 2—4—1 少年儿童类报刊知名度排名

知名度排名	报刊名称
1	故事大王
2	故事会
3	童话大王
4	小学生作文
5	童话世界
6	漫画大王
7	儿童文学
8	语文报
9	创新作文
10	连环画报
11	英语周报
12	少年文艺
13	少年科学画报
14	科幻世界
15	作文通讯
16	我们爱科学
17	小主人报
18	红领巾

续前表

知名度排名	报刊名称
19	小爱迪生
20	小学生之友
21	小哥白尼
22	课堂内外
23	红蜻蜓
24	琴童
25	快乐巧连智

2.4.2 报刊市场渗透率

在2011年的少年儿童报刊市场中，《小学生作文》市场渗透率最高。这是由于9—13周岁的少年儿童学业逐渐加重，作文已成为日常学习、考试中的重点，现实需求量的增加就自然提高了此类期刊的市场渗透率。而像《故事会》《故事大王》《童话大王》等本身知名度很高的期刊，已经具有良好的口碑基础，也会相应地成为家长最常为孩子购买或孩子自己最常购买的报刊。具体情况如表2—4—2所示。

表2—4—2 少年儿童报刊市场渗透率排名

市场渗透率排名	报刊名称
1	小学生作文
2	故事会
3	故事大王
4	童话大王
5	儿童文学
6	漫画大王
7	语文报
8	创新作文
9	小哥白尼

续前表

市场渗透率排名	报刊名称
10	作文通讯
11	童话世界
12	英语周报
13	我们爱科学
14	少年文艺
15	少年科学画报
16	红领巾
17	小学生之友
18	科幻世界
19	小爱迪生
20	小主人报
21	连环画报
22	课堂内外
23	快乐巧连智
24	红蜻蜓
25	琴童

第三章 少年儿童上网情况

3.1 上网率

2011年，9—13周岁少年儿童的上网率为43.9%。上网频率主要集中在每周1—3次，总比例达到66.1%。此数值与2010年相比，下降了5.1个百分点。而与2010年相比，增长最迅猛的是每周上网4—6次的少年儿童人数，这一数据增长了8.0个百分点，比例为13.9%。此外，还有7.8%的少年儿童每天都会上网，不过这一数值较2010年下降了5.7个百分点。选择每月上网1次及以下的少年儿童所占比例都很少，仅为1.5%和3.1%。具体情况如图3—1—1所示。

从上述数据不难看出，随着网络技术不断发展，网络普及率和使用率迅速升高，使生长在该环境下的9—13周岁少年儿童对于网络有了一定的依赖心理，希望从网络上得到自己需要的信息，并通过上网达到娱乐的目的，因此近几年少年儿童上网率不断提高，也是情理之中的事情。

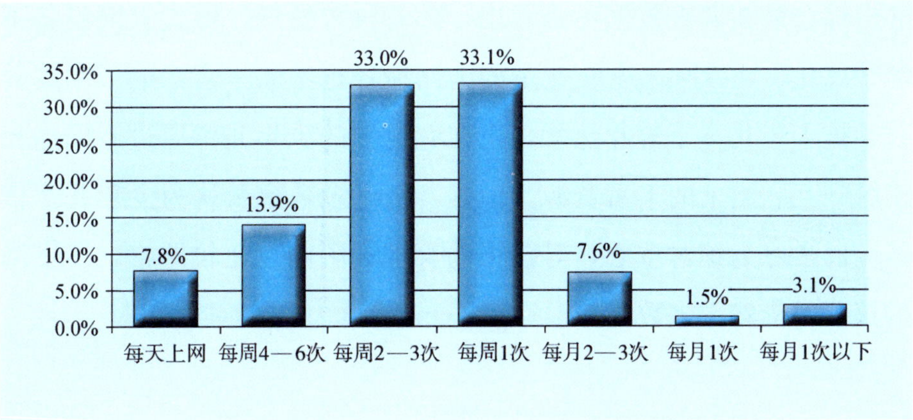

图 3—1—1　9—13 周岁少年儿童上网频次

3.2　上网途径

在 2011 年的被调查者中，依然有一半以上的 9—13 周岁少年儿童表示不上网，具体所占比例为 56.1%，不过与 2010 年相比，选择该项的少年儿童出现了比较明显的下降，降幅为 6.2 个百分点。有上网习惯的少年儿童最常用的上网设备是电脑，这一人群占到 41.2%。在 2010 年的调查中，少年儿童均表示不会通过电子阅读器或其他途径上网，而 2011 年应用电子阅读器上网的人数增加到 0.4%，通过其他途径上网的人数增加到 0.1%。具体情况见图 3—2—1 所示。

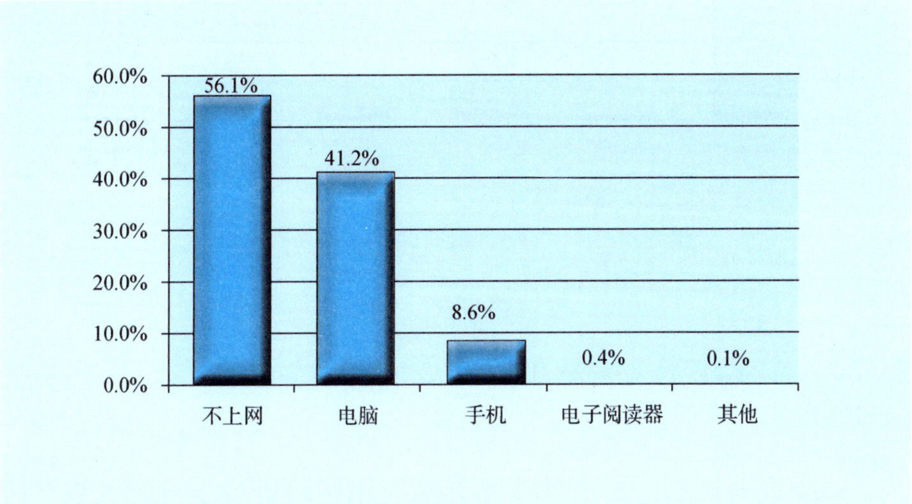

图 3—2—1　9—13 周岁少年儿童上网途径

综合最新调查数据不难看出，随着科技发展，各式上网设备不断平民化、大众化。少年儿童的上网途径也不断丰富，电子阅读器开始被少年儿童了解和熟悉，正在有更多的少年儿童通过不同途径接触到互联网上的丰富资源。但是，由于多数家长认为少年儿童依然应以学习为绝对重心，对孩子的管理和限制也比较严格，不上网的孩子才依然占多数。

3.3 上网地点

2011 年的调查显示，9—13 周岁少年儿童平时的上网地点主要是"家里"，所占比例为 82.2%，有 4.2%的人选择在"同学家"上网；有 3.3%的人选择在"网吧"上网；而选择上网地点"不固定"和"其他"的比例，分别为 8.1%和 1.0%。具体情况如图 3—3—1 所示。

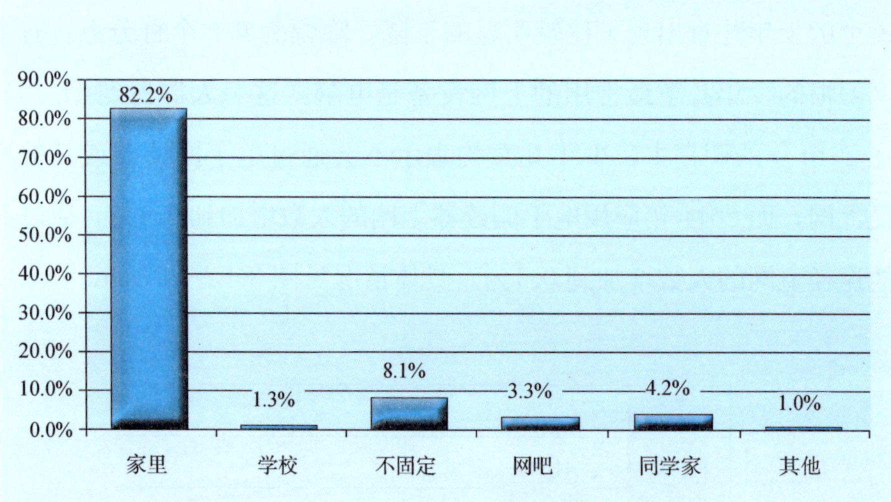

图 3—3—1 9—13 周岁少年儿童上网地点

3.4 少年儿童上网从事的主要内容

调查数据显示，2011 年少年儿童应用网络进行学习的人数有所上升，从 2010 年的 21.5％增加到 28.9％，位列总比例的第四位。但是，多数孩子上网的主要内容还是“打网络游戏”，占该群体的 62.3％；此外，“网上聊天/交友”也是少年儿童较为主要的网络活动，所占比例为 50.8％，而且与上一年度相比，选择该项的人数上升非常明显，增加了 10.6 个百分点。“收听/收看/下载歌曲和电影”是排名第三的上网活动，所占比例为 33.9％。具体情况如图 3—4—1 所示。

由此可见，少年儿童上网活动主要是满足自身的娱乐需求。因此，学校和家长要对他们的上网活动加以监督和引导，使少年儿童在满足其自身娱乐需求的同时，利用丰富的网络信息资源，进行文化知识学习，增强自身的文化素养，谨防少年儿童过渡沉迷于网络。

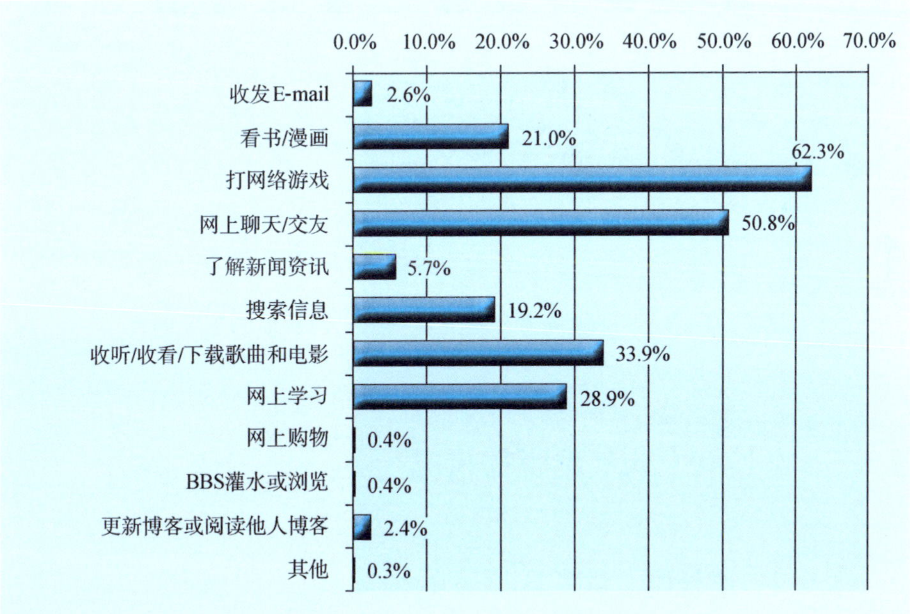

图 3—4—1　9—13 周岁少年儿童上网从事的主要内容

2011 年，少年儿童使用手机上网从事的主要活动有“玩游戏”“收听/收看/下载歌曲和电影”“收发手机 QQ、飞信等”，这几个选项的选择比例均超过了 20.0％。其中，占比最高的是“玩游戏”，共有44.5%的少年儿童选择了这一选项；紧随其后的是“收听/收看/下载歌曲和电影”，这一选项的比例占到了23.2%；“收发手机QQ、飞信等”一项位列第三，仅比第二位的选择比例少了1.1个百分点。由上列数据可以看出，少年儿童使用手机上网主要从事娱乐和交友、通讯等相关活动，选择“查阅各类学习资讯”的少年儿童仅占到13.5%，远低于“玩游戏”的比例，应该引起教师和家长的密切注意。具体情况如图3—4—2所示。

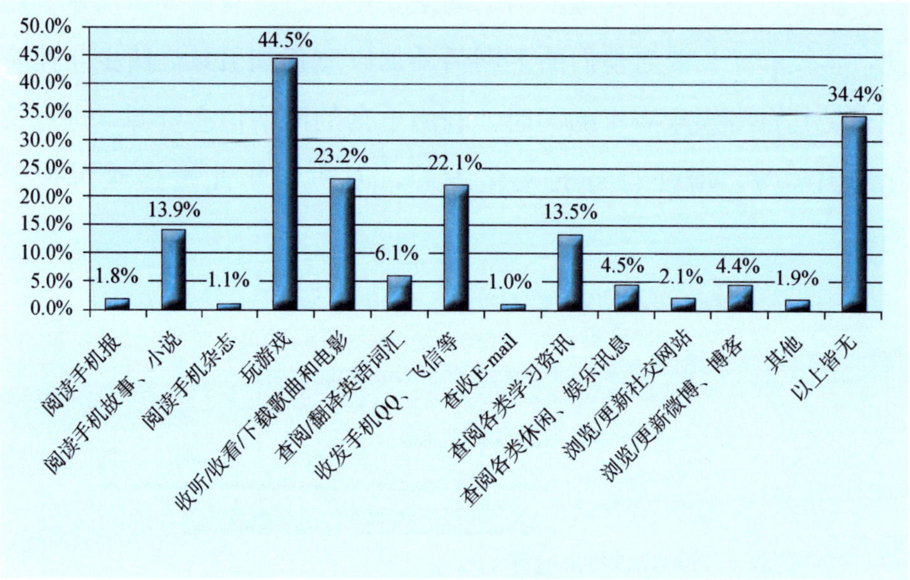

图3—4—2　9—13周岁少年儿童手机上网从事的主要内容

3.5　家长网上购买出版物状况

3.5.1　家长网上购买出版物的种类

2011年，通过网络购买过儿童出版物的9—13周岁少年儿童的家长中，有82.4%的家长表示网上购买过图书，另有42.1%的家长会在网上为“孩子购买学习用音像制品，如VCD等”。而在网上购买“电影等休闲用音像制品”、软件/游戏光盘”的比例均不足5.0%。由此看来，家长网购出版物的类型还是以学习型的图书和音像制品为主，这与人们的消费习惯及家长对孩子学习的重视程度密切相关。具体情况如图 3—5—1 所示。

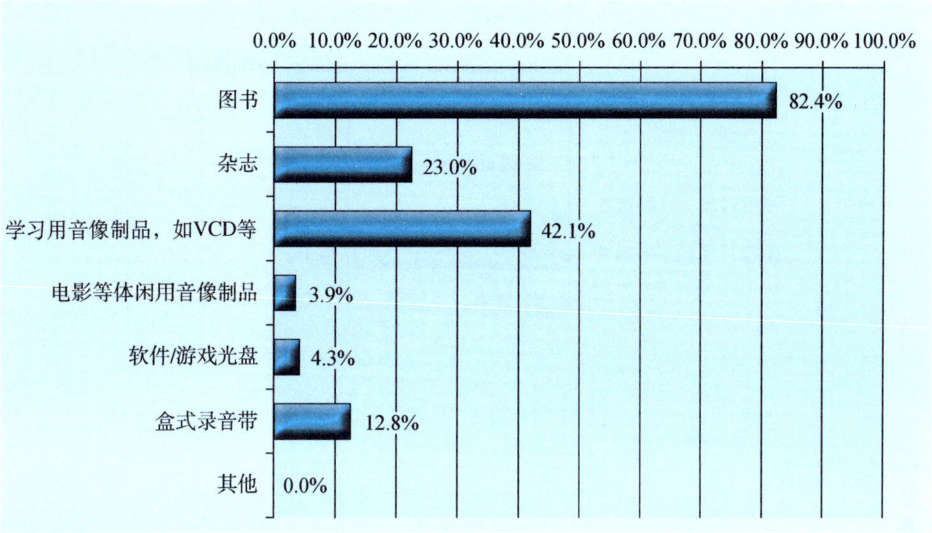

图 3—5—1　少年儿童家长上网购买出版物的种类

3.5.2　家长选择网上购买出版物的原因

调查显示，家长选择网上购买出版物的最主要原因是“价格优惠”，选择此项的家长为 52.0%；其次，“图书种类多”和“节省去书店的时间和费用”等因素，也是家长选择在网络上购买出版物的重要因素。可见，网络购买出版物的优惠性、方便性是其重要特色，同时也是吸引少年儿童家长购买出版物的重要因素。具体情况如图 3—5—2 所示。

3.5.3　网上购买出版物的制约因素

本次调查还显示，2011 年对于并未选择网络购买出版物的孩子家长而言，“不能上网”和“不习惯网上购物”是其重要的制约因素，选择比例分别为 40.4% 和 34.7%。具体情况如图 3—5—3 所示。

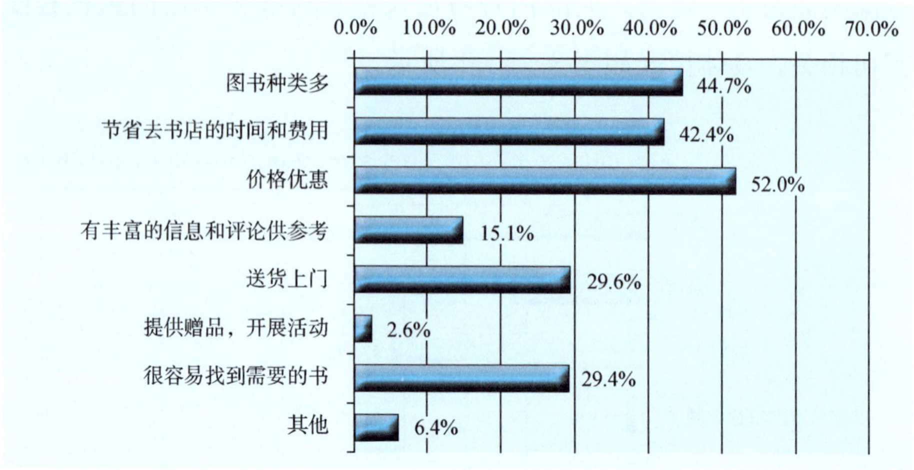

图 3—5—2　家长选择网上购买出版物的原因

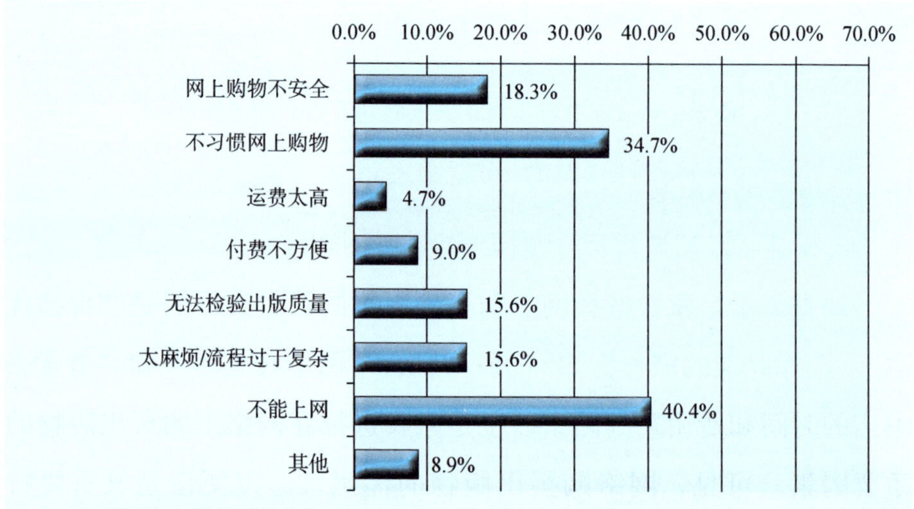

图 3—5—3　家长网上购买出版物的制约因素

第四章
少年儿童对音像电子出版物购买状况

4.1 音像电子出版物的购买渠道

2011年调查显示，少年儿童家长购买音像电子出版物的主要渠道是“书店”，其所占比例为51.1%；其次是“音像店或软件专卖店”“学校统一订购”等渠道。而选择“网上”购买音像电子出版物的家长，仅占到1.2%。由此可见，到实体店为孩子购买音像电子出版物，是家长们选择的的主要渠道。具体情况如图4—1—1所示。

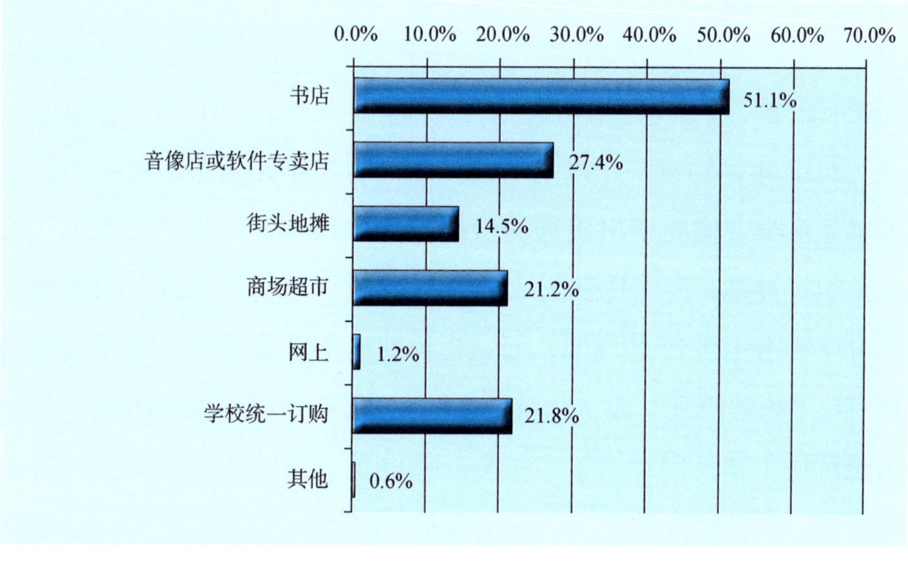

图4—1—1 家长对音像电子出版物的购买渠道

4.2 家长对音像电子出版物的购买状况

4.2.1 音像电子出版物的价格承受力

调查显示，2011年少年儿童家长普遍对各类音像电子出版物的购买力偏低，平均可接受的单价都在10元左右。大部分家长表示，音像电子出版物的价格在10元及以下时，才是他们的价格承受范围。

相对而言，家长们对VCD/DVD的价格承受力略高，约有29.6%的家长表示，可以接受VCD/DVD价格在10—30元之间；42.8%的家长只能接受10元以下的盒式录音带，具体价格为9.44元。具体情况如表4—2—1所示。

表4—2—1 家长对少年儿童音像电子出版物的价格承受力

	CD光盘	VCD/DVD	盒式录音带	CD-ROM
平均可接受单价	9.78元	9.88元	9.44元	11.79元
<10元	46.6%	47.5%	42.8%	27.9%
10—20元	22.8%	24.8%	18.2%	16.1%
20—30元	5.1%	4.8%	4.9%	4.4%
≥31元	1.3%	0.8%	0.7%	4.3%
不清楚/不知道	22.9%	17.7%	31.8%	44.9%

4.2.2 音像电子出版物的价格评价

2011年，约有一半以上（51.7%）的少年儿童家长表示，目前少年儿童类音像电子出版物的价格较贵。首先，认为“比较贵”的家长相对最多，所占比例为47.5%；其次，认为“合适”的人也有不少，所占比例为43.9%；而认为目前少年儿童类音像电子出版物便宜（“非常便宜”或“比较便宜”）的家长，仅占该群体的4.4%。由此可见，家长们对少年儿童类音像电子出版物的价格承受力还是较低的。具体情况如图4—2—1所示。

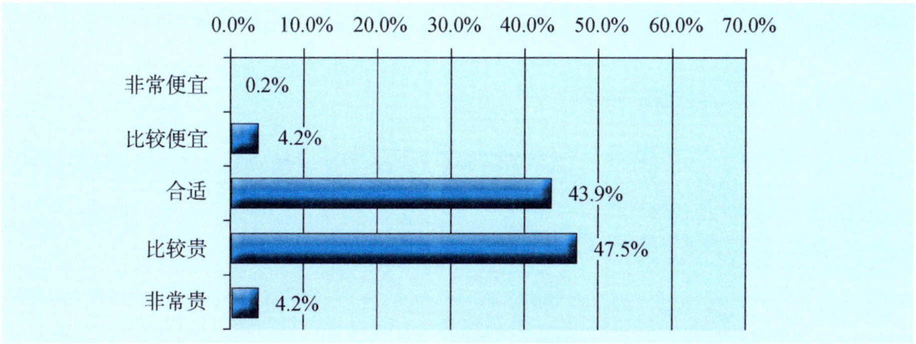

图 4—2—1　家长对少年儿童类音像电子出版物的价格评价

第五章
少年儿童电子游戏及动漫产品接触状况

5.1 动漫产品接触情况

5.1.1 动漫类型偏好度

本次调查显示，与2010年相同，“动画片/动漫影视”以及“漫画书”依然是9—13周岁少年儿童接触最多的两种动漫形式，但这二者的实际选择比例均出现了一定程度的下降。“动画片/动漫影视”类降幅最大，由2010年的77.6%跌至63.3%，下降了14.3个百分点，“漫画书”类下降了4.4个百分点，为61.7%。与此同时，“漫画杂志”所占比例，由2010年的27.4%变为18.3%，也出现了9.1个百分点的较大幅度下滑。

另外，接触“电子游戏”的少年儿童所占比例为24.4%，继续保持稳中有升的态势，但仍有11.7%的少年儿童表示，所有类别的动漫产品“都没接触过”。具体情况如图5—1—1所示。

5.1.2 动漫题材偏好度

2011年，“搞笑”类依然是少年儿童最喜爱的动漫题材，有

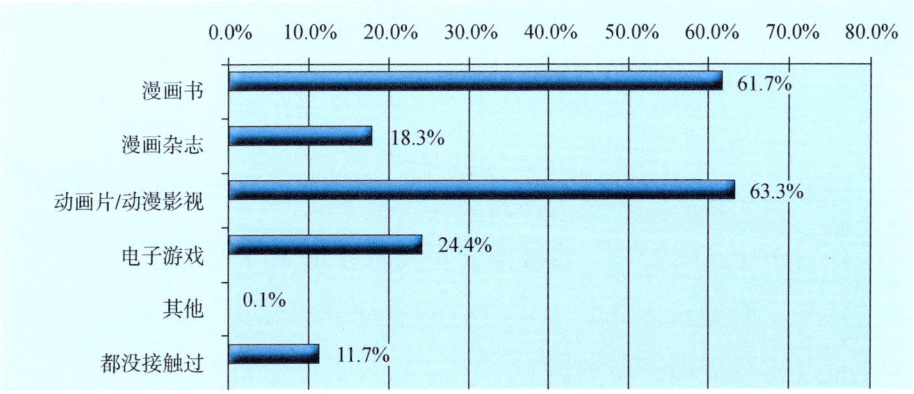

图 5—1—1　9—13 周岁少年儿童喜爱的动漫形式

56.7%的少年儿童选择了此类；“神话”类则由 2010 年的 38.4%，猛增为 45.4%，“科幻”和“侦探”类排在第三位和第四位，但受欢迎率较 2010 年均出现下滑，其中“科幻”类从 45.5%跌至 39.0%，下跌了 6.5 个百分点。具体如图 5—1—2 所示。

从数据上看出，少年儿童接触动漫作品的心理需求主要是娱乐与猎奇。我们应该不断丰富动漫产品的内涵，利用这一生动的媒体形式，对广大少年儿童形成有益的引导。作为最具活力的文化产业，动漫不仅是高科技产品，也是优质的教育资源，将对中国近 4 亿儿童的身心发展产生潜移默化的影响，进而影响到我国未来人才的塑造和社会的和谐发展。

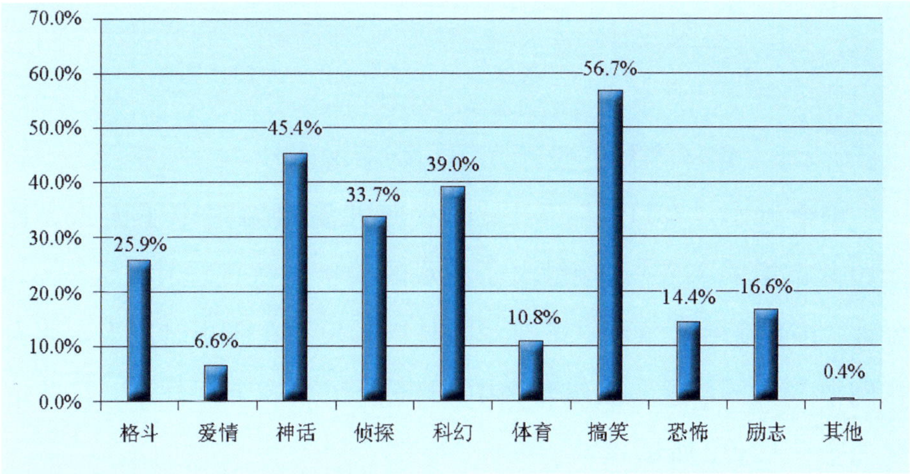

图 5—1—2　9—13 周岁少年儿童喜爱的动漫题材

5.2 电子游戏接触情况

5.2.1 电子游戏题材偏好度

2011年，“赛车类”题材在少年儿童中的受欢迎程度与2010年基本持平，而增长了8.6个百分点的“动作打斗类”游戏，成为少年儿童最喜爱的电子游戏题材。

综合来看，具有竞技特征的电子游戏题材，更受到少年儿童的青睐。从整体趋势上看，2011年所有在列类别的电子游戏题材，受欢迎程度都有不同程度的上升，且选择“不接触电子游戏”的儿童，由50.7%下降至39.1%。具体情况如图5—2—1所示。

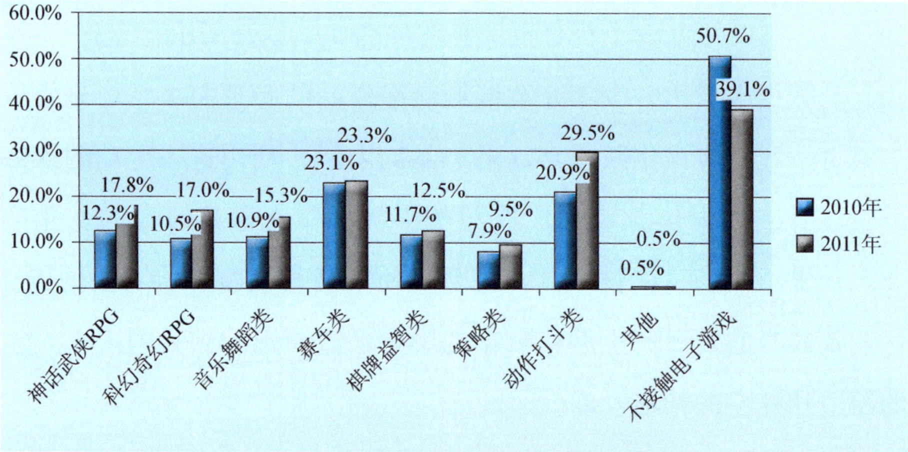

图5—2—1 9—13周岁少年儿童喜爱的电子游戏题材

5.2.2 电子游戏的少年儿童日均接触时长

调查显示，2011年80.4%的少年儿童接触过电子游戏，比2010年增加了2.2%。接触电子游戏的少年儿童日均时长为50.48分钟，多数少年儿童玩电子游戏的日均时长都在1小时以下，所占比例为43.3%，这一数值较2010年下降了3.3个百分点。具体情况如图5—2—2所示。

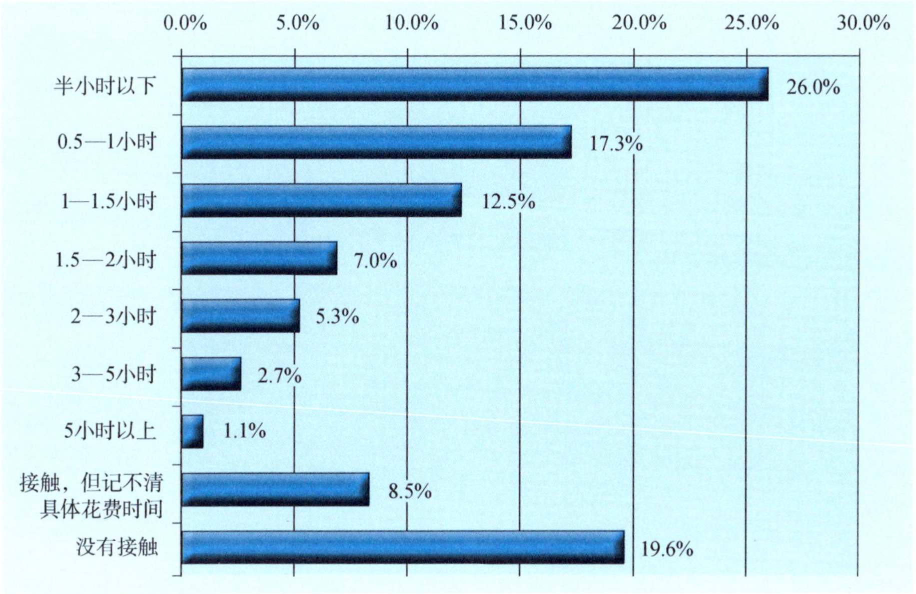

图 5—2—2　9—13 周岁少年儿童玩电子游戏的日均时长

第六章
少年儿童家长的版权认知状况

6.1 少年儿童家长版权认知度

调查得知，2011年，有68.9%的9—13周岁少年儿童家长表示听说过版权这回事。从城乡对比看，该年龄段城镇少年儿童家长版权认知度为88.2%，而农村少年儿童家长版权认知度为53.2%，较城镇少年儿童家长版权认知度低35.0个百分点。具体情况如图6—1—1所示。

6.2 少年儿童家长盗版出版物购买状况

6.2.1 家长对盗版出版物的购买率

调查显示，为孩子购买的图书和电子出版物中，全部购买正版的家长所占比例为18.1%，而68.5%的家长都不同程度地购买过盗版出版物。其中，全部购买盗版出版物的家长占2.1%；还有49.4%的家长表示，他们在为孩子购买出版物时，不能区分正版与盗版。因此，即便对于成年人，版权知识与相关法律法规仍需加大普及力度，深化消费者的认知程度；同时，如何帮助人们有效区分正版与盗版出版物，也是反盗版工作的重点所在。具体情况如图6—2—1所示。

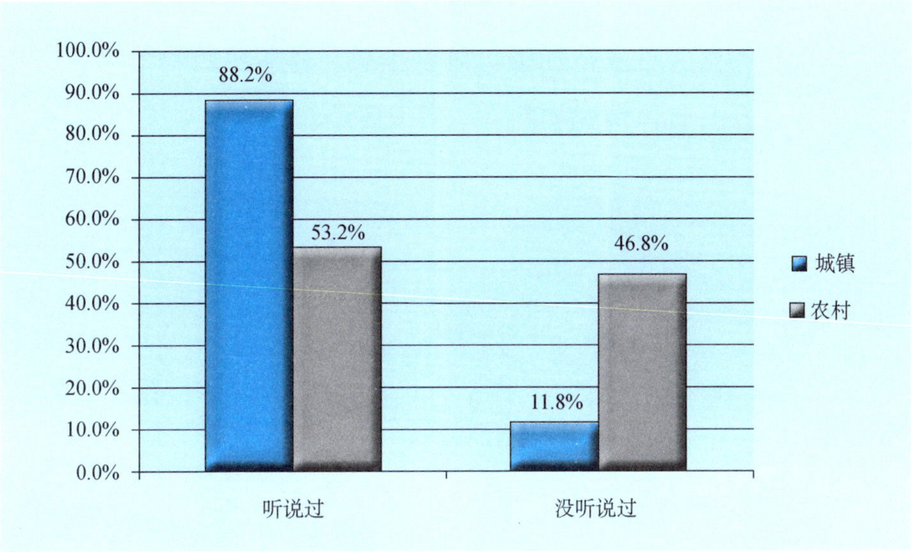

图6—1—1　9—13周岁少年儿童家长的版权认知度城乡差异

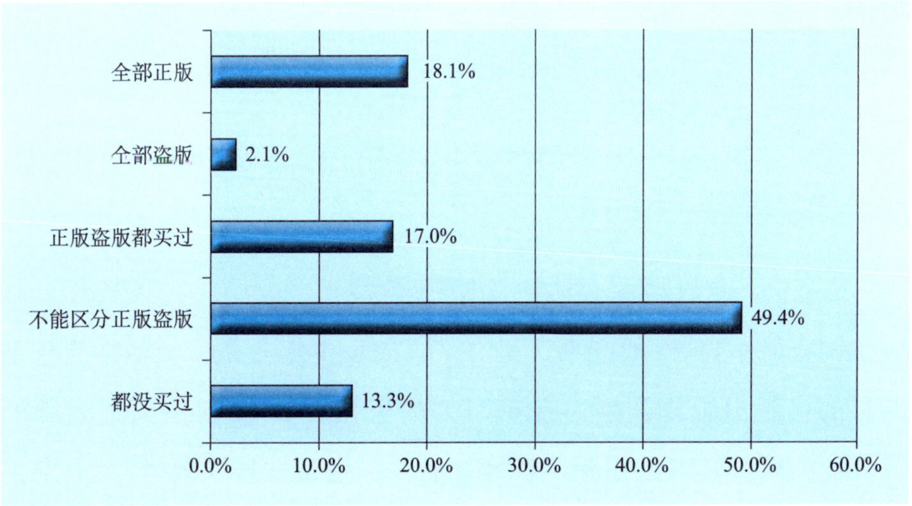

图6—2—1　家长对盗版出版物购买率

从城乡对比情况看，城镇少年儿童家长为孩子购买图书和电子出版物时，全部购买正版的情况要更多一些。数据显示，城镇居民中，全部购买正版出版物的少年儿童家长比例为28.2%，农村选择比例为18.3%，农村居民中，全部购买盗版出版物的少年儿童家长所占比例为3.3%，而城镇居民中全部购买盗版的家长所占比例则为2.4%。另外，农村中不能区分正版与盗版出版物的家长比例是43.7%，比城镇家长的41.7%多出2.0个百分点。由此可见，农村中版权维护的落实更亟待加强，对于正版与盗版出版物的辨认方法也更需要普及。具体情况如图6—2—2所示。

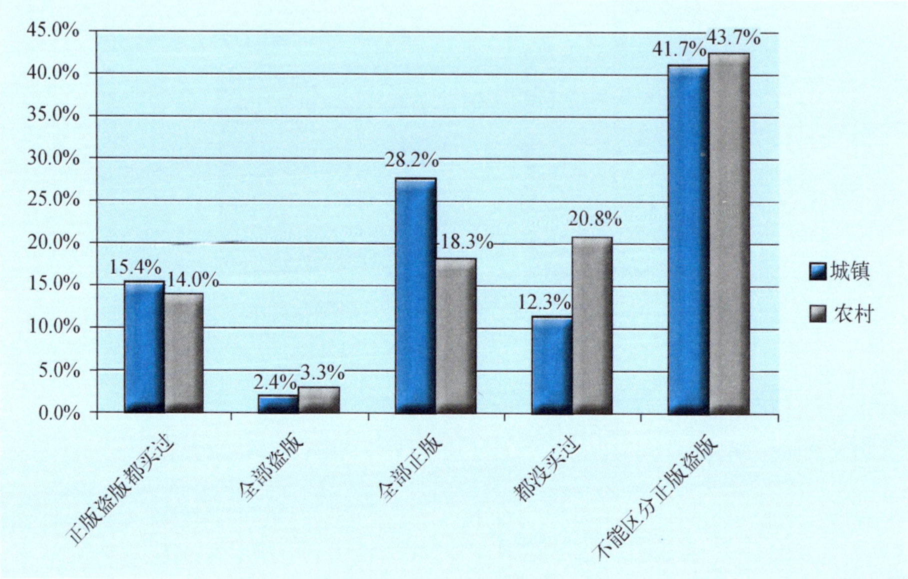

图6—2—2 家长对盗版出版物购买状况的城乡差异

6.2.2 家长购买盗版出版物的类型

调查显示，“一般图书”是9—13周岁少年儿童家长最常为孩子购买的盗版出版物类型，有67.7%的家长在2011年购买过盗版的“一般图书”。其次，盗版“音像制品”和盗版“教辅教材”，分别占到29.3%和20.6%。具体情况如图6—2—3所示。

9—13周岁少年儿童家长为孩子购买盗版出版物的种类，在一定程度上受到城乡差异的影响。在购买盗版“一般图书”方面，农村家长购买盗版的行为更为严重，达到69.1%的比例；而城镇中的家长更倾向于购买盗版的“音像制品”和“教辅教

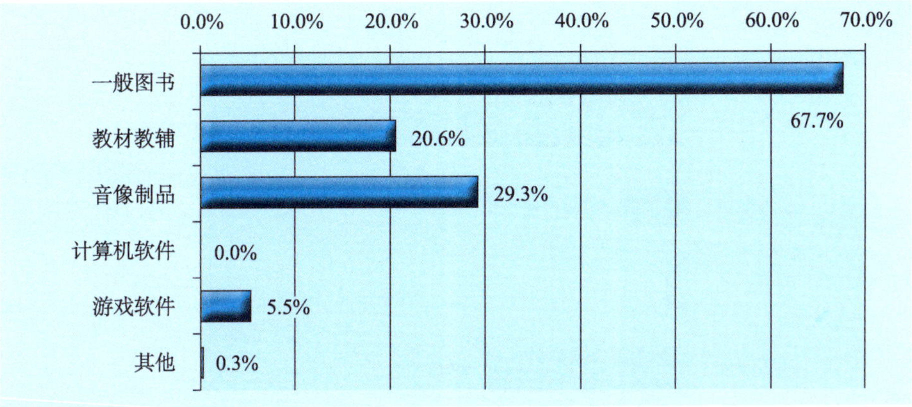

图 6—2—3　家长购买盗版出版物的类型

材”，其比例分别达到 38.2%和 23.2%。具体情况如图 6—2—4 所示。

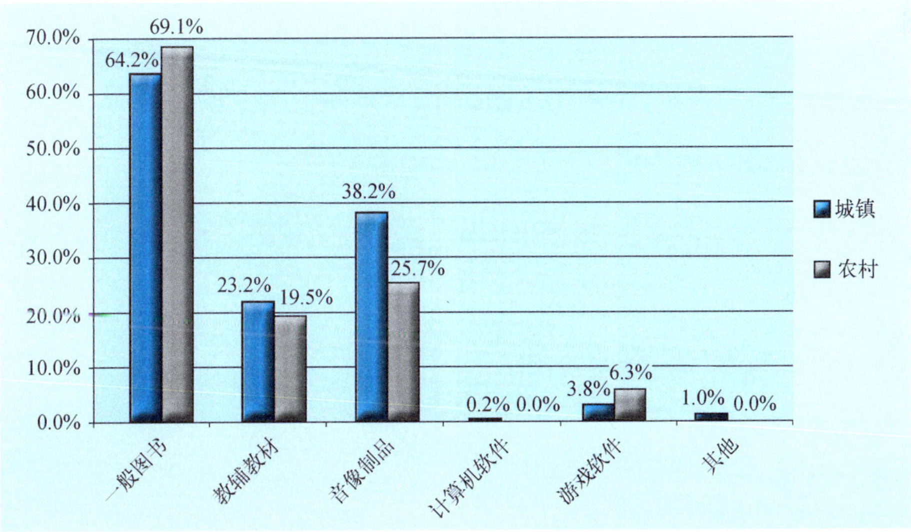

图 6—2—4　家长购买盗版出版物类型的城乡差异

6.2.3　家长购买盗版出版物的驱动因素

2011 年，9—13 周岁少年儿童家长购买盗版出版物的最主要原因是“价格便宜”，其选择比例为 69.9%；其次，“购买方便”和“买时不知道是盗版”，也是导致家长们购买盗版的主要因素。具体情况如图 6—2—5 所示。

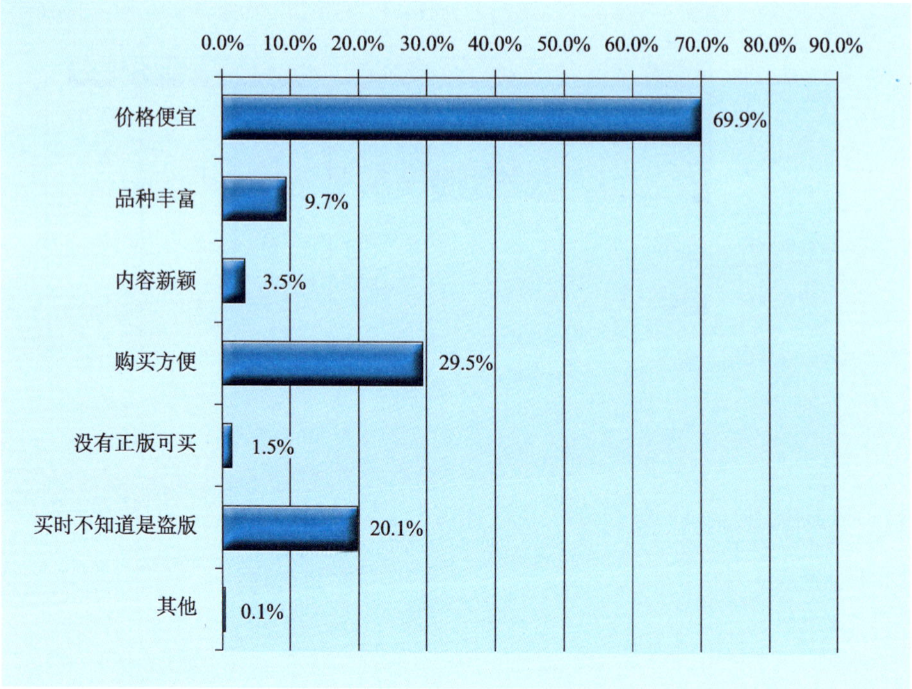

图 6—2—5　家长购买盗版出版物的驱动因素

第七章
少年儿童阅读活动参与度评价

7.1 学校图书馆使用情况

2011年的调查显示，有58.1%的少年儿童表示学校设有图书馆，这一比例较2010年的57.6%，提高了0.5个百分点。学校是少年儿童实施阅读的第二大场所，图书馆的缺失很不利于培养少年儿童的阅读兴趣和阅读技巧，更不利于孩子们养成依靠图书馆获取知识的意识，因而相关单位必须加大力度，尽快建设和发展学校图书馆。

调查学校设有图书馆的少年儿童，有77.2%的孩子表示去过学校图书馆，其余22.8%的孩子则表示没有去过学校图书馆。数据显示，孩子们平均每5.22天去一次图书馆，每周使用1—3次学校图书馆的少年儿童所占比例最大，达到32.1%。根据本次调查数据，每天都去图书馆的孩子数量有较明显的提高，从2010年的0.8%，增加到了4.0%，大幅增长了5倍。具体情况如表7—1—1所示。

表 7—1—1　9—13 周岁少年儿童对学校图书馆的使用度

学校图书馆使用情况	比例
每天都去	4.0%
每周 4—6 次	4.3%
每周 1—3 次	32.1%
每月 1—3 次	27.3%
每月不足一次	9.5%
没有去过	22.8%

7.2　读书活动/读书节的知晓情况

在不提及具体读书活动前提下，2011 年，我国有 16.4%的 9—13 周岁少年儿童家长表示周围举办过读书活动/读书节，有 83.6%的家长表示周围没有举办过读书活动/读书节。从城乡对比上看，有 21.3%的城镇少年儿童家长表示身边有读书活动/读书节，仅有 12.6%的农村少年儿童家长表示身边有读书活动/读书节。具体情况如图 7—2—1 所示。

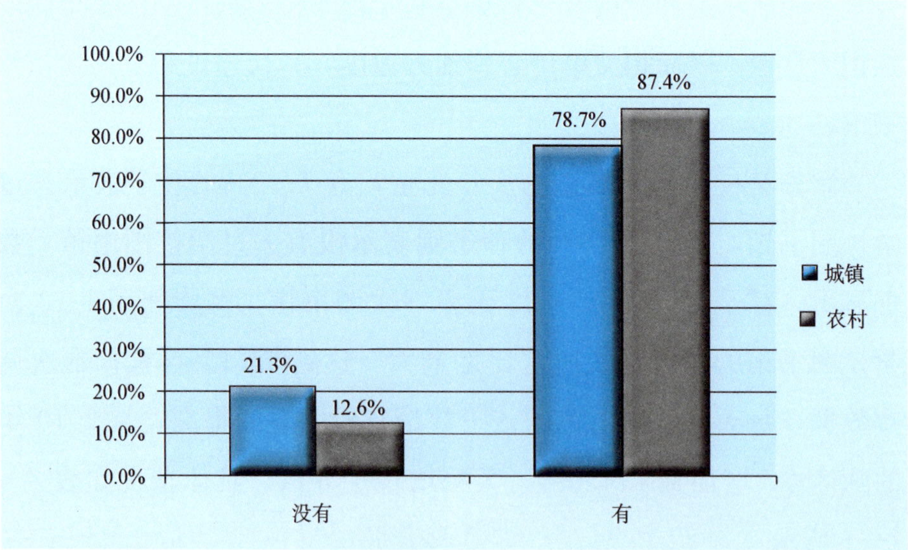

图 7—2—1　少年儿童家长对读书活动/读书节知晓情况的城乡差异

7.3 读书活动参与类型

2011 年，在参加过阅读活动的少年儿童中，大多数少年儿童参加最多的读书活动是“捐书爱心活动”和“读文征文/作文或书画摄影大赛”，二者的选择比例同为 37.2%；其次是“读书竞赛/演讲/辩论赛”。具体情况如图 7—3—1 所示。

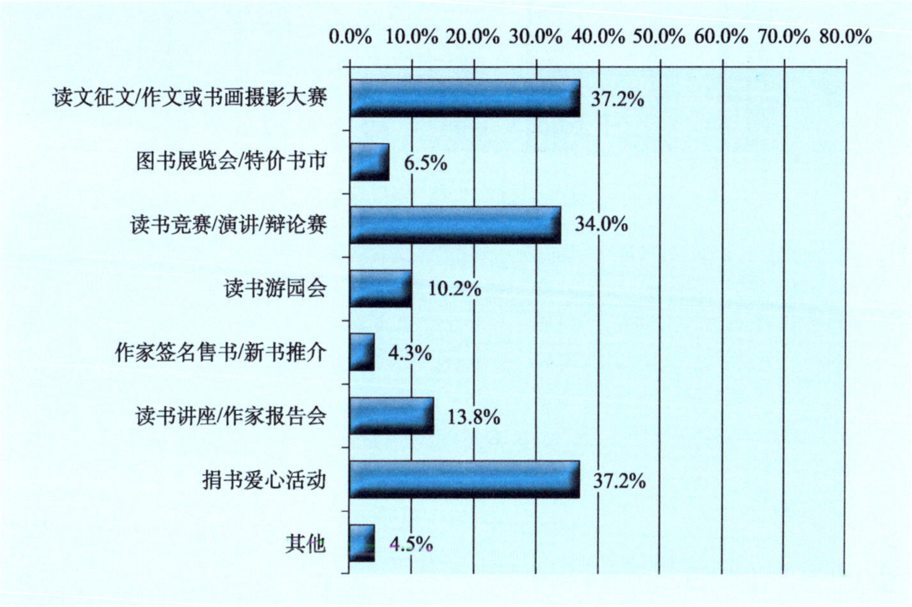

图 7—3—1　9—13 周岁少年儿童阅读活动参与类型

进一步从各类型少年儿童阅读活动参与率的城乡对比数据来看，“读书征文/作文或书画大赛”是城乡儿童都选择较多的阅读活动类型，“捐书爱心活动”是城镇儿童首选的参与类型，“读书竞赛、演讲、辩论赛”则是农村儿童最常参与的阅读活动。值得提出的是，仅有 1.6%的农村儿童，参加过“图书展览会/特价书市”，与城镇儿童的 13.4%差距显著，可见在农村开展图书展览会/特价书市等活动，是当前亟需要改进的工作。具体情况如图 7—3—2 所示。

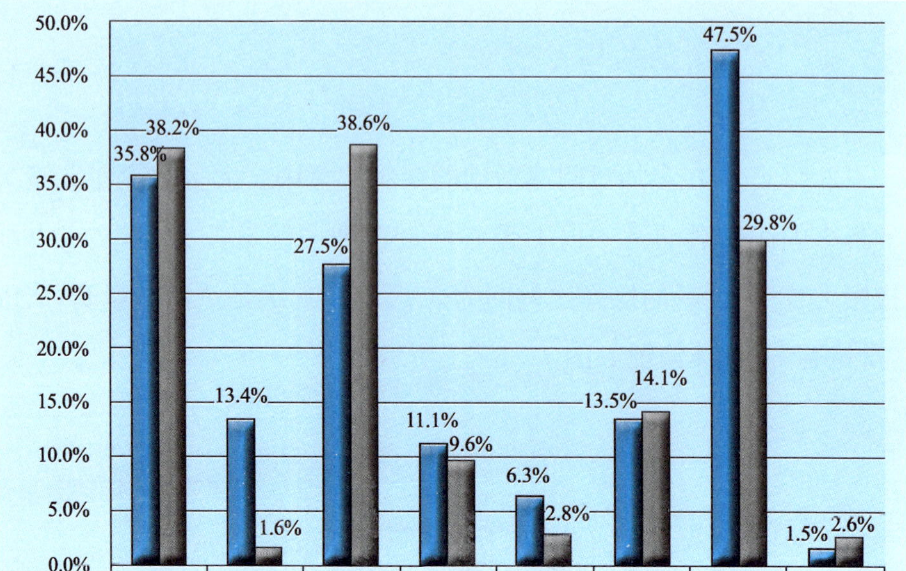

	读书征文/作文或书画摄影大赛	图书展览会/特价书市	读书竞赛/演讲/辩论赛	读书游园会	作家签名售书/新书推介	读书讲座/作家报告会	捐书爱心活动	其他
城镇	35.8%	13.4%	27.5%	11.1%	6.3%	13.5%	47.5%	1.5%
农村	38.2%	1.6%	38.6%	9.6%	2.8%	14.1%	29.8%	2.6%

图 7—3—2　9—13 周岁少年儿童读书活动参与类型的城乡差异

第四部分

0—8周岁儿童
阅读与购买倾向调查报告

第九次国民阅读调查共成功访问了2131名0—8周岁儿童家长，其中，城镇样本量为1476个，农村样本量为655个；男性儿童样本量为1117个，女性儿童样本量为989个，男女儿童比例接近1.13∶1。0—8周岁儿童样本的年龄及性别分布情况如表1所示。

表1　0—8周岁儿童样本的年龄及性别分布

人口特征	年龄分布比例									人口合计（万人）
	0—1周岁	2周岁	3周岁	4周岁	5周岁	6周岁	7周岁	8周岁	合计	
男	19.9%	15.4%	13.8%	10.3%	12.4%	9.0%	10.4%	9.0%	100.0%	1117
女	20.1%	13.3%	14.4%	10.7%	10.9%	11.1%	8.8%	10.6%	100.0%	989

样本加权后可推及1.35亿0—8周岁儿童人口，其中，推及城镇儿童人口4187.79万人，推及农村儿童人口9264.45万人；推及男性儿童人口7287.02万人，推及女性儿童人口6165.22万人，加权后男女儿童性别比为1.18：1。加权推及后样本年龄及性别分布如表2所示。

表2　0—8周岁儿童样本加权后年龄及性别分布

人口特征	年龄分布比例									人口合计（万人）
	0—1周岁	2周岁	3周岁	4周岁	5周岁	6周岁	7周岁	8周岁	合计	
男	19.9%	16.3%	13.6%	11.8%	12.8%	10.6%	8.8%	6.2%	100%	72870242
女	19.7%	14.9%	13.6%	10.2%	9.3%	12.6%	8.1%	11.6%	100%	61652199

第一章
儿童图书阅读与购买状况

1.1 儿童阅读的整体状况

1.1.1 综合阅读率

2011年，我国0—8周岁儿童综合阅读率①为75.2%，较2010年的74.3%，上升了0.9个百分点。同时，综合阅读率在不同年龄段儿童之间存在显著性差异，并与儿童的年龄呈正相关，即儿童年龄越大，其阅读率也就越高。

其中，0—1周岁儿童的综合阅读率最低，仅为22.1%，这一数据比2010年的25.7%有所下降。而8周岁的儿童综合阅读率最高，达到了98.8%，统观儿童综合阅读率分布，多集中在3周岁以后的儿童中，其比例均超过了八成。其中，2周岁、3周岁、4周岁和8周岁儿童的综合阅读率，与2010年相比都有一定幅度的增长。其中，2周岁和3周岁儿童综合阅读率，与2010年相比涨幅较大。6周岁儿童的综合阅读率，与2010年基本持平；而5周岁和7周岁儿童的综合阅读率，则出现小幅度下降。具体情况如

---

① 0—8周岁儿童综合阅读率指2011年阅读过挂图、识图卡片、识字卡片、玩具书、图书、报刊等各类出版物的儿童占0—8周岁儿童总体的比例。

图 1—1—1 所示。

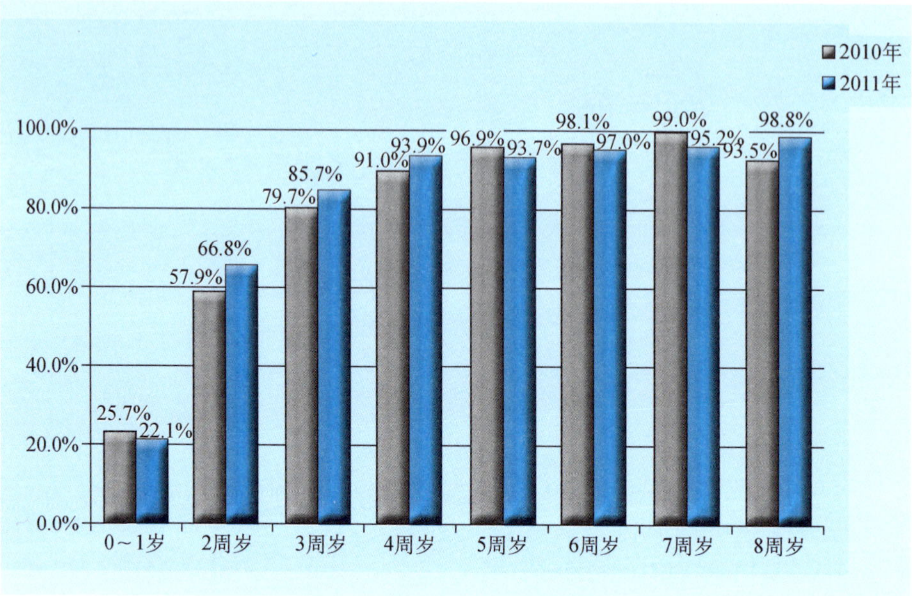

图 1—1—1　0—8 周岁儿童各年龄段综合阅读率

1.1.2　儿童不阅读的原因

在提及孩子不读书的原因时，有 89.9%的家长认为“孩子太小还不会读书”，这成为 0—8 岁儿童不读书的主要原因。而选择“没人教孩子看书”这一原因的家长比例达到 10.2%，说明家长陪读也在一定程度上影响儿童阅读活动的进行。选择“没有闲钱给孩子买课外书”的家长，占到 5.5%；只有 1.9%家长选择“孩子不喜欢看书”。具体情况如图 1—1—2 所示。

有 96.9%的城镇家长把原因归结为“孩子太小还不会读书”，这一数据在农村是 87.8%。选择“孩子不喜欢看书”这一原因的，在城镇占 4.4%，在农村只占 1.1%。值得注意的是，农村家长选择“没人教孩子看书”的比例达到 12.7%，这一比例远高于城镇的 2.3%。同时，选择“没有闲钱给孩子买课外书”的农村家长占到 7.1%，远远高于城镇的 0.3%，反映出家庭的经济条件也制约着农村儿童阅读活动。具体情况如图 1—1—3 所示。

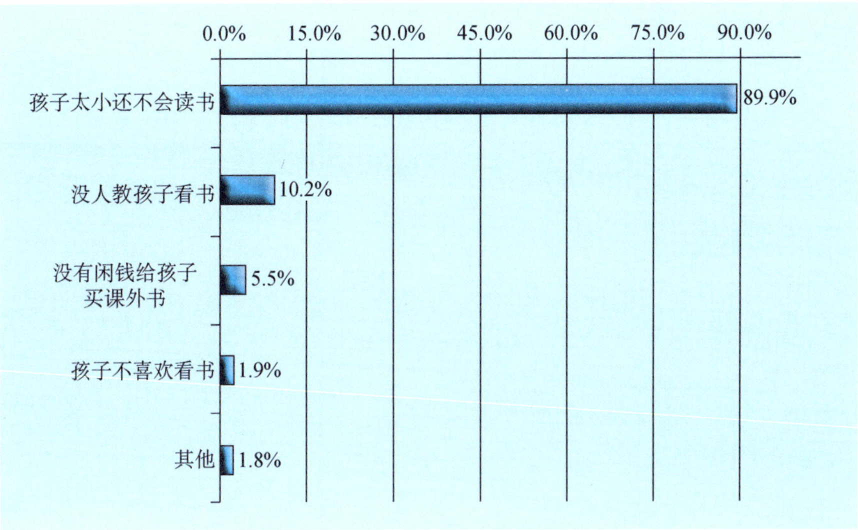

图 1—1—2　0—8 周岁儿童不读书的原因

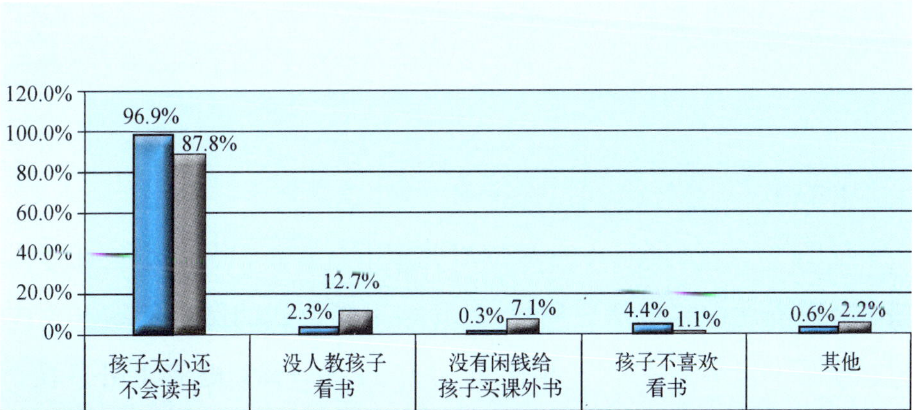

	孩子太小还不会读书	没人教孩子看书	没有闲钱给孩子买课外书	孩子不喜欢看书	其他
城镇	96.9%	2.3%	0.3%	4.4%	0.6%
农村	87.8%	12.7%	7.1%	1.1%	2.2%

图 1—1—3　0—8 周岁城镇儿童与农村儿童不读书原因对比图

进一步分析发现，认为“孩子太小而不会读书”的家长主要集中在 0—3 周岁和 5 周岁儿童家长中。4 周岁和 6 周岁的儿童中，“没人教孩子读书”成为孩子不读书的最主要原因。值得注意的是，在 7 周岁的儿童中，仍有 52.5%的家长认为“孩子太小还不会读书”，这一情况应当引起重视。而认为“孩子不喜欢看书”的，主要集中在8周岁儿童的家长中，这一比例达到了14.2%。具体情况如表1—1—1所示。

表1—1—1 0—8周岁儿童不读书原因在不同年龄段中的差异

不读书选项	0—1周岁	2周岁	3周岁	4周岁	5周岁	6周岁	7周岁	8周岁
孩子不喜欢看书	0.5%	3.1%	8.7%	1.5%	4.3%	0.0%	0.0%	14.2%
没人教孩子看书	1.3%	10.2%	23.6%	53.3%	70.0%	66.7%	47.5%	66.1%
孩子太小还不会读书	97.4%	86.4%	80.1%	32.6%	95.7%	33.3%	52.5%	0.0%
没有闲钱给孩子买课外书	3.3%	5.1%	0.0%	11.4%	59.4%	20.6%	0.0%	19.7%
其他	1.0%	1.4%	0.0%	4.8%	0.0%	0.0%	47.5%	0.0%

1.1.3 儿童阅读的起始时间

如图1—1—4所示，0—8周岁儿童中，有80.6%的家长选择在孩子3周岁之前（包括3周岁），开始不同形式的阅读活动（含挂图、绘画、识字卡片等），相比2010年的79.7%，略有上升。在1周岁之前便开始阅读的儿童占23.2%，相比2010年的25.7%略有下降；从2周岁开始进行阅读的儿童占32.4%，与2010年的32.2%基本持平；从3周岁开始阅读的儿童占25.0%，比2010年的21.8%有所上升；从4周岁开始阅读的儿童占10.8%，选择从5周岁到8周岁才开始不同形式阅读行为的儿童所占比例，均不足5.0%。

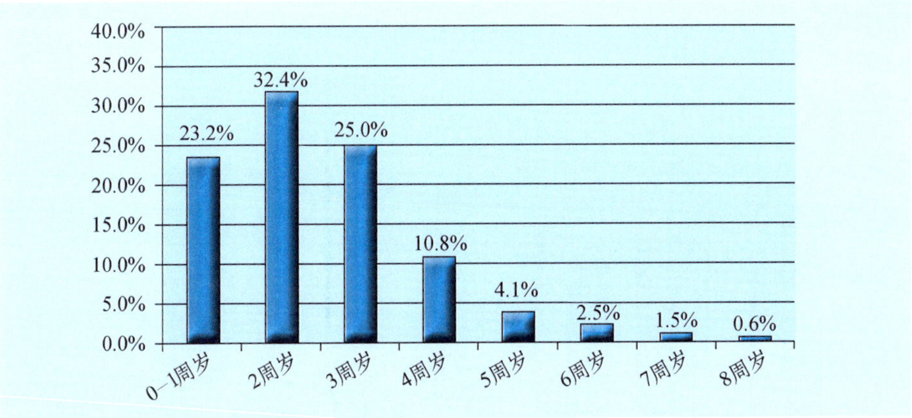

图 1—1—4　0—8 周岁儿童开始阅读行为的年龄分布

从城乡来看，0—5 周岁的城乡儿童，在开始阅读行为的年龄上存在显著性差异，并呈现出交替上升的趋势。具体来说，城镇儿童在 0—1 周岁开始阅读行为的比例为 27.5%，比农村地区儿童高出了 6.5 个百分点。但在 2 周岁这一年龄段，城乡间的差距急剧增大。农村地区儿童开始阅读行为的比例大幅上升，达到 29.4%，但依然落后于城镇儿童。而到 3—5 周岁这一阶段，农村儿童开始阅读行为的比例，一路领先于城镇儿童，特别是 3 周岁和 4 周岁年龄段。此后的 6—8 周岁群体中，城乡开始阅读行为的儿童人数差距不大，且均未超过 4.0%。

0—8 周岁的城镇儿童，有近七成（65.8%）在 0—2 周岁就开始阅读，而农村儿童在 0—2 周岁开始阅读比例，刚达到五成（50.4%）。在农村 0—8 周岁儿童中，2 周岁开始阅读行为的比例最高，达 29.4%，但这一数据仍比 2010 年的 31.3%，略有下降。数据还显示，城镇和农村地区儿童开始阅读行为最为集中的年龄段，均为 0—3 周岁，其中城镇儿童在该年龄段开始阅读行为的比例为 87.0%，农村儿童在该年龄段开始阅读行为的比例也有 87.3%。

综上所述，城镇中 0—8 周岁儿童阅读行为较农村开始得略早，主要集中于 0—2 周岁，0—1 周岁农村比例也有 21.0%，在 3—5 周岁这一阶段，城镇儿童发生阅读行为的比例，均低于同年龄段的农村儿童。具体情况如图 1—1—5 所示。

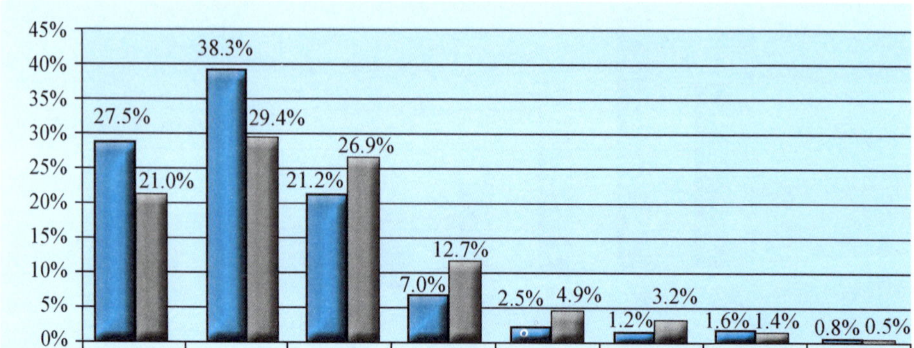

	0~1周岁	2周岁	3周岁	4周岁	5周岁	6周岁	7周岁	8周岁
■城镇	27.5%	38.3%	21.2%	7.0%	2.5%	1.2%	1.6%	0.8%
■农村	21.0%	29.4%	36.9%	12.7%	4.9%	3.2%	1.4%	0.5%

图 1—1—5　0—8 周岁城镇儿童与农村儿童开始阅读行为的年龄比较

1.2　儿童图书阅读状况

1.2.1　图书阅读率与阅读量

2011 年，我国 0—8 周岁儿童图书阅读率为 69.0%，人均图书阅读量为 5.40 本。其中，五成以上（57.5%）的儿童阅读了 3 本及 3 本以上的课外图书，有 36.5%的儿童阅读了 5 本或 5 本以上的课外图书，阅读量超过 10 本以上的儿童占到了 10.7%；另外，有 16.8%的儿童“读了一些，记不清具体数字了”，而“基本不读”任何书籍的儿童，也占到了 8.3%。具体情况如图 1—2—1 所示。

1.2.2　儿童阅读图书的主要来源

调查显示，0—8 周岁的儿童家长对儿童图书的消费积极性较高。有 89.8%的家长会自己购买图书供儿童阅读，还有 24.3%的儿童选择“在幼儿园、学校看”。值得注意的是，17.2%的儿童阅读图书来源为“亲戚朋友的赠送”，这说明图书作为送给孩子们的礼物

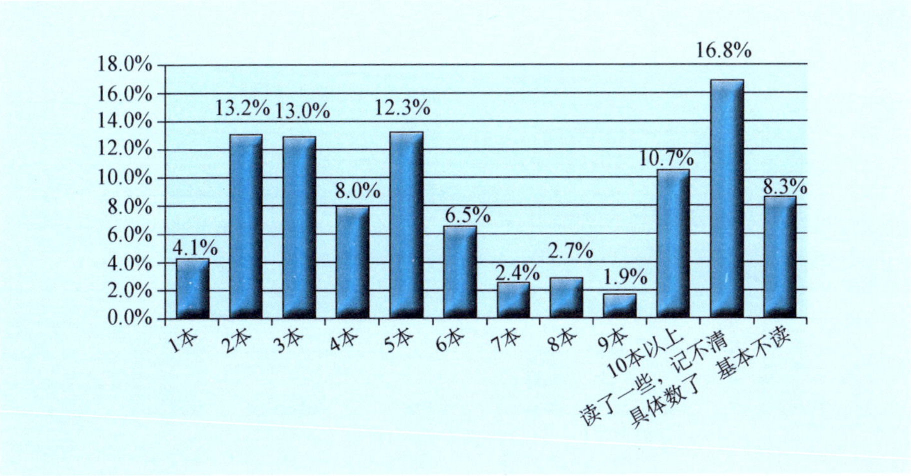

图 1—2—1　0—8 周岁儿童的阅读率

很受欢迎。而选择在“图书馆借阅”的数据比例仅为 2.7%，这在一定程度上说明儿童图书馆的建设有待进一步完善。具体情况如图 1—2—2 所示。

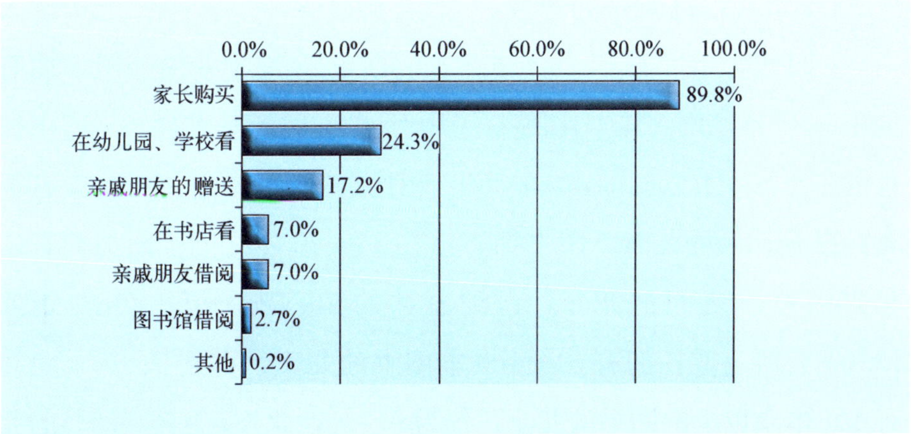

图 1—2—2　0—8 周岁儿童阅读图书的主要来源

调查数据显示，有 93.7%居住在城镇的家长，会买书供孩子阅读，而在农村仅有 87.8%的家长，会买书供孩子阅读。另外，还有 24.7%的城镇家长表示，孩子通过“在幼儿园、学校看”的途径来阅读各种图书，农村儿童通过此途径来阅读读书的比例，与城镇儿童基本持平。值得注意的是，选择孩子在“在书店看”来阅读图书的城镇家长，占到 11.1%，而这一比例在农村仅为 5.0%。具体情况如图 1—2—3 所示。

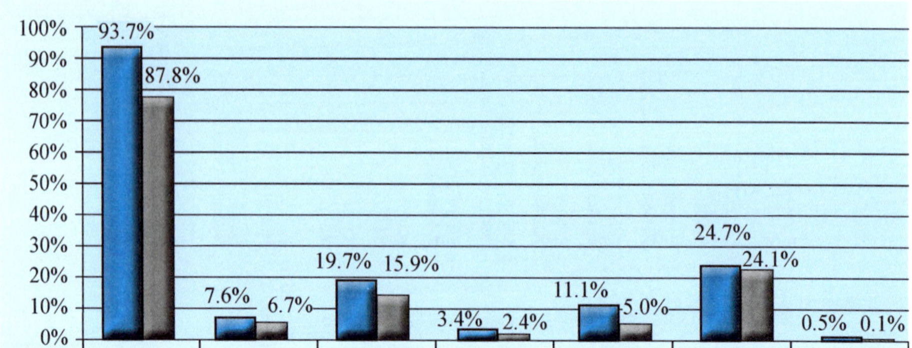

	家长购买	亲戚朋友借阅	亲戚朋友赠送	图书馆借阅	在书店看	在幼儿园、学校看	其他
■城镇	93.7%	7.6%	19.7%	3.4%	11.1%	24.7%	0.5%
■农村	87.8%	6.7%	15.9%	2.4%	5.0%	24.1%	0.1%

图 1—2—3　0—8 周岁儿童阅读图书主要来源的城乡对比

1.2.3　儿童图书拥有量

2011 年，有三成以上（33.3%）的 0—8 周岁儿童，图书拥有量在 1—5 本之间，这一比例与 2010 年的 33.7%基本持平；图书拥有量在 6—10 本之间的占 25.5%，相比 2010 年的 26.9%，略有下降；有 16.4%的儿童，图书拥有量在 11—20 本之间；图书拥有量在 20—50 本之间的儿童，占到总数的 16.9%，相比 2010 年的 13.1%有所上升；拥有 51—100 本图书的儿童，占到 1.6%，而拥有 101 本及以上的图书的儿童，仅为 0.7%，此外，还有 5.6%的儿童，没有属于自己的图书。具体情况如图 1—2—4 所示。

数据显示，城镇儿童与农村儿童的图书拥有量，具有较大的差距。有 20.0%的城镇儿童拥有 1—5 本图书，而拥有 1—5 本图书的农村儿童占到 40.0%，但是拥有 10 本以上图书的农村儿童，所占比例均低于城镇儿童。另外，有 7.3%的农村儿童，没有属于自己的图书。详情见图 1—2—5 所示。

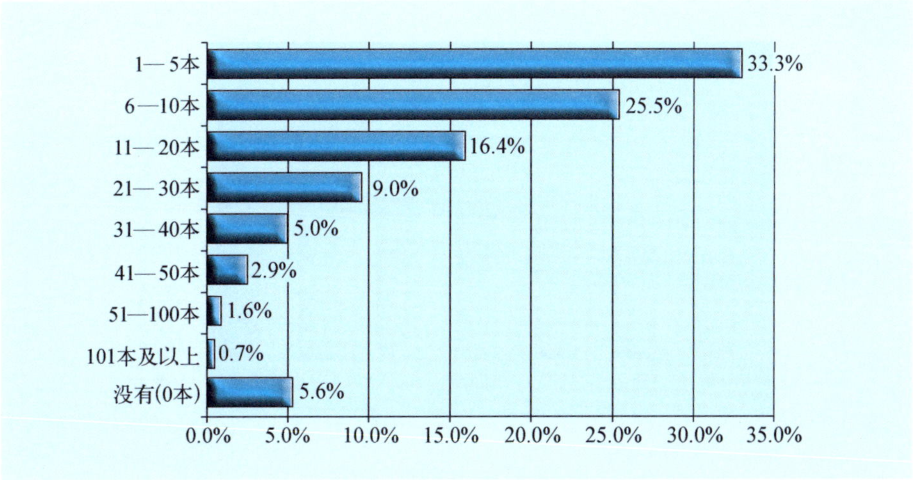

图 1—2—4　0—8 周岁儿童人均图书拥有量

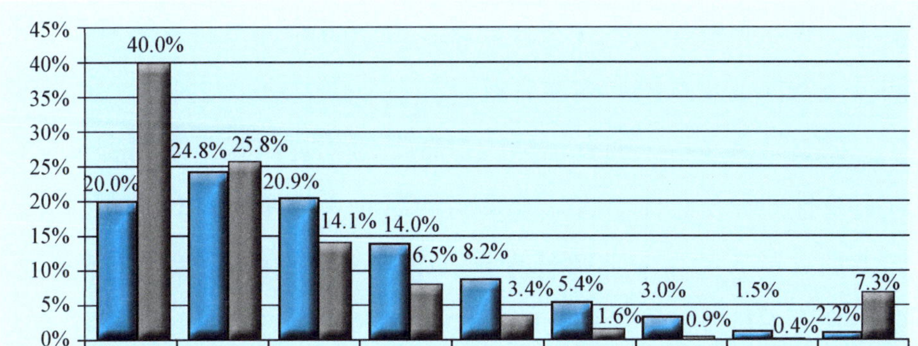

	1—5本	6—10本	11—20本	21—30本	31—40本	41—50本	51—100本	101本以上	没有(0本)
■城镇	20.0%	24.8%	20.9%	14.0%	8.2%	5.4%	3.0%	1.5%	2.2%
■农村	40.0%	25.8%	14.1%	6.5%	3.4%	1.6%	0.9%	0.4%	7.3%

图 1—2—5　0—8 周岁儿童图书拥有量城乡对比

统计数据显示，不同年龄段儿童的平均图书拥有量，存在显著性差异。具体来说，0—1 周岁儿童的平均图书拥有量最少，仅为 5.71 本；8 周岁儿童的平均图书拥有量最多，达到 18.29 本，其余年龄段儿童的平均图书拥有量，大体上随年龄增长而增加，但 5 周岁儿童的平均图书拥有量，与 4 周岁儿童相比略有下降。与此同时，4—8 周岁儿童的平均图书拥有量，均超过了 12 本。具体情况如图 1—2—6 所示。

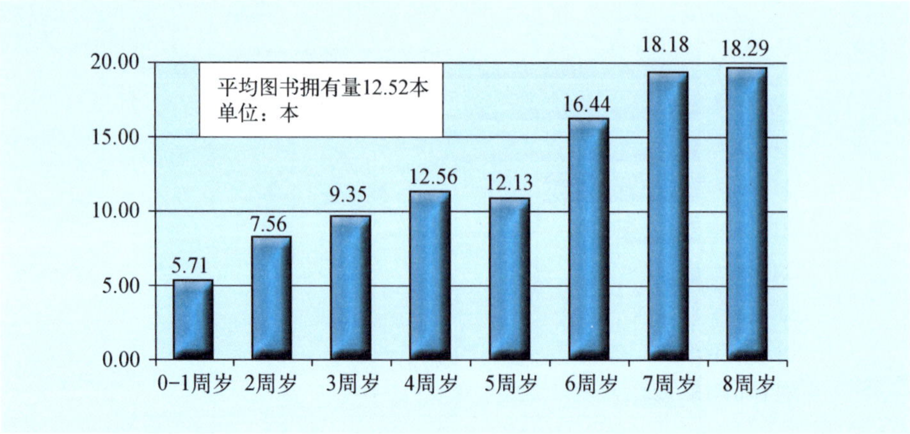

图 1—2—6　0—8 周岁儿童各年龄段的图书拥有量

本次调查细化了调查对象的人口特征，以 0—8 周岁儿童家长的学历、收入和城乡来源为划分标准，进一步分析不同生活背景、不同经济条件下儿童图书的拥有量。

调查结果显示，拥有不同人口特征的儿童，其图书拥有量也存在显著性差异。总体而言，高学历和高收入的家长，其子女的人均图书拥有量远远高于那些低学历、低收入家庭的儿童。具体来说，家长具有本科及以上学历、收入在 5001 元及以上的家庭，其子女人均图书拥有量均在 20 本以上，明显高于家长具有初中学历或小学及以下学历的家庭。家长为小学及以下学历的家庭，其子女的人均图书拥有量最少，仅为 9.23 本。

从城乡这一人口特征来看，居住在城镇的和居住在农村地区的儿童，其人均图书拥有量也存在较大差异。其中，居住在城镇的 0—8 周岁儿童，人均图书拥有量为 18.23 本，这一数字远远超出了农村儿童人均 9.97 本的图书拥有量，差距接近一倍。具体情况如表 1—2—1 所示。

表 1—2—1　不同人口特征条件下 0—8 周岁儿童拥有图书量比较

人口特征		0—8 周岁儿童拥有的图书量（本）
家长学历	小学及以下	9.23
	初中	10.12
	高中	13.51

续前表

人口特征		0—8 周岁儿童拥有的图书量（本）
家长学历	大专	16.41
	本科	20.14
	硕士研究生	33.83
家长收入	无收入	10.73
	500 元以下	13.58
	501—1000 元	7.72
	1001—1500 元	11.33
	1501—2000 元	13.52
	2001—3000 元	15.50
	3001—5000 元	16.99
	5001—8000 元	21.71
	8001—10000 元	24.71
	10000 元及以上	10.77
城乡	城镇儿童	18.23
	农村儿童	9.97

1.2.4 儿童阅读兴趣

在调查 0—8 周岁有过阅读行为的儿童中，有 51.4%的儿童表示，“喜欢，经常看”图书，这一数据与 2010 年的 52.0%基本持平。有 32.8%的儿童表示，“喜欢，但不经常看”，这一比例较 2010 年的 36.2%略有下降。而明确表示“不喜欢，基本不看”和“说不清”的儿童，所占比例均不足一成。具体情况如图 1—2—7 所示。

1.2.5 不同年龄段儿童的阅读兴趣

从年龄上看，不同年龄段的儿童在阅读兴趣上存在一定差异。具体来说，0—4 周岁儿童对阅读的兴趣，低于 5—8 周岁的儿童。

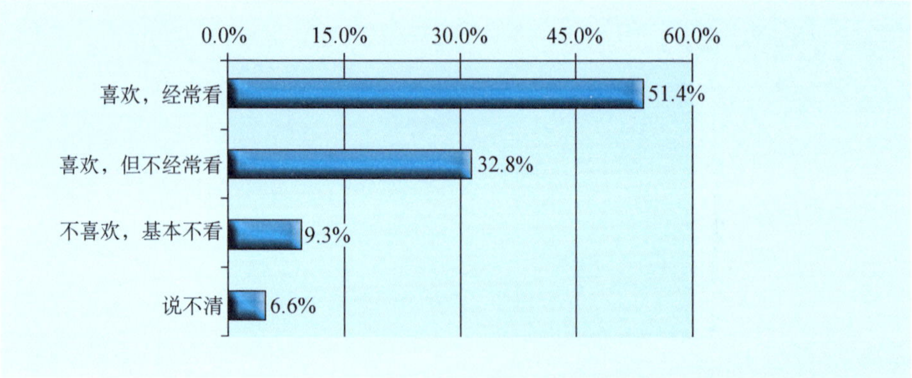

图 1—2—7　0—8 周岁儿童阅读兴趣

其中，选择“喜欢，经常看”的 0—4 周岁各年龄段儿童，均接近半数；而 5—8 周岁各年龄段儿童，“喜欢，经常看”的比例，均占到五成以上。5—8 周岁年龄段儿童的阅读兴趣，也呈现出较大差异，其中，7 周岁儿童的阅读兴趣最为浓厚，选择“喜欢，经常看”的比例高达 60.3%，为所有年龄段儿童中选择比例最高的，但这一数据较 2010 年的 71.4%，有明显下降，其背后的原因值得探究。

在 0—1 周岁儿童中，对阅读表示“喜欢”的比例高达 69.1%，只有不到一成的家长表示，孩子“不喜欢，基本不看”书。随着年龄的增长，2—8 周岁儿童中表示“喜欢，经常看”或“喜欢，但不经常看”的比例，均有所升高，占到 79.0%左右。具体情况如表 1—2—2 所示。

表 1—2—2　0—8 周岁儿童各年龄段对阅读的兴趣

年龄	喜欢，经常看	喜欢，但不经常看	不喜欢，基本不看	说不清
0—1 周岁	43.6%	25.5%	8.2%	22.7%
2 周岁	49.8%	29.2%	15.7%	5.3%
3 周岁	43.4%	40.4%	10.3%	5.8%
4 周岁	46.8%	34.0%	8.0%	11.2%

续前表

年龄	喜欢，经常看	喜欢，但不经常看	不喜欢，基本不看	说不清
5 周岁	51.5%	33.0%	9.6%	5.9%
6 周岁	55.7%	31.9%	6.7%	5.8%
7 周岁	60.3%	35.2%	3.1%	1.4%
8 周岁	59.7%	27.8%	10.6%	1.9%

1.2.6 家长的阅读兴趣与儿童阅读兴趣的关系

本次调查结果显示，家长对阅读的喜爱程度，影响着孩子的阅读兴趣。喜欢读书的父母，他们的子女喜欢阅读的比例更高。表示“喜欢，经常看”书的家长，对应的儿童“喜欢，经常看”书的比例最高，为 70.0%，具体情况如表 1—2—3 所示。

表 1—2—3 家长的阅读兴趣与 0—8 周岁儿童阅读兴趣的对应关系

		孩子			
		喜欢，经常看	喜欢，但不经常看	不喜欢，基本不看	说不清
家长	喜欢，经常看	70.0%	24.0%	3.7%	2.3%
	喜欢，但不经常看	49.5%	39.0%	5.7%	5.8%
	不喜欢，基本不看	41.9%	30.9%	18.4%	8.8%
	说不清	42.3%	25.8%	10.4%	21.5%

1.3 儿童喜欢的阅读方式

在孩子最喜欢的阅读方式上，家长在儿童阅读中所扮演的角色显得举足轻重，亲子阅读已成为一种大的发展趋势。在 0—8 周岁儿童中，有接近七成的儿童表示，喜欢“家长读给自己听”（30.6%）或家长“陪孩子一起阅读”（37.4%）。另外，还有 25.3%的儿童喜欢自己阅读，只有 6.6%的儿童喜欢“和小伙伴一起阅读”。具体情况如图 1—3—1 所示。

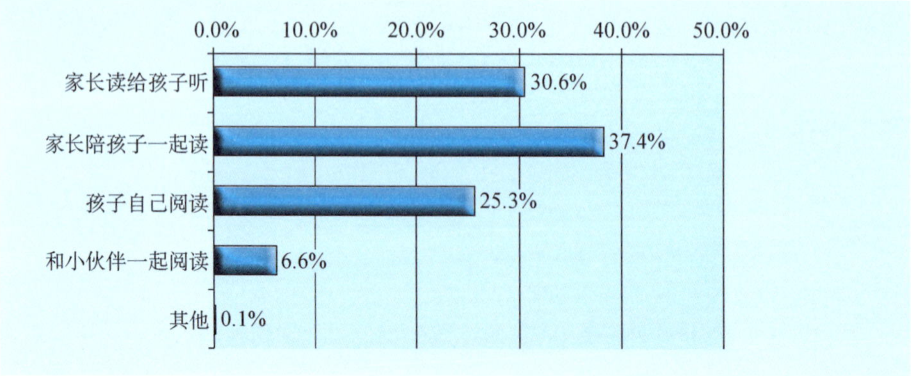

图 1—3—1 0—8 周岁儿童喜欢的阅读方式

从性别差异上分析，0—8 周岁各年龄段的儿童，对家长陪读的态度并无明显差异。表示喜欢“父母给孩子读”或“家长陪孩子一起读”的男孩和女孩比例，均高于其他几个选项，也都超过了三成。其中，男孩女孩之间的差别并不明显。具体情况如表 1—3—1 所示。

表 1—3—1 不同性别的 0—8 周岁儿童喜欢的阅读方式

阅读方式	男童	女童
父母给孩子读	30.3%	30.9%
家长陪孩子一起读	37.5%	37.2%
孩子自己阅读	26.1%	24.3%
和小伙伴一起阅读	6.0%	7.2%
其他	0.1%	0.4%

从年龄特征上分析，0—8 周岁儿童喜欢的阅读方式，随着年龄的增长而产生变化，年龄越大的儿童，越倾向于自己独立阅读。在 0—2 周岁儿童中，喜欢和家长一起阅读（“父母给孩子读”及“家长陪孩子一起读”）的儿童，在九成左右；而这一比例在 6 周岁儿童中，减少到 62.0%，在七周岁儿童中减少到 48.8%；而在 8 周岁儿

童中，仅占到34.4%。

与上述情况相反的是，在0—1周岁儿童中，喜欢“自己阅读”的儿童比例仅为6.3%，而在6—8周岁的儿童中，选择“自己阅读”的儿童比例大幅上升，均超过了30.0%，尤其是8周岁的儿童，选择“自己阅读”的比例已高达53.4%，但相比2010年的62.0%略有下降。具体情况如表1—3—2所示。

表1—3—2 不同年龄段0—8周岁儿童喜欢的阅读方式

阅读方式	0—1周岁	2周岁	3周岁	4周岁	5周岁	6周岁	7周岁	8周岁
父母给孩子读	53.0%	45.9%	45.9%	25.2%	33.5%	19.5%	17.1%	9.9%
家长陪孩子一起读	36.6%	40.8%	35.0%	51.6%	32.6%	42.5%	31.7%	24.5%
孩子自己阅读	6.3%	9.4%	11.1%	16.2%	26.9%	33.3%	44.8%	53.4%
和小伙伴一起阅读	3.5%	3.9%	8.0%	5.8%	7.0%	4.7%	6.4%	12.2%
其他	0.6%	0.0%	0.0%	1.2%	0.0%	0.0%	0.0%	0.0%

1.4 家长引导儿童阅读的目的

通过调查发现，有超过五成的家长认为，引导孩子阅读的主要目的是“养成阅读兴趣和习惯”，以及“开发智力，培养学习能力”。有45.2%的家长表示，引导孩子阅读的主要目的是“帮助孩子认识各种事物”，也有48.5%的家长，是为了“帮助识字、学数数”。总之，大部分家长都认识到儿童阅读的意义和重要性，引导儿童阅读的目的呈现出多样化趋势，选择各种选项的比例也比较分散。具体情况如表1—4—1所示。

表 1—4—1　家长引导 0—8 周岁儿童阅读的主要目的

家长引导儿童阅读的目的	选择比例
帮助孩子认识各种事物	45.2%
帮助识字，学数数	48.5%
为了给小孩玩耍/让小孩安静下来	13.0%
养成阅读兴趣和习惯	52.5%
开发智力，培养学习能力	52.3%
其他	0.1%

在 0—1 周岁儿童中，选择“帮助认识各种事物”为阅读目的的家长，所占比例最高，为 53.8%。其次，以“开发智力，培养学习能力”为阅读目的家长，所占比例为 53.2%。此外，以“养成阅读兴趣和习惯”“帮助识字、学数数”为目的，进而引导儿童阅读的家长，所占比例也较高，分别为 44.7%和 41.5%；只有 17.8%的家长引导孩子阅读，是为了“给小孩玩耍/让安静下来”。

在 2—5 周岁儿童中，选择“帮助认识各种事物”和“帮助识字、学数数”的家长，所占比例均超过了 45.0%。除此之外，也有四成以上的家长引导儿童阅读的目的，是为了“养成阅读兴趣和习惯”和“开发智力，培养学习能力”。

而在 6—8 周岁儿童中，家长引导儿童阅读的目的与其他年龄段相比，发生了明显变化。家长们更为关注孩子的阅读兴趣和智力开发，选择“养成阅读兴趣和习惯”“开发智力、培养学习能力”这两项的家长，其比例均超过了五成。具体来说，6 周岁儿童家长引导孩子阅读的首要目的，是“养成阅读兴趣和习惯”，占 64.0%；其次是“开发智力，培养学习能力”，所占比例为 55.9%。7 周岁儿童的家长引导孩子阅读的首要目的，是为“养成阅读兴趣和习惯”，所占比例为 69.9%；而 8 周岁儿童的家长引导孩子阅读的首要目的，由 2010 年的“养成阅读兴趣和习惯”转变成“开发智力，培养学习能力”，所占比例为 65.6%。具体情况如表 1—4—2 所示。

表 1—4—2　不同年龄段家长引导 0—8 周岁儿童阅读的目的

引导阅读目的	0—1 周岁	2 周岁	3 周岁	4 周岁	5 周岁	6 周岁	7 周岁	8 周岁
帮助认识各种事物	53.8%	53.5%	51.6%	52.0%	45.9%	43.9%	37.2%	21.7%
帮助识字、学数数	41.5%	59.5%	56.9%	61.8%	45.6%	45.2%	30.8%	35.9%
给小孩玩耍/让小孩安静下来	17.8%	12.7%	13.5%	12.8%	19.5%	13.8%	9.4%	4.9%
养成阅读兴趣和习惯	44.7%	45.3%	43.0%	43.7%	49.4%	64.0%	69.9%	61.4%
开发智力，培养学习能力	53.2%	40.1%	49.4%	42.4%	53.5%	55.9%	64.4%	65.6%
其他	0.0%	0.0%	0.0%	0.2%	0.0%	0.2%	0.0%	0.0%

1.5　家长对儿童阅读的陪护状况

1.5.1　主要陪读者

调查数据显示，作为儿童阅读的家庭陪护者，“妈妈”和“爸爸”依然充当着最主要的角色。其中，“妈妈”作为陪护角色出现的比例最高，达到了 73.0%；其次是“爸爸”，达到了 23.6%，但这一比例远远低于“妈妈”的比例，可见母亲在对下一代的教育中承担着重要的角色。也有 14.1%的孩子的阅读状态是，“没人陪，自己看”，其余陪护人员的选择比例，从高到低排列依次是“奶奶”“爷爷”“外婆”“其他”“外公”等家庭成员。具体情况如图 1—5—1 所示。

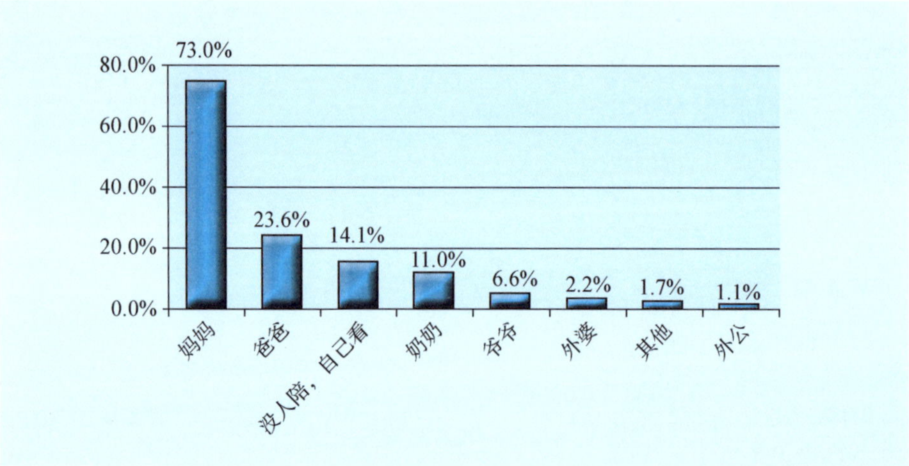

图 1—5—1　家长在 0—8 周岁儿童阅读时的陪护

1.5.2　陪读时长

调查数据显示，有近五成（46.2%）的 0—8 周岁儿童家长，平均每天花费“10—30 分钟”时间陪护孩子阅读；还有 18.2%的家长，平均每天的陪读时间在 10 分钟以下；而平均每天陪孩子读书在半小时到一个小时之间的家长有 11.8%，每天陪伴孩子阅读超过 1 小时的家长，则占到 9.4%。具体情况如图 1—5—2 所示。

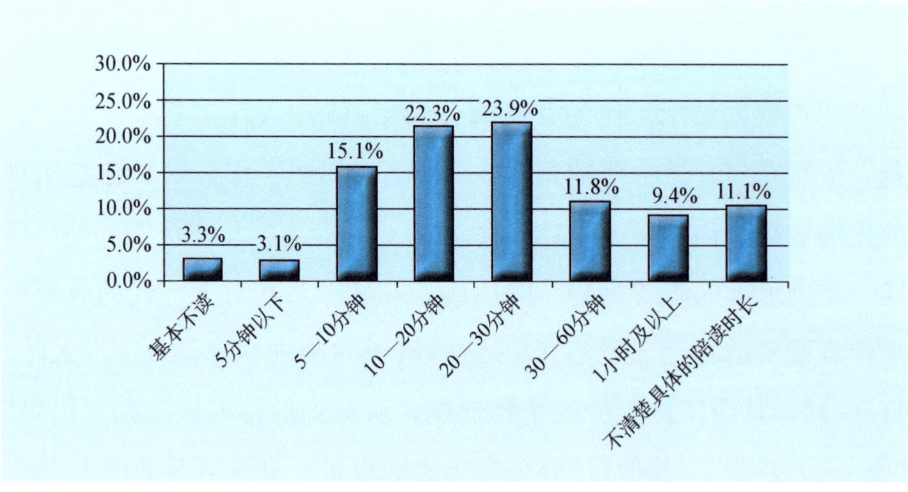

图 1—5—2　家长陪护 0—8 周岁儿童阅读的时长

进一步分析数据发现，陪读时间在“10—30 分钟”的城镇家长，所占比例大于农村家长；而陪读时间在“30—60 分钟”和“一小时及以上”的农村家长，所占比例却略大于城镇家长。这反映出城镇人口工作压力大，生活节奏快，家长所能支配给孩子陪读的时间受到一定的限制。具体情况如图 1—5—3 所示。

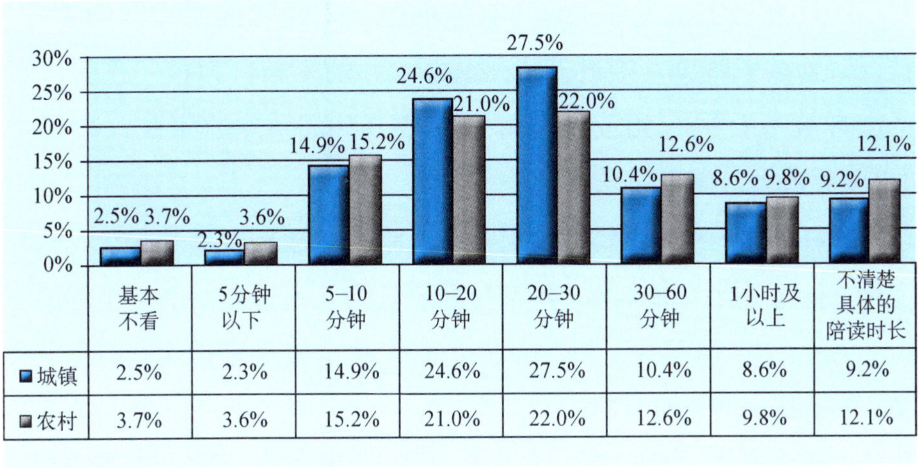

图 1—5—3　城镇与农村家长陪护 0—8 周岁儿童阅读时长对比

调查数据显示，家长本身是否喜欢阅读，直接影响其陪伴孩子的阅读时长。“不喜欢，基本不看”书的这部分家长，平均每天陪孩子读书的时间最短，陪读时长在 30 分钟以内家长比例，占到 57.8%；而“喜欢，经常看”书的家长，陪同孩子阅读的时间最长，主要分布在 20 分钟到 60 分钟，此部分家长陪读时间在 20 分钟至 60 分钟的比例达到 43.2%；甚至陪读 1 小时以上的家长比例，也达到了 14.0%。如表 1—5—1 所示。

表 1—5—1　家长是否喜欢读书与 0—8 周岁儿童阅读时陪护的时长比较

陪读时长	喜欢，经常看	喜欢，但不经常看	不喜欢，基本不看	说不清
基本不读	0.9%	2.0%	6.6%	8.0%
5 分钟以下	3.6%	2.5%	3.7%	3.0%
5—10 分钟	8.1%	13.5%	22.9%	17.8%
10—20 分钟	24.9%	24.9%	16.2%	20.1%
20—30 分钟	27.7%	28.7%	15.0%	11.4%
30—60 分钟	15.5%	11.8%	10.7%	0.3%
1 小时及以上	14.0%	8.1%	6.9%	15.8%
不清楚具体的陪读时长	5.3%	8.5%	18.0%	23.6%

1.6　家长引导儿童接触的图书种类

2011年有五成左右（50.8%）的家长，经常提供“图画卡片、挂图”给孩子阅读，接近五成（46.5%）的家长，为孩子选择“童话寓言故事”进行阅读，也有近四成（36.8%）的家长，会提供“识字数数类”图书供孩子阅读。

选择上述三种图书类型的家长所占比例，与2010年相比没有明显变化，且这三类图书连续3年都位居家长为儿童选择图书类型的前三位。另外，“卡通漫画”和“诗歌童谣”，也是较受家长欢迎的图书种类，其选择比例分别为34.2%和25.5%。对于“绘画故事（图画文字并重）”“科学知识、常识类”图书类图书，以及“益智游戏”类图书，家长们的选择比例，均在一成以上。总体看来，家长们引导儿童阅读的图书种类，呈现出多元化的特征。具体情况如图1—6—1所示。

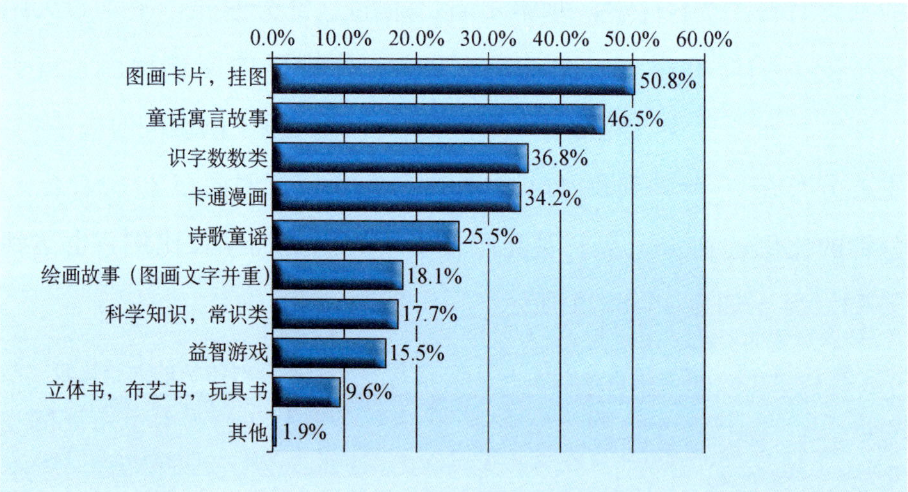

图1—6—1　家长经常为0—8周岁儿童选择的图书类型

1.7　家长认为适合儿童阅读的形式

2011年，有61.7%的家长认为，纸质书籍更适合儿童阅读，这一比例较 2010 年的 66.5%，下降了 4.8 个百分点，反映出随着数字媒体的发展和普及，传统纸质书籍在家长心中的认同度，出现了一定程度的下降。其次，有 20.7%的家长认为，音像读物更适合儿童阅读，这比 2010 年增加 2.0 个百分点。同样，出现增长的还有“电视”阅读形式，2010 年有 14.3%的家长认为，电视更适合儿童阅读，2011 年这一比例则上升为 17.4%。具体情况如图 1—7—1 所示。

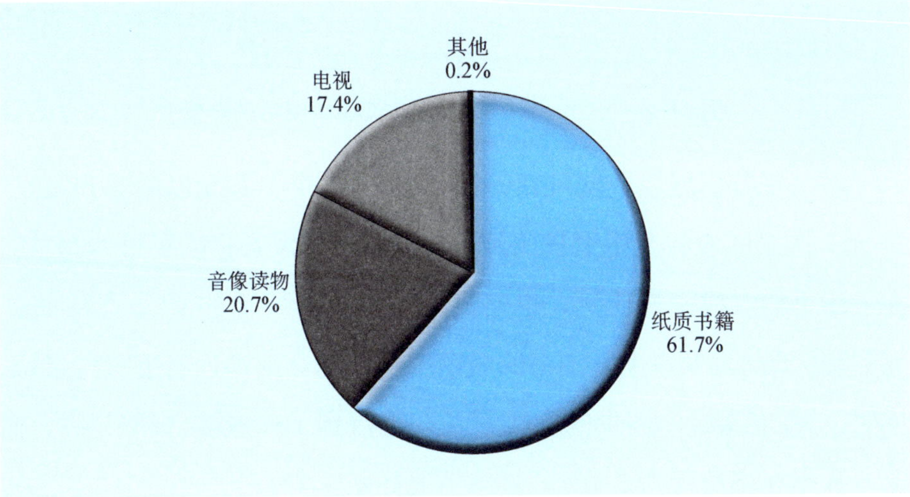

图 1—7—1　家长认为适合 0—8 周岁儿童的阅读形式

1.8　0—8 周岁儿童图书购买状况

1.8.1　家长购买图书的金额

2011 年，为孩子买过 30 元以内图书的家长，占到 26.7%，这一数据相比 2010 年的 42.3%，出现明显下降。有 19.6%的家长，为孩子购书金额在 30—50 元之间，有 16.4%的家长，为孩子购书金额在 50—100 元之间，还有 12.5%的家长，为孩子购买过 100—300 元的图书。为孩子购买图书金额在 300 元以上的家长，只占到 3.2%，而“没有买过”图书的家长，其比例仍占到近一成(9.9%)。具体情况如图 1—8—1 所示。

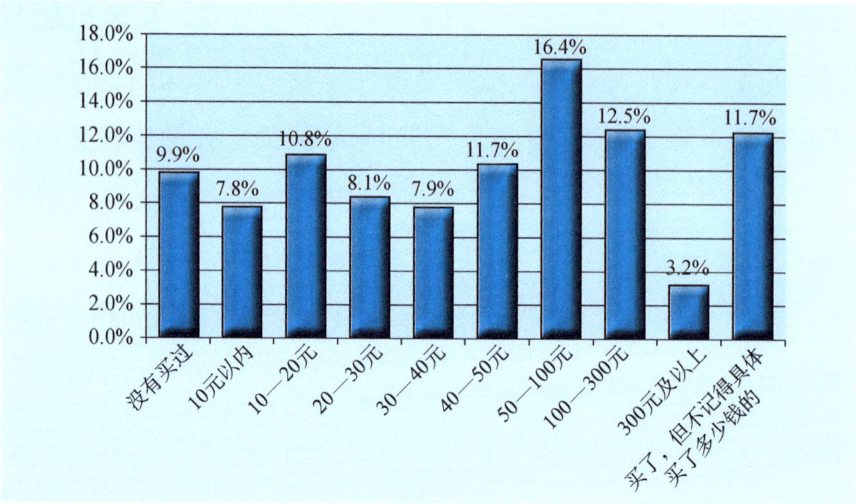

图 1—8—1　0—8 周岁儿童家长购买图书的金额

进一步分析城乡数据可知，2011 年购买过“10 元以内”和“10—20 元”图书的农村儿童家长比例，均高于城镇家长；购买过“30—50 元”图书的农村家长比例，也略高于城镇家长。而购买过“50—300 元”和“300 元及以上”图书的城镇家长比例，则远远高于农村家长。同时，“没有买过”图书的农村家长，也占到了一成多（13.1%），而这一数据在城镇仅为 3.7%。具体情况如图 1—8—2。

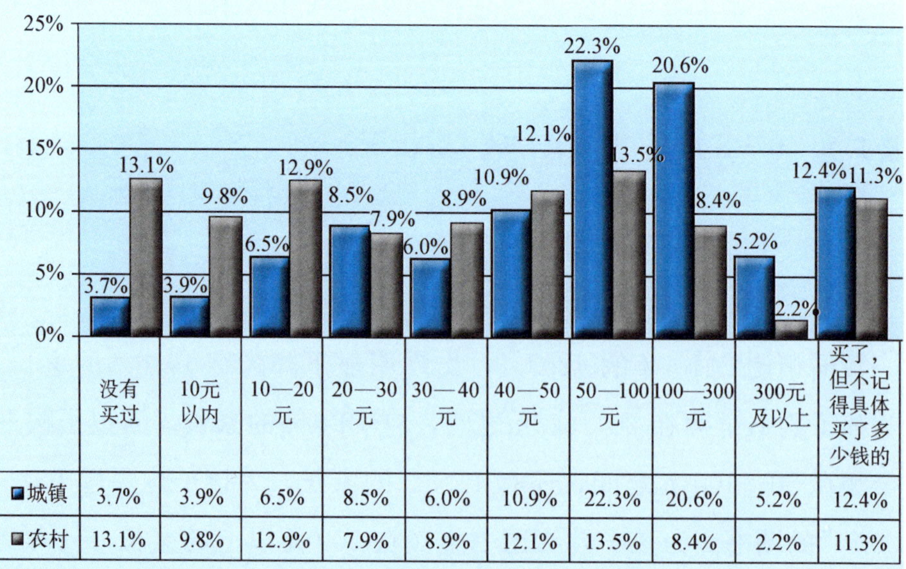

	没有买过	10元以内	10—20元	20—30元	30—40元	40—50元	50—100元	100—300元	300元及以上	买了，但不记得具体买了多少钱的
■城镇	3.7%	3.9%	6.5%	8.5%	6.0%	10.9%	22.3%	20.6%	5.2%	12.4%
■农村	13.1%	9.8%	12.9%	7.9%	8.9%	12.1%	13.5%	8.4%	2.2%	11.3%

图 1—8—2　0—8 周岁城镇儿童与农村儿童家长购买图书的金额对比

1.8.2 家长购买图书的主要渠道

实体书店仍然是家长为孩子购书的主要场所之一，有61.1%的家长，通常会在“新华书店”为孩子购书。还有31.4%的家长，会选择“私营书店”为孩子选购图书。

另外，也有两成多（22.7%）的家长选择“街头书摊”，为孩子购买图书。街头书摊以其低廉的价格优势，受到不少家长的青睐，但其图书质量却良莠不齐，并且盗版书籍大多在街头书摊上进行销售，有些低俗或者不利于儿童成长的书籍，也会出现在街头书摊上，无论是内容质量还是纸张印刷，都达不到合格儿童图书的标准，更有甚者还会危害儿童的身心健康，这一点应引起家长的警惕。

“超市商场”是近年来图书销售的一个不容忽视的渠道。国内经营图书的超市，都是一些规模较大的连锁超市，顾客购买图书行为只属于随机性购买，超市售书以自身的优势，占据了孩子家长购书渠道中的20.8%比例。具体情况如图1—8—3所示。

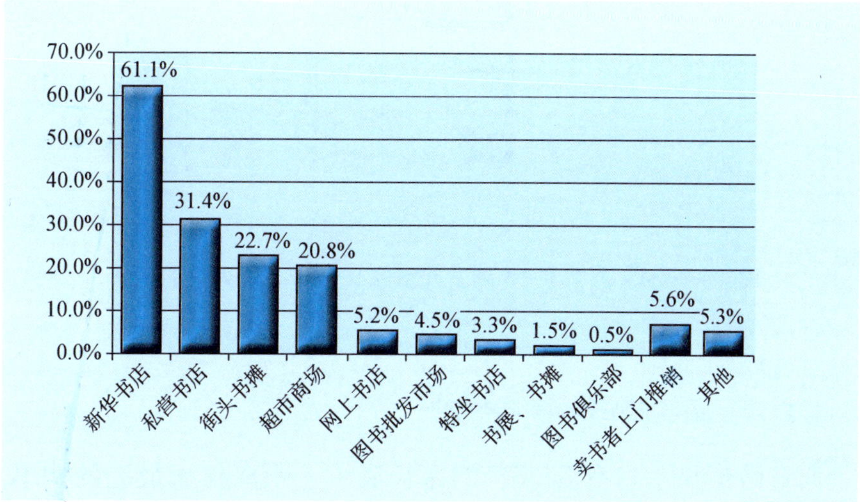

图1—8—3 0—8周岁儿童家长购买图书的主要渠道

1.8.3 儿童家长选择购书渠道的影响因素

数据显示，有53.6%的家长，在为孩子购书时重点考虑的因素是“图书种类多”，这一选项近两年都是影响家长选择购书渠道的首要因素。其次，图书的易获取性（“书店离家近”“很容易找到需要的书”），也是许多家长为孩子购书时考虑的主要因素，选择比例合计达到60.9%；也有20.6%的家长，会把价格因素（价格折扣）作为购书时考虑的主要因素。另外，服务和图书信息的提供，也是家长选择购书渠道时的考虑因素。具体情况如图1—8—4所示。

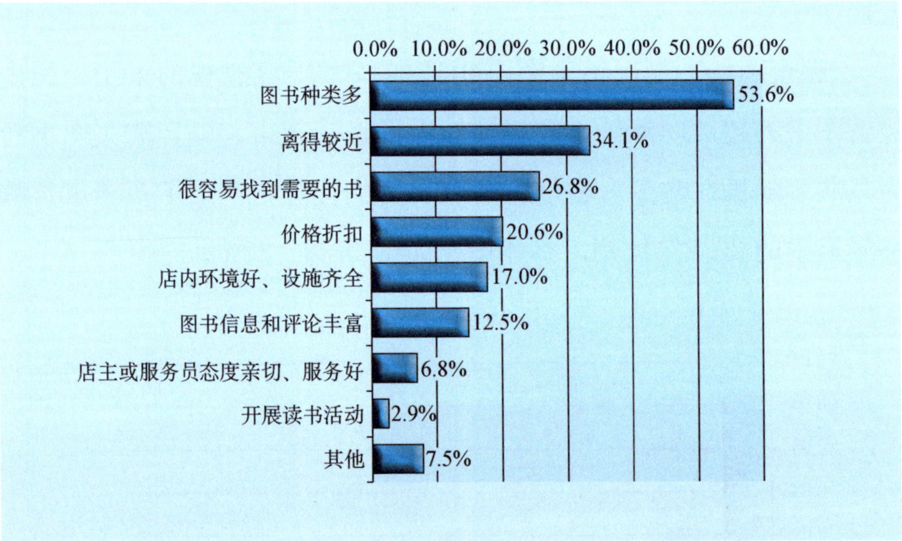

图1—8—4 影响0—8周岁儿童家长选择购书渠道的因素

1.8.4 购书网点的覆盖密度

调查数据显示，有56.6%的家长表示，距离自家最近的购书点在3公里以内，另有三成以上（35.0%）的家长指出，距离自家最近的购书点在3公里以上。具体情况如图1—8—5所示。

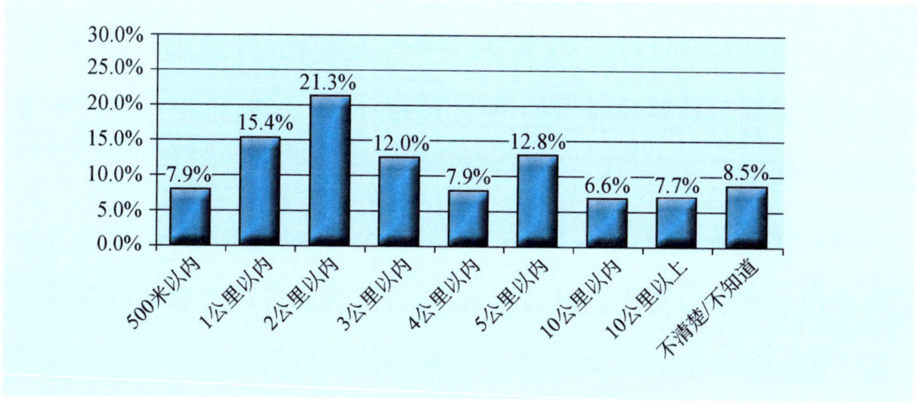

图 1—8—5　图书销售网点的分布密度

20.3％的家长认为，“家离卖书的地方很远”是他们给孩子买书的一个不便之处。其次，有 14.4％的家长则认为，“对书的信息知道的少”，是影响他们为孩子购买图书的不便之处。具体情况如图 1—8—6 所示。

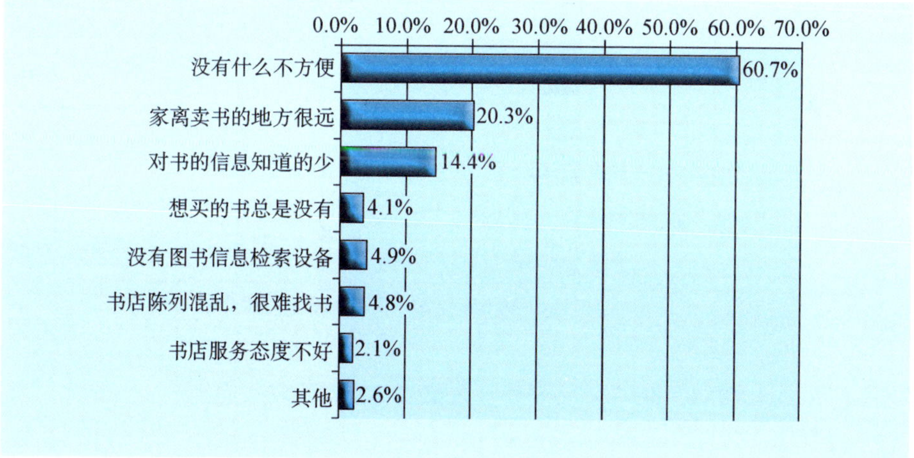

图 1—8—6　0—8 周岁儿童家长购书时的不便之处

1.8.5　家长对图书信息的获取途径

从家长获取儿童读物信息的途径来看，通过“逛书店”了解图书信息的家长最多，达到 51.6％。从这一点来看，前面提到的制约许多家长购书的两个因素“家离卖书的地方很远”和“对书的信息知道的少”，似乎可以用一个原因（“书店离家的距离远”）来解释，距离远将不利于这些家长及时获取图书信息，同时也不方便这些家长为孩子购书。

调查数据还显示，38.9%的家长通过人际传播（朋友或幼儿园老师介绍）来获取图书信息，也有12.3%的家长通过媒体（电视或广播上的读书节目）获取儿童类读物的相关信息。因此，出版社和书店在对图书进行宣传营销时，应注意利用媒体平台，对图书进行全方位的宣传，以方便儿童家长寻找到更多适合孩子们阅读的图书。具体情况如图1—8—7所示。

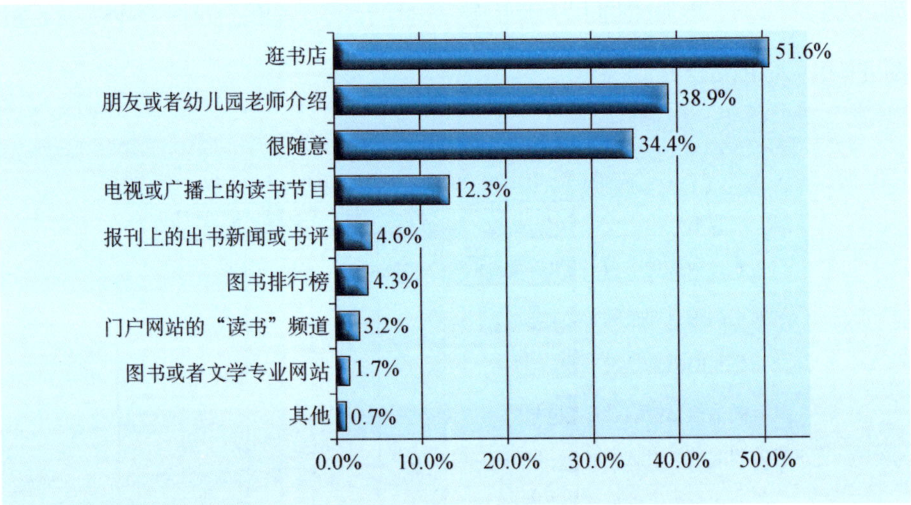

图1—8—7　0—8周岁儿童图书信息的获取途径

1.8.6　影响家长为儿童购书的主要因素

调查数据显示，有61.6%的家长表示，为孩子购买图书主要是因为“孩子喜欢”，这说明儿童图书是否能吸引儿童读者，才是决定其销量的关键，只有真正能引起孩子阅读兴趣的儿童读物才有市场。另外，有40.8%的家长表示，“朋友、老师或幼儿园推荐”，是其选购图书的另一大因素，而选择通过“图书内容简介”来为孩子选购图书的家长，也占到了34.7%。还有13.2%和17.0%的家长表示，图书的“封面设计及外观”和“价格”，是他们为儿童购书时考虑的主要因素。具体情况如图1—8—8所示。

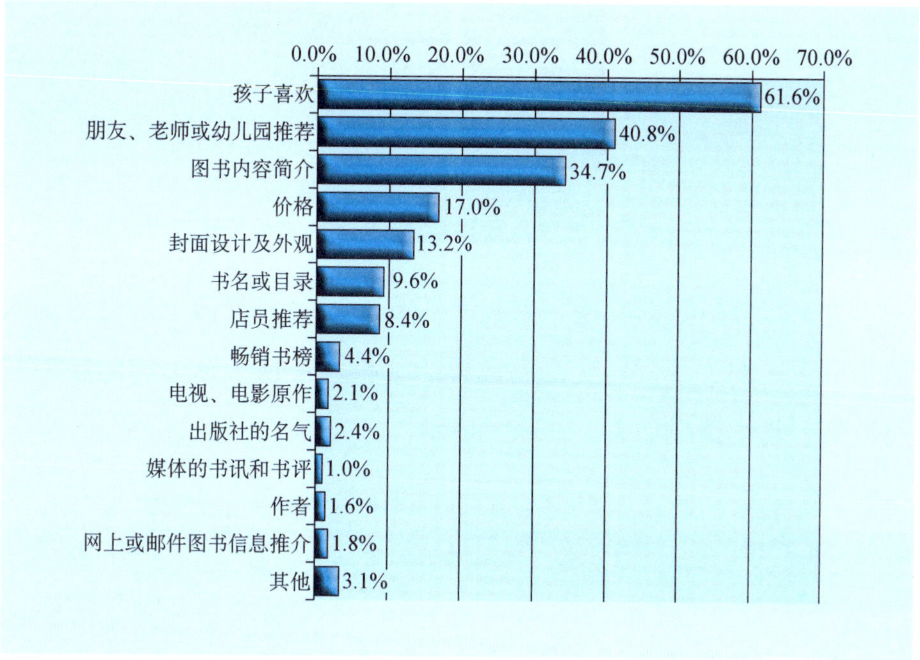

图1—8—8 影响家长为0—8周岁儿童购书的主要因素

1.8.7 家长带孩子逛书店的次数

2011年，0—8周岁儿童家长平均带孩子逛书店3.12次，比2010年的2.69次略有增加。进一步分析发现，有超过三成（34.7%）的城镇家长，1—3个月会带孩子逛一次书店，而这一数据在农村只有17.2%。值得注意的是，“从来没带孩子逛过书店”的农村家长比例，仍占到了33.5%，具体情况如图1—8—9所示。

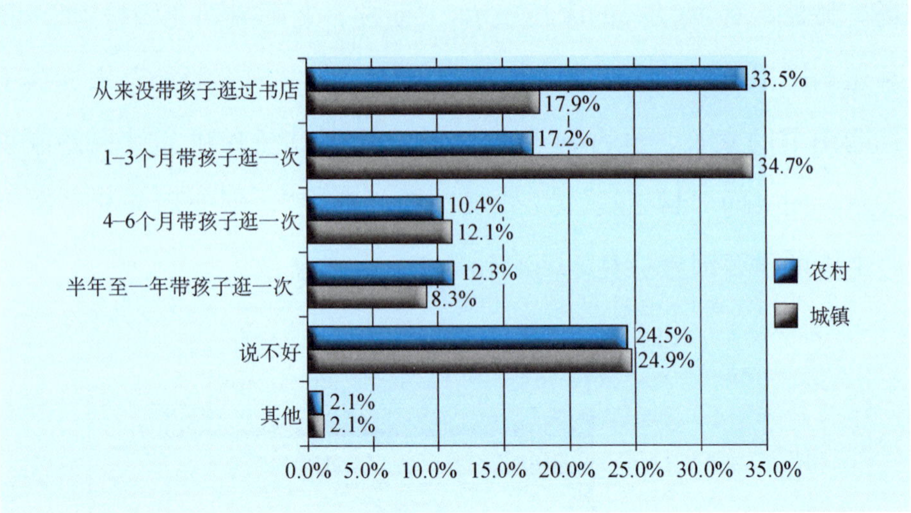

图 1—8—9　0—8 周岁城镇儿童与农村儿童家长带孩子逛书店的频次

进一步分析数据发现，家长是否喜欢读书与带孩子逛书店的次数，成正比例关系。喜欢、经常看的家长，带孩子逛书店的频率相对较高。具体情况如表 1—8—1 所示。

表 1—8—1　家长是否喜欢读书与带孩子逛书店的频次

家长是否喜欢读书	带孩子逛书店的频次（次）
喜欢，经常看	3.68
喜欢，但不经常看	2.55
不喜欢，基本不看	1.72
说不清	1.04

1.8.8　家长网上购买儿童出版物行为

1.8.8.1　家长网上购买儿童出版物种类

调查显示，2011 年通过互联网购买过各类儿童出版物的家长中，有 78.9%的家长曾通过互联网购买过图书，有 42.0%的家长通过互联网购买过学习用音像制品，还有 20.6%的家长通过互联网购买过娱乐休闲用音像制品。以上三种出版物，位居家长网上购买儿童出版物种类的前三甲。具体情况如图 1—8—10 所示。

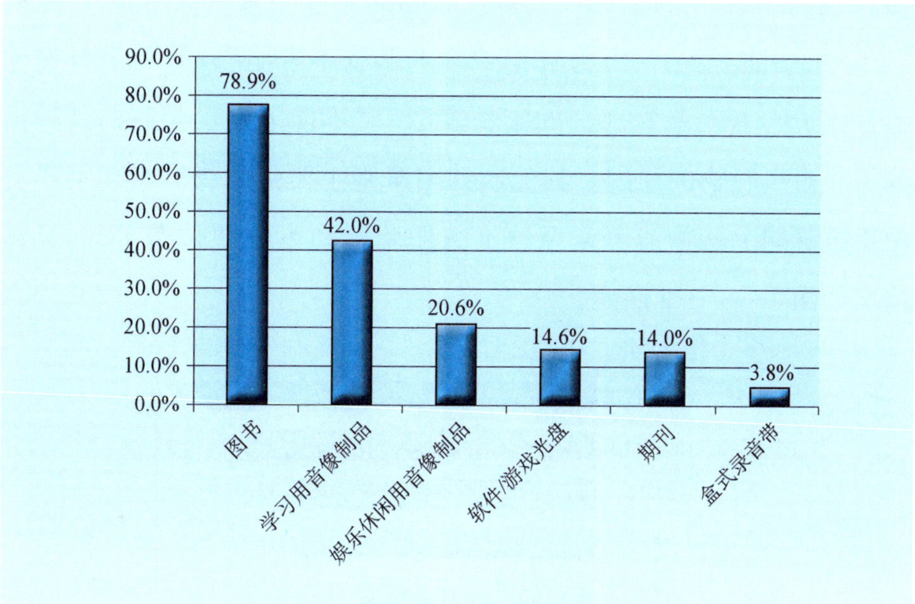

图 1—8—10　家长通过互联网购买出版物种类

1.8.8.2　家长选择网上购买儿童出版物原因

调查发现，“价格优惠”“节省去书店的时间和费用”“送货上门”，是吸引家长选择在网上购买儿童出版物的三大主要原因。其中，有 54.7%的家长表示，“价格优惠”是吸引他们选择网上购买儿童出版物的主要原因；有 47.3%的家长表示，网上购买图书可以“节省去书店的时间和费用”；还有 42.6%的家长是因为“送货上门”而选择网上购书。此外，有 41.5%的家长表示，“图书种类多”也是吸引他们网上购书的原因之一；还有 24.1%的家长表示，网上“很容易找到需要的书”；另有 28.0%的家长认为，网上购买儿童出版物“有丰富的信息和评论供参考”。具体情况如图 1—8—11 所示。

1.8.8.3　制约家长网上购买儿童出版物的因素

分析家长未在网上给孩子购买出版物的原因可知，“不习惯网上购物”“网上购物不安全”，以及“无条件上网”“购买不方便”等因素，影响着许多家长的网络购书活动。其中，“不习惯网上购物”，是家长未在网上购买儿童出版物的首要因素（41.4%）；还有25.5%的家长表示，因为觉得“网上购物不安全”，所以没有在网上为孩子购书；有22.0%的家长表示，“不能上网”是制约其网上购买儿童出版物的原因。其他制约因素则主要是因为网络购书不方便所致（网上购物流程复杂、不方便验货和不方便付费等）。具体情况如图1—8—12所示。

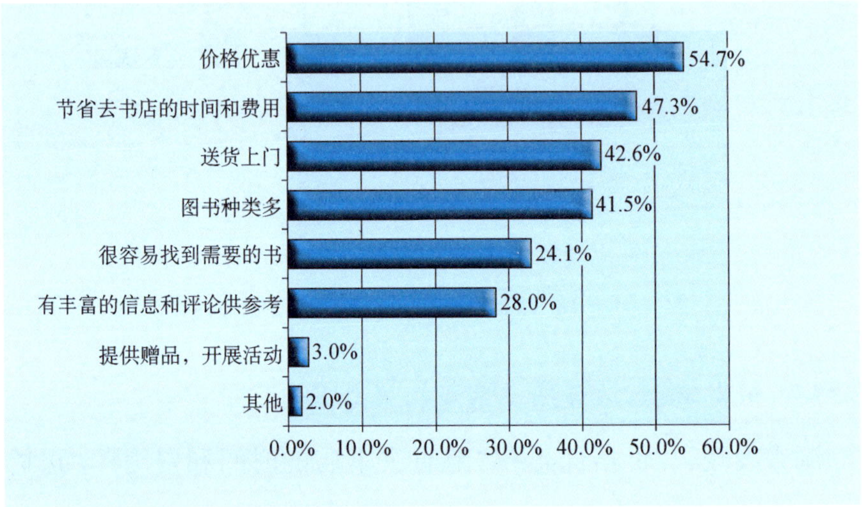

图1—8—11　家长选择网上购买0—8周岁儿童出版物的原因

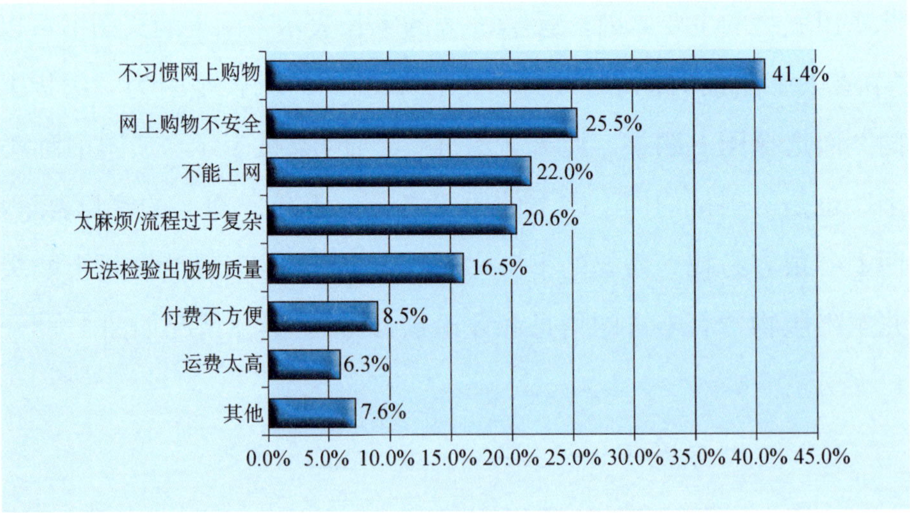

图1—8—12　制约家长网上购买0—8周岁儿童出版物的因素

1.9 家长对儿童类图书的评价

1.9.1 家长对儿童图书种类评价

调查数据显示，大部分儿童家长（61.1%）认为目前市场上的儿童图书种类丰富（“很丰富”或“比较丰富”），认为“比较少”或“很少”的家长比例，仅有4.9%。还有11.5%的家长对儿童图书种类的评价较为模糊，表示“说不清”。具体情况如图1—9—1所示。

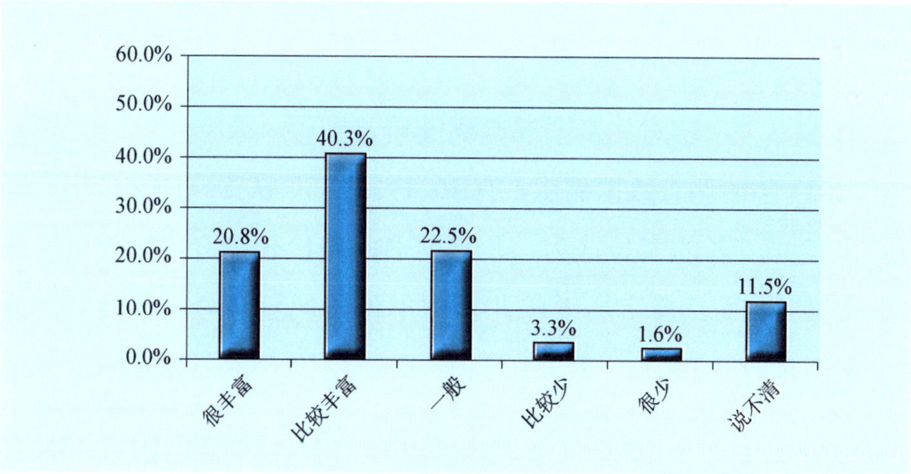

图1—9—1 家长对0—8周岁儿童图书种类的评价

1.9.2 家长对儿童图书质量评价

有35.2%的家长认为，目前市场上的儿童图书质量“很高”或“比较高”；认为儿童图书质量“比较低”或“很低”的比例只有5.2%。

值得注意的是，有一半以上（50.9%）的家长对儿童图书质量评价“一般”。具体情况如图1—9—2所示。

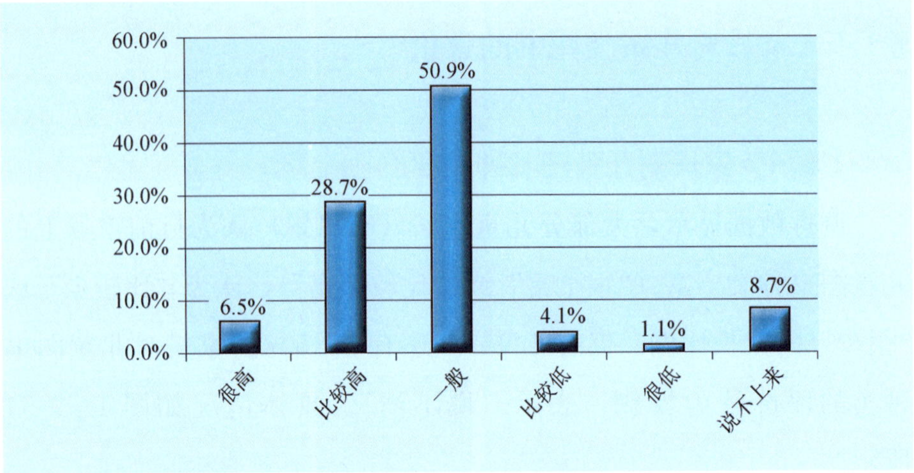

图 1—9—2　家长对 0—8 周岁儿童图书质量的评价

1.9.3　家长对儿童图书价格评价

2011 年的调查数据显示，有 40.1%的家长认为，图书价格“合适”；有 46.7%的家长认为，儿童图书的定价较高（“比较贵”或“非常贵”）；而选择市场上的儿童图书价格便宜（“比较便宜”或“非常便宜”）的家长，其比例只有 4.9%。具体情况如图 1—9—3 所示。

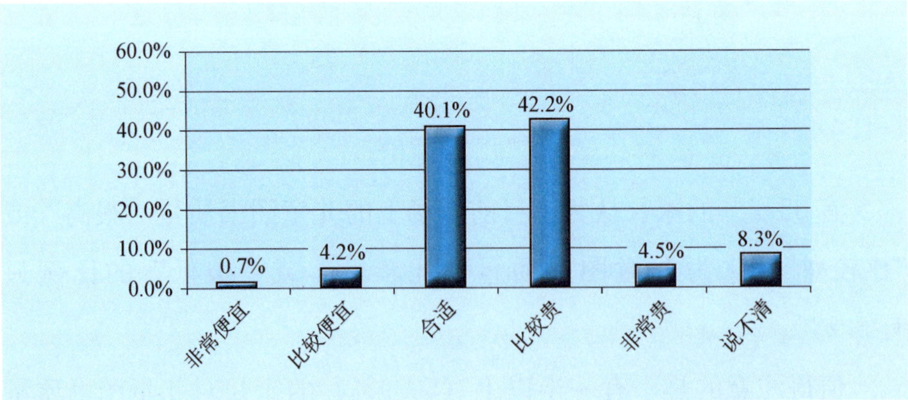

图 1—9—3　家长对 0—8 周岁儿童图书价格的评价

1.9.4　家长对儿童图书价格承受力

针对家长认为市场上儿童图书价格偏贵的问题，我们进一步调查了家长们能够接受的图书价格。数据显示，对于一本40页左右、内容精美的彩色儿童图画书，有23.3%的家长选择可接受的价格为4—8元；有31.5%的家长选择可接受的价格为8—12元，选择在这两个价格区间的家长比例约占总量的五成多（54.8%）。目前儿童家长可以接受的图书价格平均为11.97元，10.7%的家长认为，20—30元的价格是可以接受的，而这一比重较2010年的8.1%有所上升。此外，有5.3%的家长认为，“4元及以下”的价格是可以接受的。还有3.0%的家长表示，“只要孩子喜欢，多贵都买”，这一数据较2010年的4.9%有所下降。具体情况如图1—9—4所示。

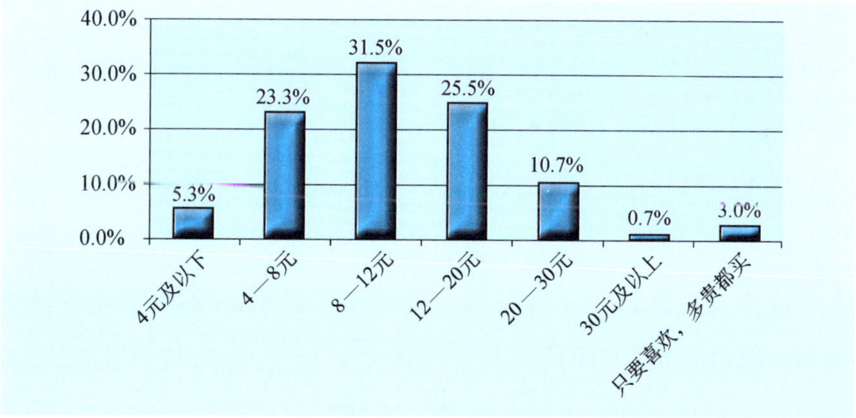

图1—9—4　家长对0—8周岁儿童图书价格的承受力

1.10　家长对原创与引进版出版物的选择情况

2011年家长为孩子购买过的儿童读物中，国内原创读物占45.4%，远远高于国外引进出版物的4.2%。还有50.4%的家长表示，并未注意所购买的儿童读物是国内原创还是国外引进版，这说明只要图书内容质量好，孩子和家长并不在意图书的来源。图书内容本身对于读者有吸引力，才是影响读者选择的关键，只要国内出版社重视原创儿童读物的品质，就能赢得大多数儿童和家长的青睐。具体情况如图 1—10—1 所示。

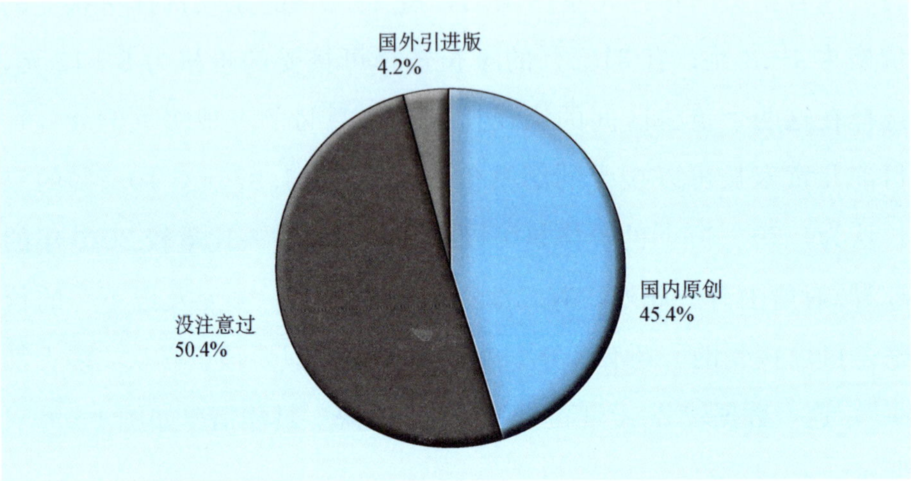

图 1—10—1　家长为 0—8 周岁儿童选择出版物的倾向

1.11　儿童及家长最喜爱的十本书

此次调查过程中，在无提示的情况下，我们请被访儿童的家长列举本人或孩子最喜欢的 3 本图书。统计结果显示，“喜洋洋与灰太狼”系列与《格林童话》《唐诗系列》等图书，最受 0—8 周岁儿童及家长的欢迎，尤其是“喜洋洋与灰太狼”系列图书，已经连续几年卫冕儿童及家长最喜爱图书的冠军。而“识字类图片、卡片”则由 2010 年的第三名，跌落至 2011 年第七名。具体情况如表 1—11—1 所示。

表 1—11—1　最受 0—8 周岁儿童及家长喜爱的十本书

排名	2011 年	2010 年
1	“喜洋洋与灰太狼”系列	“喜洋洋与灰太狼”系列
2	格林童话	格林童话
3	唐诗系列	识字类图片、卡片

续前表

排名	2011 年	2010 年
4	安徒生童话系列	唐诗系列
5	白雪公主和七个小矮人	安徒生童话系列
6	“奥特曼”系列	“奥特曼”系列
7	识字类图书、卡片	三字经
8	十万个为什么	十万个为什么
9	“三字经”系列	白雪公主
10	童话故事	寓言故事

1.12 儿童购书书店知名度和市场渗透率

调查过程中，我们列举了国内 16 家较为知名的书店（包括网上书店），让被访的 0—8 周岁儿童家长从中挑选出听说过的书店和曾为孩子购买过出版物的书店，以了解这些书店的知名度和市场表现。统计结果显示，“本地新华书店”稳坐知名度和购买率第一位的宝座，其次，当当网、大众书局、卓越网等知名度较高的书店，市场渗透率（购买率）也相对较高。具体情况如表 1—12—1 所示。

表 1—12—1 书店的知名度和市场渗透率

书店名称	知名度	市场渗透率
本地新华书店	80.7%	84.3%
当当网	23.4%	9.0%
大众书局	11.3%	3.6%
卓越网	10.9%	3.4%
新华文轩连锁书店	10.2%	5.9%
红孩子网站	7.3%	1.9%
上海书城	5.0%	1.8%
九九网上书城	4.3%	0.7%
北京西单图书大厦	2.7%	1.0%

续前表

书店名称	知名度	市场渗透率
博库书城	2.3%	0.4%
乐友网	1.8%	0.4%
丽家宝贝网站	1.1%	0.2%
红泥巴图书网	1.0%	0.0%
一城网	0.8%	0.2%
福连家网	0.7%	0.0%
蒲蒲兰绘本馆	0.3%	0.4%

1.13 家长最喜爱的出版社

1.13.1 家长最喜爱的出版社排名

本次调查中，在无提示的情况下，我们请被访儿童的家长列举本人和孩子最喜欢的3个出版社。统计结果显示，中国少年儿童出版社最受欢迎，其次是人民教育出版社、明天出版社和北京少年儿童出版社等。具体情况如表1—13—1所示。

表1—13—1 最受0—8周岁儿童及家长喜爱的出版社

排名	2011年
1	中国少年儿童出版社
2	人民教育出版社
3	明天出版社
4	北京少年儿童出版社
5	二十一世纪出版社
6	浙江少年儿童出版社
7	上海少年儿童出版社
8	南海出版社
9	江苏少年儿童出版社
10	新蕾出版社

1.13.2　出版社知名度与市场渗透率

同样，我们在调查中列举了国内24家较为知名的出版社，请被访者从中挑选出听说过的和曾为孩子购买过出版物的出版社，以了解这些出版社的知名度和市场表现，结果如表1—13—2所示。2011年，中国少年儿童出版社的知名度和购买率均名列榜首。另外，人民教育出版社、北京少年儿童出版社、上海少年儿童出版社等知名度较高的出版社，基本维持了2010年的排名，其市场渗透率（购买率）也相对较高。其他出版社的排名情况，也与2010年的调查统计结果基本吻合。具体情况如图1—13—2所示。

表1—13—2　出版社的知名度和市场渗透率

出版社名称	知名度	市场渗透率
中国少年儿童出版社	70.6%	52.4%
上海少年儿童出版社	34.4%	12.9%
人民教育出版社	48.7%	23.8%
北京少年儿童出版社	20.4%	7.1%
江苏少年儿童出版社	11.0%	3.8%
海豚出版社	3.3%	2.5%
新蕾出版社	10.4%	6.4%
外语教学与研究出版社	2.6%	0.7%
教育科学出版社	9.5%	1.3%
北京师范大学出版社	13.2%	2.8%
大象出版社	6.1%	1.3%
二十一世纪出版社	9.0%	4.6%
河北教育出版社	6.8%	2.7%
明天出版社	10.6%	7.3%
接力出版社	4.4%	2.3%
希望出版社	10.5%	3.7%
童趣出版社	2.9%	1.5%

续前表

出版社名称	知名度	市场渗透率
江苏教育出版社	9.8%	2.6%
浙江教育出版社	8.6%	3.2%
海燕出版社	5.9%	3.7%
浙江少年儿童出版社	11.8%	5.9%
湖北少年儿童出版社	4.9%	2.2%
湖南少年儿童出版社	7.3%	3.9%
南海出版社	4.0%	2.7%

第二章
儿童报刊阅读与购买倾向

2.1 儿童期刊阅读状况

2.1.1 期刊阅读率

2011 年，我国 0—8 周岁儿童的期刊阅读率为 53.9%，相较 2010 年的 51.5%略有提升。数据显示，城镇和农村儿童的期刊阅读率之间存在显著性差异。其中，城镇 0—8 周岁儿童的期刊阅读率达到 65.2%，比 2010 年的 60.7%有所上升；而农村 0—8 周岁儿童的期刊阅读率只有 48.2%，虽然相比 2010 年的 45.2%也略有提升，但比城镇儿童的期刊阅读率少 17.0 个百分点。从 0—8 周岁儿童的年龄分布上看，儿童期刊阅读率基本上随着年龄的增长而逐渐提升。具体情况如图 2—1—1 所示。

2.1.2 期刊阅读量

分析 0—8 周岁儿童的期刊阅读量后发现，2011 年的儿童人均期刊阅读量为 2.45 期（份）。具体来说，城镇 0—8 周岁儿童的期刊阅读量为 3.23 期（份），与 2010 年的 3.79 期（份）相比略有下降。农村 0—8 周岁儿童的期刊阅读量只有 2.08 期（份），但与 2010 年的 1.66 期（份）相比，则增长幅度较大。

整体来看，0—8 周岁儿童的期刊阅读量随着年龄的增长而逐渐攀升，0—4 周岁儿童的期刊阅读量，均在 2.50 期（份）以下，5—8 周岁儿童的期刊阅读量则相对较高。具体情况见图 2—1—2 所示。

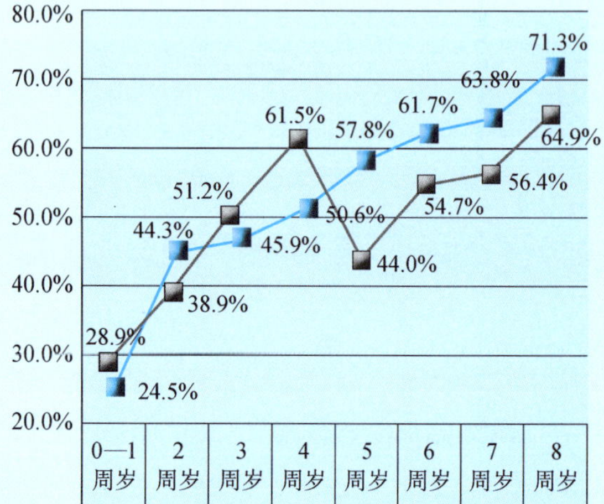

	0—1周岁	2周岁	3周岁	4周岁	5周岁	6周岁	7周岁	8周岁
2010年期刊阅读率	28.9%	38.9%	51.2%	61.5%	44.0%	54.7%	56.4%	64.9%
2011年期刊阅读率	24.5%	44.3%	45.9%	50.6%	57.8%	61.7%	63.8%	71.3%

图 2—1—1　0—8 周岁儿童各年龄段期刊阅读率

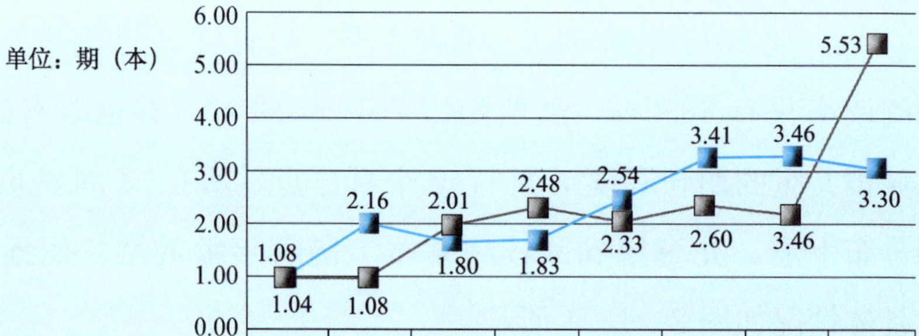

	0—1周岁	2周岁	3周岁	4周岁	5周岁	6周岁	7周岁	8周岁
2010年期刊阅读量	1.08	1.08	2.01	2.48	2.33	2.60	2.46	5.53
2011年期刊阅读量	1.04	2.16	1.80	1.83	2.54	3.41	3.46	3.30

图 2—1—2　近两年 0—8 周岁儿童的期刊阅读量

2.2 家长对儿童类期刊的价格评价

2011 年，对于儿童类期刊的价格，认为定价“合适”的家长占 39.4%，极少数家长（4.2%）认为当前儿童类期刊价格便宜（“比较便宜”或“非常便宜”），而认为价格较高（“比较贵”或“非常贵”）的家长达到了 38.2%。另外，有 18.2%的家长对儿童类期刊的价格认知模糊，表示“说不清”。具体情况如图 2—2—1 所示。

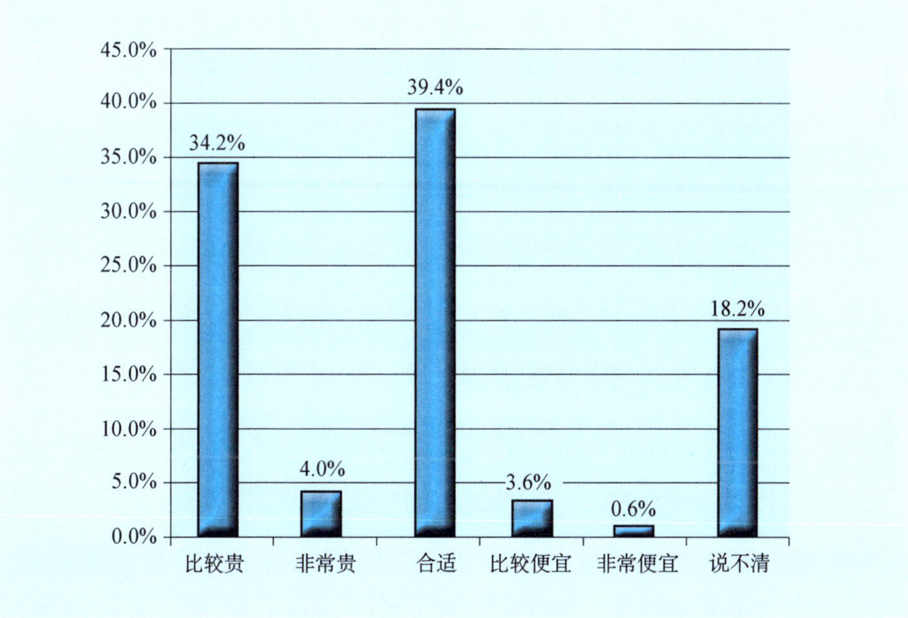

图 2—2—1　家长对 0—8 周岁儿童期刊价格的评价

2.3 家长对儿童类期刊的价格承受力

调查发现，2011 年 0—8 周岁儿童家长可接受的儿童类期刊价格，选择 2—8 元的人数最多，占到总数的六成以上（61.1%）；而能够接受期刊价格在 10 元以上的家长，不到两成（17.7%）。这说明大多数0—8周岁儿童家长，所能承受的儿童类期刊价格在10元以下，这一分析结果提醒儿童类期刊出版单位，要重视孩子和家长的价格选择承受力，应以"物美价廉"的期刊来征服读者，而不应该盲目地走高端高价路线。具体情况如图2—3—1所示。

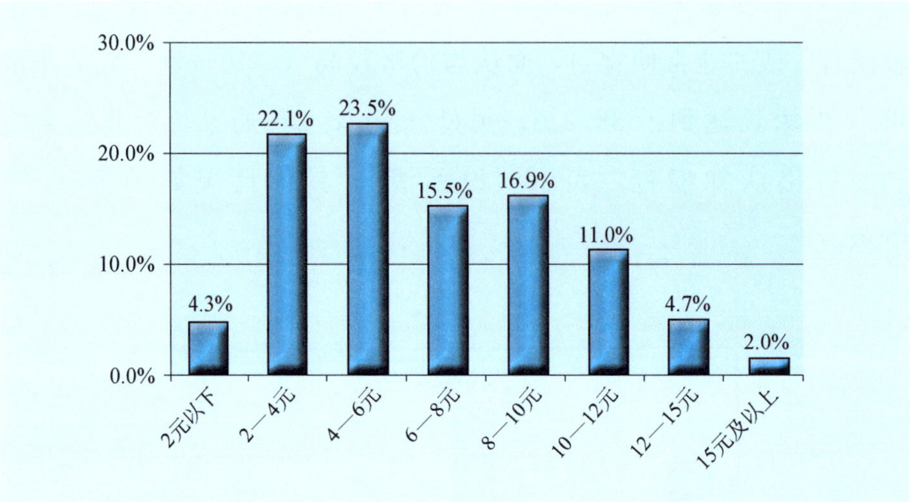

图2—3—1　家长对0—8周岁儿童期刊的价格承受力

2.4　儿童及家长最喜爱的期刊

在2011年的调查中，在无提示的情况下，我们请被访儿童的家长列举本人和孩子最喜欢的3本儿童类期刊的名字。统计结果显示，《米老鼠》《故事大王》《童话大王》《童话世界》等儿童类期刊最受小读者和家长们的喜爱。具体情况如表2—4—1所示。

表2—4—1　最受0—8周岁儿童及家长喜爱的十本期刊

排名	2010年	2011年
1	米老鼠	米老鼠
2	童话大王	故事大王
3	天线宝宝	童话大王
4	故事大王	童话世界

续前表

排名	2010 年	2011 年
5	幼儿画报	大灰狼画报
6	童话世界	漫画大王
7	漫画大王	喜羊羊与灰太狼
8	大灰狼画报	小公主
9	喜羊羊与灰太狼	花园宝宝
10	维尼熊	维尼熊

2.5 儿童类报刊知名度与市场渗透率

调查过程中，我们列出了 18 种国内较为知名的儿童类报刊，由被访儿童家长选择他们知道的报刊和曾购买过的报刊，以了解这些报刊的知名度与市场表现。统计结果显示，《童话大王》的知名度最高，市场购买率也最高。此外，也有较多的家长表示，曾经购买过《米老鼠》《故事大王》《童话世界》等知名度较高的儿童报刊。具体情况如表 2—5—1 所示。

表 2—5—1 报刊知名度与市场渗透率

报刊名称	知名度	市场渗透率
童话大王	57.5%	27.5%
米老鼠	48.1%	25.8%
故事大王	47.7%	25.4%
童话世界	38.5%	25.0%
大灰狼画报	28.6%	17.1%
小熊维尼	27.8%	10.9%
幼儿画报	25.1%	13.1%
漫画大王	23.6%	11.2%
天线宝宝	20.5%	12.7%
小公主	18.5%	7.5%

续前表

报刊名称	知名度	市场渗透率
婴儿画报	17.2%	6.4%
知心姐姐	14.0%	2.8%
幼儿智力大世界	11.6%	4.7%
娃娃画报	8.5%	4.4%
红蜻蜓	8.3%	4.4%
快乐巧连智	4.1%	1.6%
小猕猴智力画刊	3.5%	0.8%
琴童	1.1%	0.2%

第三章
儿童音像电子出版物购买状况

3.1 儿童音像电子出版物的购买渠道

2011年，儿童类音像电子出版物的购买率为59.0%，其中城镇儿童的购买率为64.8%，高于农村儿童的56.1%。

如图3—1—1所示，通过“书店”“音像店或软件专卖店”“商场超市”等渠道，购买各类音像电子出版物的家长较多，而从“网

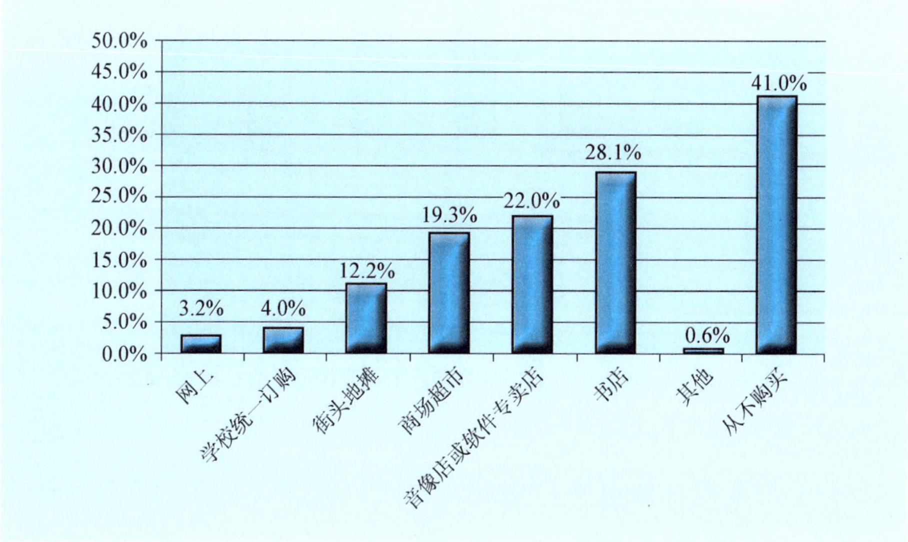

图3—1—1　0—8周岁儿童音像电子出版物的购买渠道

上”给孩子购买音像电子出版物的家长较少，仅占总量的 3.2%。值得注意的是，有 41.0%的家长表示，“从不购买”儿童类音像电子出版物。

3.2 家长对儿童类音像电子出版物的价格评价

有 44.2%的家长认为，目前儿童类音像电子出版物的价格较高（“比较贵”或“非常贵”）；还有 41.3%的家长认为，儿童类音像电子出版物的定价“合适”；而认为此类出版物价格便宜（“非常便宜”或“比较便宜”）的家长，只占 6.2%。具体情况如图 3—2—1 所示。

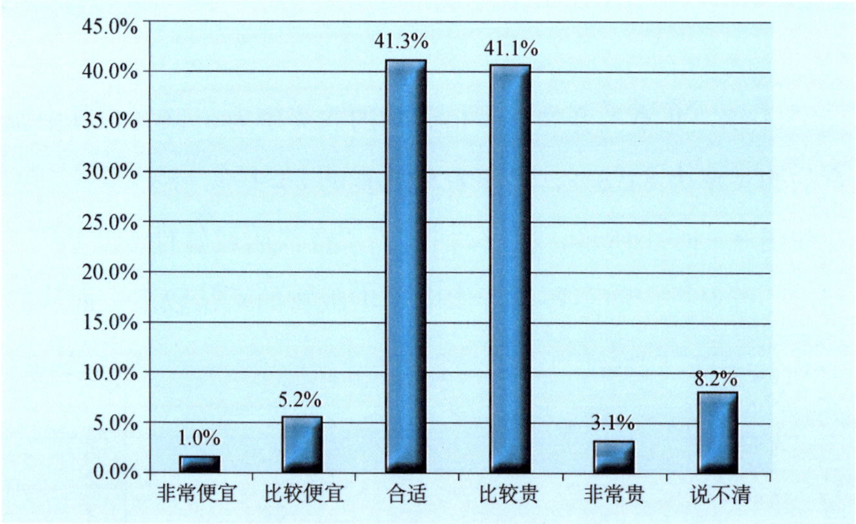

图 3—2—1 家长对儿童类音像电子出版物的价格评价

3.3 家长对儿童类音像电子出版物的价格承受力

对于儿童类音像电子出版物中的 CD 光盘、VCD/DVD、盒式录音带、CD-ROM，大多数 0—8 周岁儿童家长可接受的价格，均在 10 元以下。值得注意的是，分别有接近一半的家长和三成以上的家长，对于CD-ROM和盒式录音带的价格感知模糊（“不清楚/不知道”），不了解什么样的价位比较合适，这说明儿童或其家长对这两类出版物的接触率和购买率可能都不高，从而导致他们对这两类出版物的价格也不敏感。具体情况如图3—3—1所示。

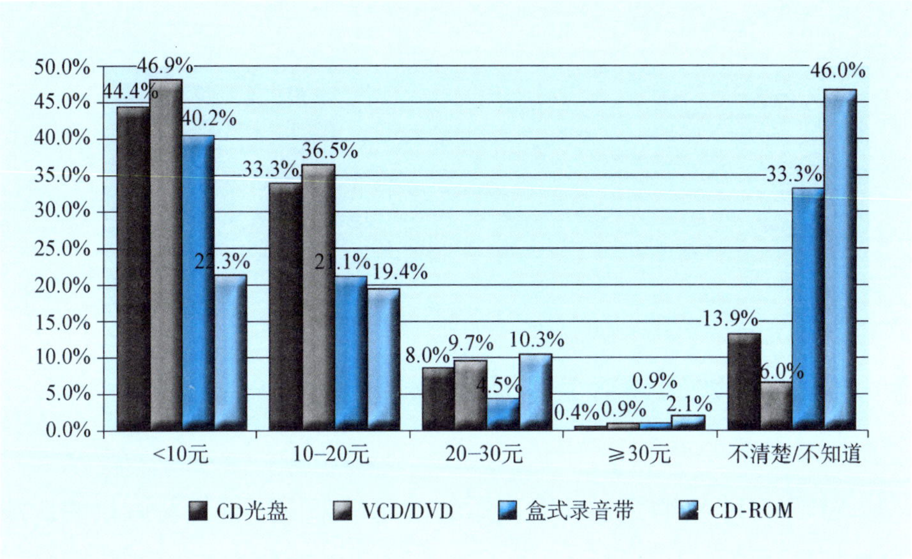

图3—3—1　家长对0—8周岁儿童音像电子出版物价格的承受力

第四章
家长版权认知状况

4.1 家长购买盗版儿童出版物情况

对于2011年购买过儿童出版物的家长来说，他们对版权的认知仍较为模糊。调查显示，很多家长并不知道如何区分正版和盗版儿童出版物，有48.3%的家长表示，无法知道自己为孩子购买的图书或音像制品是正版还是盗版；只有18.9%的家长表示，其购买的出版物全部为正版，这一数据比2010年的23.3%有所下降。而表示购买过盗版儿童出版物（“全部盗版”或“正版盗版都买过”）的家长比例为16.5%，与2010年的17.3%相比，波动不大。具体情况如图4—1—1所示。

与城镇0—8周岁儿童家长相比，农村0—8周岁儿童的家长，“分不清正版与盗版”的比例更高，这一数据在城镇和农村的比例分别是43.1%和50.9%。此外，在购买出版物“全部正版”的选项中，城镇家长的选择比例为29.0%，明显高于农村家长的13.9%；而农村0—8周岁儿童家长中，购买的儿童出版物“全部为盗版”的比例为4.2%，相对城镇家长更高。具体情况如图4—1—2所示。

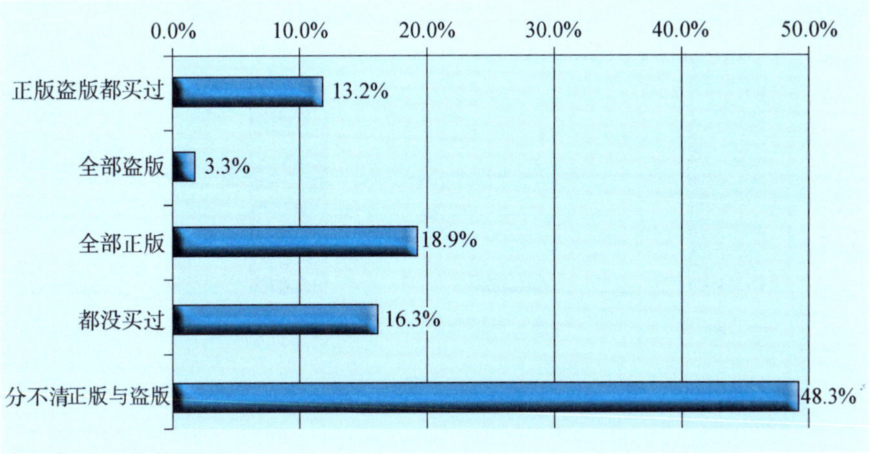

图 4—1—1　0—8 周岁儿童家长盗版出版物的购买情况

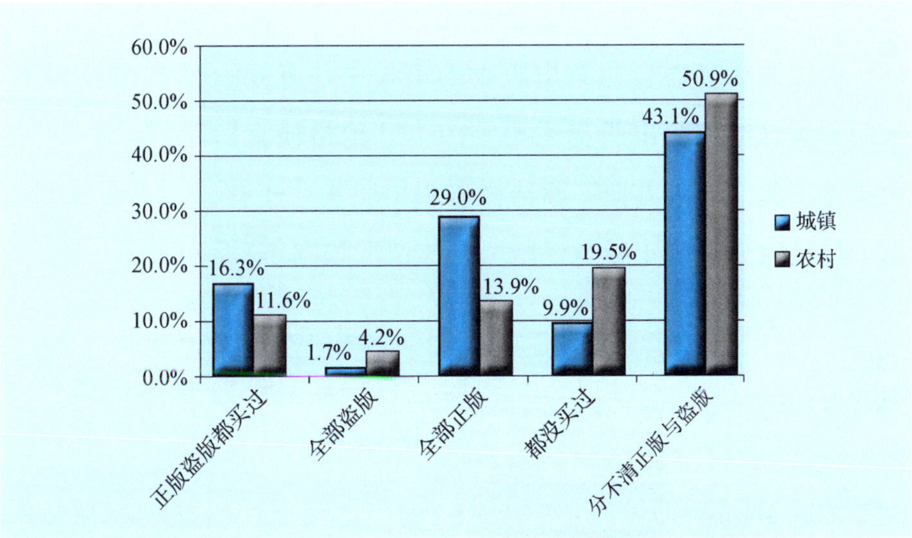

图 4—1—2　家长对 0—8 周岁儿童盗版出版物购买率的城乡比较

4.2　家长购买盗版儿童出版物的类别

在为孩子购买过盗版儿童出版物的家长中，有五成以上（57.2%）的家长表示购买过一般盗版图书，有五成（50.9%）的家长表示购买过盗版音像制品。而表示购买过盗版教材教辅的家长占 10. 1%。具体情况如图 4—2—1 所示：

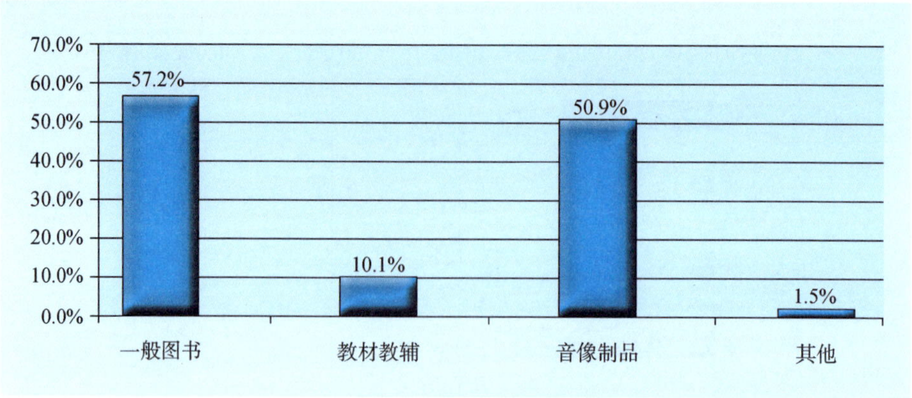

图 4—2—1　0—8 周岁儿童家长购买盗版出版物的类型

4.3　家长购买盗版儿童出版物的驱动因素

曾经购买过盗版儿童出版物的家长中，有 69.5%的家长表示，他们购买这些盗版出版物主要是因为“价格便宜”；另有 30.8%的家长是因为“购买方便”而选择盗版出版物；还有 23.7%的家长表示，购买时分不清正版与盗版。具体情况如图 4—3—1 所示。

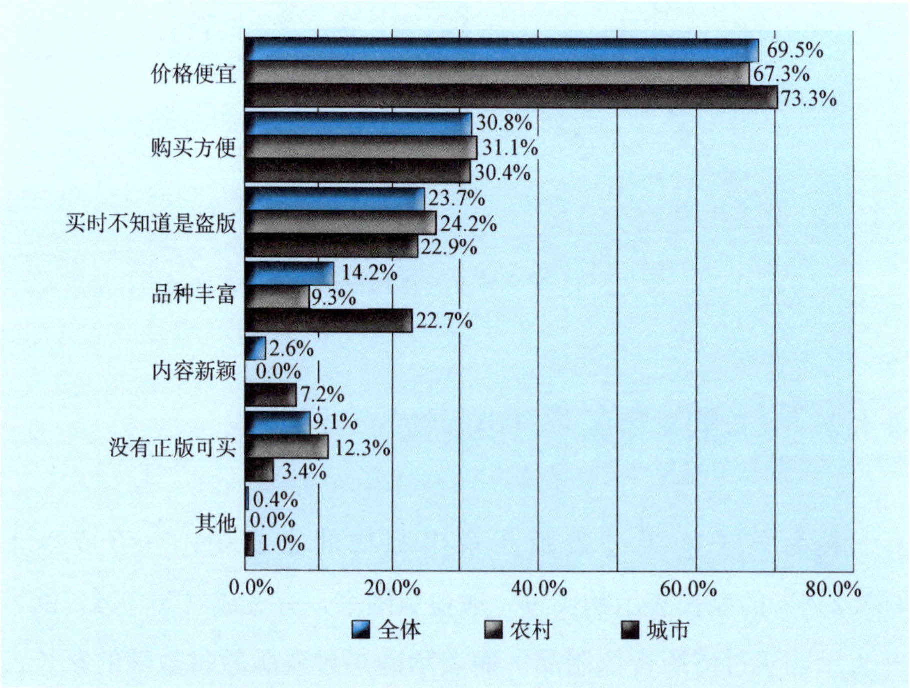

图 4—3—1　家长购买盗版出版物的驱动因素及城乡比较

通过对比城镇和农村家长购买盗版出版物的原因，可以发现以下几个特点：首先，“价格便宜”是吸引城镇和农村家长购买盗版儿童出版物的主要原因，尤其在城镇，七成以上（73.3%）的儿童家长选择购买盗版出版物，就是因为“价格便宜”，此项比例在农村也高达67.3%。其次，有24.2%的农村儿童家长，因为“买时不知道是盗版”而购买了盗版儿童出版物，此项比例略高于城镇儿童家长的22.9%。另外，仍有3.4%的城镇儿童家长选择购买盗版儿童出版物，是因为“没有正版可买”，这比2010年的3.9%有所下降；但这一比例在农村家长中，则占到12.3%，数值差距较大，应该引起出版单位及政府监管部门的高度重视。

版权声明

联系地址：中国新闻出版研究院应用理论研究室（北京市丰台区三路居路 97 号　邮编：100073）

联系电话：010-52257035　010-52257037

图书在版编目（CIP）数据

全国国民阅读调查报告. 2012 /《全国国民阅读调查报告：2012》课题组著 .—北京：中国书籍出版社，2014.4
ISBN 978-7-5068-4084-2

Ⅰ. ①全… Ⅱ. ①中… Ⅲ. ①出版物—市场—抽样调查统计—调查报告—中国—2012 Ⅳ. ①G239.21

中国版本图书馆 CIP 数据核字（2014）第 047216 号

全国国民阅读调查报告. 2012

《全国国民阅读调查报告：2012》课题组 著

责任编辑 庞 元 戎 骞
责任印制 孙马飞 马 芝
封面设计 敬人工作室
封面制作 钟书堂
版式设计 楠竹文化
出版发行 中国书籍出版社
地　　址 北京市丰台区三路居路 97 号（邮编：100073）
电　　话 （010）52257143（总编室）　（010）52257140（发行部）
电子邮箱 eo@chinabp. com. cn
经　　销 全国新华书店
印　　刷 廊坊市浩瀛印刷有限公司
开　　本 787 毫米×1092 毫米 1/16
印　　张 28.5
字　　数 365 千字
版　　次 2018 年 3 月第 1 版 2018 年 3 月第 1 次印刷
书　　号 ISBN 978-7-5068-4084-2
定　　价 298.00 元
